# UNE FORTUNE A FAIRE

DANS

UNE BONNE ACTION

# PROJET

# D'ASSAINISSEMENT

DU

## MARAIS DE LA GRANDE-BEUNE

SITUÉ EN PÉRIGORD

### PAR ALAIN LAGANNE

BORDEAUX

IMPRIMERIE DE F. DEGRÉTEAU

(Maison MÉTREAU)

RUE DU PARLEMENT-SAINTE-CATHERINE, 19.

—

1875.

UNE FORTUNE A FAIRE

DANS

UNE BONNE ACTION

# PROJET

# D'ASSAINISSEMENT

DU

## MARAIS DE LA GRANDE-BEUNE

SITUÉ EN PÉRIGORD

### PAR ALAIN LAGANNE

BORDEAUX

IMPRIMERIE DE F. DEGRÉTEAU

(Maison MÉTREAU)

RUE DU PARLEMENT-SAINTE-CATHERINE, 19.

1875.

*Ayant communiqué notre projet à M. GODLEWSKI, jeune et distingué médecin du Bugue, nous en avons reçu la lettre suivante qui nous dispensera de traiter le côté humanitaire de la question.*

CHER MONSIEUR LAGANNE,

J'ai étudié avec le plus grand soin votre projet pour l'assainissement *des Marais des Beunes;* je ne puis que vous féliciter de l'heureuse idée que vous avez eue de rendre fertile cette vallée inculte et de préserver les populations qui habitent les côteaux environnants des cruelles maladies dues aux émanations de ce foyer d'infection. Depuis que je me suis fixé dans votre pays comme médecin, j'ai eu bien souvent à souffrir comme homme, des ravages terribles produits par la fièvre intermittente que beaucoup de mes clients gardaient des mois entiers et à laquelle ils ne se soustrayaient qu'en quittant ces régions délétères. J'ai même vu quelquefois des accès pernicieux donner lieu à une mort prématurée, les malades faisant appeler le médecin trop tard ou bien ne pouvant se procurer les médicaments assez tôt. C'est avec une joie bien vive et un grand soulagement pour mon cœur de médecin et d'homme, que je fais des vœux ardents pour le succès d'une cause qui me paraît devoir obtenir les sufrages de tout homme envieux du progrès et du bonheur de ses semblables.

Agréez, cher Monsieur LAGANNE, l'expression de ma haute considération.

Dr. GODLEWSKI.

# AVANT-PROPOS

Enfant du Périgord noir, j'ai dû souvent parcourir la contrée traversée par la vallée de la Beune, et l'aspect de ce triste marais, situé au milieu d'une contrée où l'agriculture est pénible et ingrate, où les fourrages sont rares, m'a fait réfléchir bien des fois aux moyens de changer cet état de choses. Sous ces joncs inutiles, me disais-je, il y a pourtant tous les éléments voulus pour faire un sol des plus riches, et notre pauvre contrée n'en possède point déjà tant, méritant ce titre ! Quel dommage de voir ces herbes aquatiques, bonnes seulement à empoisonner l'air en se décomposant, couvrir une vallée qu'il serait si facile de transformer en riches prairies ! et je ne comprenais pas l'apathie de mes compatriotes à cet endroit.

J'eus l'espoir un jour de pouvoir organiser une société dont le but serait l'assainissement des Beunes et j'écrivis l'étude qu'on va lire ; les circonstances m'obligèrent de renoncer à mon projet, et j'ignore aujourd'hui s'il me serait permis un jour de reprendre cette question et de la traiter pratiquement. En attendant le marais reste insalubre et pauvre.

Peut-être ai-je mis dans ces pages une pensée utile ; s'il en est ainsi je ne regretterai point de les avoir publiées. Car c'est sous la protection de votre mémoire honorée que je les place, c'est en pensant au bonheur que vous éprouviez en faisant le bien, mes regrettés et vénérés maîtres, ED. LARTET et H. CHRISTY, que j'ose soumettre au public ce modeste travail.

Qu'on dessèche le marais en employant n'importe quels moyens, pourvu qu'on les dessèche ; on rendra toujours un service considérable au pays, mais j'appelle particulièrement l'attention de ceux qui s'en occuperont sur l'idée que j'émets d'un petit canal servant de voie de transport. Qu'ils étudient la question sérieusement : je suis persuadé qu'il y a là une source de bénéfices pour ceux qui la traiteront et de véritables avantages pour le pays.

Lorsque j'écrivais les lignes qui vont suivre, j'avais l'intention de demander un encouragement au Conseil général de la Dordogne ; aujourd'hui, en les publiant, je désire appeler l'attention des hommes qui pourraient la traiter, sur une question utile, que je serais heureux de voir résoudre prochainement dans les conditions les meilleures pour mon pays. Néanmoins je ne changerai rien à la forme, puisque la forme ne changerait rien au fond.

Bordeaux, le 1ᵉʳ Juillet 1875.

ALAIN LAGANNE.

# LE MARAIS

## LA GRANDE BEUNE

Le ruisseau *La Grande Beune* prend sa source dans l'arrondissement de Sarlat (Dordogne), non loin d'un village appelé le Genestal, et situé lui-même dans la commune de Lachapelle-au-Bareil. Il parcourt une vallée marécageuse étroite, d'une longueur d'environ trente kilomètres, et se jette dans la Vézère un peu au-dessous de l'important village des Eyzies.

Dans le pays, on donne généralement le nom de *Beoune* ou *Beune*, à tout marais des vallées ; celui qui nous occupe est nommé *Grande Beune*, pour le distinguer sans doute des petites vallées adjacentes, marécageuses aussi, et nommées en conséquence aussi, *Beunes* ou *Beounes*. Mais comme ce qui va suivre ne saurait avoir aucune prétention littéraire, et que la description des lieux environnant le marais, ne serait d'aucune utilité, ici, nous entrerons immédiatement dans notre sujet en disant que la vallée offrirait une pente suffisante pour l'écoulement régulier des eaux, si deux causes n'y faisaient obstacle : les eaux de la *Beune* en traversant à leur origine les immenses bancs de calcaire qui forment le sous-sol de la contrée, se chargent tellement de carbonate de chaux, que les depôts qu'elles forment de cette matière, obstruent le lit du ruisseau, au point que le fond en est exhaussé ainsi couche par couche, et arrive bientôt au niveau de la berge. Nous avons pu constater le fait en maints endroits où les bords du ruisseau sont formés par les résidus de curages successifs et incomplets. D'un autre côté, la création de chutes d'eau pour l'établissement des moulins qui existent, a nécessité l'exhaussement artificiel du lit du ruisseau ou canal d'amenée, pour chaque usine sur un assez long parcours. De sorte que les eaux s'échappant de ces canaux, soit par voie d'infiltrations souterraines, ou en passant par-dessus les berges dans les moments de trop-plein, se répandent sur la surface de la vallée, et contribuent ainsi pour leur large part, à la rendre marécageuse. L'immersion constante des terrains est due à une seule cause, on le voit : *l'existence au-dessus du sol de la vallée, en beaucoup de points, du lit du ruisseau.* Mais cette unique cause a une double origine, la nature même des eaux et les canaux artificiels faits dans l'intérêt des moulins.

Le sol du marais est en général un terrain argilo-calcaire-tourbeux. Le calcaire en est l'élément dominant, et la tourbe celui qui s'y trouve en proportions les plus faibles. Des sondages que nous fîmes en compagnie de notre ami M. Guérard, ingénieur, il y a environ un an, dans le but d'étudier les gissements de cette dernière matière, au point de vue de leur EXPLOITABILITÉ industrielle, nous donnèrent la preuve que la formation de la tourbe dans la *Beune*, a lieu dans des conditions telles, qu'elle est toujours de mauvaise qualité et impropre à n'importe quel genre de chauffage : sauf cependant sur quelques points isolés et de surface réduite. Cela tient à la nature des eaux dans lesquelles elle se forme et qui sont, comme nous venons de le voir, si chargées de carbonate de chaux, que cet élément entre au moins pour un tiers en poids, dans la tourbe la moins imparfaite.

Mais ce qui est un grave défaut, si on considère la tourbe comme *combustible*, devient une qualité véritable lorsque la question se pose au point de vue agricole. Les terrains où la tourbe domine ne deviennent fertiles en effet, qu'après avoir été modifiés par plusieurs années de culture, et des amendements successifs, lesquels consistent généralement en une addition pe chaux, tandis que le sol dont nous nous occupons, donne d'excellentes récoltes dès la première année ; ce qui tient principalement, pensons-nous, à la présence du carbonate calcaire, qui le rend facilement *divisible*, *friable*; état qui permet le contact de l'air, et le *tamisage* des eaux de pluie : toutes conditions qui accélèrent naturellement l'amélioration des terrains marécageux.

En été, en parcourant le marais des *Beunes*, on aperçoit de temps en temps au milieu des joncs et des herbes aquatiques, quelques étroits carrés de plantes cultivées, lesquelles poussent là avec une vigueur extraordinaire. C'est qu'un paysan plus laborieux que ses voisins, a creusé des larges fossés autour de ce carré de terre, et au moyen des déblais extraits en faisant ce travail, a exhaussé le sol. Il n'en fallait pas davantage, le terrain n'étant plus immergé est devenu aussitôt d'une fertilité étonnante : nous avons vu dans des petits coins desséchés de la sorte, des maïs mesurant plus de trois mètres de hauteur, et du chanvre comme on en voit rarement ailleurs, dans les meilleurs terrains.

Malheureusement les parcelles des marais assainies dans les conditions que nous venons de dire exigent un travail d'entretien considérable : si les fossés ne sont pas bien nettoyés tous les ans, ils seront bientôt envahis, remplis par les herbes marécageuses et le dépôt calcaire. Le sol qui avait été exhaussé s'abaissera à son niveau primitif, et tout sera à recommencer, car c'est une loi des vallées marécageuses que cette tendance au nivellement de leur surface, fait qu'on doit attribuer sans doute à la nature des couches inférieures qui sont comme une sorte de bouillie liquide.

Tant que les travaux d'assainissement ne seront pas entrepris en grand, que les eaux ne seront pas abaissées sur tout le parcours du marais, ces efforts partiels ne serviront qu'à prouver deux choses : la fertilité que posséderait le marais une fois assaini, l'énergie, la bonne volonté des auteurs de ces essais qui, après quelques récoltes chèrement achetées, verront leur œuvre s'ensevelir peu à peu, sous les eaux; leur coin de terre si fertile redevenir ce qu'il était avant, c'est-à-dire un champ impropre à produire autre chose que des joncs et de mauvaises herbes !

« Assainir un marais est toujours une œuvre utile au double point de vue de la salubrité et de la richesse publiques. C'est en effet détruire un foyer d'infection d'où s'échappent les miasmes, les effluves dangereuses, qui apportent au milieu des familles habitant la contrée, surtout dans les familles pauvres où la bonne nourriture et le bien-être font défaut : maladies et misère. C'est livrer à l'agriculture des terrains fertiles lesquels, avant, étaient sans valeur et d'un rapport insignifiant ou nul.

Mais si les hommes qui entreprennent et mènent à bien un pareil travail, ont toujours droit à la reconnaissance de leurs concitoyens et même à celle des générations futures, ils peuvent aussi dans certains cas, et celui qui nous occupe est du nombre, trouver dans l'accomplissement de leur œuvre une récompense pécuniaire immédiate, la réalisation de très-beaux bénéfices.

La pensée qui préside à l'étude de la question que nous traitons est donc celle-ci : *Être utile au pays en transformant des terrains marécageux considérables, sans valeur, véritables foyers de maladies, en une vallée fertile et salubre, et indiquer le moyen de recueillir une part légitime de la richesse créée.*

Cette pensée renferme un problême, et les difficultés s'offrant à l'esprit lorsqu'on cherche à le résoudre, sont de plusieurs genres et assez sérieuses : les marais, faisant l'objet de cette étude, forment une propriété très-morcelée appartenant en grande partie à des paysans qui ignorent les lois existant sur la matière, routiniers, et partant sans doute difficiles à convaincre. Voilà l'obstacle moral.

D'un autre côté : de la conservation, en certains points du niveau actuel du cours d'eau dépend l'existence de plusieurs moulins.

Sur un long parcours des marais il n'existe de chemins autrement praticables qu'à dos de mulet.

Voilà pour les principaux obstacles matériels.

Il s'en présentera encore probablement lors de l'exécution des travaux à effectuer en vue de l'écoulement régulier des eaux, de l'assainissement proprement dit; mais c'est là une question secondaire, une question d'études et de main-d'œuvre, c'est-à-dire de compétence et de capitaux.

Pour nous, le côté de la question le plus embarrassant, c'est celui que nous indiquons en commençant l'énumération ci-dessus, c'est l'entente à établir entre une société organisée en vue du dessèchement des marais, représentant la science et les capitaux, d'une part; et les propriétaires détenteurs des terrains, de l'autre.

Cette entente nous paraissait si difficile à réaliser après un premier examen que nous avions songé à faire des démarches pour obtenir du gouvernement un décret déclarant d'utilité publique l'assainissement des marais et leur expropriation, si besoin était, au profit d'une compagnie de dessèchement; et cela en application de la loi du 16 septembre 1807. Mais après réflexions nous nous sommes aperçu que par ce moyen nous n'obtiendrions pas tous les résultats que nous nous proposons : en effet, nous rendrions bien au pays les mêmes services au point de vue général de la salubrité et de l'augmentation de la richesse publiques, mais les propriétaires seraient exclus de l'opération, ils ne participeraient pas à un bénéfice immédiat devant en résulter. Or ce procédé nous semble injuste, vexatoire, et en conséquence nous l'abandonnerons quoiqu'il dût être évidemment le plus avantageux à la société qui, de la sorte, profiterait seule des avantages pécuniaires ; mais nous ne craignons pas de le dire, notre but appartient autant au domaine de la philanthropie qu'à celui de la spéculation.

L'entente directe avec les propriétaires, voilà selon nous le moyen le plus naturel, sinon le plus simple. Et pour rendre possible cette entente, il faut agir de telle sorte, que les propriétaires soient bien pénétrés de ceci : c'est que tous leurs intérêts seront sauvegardés, et qu'ils pourront, s'ils le désirent, participer aux bénéfices réalisés ; c'est que la société leur réserve une grosse part dans la plus-value acquise par les terrains assainis.

Si les propositions d'arrangement qu'on leur fera sont formulées convenablement pour être comprises par eux, si elles sont nettes et précises, ils accepteront tous avec reconnaissance, nul doute à cet égard. Quel homme, en effet, refuserait d'entrer dans une combinaison n'exigeant de lui *aucune avance*, ne lui faisant courir *aucun risque*, et lui *assurant des bénéfices ?* ...

Ainsi le principe de dessèchement admis par tout le monde, quelles objections pourrait bien faire le propriétaire à qui l'on viendrait dire : Nous désirons nous entendre avec vous, pour rendre cultivables et fertiles les terrains que vous possédez dans le marais ; nous en avons les moyens, et vous proposons de le faire à celle des quatre conditions suivantes, qui vous conviendra le mieux :

1re Condition — Si vous voulez vendre votre terrain, nous vous l'achetons au prix de sa valeur actuelle, laquelle sera établie par votre notaire et celui de la Société agissant contradictoirement, et par un tiers arbitre si ces deux hommes d'affaires ne peuvent tomber d'accord.

2me Condition — Si vous voulez rester propriétaire de votre terrain et en avoir la jouissance aussitôt les travaux d'assainissement terminés, vous nous paierez une somme de        par hectare et nous vous le livrerons en bon état de *cultivabilité* dans un délai de

3<sup>me</sup> Condition Si vous voulez conserver votre propriété sans débourser un centime, vous le pourrez encore, en nous en laissant la jouissance pendant quinze années, après l'expiration desquelles vous en reprendrez possession, nous considérant à cette époque comme indemnisés par cette jouissance.

4<sup>me</sup> Condition — Enfin, si vous voulez devenir notre co-associé dans l'œuvre du dessèchement des marais, nous accepterons votre terrain comme apport commanditaire, et pour sa valeur actuelle comme il est dit ci-dessus à la première condition. Vous participerez ainsi, dans la proportion de votre apport aux bénéfices que pourra faire la Société des dessèchements?.....

Si ces quatre conditions répondent, comme nous en sommes convaincu, aux divers désirs pouvant se produire chez les détenteurs de terrain, il ne saurait y avoir d'hésitation chez ces derniers; si hésitation il y a, que sur un point, à savoir à quelle de ces conditions ils doivent donner la préférence.

S'ils choisissent celle qui prévoit l'achat de leur terrain par la Société, la solution proposée est si naturelle et si équitable qu'elle ne saurait, pensons-nous, donner lieu à aucune discussion. Mais si au lieu de consentir une vente pure et simple ils préféraient souscrire à l'une des deux combinaisons formant les 2$^{me}$ et 3$^{me}$ conditions, il ne saurait y avoir non plus de difficultés, à moins cependant que l'indemnité réclamée par lacompagnie des dessèchements ne fût considérée par les propriétaires comme étant exorbitante, lequel cas nous avions en vue lorsque nous rédigions la 4$^{me}$ condition qui est appelée certainement à rendre nulle une pareille objection. Et en effet, si les propriétaires trouvent le prix demandé trop élevé, la réponse à leur faire n'est-elle pas toute préparée, fort naturelle et très-logique?

Puisque vous pensez que la compagnie vous demande une somme relativement forte pour assainir vos terrains, vous êtes donc convaincus qu'elle réalisera de gros bénéfices, s'il en est ainsi associez vos intérêts aux siens en souscrivant à la 4$^{me}$ condition.

Vous trouvez que nous gagnerons trop, eh bien! partagez les avantages avec nous, nous ne demanderons pas mieux.

C'est péremptoire, on le voit; et les propriétaires, ayant le choix, accepteraient la condition, objet de la discussion, sans insister davantage, ou bien ils obteraient pour la 4<sup>me</sup> condition.

Les points pouvant servir de base d'arrangement avec les propriétaires, étant traités, il nous reste à dire quelques mots au sujet des deux autres difficultés déjà mentionnées et que nous rappelons : la nécessité de conserver les chutes d'eau alimentant les usines établies dans la vallée, le défaut presque absolu de chemins d'exploitation.

Acheter et détruire les moulins existants serait un moyen radical qui faciliterait beaucoup les travaux d'assainissement; mais, en outre des dépenses sérieuses que nécessiterait un pareil mode de procéder, on porterait un réel préjudice aux populations voisines en les mettant dans la nécessité d'aller au loin faire moudre leurs grains, ce qui pourrait causer une augmentation dans les frais de mouture et dans le prix du pain par conséquent : résultat qu'il faut éviter.

D'un autre côté, la base d'opération à prendre pour modifier le régime actuel des eaux étant naturellement la partie inférieure de la vallée, nous trouvons là une usine importante sur la rive gauche. La tréfilerie du Banquet, dépendance de la forge des Eyries; et sur la rive droite, le moulin de Calimon appartenant à M. le comte de Fleurieux ; les plans d'eau des étangs de la tréfilerie du Banquet et du moulin de Calimon, sont donc désignés d'avance comme points de départ des travaux de nivellement, puisqu'il nous est interdit de les modifier.

Un peu au-dessus du Banquet, en temps ordinaire, les eaux sont, à quelques centimètres près, à la hauteur de la surface du sol du marais. Or, ce terrain offrant une pente à peu près régulière d'un millimètre par mètre sur toute la longueur de la vallée, si l'on abaissait partout les eaux au niveau des étangs du Banquet et de Calimon, en creusant le lit du ruisseau en conséquence, la différence, existant entre la surface des eaux et celle du sol, augmenterait exactement dans les proportions de la pente du terrain. C'est-à-dire que, par ce fait seul, les eaux se trouveraient déjà abaissées à un kilomètre en amont du Banquet d'un mètre par rapport à la surface du sol, de deux mètres à deux kilomètres, et ainsi de suite, toujours dans les mêmes proportions.

La deuxième usine que l'on rencontre en remontant la vallée est le moulin dit de Crabillac situé à deux kilomètres du Banquet. Le canal étant exécuté jusqu'à ce moulin, on ferait le nécessaire pour la réception des eaux provenant du trop-plein de l'étang ; puis on continuerait des travaux analogues à ceux que nous venons d'indiquer en prenant cette fois pour point de départ le dit étang de Crabillac. Et on continuerait l'opération tout le long de la vallée en suivant le même plan. Et toutes choses se trouveraient ainsi arrangées dans l'intérêt de tous.

Ce qui précède nous permet de dire que si les travaux d'assèchements étaient exécutés jusqu'au moulin de Crabillac, suivant le principe établi ci-dessus, l'écoulement des eaux se trouverait réglé, là, à un niveau inférieur de deux mètres à la surface du sol. Et la distance kilométrique existant entre le Banquet et Crabillac n'est pas la plus grande qu'il y ait entre les diverses usines de la Beune ; mais ces distances fussent-elles très-réduites en quelques points, qu'il serait encore facile, au moyen des fossés creusés latéralement au lit du ruisseau amenant les eaux dans les étangs, de régler le plan d'eau général de la vallée dans les conditions que nous venons de décrire.

On voit par ces quelques considérations que l'assèchement des marais des Beunes est chose praticable et chose relativement très-facile, sans qu'il soit besoin de toucher aux usines établies sur le ruisseau.

Quant au manque de voies d'exploitation, il nous paraîtrait tout naturel et bien simple d'y remédier en utilisant à cette fin le canal de desséchement. Il suffirait, pour le rendre navigable dans les limites du nécessaire, de construire aux points de changement de niveau des écluses *ad hoc* que l'on pourrait établir dans les conditions de la plus grande simplicité (¹).

Et ce moyen aurait un triple avantage : 1° celui de l'économie pécuniaire, car il ne coûterait à peu près rien puisqu'on serait toujours obligé de le creuser pour le desséchement; 2° économie de temps, en ce sens que cette voie serait *prête* au moment même où les travaux d'assèchement seraient terminés, époque qu'il serait sage d'attendre, en tout cas, pour *commencer* une route agricole si on voulait l'établir dans de bonnes conditions; et 3° enfin, économie du terrain que nécessiterait naturellement l'établissement de cette route.

L'idée d'utiliser pour les transports un canal dont le principal objet est le desséchement des marais, au milieu desquels on le creuse, et dans une contrée où les moyens de communication font défaut, paraîtrait toute naturelle si elle se produisait dans un pays habitué aux choses pratiques, l'Angleterre par exemple; mais il n'en sera peut-être pas de même dans le nôtre. Quoi qu'il en soit, la Société des desséchements n'ayant pour devoir que la réalisation de son œuvre dans de bonnes conditions, ne devant se préoccuper que de ce devoir et de ses intérêts personnels bien compris, pourrait mener très-vite son œuvre à bonne fin.

Jusqu'à présent nous n'avons abordé que le côté théorique de la question; en supposant une société organisée dans de bonnes conditions pour arriver au résultat poursuivi, le desséchement des marais, nous nous sommes borné à signaler les obstacles en présence desquels elle se trouverait fatalement, et les moyens propres à les vaincre. Mais notre intention est de démontrer aussi, par des chiffres, l'importance des avantages pouvant être réalisés. A ce point de vue la question se présente dans ces termes :

---

(¹) La pierre devait être exclue absolument de la construction de ces écluses que nous ferions en madriers d'aulne et de chêne.

Il y a environ 200 hectares de marais dans la vallée des *Beunes* dont nous nous occupons; ces terrains valent à raison de 1,100 fr. l'hectare, prix moyen actuel, 220,000 fr.

Si ces terrains étaient desséchés, bien cultivables, ils vaudraient à 5,500 fr. l'hectare, prix inférieur à celui indiqué par des personnes très-compétentes (¹), 1,100 000 fr.

La différence brute entre la valeur actuelle des marais et celle qu'ils représenteraient une fois assainis est donc de 880,000 fr.

Ces huit cent quatre-vingt mille francs constitueraient l'augmentation de valeur donnée à la propriété; et en déduisant de cette somme le montant des frais dépensés pour la transformation, on aurait le chiffre des bénéfices réalisés.

Mais pour avoir une idée à peu près exacte d'un minimum de bénéfices pouvant revenir personnellement à la société, supposons qu'au lieu d'agir sur 200 hectares, elle n'opère, pour une raison quelconque, dans les conditions prévues, que sur 150 et même que sur 130 hectares, nous aurons pour cette dernière quantité (la différence brute par hectare étant de 4,400 fr.,) une différence totale de 572,000 francs.

Examinons maintenant quel serait le montant des dépenses à faire et par conséquent à déduire de cette somme.

Devis des Dépenses.

Ce que nous avons déjà vu sur la constitution physique des marais et la pente naturelle du terrain, nous autorise à dire que les travaux de drainage à exécuter en dehors de ceux exigés pour l'abaissement général du niveau des eaux, seront à peu près nuls; excepté en effet les quelques points où la tourbe formée, ou en voie de formation, empêcherait le passage, le *tamisage* des eaux de pluie, il n'y a guère que quelques petits fossés, des rigoles à faire pour conduire au canal collecteur, les eaux des

(¹) M. Lafon, notaire à Meyrales, M. Pageyral, maire de Tayac.

sources se trouvant au milieu des terres dans la vallée.

Or, un canal ayant 3 mètres 50 de large sur une profondeur moyenne de 3 mètres, serait très-suffisant pour jouer le double rôle que nous lui assignons ; et comme il aurait environ 22 kilomètres de longueur, le volume de terre tourbeuse à déplacer serait de 22,000$^m$. $\times$ 3$^m$. 50 $\times$ 3$^m$. 00, ou 321 mille mètres cubes. Ce travail coûterait au plus 0 fr. 30 par mètre, soit une somme totale de 69,300 francs. Nous ajouterons à cette somme 25 % de sa totalité comme représentant les frais pouvant être occasionnés par la construction d'écluses ou le creusement de fossés latéraux ou autres : travaux dont il serait difficile d'apprécier bien exactement l'importance, mais dont le coût ne saurait dépasser cependant la proportion indiquée, soit 17,325 francs. Ces deux sommes réunies forment un total de 86,625 francs, et constituent le montant des frais bruts dépensés, pour rendre cultivables les 130 hectares de terrain dont il est question ; à ces frais, il convient d'ajouter ceux exigés pour un premier défrichement, lequel nous porterons ici à raison de 550 fr. par hectare, prix maximum que coûterait ce travail en supposant même qu'il fût fait dans les conditions actuelles, c'est-à-dire par petits lots, et au moyen de la main-d'œuvre uniquement, au lieu d'être entrepris, comme il le serait d'après notre système, sur une grande échelle par des procédés et des instruments spéciaux (¹), à 550 fr. par hectare, les frais de défrichement augmenteraient la somme ci-dessus de 71,500 francs, ce qui formerait un total de 158,125 francs.

Si nous supposons maintenant une durée de trois ans à l'exécution des travaux dont nous venons de parler, on verra que les dépenses étant :

La première année de $^1/_3$ de la somme totale ou 52,708$^f$ 33$^c$, la deuxième année des $^2/_3$ ou 105,416$^f$ 66$^c$ et la troisième enfin

______

(¹) Nous emploierons une petite drague à vapeur, pour creuser le ruisseau, et les charrues perfectionnées, spéciales, pour le défrichement.

de 158,417ᶠ les intérêts à 5 °/₀ viendront naturellement augmenter les dépenses dans les proportions suivantes :

La première année, de....................,............    2,635ᶠ 41ᶜ
La deuxième    id.    .......................    5,270ᶠ 83ᶜ
La troisième    id.  .......................    7,906ᶠ 25ᶜ

Soit un total de............................    15,812ᶠ 49ᶜ
A ces frais d'intérêts nous ajouterons..........    34,187ᶠ 51ᶜ

comme représentant à peu près les frais d'études, d'administration, etc., ce qui nous donne une somme de............................    50,000ᶠ 00ᶜ

laquelle somme étant ajoutée à celle de 158,125 francs ci-dessus l'élève au chiffre définitif de 208,125 francs.

Cette somme de 208,125 francs représente donc le montant total des dépenses à faire pour assainir, rendre cultivables 130 hectares de terrain dans le marais des *Beunes*. Et comme nous avons vu que la différence de valeur entre ces terrains, tels qu'ils sont aujourd'hui et tels qu'ils seraient après cette dépense effectuée en vue de cette amélioration serait de 572,000 francs, nous pouvons dire, après avoir retranché le montant des dépenses, 208,125 francs, qu'il resterait pour bénéfices nets *trois cent soixante-trois mille huit cent soixante-quinze francs*,

Dans nos prévisions de dépenses nous avons négligé de parler des sommes pouvant être nécessaires à l'achat des terrains; d'abord parce que dans notre pensée une opération de ce genre ne constitue pas une dépense à proprement parler, ensuite parce que nous sommes convaincu que les propriétaires désirant vendre ne forment qu'une exception minime.

Nous ne parlerons non plus, que pour mémoire, des avantages que la Compagnie trouverait évidemment à l'exploitation des terrains assainis les deux premières années. Cependant ces avantages se chiffreraient en une somme assez ronde : les travaux devant durer 3 ans, la société ne livrant les terrains qu'au bout de ce terme, exploiterait à son bénéfice : dès. la $2^{me}$ année, le tiers de ces terrains, c'est-à-dire ceux assainis dès la première année des travaux; la $3^{me}$ année elle exploiterait le même premier tiers, plus le deuxième qui aurait été assaini dès la $2^{me}$ année : ce qui équivaudrait en résumé à la jouissance de la totalité de la propriété pendant un an. Et comme ces terrains représentent à 5,500 francs l'hectare, une somme de 715,000 francs; on peut en déduire qu'ils produiraient à 3 %, un revenu de 21,450 francs. Mais nous le répétons, nous ne ferons point figurer cette somme dans les bénéfices, nous la réserverons pour parer à des éventualités pouvant se produire et occasionner des travaux et des frais imprévus.

Il en sera de même de l'économie certaine qu'on réaliserait sur le montant des travaux de terrassements, car notre calcul est fait absolument comme si l'on devait creuser le canal collecteur de $1^{er}$ au dernier centimètre, ce qui évidemment n'aurait pas lieu, le lit du ruisseau actuel n'exigeant en beaucoup d'endroits pour être utilisé, qu'une simple amélioration.

Du Partage des Bénéfices.

Il y a fort peu de personnes qui, connaissant les marais des Beunes, n'aient été frappées, même en jugeant *de visu*, des avantages considérables pouvant résulter de leur assainissement. Mais l'obstacle qui a paru toujours insurmontable, c'est, nous y revenons, la nécessité de s'entendre avec les propriétaires. Eh bien! si cet écueil s'est montré sous un jour aussi décourageant c'est qu'on n'a jamais envisagé la question à son véritable point de vue pratique. Ayant fait la remarque que les marais mis en bon état de culture représenteraient une valeur beaucoup plus considérable qu'en leur état actuel, on s'est bien demandé par quel moyen on pourrait réaliser et acquérir la fortune existant là pour ainsi dire à l'état d'une mine féconde inexploitée, mais l'on n'a pas trouvé ce moyen, et on ne l'a pas trouvé parce que,

en pareille occurrence l'esprit s'obstine en général à ne considérer les choses qu'au point de vue étroit de l'égoïsme. Si par
mon fait la valeur des marais augmentait de *cent mille francs* par
exemple, cette somme devrait m'appartenir, mais jamais je
ne pourrais m'entendre avec les détenteurs des terrains si je
veux leur faire comprendre cela. Voilà le raisonnement usuel.

Évidemment, non, les propriétaires ne s'entendraient pas avec
vous sur une pareille base, et ils feraient bien; car votre raisonnement est faux : cette somme de cent mille francs ne vous appartient pas dans sa totalité quoiqu'elle soit le résultat de votre
science et de votre travail, parce que l'objet primitif, celui sans
lequel votre science et votre travail auraient été vains, était
leur propriété incontestable.

En fait, l'œuvre d'où doivent résulter les bénéfices est com-
posée de trois éléments dont chacun est indispensable : *la propriété*, base de l'opération; la *science* qui trouve et organise les
moyens; les *capitaux* qui rendent possible l'exécution. Il est donc
juste que ces trois éléments, ou pour mieux dire ceux qui les
apportent, participent aux bénéfices dans la proportion de leur
concours. Cette proportion est facile à apprécier en ce qui con-
cerne les éléments *propriété* et *capital*, car leur importance toute
matérielle nous est connue : le premier dans son ensemble 130
hectares à 1,100 fr. l'un, représente un apport de cent quarante-
trois mille francs; le montant des dépenses représente naturellement le second, et nous avons vu que ce chiffre serait de deux
cent huit mille cent vingt-cinq francs. Quant à l'élément scientifique, celui représentant l'iniative de l'œuvre et la direction de
son exécution, si nous lui accordions la part qu'il est d'usage
fréquent dans les affaires de lui accorder, nous lui attribuerions
la *moitié* des bénéfices, la *seconde moitié* devant être partagée
entre ceux qui apportent le concours matériel et dans la proportion de leur apport : propriétaires et capitaliste étant placés ici au
même rang.

Si le partage avait lieu dans ces conditions, il serait fait d'après les règles en usage dans l'industrie, nous le répétons, et certainement aussi d'après les règles de l'équité. Et les 363,875 fr. de bénéfices prévus, seraient répartis comme suit :

Aux propriétaires.......　74,096 18　soit 20 %$_0$ de la totalité.
Aux bailleurs de fonds.　107,841 32　id. 30 %$_0$　id.
A l'élément organisateur　181,937 51　id. 50 n/n　id.

TOTAL ÉGAL......... 363,875　»

Mais nous avons, en commençant ce travail, déclaré qu'il était utile de faire une large part aux propriétaires, afin de réaliser promptement l'entente nécessaire avec eux ; ailleurs aussi, nous avons supposé que la Société des dessèchements comprendrait l'élément scientifique en même temps qu'elle apporterait les capitaux nécessaires ;

Eu égard à ces deux considérations, nous proposerons de partager les bénéfices dans les proportions suivantes : un *tiers* aux propriétaires ou 33 %$_0$ au lieu de 20 ; et les deux autres tiers à la Compagnie des dessèchements.

Pour rendre pratique l'application de cette règle, nous sommes naturellement obligés d'en combiner le principe avec la forme des 2$^{me}$ et 3$^{me}$ conditions que nous avons convenu de soumettre à l'adhésion des propriétaires, ce qui du reste est chose facile.

Ramenant tout à l'unité, nous voyons d'une part que les bénéfices étant de 363,875 fr. pour 130 hectares, ils seront de 2,799 04 *pour un hectare.* D'autre part : que les dépenses s'élevant à 208,125 fr. en totalité, elles seront de 1,600 fr. 96 aussi par hectare.

Or, la Société des dessèchements a droit :

1° A rentrer dans ses débours, soit de ce chef..　1,600$^f$ 96
2° Aux deux tiers des bénéfices ou...............　1,852$^f$ 69

Ce qui forme un total de.........　3,453$^f$ 65

Que devront s'engager à payer à la Compagnie, pour chaque hectare de marais assaini, les propriétaires acceptant la deuxième condition.

Quant à ceux ayant choisi la 3<sup>me</sup> condition, ils s'engageront à laisser à la société l'usufruit de leur terrain pendant le temps nécessaire pour que celle-là trouve dans cette combinaison des avantages égaux à ceux offerts par la seconde. Théoriquement, et nous basant sur le prix de 5,500 francs l'hectare et sur un revenu de 3 %, la durée devrait être de 13 ans environ; mais vu les chances à courir pendant cette assez longue période, il nous paraît juste de porter cette durée à 15 ans.

## CONCLUSIONS.

Les chiffres et les considérations générales que nous venons d'exposer sont assez probants, pensons-nous, pour qu'il soit inutile d'entrer et de nous étendre dans de plus longs détails.

Incontestablement le dessèchement des marais est chose très-possible, entrepris d'après le plan que nous venons d'esquisser et qui peut se résumer ainsi :

Une société de capitalistes s'entendant avec les propriétaires en leur achetant les terrains ou en s'associant avec eux sur les bases que nous avons fait connaître et qui donneraient à l'association la forme d'un syndicat libre ;

Creusement d'un canal collecteur pour régler le niveau général des eaux, leur écoulement régulier et servant en même temps de voie de transports; laquelle voie devrait rester pendant un temps déterminé la propriété personnnelle de la compagnie des dessèchements.

Incontestablement aussi c'est une œuvre d'utilité générale et dans l'accomplissement de laquelle auteurs et intéressés directs devront trouver de sérieux avantages.

En conséquence :

Et puisque l'œuvre est d'utilité publique, nous avons l'honneur de solliciter l'appui du Conseil général de la Dordogne. Une marque de bienveillance de cette assemblée, sous forme d'approbation de notre projet, en faciliterait et hâterait l'exécution ; et nous serions heureux de l'entreprendre sous ce haut patronnage.

Bordeaux.— Imp. de F. Degréteau.

www.ingramcontent.com/pod-product-compliance
Ingram Content Group UK Ltd.
Pitfield, Milton Keynes, MK11 3LW, UK
UKHW022334170726
13837UKWH00005BA/2277

... INTERROMPUS PAR U...

...T DÉFENDUS PAR UN TROUP...

PAR

Victorien BERTRAND

...... Des prônes à qui ...
...... tout s'endort ...
...... assurez-vous, mes am... en riant
...... nous ferons de la mor...
(A...)

Sixième Édition

PARIS

C. DILLET, LIBRAIRE
... DU MESSAGER DE LA SEMAINE
15, RUE DE SÈVRES, 15

1867

## Ouvrages du même auteur :

### MAN CONTRE LES ROMANS
#### (Édition confidentielle)
#### Par l'abbé Victorien BERTRAND.

1 beau vol in-12. Prix : 2 fr.

... Un morceau de pain à manger, un morceau de roman à lire !...

*( Le Chiffonnier de Paris.)*

sous forme dramatique, la charge la plus vigoureuse qui
re jamais été poussée contre les produits licencieux de nos
s modernes. Dans une série de tableaux d'une effrayante
teur nous fait assister à tous les ravages que la lecture des
roduit au sein de la société. Il était difficile de mieux analyser
tagieux, qui, aujourd'hui, a envahi toutes les positions et
ges, et va se répandant partout avec la plus alarmante rapi-
salon, le roman est descendu dans l'atelier, il est monté dans
sarde, s'est arrêté dans la loge du portier, à la cuisine, à l'écu-
a acquis sa place presque incontestée partout où il y a une in-
ce à fausser, un cœur à corrompre, des appétits grossiers à
des passions mauvaises à enflammer.....

e livre de **M**. Bertrand est de ceux qui se recommandent le plus
ment aux sérieuses méditations des pères et des mères de
des maîtres, des patrons, des hommes d'Etat comme des mem-
clergé ; enfin, de tous ceux qui, de près ou de loin, participent
que manière à la charge des âmes, et ont pour mission de
la pureté des mœurs publiqu s et privées.

a connu par des ouvrages d'une actualité saisissante, **M**. l'abbé
en Bertrand vient d'ajouter un fleuron de plus à sa couronne
ain, et payé noblement sa dette pour la défense de la vérité.
re restera comme le pilori, auquel l'opinion publique et l'âme
ée d'un honnête homme, qui s'en est fait l'organe, a attaché le
r moderne, en inscrivant au-dessus du poteau infamant l'acte
d'a isation de ce grand coupable. Nous applaudissons de grand cœur
au le courage avec lequel notre auteur a su pousser le cri d'alarme.
Nous le remercions de s'être montré impitoyable et contre les livres,
et contre leurs indignes auteurs ; car nous aimons cette intrépidité
calme avec laquelle, fort de son droit, l'apôtre de la vérité sait la proclamer envers et contre tous, couvrant de ses dédains les vaines clameurs que pourra soulever contre lui son intrépidité même. **M**. Victorien Bertrand n'a épargné personne, ni les morts, ni les vivants, ni
les noms restés obscurs, ni ceux qui jouissent de la popularité des
carrefours, des clubs et des mauvais lieux. Honneur à lui ! »

*( Bibliothèque d'Avignon.)*

### UN COUP DE SABRE AU NŒUD GORDIEN D'ITALIE
#### Dialogue entre un Sergent-Major à principes de bronze et un Epicier, lecteur du *Siècle*.

PAR LE MÊME — 64 pages in-18. Prix : 50 cent.

# GARO ET SON CURÉ

*Propriété et tous droits réservés.*

# GARO ET SON CURÉ

OU

## PRONES INTERROMPUS PAR UN IMPIE

### ET DÉFENDUS PAR UN TROUPIER

PAR

Victorien BERTRAND

> « ..... Des prônes à qui baille au théâtre ;
> « des sermons à qui s'endort sur les romans !...
> « — Rassurez-vous, mes amis ; c'est en riant
> « que nous ferons de la morale..... »
>
> (Avis au lecteur.)

*Troisième Édition*

PARIS

C. DILLET, LIBRAIRE

ÉDITEUR DU *MESSAGER DE LA SEMAINE*

15, RUE DE SÈVRES, 15

1864

# AU PEUPLE

Mes Frères,

Vous aimez la franchise, et ne pouvez souffrir qu'on y aille par quatre chemins pour vous dire vos vérités, fût-ce à bout portant. Laissez-moi donc vous en dire une; elle vous expliquera la singularité de la forme et du ton de cet ouvrage.

Emportés par un tourbillon continuel d'événements, d'affaires, de plaisirs, pénétrés comme d'une atmosphère d'indifférence et de frivolité, vous n'avez plus de goût aux choses sérieuses; les savantes dissertations vous fatiguent, les discussions philosophiques vous rebutent, les grands traités vous font peur : un livre de piété, si mignon, si onctueux, si parfumé qu'il puisse être, agit sur vos nerfs, et, pour vous plaire, ce n'est plus assez aujourd'hui d'avoir du talent et de vous aimer; il faut encore savoir vous prendre à vos heures et se mettre à votre unisson... quand il vous plaît de rire ou de chanter.

Et je viens, moi, pauvre et naïf enfant des montagnes, vous offrir un hommage de prônes et de sermons !...

— des prônes, à qui bâille au théâtre; des sermons, à qui s'endort sur les romans!...

Rassurez-vous pourtant, mes Frères; je ne viens pas troubler votre gaîté; c'est en riant que nous ferons de la morale. Mais si parfois quelque sombre tableau passait sous vos yeux, ne vous hâtez pas de rejeter ce livre; rappelez-vous alors le véritable but de l'auteur en vous parlant un langage badin; armez-vous de courage, et pensez à la pierre brûlante qui cicatrise les chairs d'un malade pour lui épargner la gangrène et la mort.

Mais, pour Dieu, ne criez pas au scandale en voyant un prêtre interrompu au prône. Ce prêtre gémissait de la solitude du temple, où la parole sainte se perdait dans le désert; il en était aux expédients pour ramener son peuple autour de la chaire chrétienne, et, ne pouvant l'attirer par ses talents, il a choisi la curiosité. Mobile frivole, si l'on veut; mais le siécle lui-même est si frivole! Et puis, nos missionnaires en ont-ils employé un autre pour humaniser les peuplades sauvages du Nouveau-Monde? ne les vit-on pas sur des barques légères marier tour-à-tour leurs pieux cantiques au ramage des oiseaux, et les sons de la lyre au bruit cadencé des flots harmonieux? Pourvu que le bien s'opère et que le navire aborde, qu'importe le nom de la vague qui le lance vers le rivage?

# INTRODUCTION

C'était la veille de la Toussaint 18.... La petite localité de Drignon avait pris un air de fête. Déjà, de son timbre argentin, le joyeux carillon des cloches du village annonçait l'allégresse du ciel et de la terre, et, par de bruyantes volées, les clochers des environs répondaient en cadence.

Sur l'immense esplanade qui sépare l'église du presbytère, un groupe s'était formé autour de M. le curé, vénérable prêtre à cheveux blancs, qui soutenait avec l'instituteur une discussion assez animée.

Sur les fronts des spectateurs on pouvait lire tour à tour l'anxiété, la satisfaction, l'intérêt qu'ils prenaient à ce combat, et, dans plusieurs, le désir mal dissimulé que la victoire restât à *M'sieu l'régent.*

M. Lucien, *le savant* du village, était l'ennemi juré du jésuitisme et de la superstition ; disgracié de ses supérieurs pour son impiété notoire, il ne lui restait que cinq ou six élèves dont les parents partageaient ses principes et lui continuaient leur confiance en dépit de l'administration qui l'avait révoqué.

Outre le souverain mépris qu'il professait en général pour le *parti-prêtre* (style du *Siècle*), M. Lucien avait surtout en horreur M. le curé, qu'il soupçonnait d'avoir trempé dans sa disgrâce, et pour certaine intrigue scandaleuse à laquelle sa vigilance paternelle avait mis fin.

— ... Or, vous conviendrez, monsieur le curé, que l'amorce est trop grossière et la corde usée...; le peuple y voit clair, Dieu merci, nous ne sommes plus au bon vieux temps des oubliettes, de la dîme et des billets de confession.

Quelques voix dans la foule : *Oui, le siècle a marché....*

— *Jarni, nous nous civilisons! — Oh mais..., il était temps, oui-dà! — Morgué, si ça eût duré encore un tantinet.....*

M. LE CURÉ, *tristement* : — Allons, mes bons amis, je vois que l'on vous égare et qu'on n'est pas content de la cruelle expérience de nos pères... Pauvre peuple que tu es à plaindre !

M. LUCIEN : — Que voulez-vous dire, monsieur! Qui parle d'égarer le peuple ? Ah ses meilleurs amis ne sont pas les industriels qui lui disent : *Abstenez-vous, jeûnez, priez, et payez!* mais bien ceux qui font luire à ses yeux le flambeau de la raison et du bon sens !

— Mais enfin, monsieur Lucien, il n'est donc pas possible de vous amener sur le terrain d'une discussion régulière et suivie? voilà plus d'une heure que je cherche à vous concentrer sur un point pour nous expliquer là-dessus; peine inutile! vous m'échappez toujours, caméléon glissant et volage, pour vous montrer plus loin avec d'autres subtilités qui vous semblent des raisons, sans me donner le loisir de répondre aux premières, et de vous dire qu'elles ont été cent fois mises en poudre, et qu'on ne se baisse plus à regarder la boue où vous allez les recueillir...; encore un fois soyez franc et raisonnons. Que prétendez-vous ?

M. LUCIEN, *avec emphase* : — Je prétends, monsieur le curé, que ces bons paysans qui nous écoutent, en savent déjà plus long que vous ne le supposez ; je prétends que de plus en plus, leur gros bon sens fait justice de vos rêveries et de vos capucinades ; Jacques bonhomme s'est aperçu qu'on l'exploite avec des *oremus* et de l'eau bénite ; il ne pense plus qu'il soit nécessaire au salut de payer des dispenses au pape, d'aller au catéchisme et de se morfondre, trois heures durant, au pied d'un confessionnal...; il croit en Dieu, le sert à sa manière et ne craint plus d'être damné pour avoir mal parlé de la sainte inquisition.... Que voulez-vous, M. le curé : comme on disait autrefois : *les Dieux s'en vont!* on dit aujourd'hui : *le christianisme s'en va.* A mesure que l'industrie progresse, que la vapeur bouillonne, et que le gaz illumine nos cités, les peuples voient plus clair dans leurs affaires; ils deviennent de jour en jour plus *positifs* et ne sont plus d'humeur à se laisser éblouir pas vos aspersions, vos génuflexions et vos cérémonies, véritable poudre de perlimpinpin jetée aux yeux des nigauds...

— Mais de grâce, M. Lucien...

— Eh! vous m'avez interpellé, laissez-moi finir! Je disais donc que si les prêtres trouvent leur intérêt à nous tromper, le nôtre est de leur rire au nez et de leur dire bravement : Merci, nos bons amis; nous sortons d'en prendre : gardez vos oripeaux et vos guenilles pour amuser les enfants et les bonnes femmes; vous nous avez trop longtemps tenus au maillot, nous voulons enfin marcher sans lisières : assez, assez de pain bénit comme cela.

— Il est fou!

— Fou vous-même, monsieur; si votre rôle est d'abrutir le peuple, le mien consiste à l'éclairer.

— Ah mille pardons, monsieur Lucien, j'oubliais..., mais à vrai dire, je ne croyais pas tant de trésors de verve et d'éloquence dans l'étude de la bâtarde et de l'alphabet.

— Raillez tant qu'il vous plaira, monsieur, le silence et le mépris seront ma réponse.

— Mais enfin, me direz-vous le but de cette provocation en plein vent?

— Ah, c'est donc vous provoquer, monsieur le curé, que de vous soutenir que ce sont les prêtres qui ont inventé l'enfer, la messe, l'abstinence, le jeûne, l'absolution et tout ce fatras de christianisme dont Dieu ne se soucie guère, mais dont les prêtres et les jésuites on fait leur grand cheval de bataille?

— Mais pour quel motif, et quel grand intérêt y avaient-ils donc, je vous prie?

M. LUCIEN, *riant :* — Ah! ah! voyez donc la malice! mais l'intérêt de la cupidité, de la domination!

— Ce sont donc en résumé les prêtres qui ont inventé la religion?

— Oui, Monsieur! (*Quelques voix dans la foule :* Bravo : bravo, *M'sieu l'Régent!...*)

— Et bien! M. Lucien, voulez-vous connaître là-dessus mon sentiment et mon unique réponse?

— Oui, parlez!

— C'est une platitude à force d'être répétée, et dans le même cas... vous permettez ?

— J'enrage ! mais parlez donc !

— Celui qui a le premier découvert cette vérité lumineuse peut avoir son mérite, sans doute ; mais il n'a sûrement pas inventé la poudre (*Rire général*), et vous êtes trop modeste, Monsieur, pour vous attribuer un pareil honneur.

— Des insultes ne sont pas des raisons, M. le curé ; et je soutiens que la religion est une invention des prêtres pour dominer et s'enrichir.

— Où donc alors, quand, par qui a été faite cette sublime découverte ? citez, nommez, je vous prie ; on ne détruit pas d'un mot, eût-on la science de Voltaire, fût-on même maître d'école, la croyance du genre humain ! Et vous n'ignorez pas sans doute, que dans tous les temps et les pays du monde, toutes les nations, même les plus sauvages et les plus barbares, ont eu leurs divinités, leurs cérémonies, leurs temples, leurs prêtres et leurs autels.... Citez donc, Monsieur, nommez, encore une fois, et je vous mets au défi de rien dire qui ait l'ombre du bon sens.

M. LUCIEN, *se grattant la tête :* — Eh, mais... c'est très facile assurément... c'est, je crois, sous Zoroastre, Confucius... ou du moins sous Lycurgue et Solon... J'ai du reste dans ma bibliothèque une savante dissertation d'un auteur fort ancien..., je pourrai vous la montrer plus tard... quand vous voudrez.

M. LE CURÉ, *avec un léger sourire :* — Et si je vous priais d'aller la chercher et de nous la montrer tout à l'heure...? Allons, ne rougissez pas ainsi ; avouez de bonne foi, votre défaite et reconnaissez cette *poudre de perlimpinpin* dont vous parliez naguère, et dont vous voudriez comme toujours aveugler ces braves gens... Voyez, mon cher, ça ne prend pas ; choisissez la donc à l'avenir de meilleur aloi. Quand il vous plaira de nous montrer cette *savante dissertation*, nous la lirons avec reconnaissance ; surtout si vous vouliez bien à notre prochaine entrevue être plus loyal dans vos raisonnements, et rester dans une question jusqu'à ce qu'elle soit épuisée, pour en prendre une autre ; sans quoi nous ferions du gâchis, ou bien un *pot pourri*, comme vous dites dans ce *siècle de vapeur de gaz et de lumières*, et ces bonnes gens n'y verraient que du bleu; ainsi donc c'est entendu, nous nous reverrons?

— Oui, Monsieur!

— Et avec la *dissertation savante de l'auteur fort ancien?*

M. Lucien, *pâle de colère :* — Soyez tranquille, M. le curé; vous trouverez bientôt à qui parler.

— A votre aise, Monsieur; mes bons amis, au revoir.

M. Lucien, *aux paysans, tandis que M. le curé s'éloigne :* — Voyez un peu cet air sentencieux! ne dirait-on pas qu'il parle toujours comme le pape : *ex cathedrâ,* du haut de la chaire, *urbi et orbi?* Ah! c'est que lorsqu'il sermonne, il a beau jeu, le compère; il sent très-bien que personne n'osera le contredire; les lois sont si formelles! Vrai Dieu! s'il m'était permis de l'interrompre, et de réduire à leur juste valeur les contes qu'il nous débite! mais le moyen, s'il vous plaît de n'avoir pas toujours raison quand on parle tout seul?

Un villageois : — Oui dà; et lorsque tout l'monde est prêt à crier *amen!*

Un autre : — Oh! ça, vrai de vrai! qui n'entend qu'une cloche n'entend qu'un son.

# PROLOGUE ENTRE DEUX VIEUX AMIS

—Dis donc, hé, Lafleur, écoute voir un brin...

LAFLEUR, *avec un salut militaire*. —Présent, l'ami Lucas, toujours présent pour te servir.

— Sais-tu la nouvelle... la farce?... oh! jarni, queu chance!... mais tu n'y étais pas...

— Où cela, quand donc? parle.

— Eh! ce matin, devant l'église... t'as perdu une danse soignée, oui-dà!

LAFLEUR, *se frottant les yeux*. — Ma foi, comprends pas. Ah! ça, l'ami, as-tu bu, es-tu fou, que ton esprit soit en campagne? qu'y a-t-il donc, et de quelle danse veux-tu parler?

— Et morgué, de M. le curé avec not'Régent, donc! y s'étiont brossés d'importance, va, et devant pas mal de monde.

— Ah! que me dis-tu là, mille cartouches!..... allons, je couperai les oreilles à ce drôle. Et M. le curé a été blessé?

— Et qui te parle de blessures? Allons, calme-toi, Lafleur, il s'agit simplement d'un petit duel à coups de langues, comme dit l'autre : ils ont dégoisé, disputé, lutiné des yeux, des bras, des mains, et puis v'là.

— A la bonne heure donc, voilà qui s'appelle parler. C'est égal tout de même, il faut que je casse quelque chose à ce gredin-là; j'ai mes raisons, et si jamais il me tombe sous la main... suffit! Et c'est dans l'église qu'ils se sont disputés, dis-tu?

— Non, devant le *principitaire*. C'était sur la religion, l'église, les prêtres, la dîme, les *juliettes*, que sais-je? Ah! dame, fallait voir comme M. Lucien ripostait au curé... C'est encore un cadet, c'ti là, qu'est pas gauche, ni manchot pour manier le verbe, et si j'avais sa *gargousse!* cré coquin d'sort, être si bête!...

— Quoi donc, Lucas, tu maudis ton étoile, et tu envies la tête de ce pédagogue? Fameuse avance, ma foi, si la nature te l'avait plantée sur les épaules! Vingt-cinq Polognes! je te croyais plus fier et plus délicat. Ce pédant! ce pékin! parce que ça saura lire et barbouiller du papier, ça se dresse, se dandine, ça se mêle de raisonner et de déraisonner sur tout, ça s'attaque à la religion, au bon Dieu, ça se donne des airs de matamore avec les prêtres... morbleu, ça me met dans une colère!... c'est que, vois-tu, Lucas, j'aime la religion, moi, j'aime les prêtres; et si jamais ce blanc-bec s'avisait de molester M. le curé, il ne faudrait pas qu'il s'approchât trop de moi... Donne-lui de ma part ce petit conseil d'ami.

— Peste, mon brave, comme te v'là animé! Jarni, faut donc que l'curé te tienne fort au cœur, que tu le défendes si dru! toi, l'sergent Lafleur, un vieux, qu'étais si bon camarade (un peu bamboche toutefois), et qu'as laissé des souvenirs au régiment, t'aimes les calotins, toi? C'est donc fini, t'as fait le plongeon, comme dit l'autre; ma foi, je n'y voyons que du bleu, vrai de vrai, je ne te r'connaissons plus!

— Oui, j'aime les prêtres, les *calotins* même, si ça te fait plaisir; et je m'en vante, mille escadrons, et ne m'en crois pas plus canaille pour cela; j'aime surtout M. le curé. Que veux-tu? enrôlé comme tu sais, fort jeune, à l'âge de dix-huit ans, sous le petit caporal, la vigueur du sang, les amis, les occasions, et pis que tout cela, un malheureux point d'honneur avaient fait de moi un franc vaurien. L'éducation solide et vertueuse que j'avais reçue m'ouvrait un brillant avenir; eh bien! ma mauvaise conduite me l'a fermé sans retour.

— Et oui, ça, ma fi, c'est malheureux tout de même, car t'as dans l'temps diablement usé de culottes sur les bancs des colléges et des pensions... et dire que j'en peux ét'ben un peu la cause ! nous avons tant de fois fait la noce ensemble, quoique je ne fusse qu'un moutard auprès de toi ! Mais là, faut être juste, faut convenir, soit dit sans te fâcher, que si avec ta bravoure et ton éducation, t'as resté simple sergent de voltigeurs, c'est pour avoir partagé tes vingt-six ans de service entre la salle de police et l'estaminet.

— Rien de plus vrai, mon brave. Or, pendant que je faisais, comme tu dis, mes farces au régiment, ma pauvre mère malade, — devant Dieu soit son âme ! — (*une larme silencieuse roule sur sa vieille moustache*), ma pauvre mère n'avait pas d'autre ami, d'autre médecin, d'autre consolateur que M. le curé; il l'a soignée, l'a veillée, a reçu son dernier soupir; et il l'a pleurée, le digne homme, autant que si c'eût été sa mère, et s'est chargé de me transmettre avec sa bénédiction ses dernières volontés.

— Oh ! quant à ça, faut être juste, not'curé a bon cœur.

— A cette foudroyante nouvelle, je me réveille, je pars, j'arrive; il m'apprend tout d'une voix attendrie; je pleure, il mêle ses larmes aux miennes; puis, me prenant les deux mains, il me regarde fixément et me dit quelques paroles... oh ! mais là, de ces paroles brûlantes, énergiques, victorieuses, qui vont à l'âme, et inspirées sans doute par le dernier gémissement de ma mère mourante... Nous tombons dans les bras l'un de l'autre, je lui raconte l'histoire de mes longues erreurs ; sa voix amie me rassure, m'encourage, me console, et, de mauvais sujet que j'étais, je deviens en un moment solide et vrai chrétien. Or, tu conçois, Lucas, que c'est entre nous deux à la vie et à la mort; car, mille baïonnettes ! ce qui bat sous cette vieille capote de soldat, ce n'est pas un morceau de bronze..... Encore une fois, j'aime M. le curé; et que ce pédant se tienne sur ses gardes !

— Oh ! quant à ça, m'est avis que ces cadets-là ne seront jamais d'accord ; car y plaidont, Dieu me pardonne, l'un pour *Belzégrut*, et l'autre pour saint Michel. Queu dommage, Lafleur, que tu n'as pas été à la roulée de ce matin ! Mais c'est égal, y a rien d'perdu; ça va recommencer d'plus fort, M. Lucien saura ben r'trouver son homme; d'abord, il l'a promis. Ah ! mais... quand une fois il s'y met... faut pas dire; c'est un lapin, oui-dà! le plus grand lisard et le mieux *éduqué* du pays, qu'a étudié pour passer curé, puis avocat, puis médecin; même qu'y parliont l'autre jour de le fourrer dans *l'aménistration* et de l'envoyer en *ambuscade aux calomnies*... juge voir un peu!...

—Farceur! tu veux dire sans doute en ambassade aux colonies. Allons, c'est encore un de ces canards qu'il vous fait avaler à jeûn... Pauvres gens!,.. En tout cas, on nous eût débarrassé d'un fameux perroquet... Ah! mille escadrons, si j'étais gouvernement!

— Eh ben, quoi donc que tu ferais?

— Parbleu! je l'enverrais seriner les moutards de Bicêtre ou de Pontoise.

—Tout l'monde ne parle pas comme toi, mon pauvre Lafleur; m'est avis que t'aurais bientôt changé de langage, si l'dimanche, au prêche, M. l'curé baillait un tantinet la parole à M. l'Régent. Oh! jarni, comme nous verrions tôt le bonhomme *a quia!* mais là, dire qu'il nous faudra toujours croquer l'marmot trois grands quarts d'heure durant à écouter ses lanterneries, sans qu'il soit permis de lui couper l'verbe, quand on a un capucin de la trempe de M. Lucien à lui opposer; c'est diablement *sciant* tout d'même!

— Parbleu, te voilà bien à plaindre!... En tout cas, il me pousse une idée originale, et si je vois M. le curé, je lui dirai deux mots au tuyau de l'oreille. Il y a ici, grâce à ce pékin, tant de préjugés et d'indifférence religieuse, il se vante avec tant de morgue de fermer la bouche au prédicateur s'il osait lui répondre, et de ruiner avec quelques arguments tout l'édifice de notre foi, que je ne serais pas fâché de voir s'ouvrir une discussion publique... Je youdrais, morbleu, que le peuple qu'il égare pût entendre le pour et le contre, et voir une bonne fois cette grande science à l'œuvre!

# PREMIÈRE PARTIE



---

## PRONE PREMIER

**Sur la Religion; sa nécessité pour l'homme en général.**

> *Non in solo pane vivit homo, sed in omni verbo quod procedit ex ore Dei.* — L'homme ne vit pas seulement de pain, mais de toute parole qui sort de la bouche de Dieu.
>
> (Math., 4-4.)

MES FRÈRES,

Cette parole profonde et sérieuse que le divin Maître adressait à l'ange des ténèbres transformé en ange de lumière pour le tenter, je viens vous l'adresser en ce jour le cœur navré, car je dois vous faire part d'une réflexion bien désolante pour l'âme d'un prêtre qui vous aime. Envoyé par le Seigneur vers une portion de son troupeau, à peine, hélas! quelques brebis fidèles entendent ma voix. Je ne vois ici, laissez-moi vous le dire, que l'ombre du Christianisme; les sacrements abandonnés, le temple presque vide, une indifférence glaciale pour tout ce qui n'est pas argent, matière, sensation, une ignorance déplorable des plus simples vérités de la foi, triste fruit de la solitude qui règne le dimanche autour de la chaire chrétienne.

En revanche, des champs bien cultivés, des vignes fécondes, des troupeaux luxuriants de vigueur et de santé, les fruits d'abondantes moissons entassés dans vos greniers... Voilà ce qui s'offre à mes regards depuis que je suis parmi vous; vous êtes d'excellents propriétaires, d'habiles ouvriers, de sages agriculteurs, vous êtes d'une sagacité merveilleuse pour les affaires : mais, je vous le demande, où est le chrétien, mes frères, où est même l'homme raisonnable? Car enfin, vous ne l'ignorez pas, l'homme ne vit pas seulement de pain; il y a en lui quelque chose de supérieur à la matière, un principe intelligent et spirituel qui ne saurait boire et manger comme les animaux, une âme immortelle enfin qui n'a d'autre aliment que la parole de Dieu : *Non in solo pane vivit homo.*

Eh bien ! c'est cette parole sainte, mes frères, que je veux vous faire entendre cette année; c'est de cet aliment surnaturel que je dois nourrir votre âme en vous retraçant en abrégé le tableau des principales vérités que nous devons tous croire et pratiquer pour vivre en vrais chrétiens. Dieu, notre âme et ses éternelles destinées; la religion, son culte, ses ministres et ses lois salutaires, en un mot tout ce qui intéresse l'homme ici-bas, et dont l'ignorance peut avoir les conséquences les plus fatales; tel sera, mes Frères, le sujet de ces entretiens. Mais aujourd'hui, pour m'en tenir à la parole de mon texte, je me borne à vous parler de la religion, et de sa nécessité absolue pour la société en général.

*En ce moment un léger murmure se fait entendre au milieu de la nef, à quelque distance de la chaire. Tous les yeux se portent vers un homme en lunettes, d'une mise élégante et compassée, qui, depuis le commencement de l'instruction, s'agitait à sa place, chuchottait à droite, à gauche et semblait contredire le prédicateur. Celui-ci, qui l'a quelque temps observé, reste un moment en silence; puis, promenant ses regards sur toute l'assemblée, il les arrête sur l'endroit d'où part cette agitation, et, sans désigner personne :*

— Il me semble, *dit-il*, qu'il y a dans cet auditoire quelqu'un que ma parole n'a pas le don de convaincre et qui conserve des doutes sur les vérités que je vous annonce.... Je vous déclare ici que je suis prêt à vous donner toutes les explications qui seront en mon pouvoir. Je dirai plus, mes Frères, j'ai tant à cœur votre instruction et le salut de votre âme, je vois ma paroisse imbue de si funestes préjugés, que je n'hésiterais pas à permettre des interruptions à mes discours, si la gloire de Dieu et le bien spirituel de mon peuple pouvaient être attachés à ces conférences d'un genre nouveau ; j'irai même, s'il le faut, jusqu'à prier celui d'entre vous qui se sent des difficultés, à me les soumettre sans crainte dans ces instructions du soir, et je m'empresserai d'y répondre.

— Eh bien, Monsieur le curé, puisque vous me le permettez, *s'écrie M. Lucien rayonnant de plaisir, car c'était lui,* je prendrai la parole et serai l'organe de votre auditoire dans la discussion de votre sujet. Nous bénissons l'heureuse inspiration qui nous y fait tous ainsi participer ; c'est, je crois, le meilleur moyen de nous instruire et de nous intéresser par vos sermons. Personnellement, je vous remercie d'avoir comblé mes désirs en me permettant de vous répondre tout haut ce que ces bonnes gens pensent ici tout bas.

*Une sourde rumeur se promène dans l'auditoire ; on se regarde avec anxiété ; et, bien que cette interruption ait été provoquée, on s'attend à un éclat. Tous les yeux vont tour à tour de la chaire au banc de la municipalité ; mais M. le Maire reste impassible. Alors le prédicateur, d'un geste de la main imposant silence à la foule agitée :*

— Je suis heureux, Monsieur, *dit-il,* que mon appel ait été entendu ; plus heureux encore d'avoir pour interlocuteur un homme que ses lumières mettent en état de servir la cause de la religion et d'exercer sur ses concitoyens une influence salutaire. . (*Un léger sourire effleure les lèvres de l'instituteur.*) C'est, je n'en doute pas, dans l'unique but de dissiper leurs préjugés et de les éclairer sur leurs devoirs et leur vrais intérêts, que vous élevez la voix dans cette enceinte sacrée... La situation exceptionnelle de ma paroisse, l'amour ardent d'un pasteur pour son troupeau qui fuit loin du bercail, et le zèle qui le dévore pour votre instruction et votre salut, suffiront, j'espère, pour légitimer aux yeux de mes supérieurs ce mode insolite de conférences.

— Et moi aussi, Monsieur, laissez-moi vous le dire, moi aussi, aimer le peuple et l'éclairer fut toujours ma devise, et je ne m'en écarterai pas en discutant son éducation religieuse que vous entreprenez ce soir. Mais songez-vous bien, Monsieur, à la tâche pénible que vous venez de vous tracer? Pour moi, je ne vois pas trop comment vous nous prouverez que sans la religion, la messe, les prêtres, la confession et des sermons, la terre ne serait pas tour à tour pâle en automne et fleurie au printemps, et l'homme, ce qu'il fut et sera toujours, le roi de la nature.

— Rassurez-vous, Monsieur; ma tâche n'est pas aussi difficile qu'il vous plaît de le dire; le triomphe de la vérité ne tient pas à la faiblesse de son organe; elle parle assez haut dans l'esprit et le cœur de l'homme pour n'avoir pas besoin du talent de ses défenseurs. Suivez-moi, je vous prie; j'espère vous prouver, ainsi qu'à mes auditeurs, que sans la Religion la terre serait un vrai coupe-gorge, un enfer anticipé.

— *Parlez Seigneur, votre serviteur écoute,* vous dirai-je avec l'Ecriture; mais si c'est possible, abrégeons les détails.

— Mon Dieu! je sais bien que vos moments sont précieux, mais laissez-moi de grâce, instruire mon peuple. Ces détails qui vous seraient peut-être inutiles à vous, Monsieur, qui les avez lus cent fois, pourront lever bien des doutes dans l'esprit de mes auditeurs. Les chrétiens qui m'écoutent n'ont besoin que du témoignage de l'Ecriture et de la tradition, car la foi leur suffit. Je parle à ceux qui douteraient encore; aussi, m'adressant uniquement à leur raison, je ne vais invoquer ici que des preuves matérielles et des autorités profanes.

Et en effet, mes Frères, ôtez aux hommes toute religion et toute croyance en un être infiniment saint, infiniment sage, infiniment juste qui doit un jour punir le crime et couronner la vertu : dès lors plus de société possible, plus de lois ; chacun les violera dès qu'il le pourra sans crainte ; plus de rois qui ne soient tyrans, plus de sujets qui ne deviennent rebelles, la vertu, la probité, la justice, les mœurs ne seront que des fantômes, et la raison, du plus fort engloutira la terre dans un déluge de sang.

— Voilà de bien pompeuses assertions, Monsieur le curé : il est vraiment dommage qu'elles soient gratuites... J'ai le regret de vous dire que pour moi, comme pour ces braves gens, des assertions ne sont pas preuves.

— Nous vous en donnerons, Monsieur. Croyez-vous au témoignage des païens ?

— C'est selon : il y a tel philosophe qui ne serait pas déplacé dans un couvent de Chartreux : témoin, Socrate, Épictète, Caton.

— Mais au témoignage de Plutarque, de Platon, de Cicéron, de Sénèque... ?

— Oh ! pour ces derniers, je vous les abandonne ; je crois qu'ils étaient chrétiens au sein du paganisme ; mais j'ai en grande vénération les deux premiers : l'un pour ses histoires charmantes, et l'autre pour ses idées libérales.

— A merveille, Monsieur. Eh bien ! tout ce que l'antiquité païenne a dit en faveur de la religion, ces deux philosophes l'ont résumé en deux mots bien énergiques par leur concision. « *Il serait plus facile*, dit Plutarque, « *de concevoir une ville bâtie en l'air, qu'une société sans* « *religion* (1). » Et Platon assure que « *l'ignorance de* « *Dieu est le plus grand fléau des Etats, et qu'attaquer* « *la religion, c'est saper les bases de toute société hu-* « *maine* (2). »

— A vrai dire, Monsieur le curé, je trouve ces auteurs un peu trop éloignés de nous : nous avons d'autres idées aujourd'hui... Et puis, qui m'assure que ces passages sont bien authentiques et n'ont pas été glissés par une main suspecte et intéressée ?

— Mais savez-vous bien, Monsieur, que vous détruisez là tout moyen de jamais parvenir à la vérité ? Je ne vous suivrai pas dans une discussion qui nous mènerait trop loin. Voulez-vous des témoignages plus authentiques encore, si c'est possible, et surtout moins suspects pour vous, peut-être ?

(1) Plut. *adv. Col.*
(2) Plat. *de leg.* 10.

— Oh ! oui, Monsieur, laissons dormir l'antiquité dans sa poudre ; il faut d'autres arguments pour convaincre la jeune France et l'amener au confessionnal ! Donnez-nous donc des autorités plus concluantes, des noms qui rayonnent au soleil du siècle des lumières !

— Des noms tels que celui de Diderot, de Condorcet, de Bayle, de J.-J. Rousseau, de Voltaire, par exemple, n'est-ce pas ?

— À la bonne heure, Monsieur ! voilà les vrais amis du progrès, de la civilisation ! les génies tutélaires du peuple, qui l'ont instruit de sa grandeur et de ses droits éternels ! Mais aussi, comme ils vous ont fait main basse sur la superstition ! et, comme l'a si bien dit d'Alembert à une femme célèbre : *Quel furieux abattis dans la forêt du fanatisme et des préjugés !*

— Soyez loyal, Monsieur, et citez aussi la réponse de la spirituelle marquise : *Voilà pourquoi sans doute vous nous débitez tant de fagots.* Et maintenant, si vous saviez comme vous me mettez à l'aise en invoquant le témoignage de ces philosophes ! avez-vous une bonne édition de Bayle, de Jean-Jacques, de Voltaire, etc. ?

— J'ai tous les auteurs de l'Encyclopédie, et j'y lis de fort jolis sermons, je vous l'assure.

— Etes-vous bien certain que leurs ouvrages ne sont pas falsifiés ?

— Oui, monsieur ; j'ai les éditions publiées de leur vivant.

— En ce cas, vous aurez souligné, je pense, ce passage de Voltaire : « Telle est la faiblesse du genre hu-
« main, et telle est sa perversité, qu'il vaut sans doute
« mieux pour lui d'être subjugué par toutes les supers-
« titions possibles, pourvu qu'elles ne soient pas meur-
« trières, que de vivre sans religion... L'homme a tou-
« jours eu besoin d'un frein... Un athée qui serait rai-
« sonneur, violent et puissant, serait un fléau plus funeste
« qu'un superstitieux sanguinaire... — Partout où il y a
« une société établie, une religion est nécessaire ; la loi
« veille sur les crimes publics, et la religion sur les cri-
« mes secrets (1). »

« Je ne voudrais pas, dit-il ailleurs, avoir affaire à un

______________

(1) *Traité de la tolérance.*

« prince athée qui trouverait son intérêt à me piler dans
« un mortier ; il est bien sûr que je serai pilé. Je ne vou-
« drais pas, si j'étais souverain, avoir affaire à des cour-
« tisans athées dont l'intérêt serait de m'empoisonner ;
« il me faudrait prendre au hasard du contre-poison
« tous les jours... Il est absolument nécessaire pour les
« princes et pour les peuples que l'idée d'un être su-
« prême, créateur, gouverneur, rémunérateur et ven-
« geur soit profondément gravée dans les esprits (1). »

— Voltaire, le grand Voltaire a dit cela ! je ne sais plus
que penser.

— Oh ! ce n'est rien encore, écoutez : « L'athée fourbe,
« ingrat, calomniateur, brigand sanguinaire, raisonne et
« agit conséquemment s'il est sûr de l'impunité de la part
« des hommes ; car s'il n'y a pas de Dieu, ce monstre est
« son Dieu lui-même ; il s'immole tout ce qu'il désire ou
« lui fait obstacle : les prières les plus tendres, les meil-
« leurs raisonnements ne peuvent pas plus sur lui que
« sur un loup affamé de carnage. Si le monde était gou-
« verné par des athées, il vaudrait autant vivre sous
« l'empire immédiat de ces êtres infernaux qu'on nous
« peint acharnés sur leurs victimes (2). »

Voilà, Monsieur, quelques-uns des mille passages que
vous trouverez dans les œuvres de cet homme qui a corrompu notre patrie : Bayle et J.-J. Rousseau ne sont pas
moins formels ; mais je ne veux pas multiplier les citations ; on ferait bien des volumes de tous les hommages
forcés rendus à la religion par la pléïade impure des incrédules modernes ; si vous avez leurs ouvrages, vous
pourrez, en les consultant, vous convaincre de leur mauvaise foi lorsqu'ils ont parlé le langage des passions et de
l'impiété.

— Eh bien ! voilà quelques-unes des contradictions que
l'on a de tous les temps reprochées à ces grands génies ;
ils se laissaient aller à l'enthousiasme du moment, mais
pour désavouer presque aussitôt les pages échappées à
leur faiblesse... Vous conviendrez avec moi, Monsieur,
que s'ils ont parfois dit de belles choses à la louange de

(1) *Dict. phil. art.*, Athées.
(2) *Homél. sur l'athéisme.*

la religion, ils ne les sentaient guère, et, qu'en définitive, ce n'étaient pas vos plus fervents chrétiens.

— Je suis loin de convenir, Monsieur, que les pages admirables de ces écrivains à la louange de la religion ne fussent pas senties : je soutiens au contraire, avec les meilleurs critiques, que ce n'est que là qu'ils sont sublimes ; et quant à leurs contradictions continuelles, il en est une par laquelle ils ont tous passé : après avoir fait les braves toute la vei, ils ont tremblé à l'heure de la mort ; c'est une heure, je crois, où l'on peut croire à leur sincérité. Mais nous aurons à revenir là-dessus dans une autre occasion.

— Mais qui m'assure, Monsieur, que la religion n'est pas un bout de la chaîne par laquelle les princes tiennent les peuples, un marchepied pour les dominer, un échelon pour atteindre à la couronne ?

— En sorte donc que, selon vous, les rois convaincus de la puissance de la religion pour contenir les peuples, les ont mis sous ce joug... Les rois sont en définitive les inventeurs de la religion ?

— Oui, Monsieur, et je ne suis pas le premier à le prétendre.

— Oh ! vous pouviez bien vous adjuger la gloire de cette prétention ; vous n'auriez pas fait grand tort à son auteur. Que c'est pitoyable ! quoi ! quoi, vous croyez, vous, Monsieur, à la possibilité d'une erreur si universelle, si constante, si cruelle ! et tôt ou tard les peuples ainsi asservis ne se seraient pas réveillés ! que dis-je ? ils ne se sont pas encore aperçus qu'ils sont dupes ! et les passions impatientes d'un joug aussi humiliant, ne leur ont pas donné des yeux de lynx pour épier les actions, les paroles, les sentiments de la cour et y découvrir, dans l'impiété et l'athéisme, la ruse barbare de leurs tyrans ! Allons donc ! ce n'est pas la peine de sortir de la question pour répondre à de pareilles misères !

— Je suis parfaitement dans la question, Monsieur, et soutiens encore une fois que la religion, telle du moins qu'on nous la fait pratiquer, est une invention de la politique.

— Ah ! ce ne sont donc plus *les prêtres...?* nous avons, à ce qu'il paraît, changé nos batteries ; c'est fort bien. La religion, dans ce nouveau système, n'est que pour la multitude; et les rois qui la lui ont jetée comme un épouvantail, peuvent la fouler aux pieds sans conséquence, à moins que, par prudence, ils n'en revêtent le masque : ce qui revient à dire qu'elle ne les oblige que pour la forme et l'exemple, n'est-ce pas ?

— A merveille, Monsieur le curé.

— Eh bien, Monsieur, puisque nous revenons sur le passé, retenez ces paroles d'un impie; elles vous prouveront bien mieux que tous les raisonnements que si la religion est un frein puissant pour les peuples, elle n'a pas moins d'empire sur les souverains, et que les uns ne sont pas plus maîtres que les autres des sentiments qu'elle inspire. « Un prince qui aime la religion et qui la craint, dit « Montesquieu, est un lion qui cède à la main qui le « flatte ou à la voix qui l'apaise; celui qui craint la reli- « gion et qui la hait, est comme ces bêtes sauvages qui « mordent la chaîne qui les empêche de se jeter sur les « passants : celui qui n'a pas du tout de religion est cet « animal terrible qui ne sent sa liberté que lorsqu'il dé- « chire et qu'il dévore (1). »

En voilà, je pense, assez, Monsieur, pour vous prouver que, princes et sujets, grands et petits, riches et pauvres, tous ont besoin de religion; que la religion est la garantie de nos droits, la règle invariable de nos devoirs, la sanction la seule suffisante des lois, et, selon l'énergique parole de Montesquieu, la *chaîne salutaire qui nous empêche de nous jeter les uns sur les autres.* Nous avons besoin de la religion comme de l'air pour respirer; c'est le gardien fidèle que tout homme veut sentir à ses côtés. Oh ! qu'on ne répète donc plus cette vieillerie : que la religion est d'invention humaine ! elle est née avec le premier homme. En nous donnant une âme immortelle, en nous faisant à son image, le Créateur a voulu qu'à ce nom sacré une fibre intime se remuât dans notre cœur; son souffle divin a établi, entre lui et nous des rapports mystérieux, d'ineffables communications; il a voulu que l'homme, ce roi de la création, ce dernier anneau de la chaîne immense des êtres qui va de la terre au ciel et que l'homme rattache à Dieu, lui transmette l'hommage de toute la nature; et voilà pourquoi, mes Frères, il a

_____

(1) Montesq., *Esprit des Lois.*

1*

fait de la religion une loi de notre être, une condition essentielle de notre existence et de notre conservation.

— Tout cela est bel et bon, Monsieur le curé ; mais je ne vois pas trop pourquoi l'on donne tant d'importance à quelques simagrées ; je ne crois pas que les affaires allassent plus mal en France, quand même nous nous passerions de prônes, de messes, de prêtres et de religion.

— Ah ! vous ne *voyez pas* cela, vous, Monsieur ? vous ne *croyez pas*... dites-vous ? Il est vraiment dommage que vous ne soyez pas venu soixante ans plus tôt pour nous le dire... En tout cas, il y a peut-être dans cet auditoire quelque vieillard qui pourra vous satisfaire... et qui doit *croire*, lui, parce qu'il a *vu !* Hélas ! pourquoi me forcer à dévoiler ici la honte de ma patrie ! Levez-vous de la tombe, ô mânes de nos pères ! Venez nous dire ce que devient un pays qui veut *se passer de religion !...*

Il y a un demi-siècle à peine, un sanglant météore se promena sur la France. A son approche, la religion de nos aïeux recula de dix huit cents ans... jusqu'aux jours féroces de Néron et de Domitien. Les prêtres égorgés ou proscrits ; les religieux chassés de leurs couvents et mis hors la loi ; un essaim de timides et innocentes vierges fuyant échevelées devant la brutalité d'impudiques soldats ; l'ami trahissant son ami, le fils dénonçant son vieux père et l'envoyant à la mort ; et, au milieu de ce chaos d'épouvante et d'horreur, les cris sinistres du bourreau qui s'excite au carnage et les gémissements convulsifs de la victime qui se débat... Voilà, Monsieur, le tableau dont vous eussiez été témoin dans ces jours de lamentable mémoire ! Ah ! c'est qu'après les *philosophes d'idée*, vinrent les *philosophes d'action*, pour *écraser* dans la société cette *infâme* que leurs pères avaient écrasée dans leurs écrits.

Dès lors, livrée comme une proie à l'impiété sanguinaire de quelques tigres à face humaine, la France se tordait dans les convulsions d'une déchirante agonie... La croix cet adorable symbole de paix, d'union et d'amour, tombée de son piédestal, était foulée aux pieds de ceux qui passaient par le chemin ; la religion, auguste soleil d'espérance et de salut, s'était éteinte dans une mare de sang...

— Eh bien ! je vous demande, mes Frères, à vous qui avez eu la douleur de voir ces scènes lugubres, ou qui les avez entendu raconter à vos pères, parlez, dites-nous la religion de 93 ! Dans les temples changés *au nom de la loi* en clubs ou en granges nationales, à la place des autels profanés ou démolis, à la place de la Croix, sur le tabernacle du saint des saints, qu'a donc mis, je vous le demande, qu'a mis la philosophie, l'impiété barbare de nos vandales ?... O honte ! ô sacrilége satanique ! sur les autels du Dieu vivant, une infâme prostituée !!! Mais aussi, voyez le pendant obligé, mes Frères, l'autre plateau de la balance qui tombe : dans les villes et les bourgades, la GUILLOTINE A LA PLACE DE LA CROIX.

Voilà, je le répète, chrétiens, ce que devient un pays qui veut se passer de religion : voilà l'horrible abîme où l'impiété le précipite. Mais, que dis-je ? ah ! même alors, même au milieu du déchaînement des passions, quand toute vérité disparaît emportée par l'ouragan des révolutions et des discordes civiles, l'homme a besoin de se cramponner à quelque chose ; même alors qu'il hurle et déchire comme une bête féroce, son cœur a besoin d'aimer une divinité quelconque ; son âme a besoin d'adorer, de prier, il lui faut une religion. Oui, que ce forcené détrône ses rois, brise ses monuments, renverse ses autels ; qu'il arrose du sang des prêtres les ruines des temples ; qu'il élève le parjure, la trahison, le parricide au rang des vertus civiques : s'il n'a plus de Dieu, il lui faut vite une Déesse, comme pour illuminer, ne fût-ce que d'une torche funèbre, l'horrible enfer où l'a plongé l'abandon de son soleil divin ; et le septembriseur, ivre de sang, le bonnet jacobin sur la tête, la pique parricide à la main, se prosterne et adore ; il ne sait pas être athée ! tant les monstruosités de l'athéisme répugnent aux monstres eux-mêmes !

Mes Frères, n'oublions pas, de grâce, que nous marchons sur des ruines encore fumantes, et que, sur le pavé de nos rues, ont coulé des ruisseaux de sang ! Du sein de ses ruines, une voix lamentable nous crie : *Malheur aux cités impies !* et chaque goutte de ce sang expiatoire dit anathème au misérable qui veut ravir aux nations ce dont Robespierre lui-même a proclamé la nécessité.

Oh ! laissez-moi donc vous le dire en finissant, mes

Frères : la religion est l'âme de notre vie, l'élément nécessaire de toute société, et comme le sang qui coule dans les veines de l'humanité ! Si c'est une erreur, quelle erreur fut plus universelle, plus constante et plus profondément enracinée dans l'esprit des nations ? Si c'est une illusion, nous devrions au moins, avant de la proscrire, examiner comment elle fut assez puissante sur les Gaulois nos aïeux, pour qu'ils lui aient égorgé pendant plusieurs siècles des hécatombes humaines, et que les pères lui aient immolé leurs enfants ! Si c'est un préjugé, n'oublions pas qu'il dure depuis six mille ans ! il est au moins vénérable, puisqu'il est né en même temps que le monde ; il doit surtout être saint et sacré pour des chrétiens, puisque tant de millions de martyrs l'ont rougi de leur sang !

Ah ! que n'ai-je le loisir de vous dire ici que la religion, par ses bienfaits, s'est rendue aussi nécessaire aux hommes que la mamelle d'une mère l'est à son enfant ! Mais bornons là pour le moment les preuves d'une vérité si claire par elle-même, que les meilleurs raisonnements ne feraient que l'obscurcir. De grâce donc, mes Frères, respect, amour à la religion ! Fuyez avec horreur les impies qui la blasphèment ; et puisqu'au sentiment d'un homme célèbre, *on n'a jamais affecté de ne rien croire que pour se donner le droit de tout faire*, ou, comme le dit si bien Montesquieu, puisque *personne ne nie l'existence de Dieu, si ce n'est celui à qui il importe qu'il n'y en ait point*, vivez toujours de telle sorte que vous soyez intéressés à l'heure de la mort à trouver véritable la parole bénie qui vous annonce un éternel bonheur !

Ainsi soit-il.

---

## Epilogue (APRÈS L'OFFICE).

**LAFLEUR**, *apercevant de loin Lucas qui cause avec quelques amis :*

— Certes, lui dit-il, si c'est là cette grande bataille dont tu me parlais naguère et le guet-à-pens où l'instituteur attendait M. le Curé..., il faut avouer que tu t'exagérais un peu les dan-

gers de la position, et l'on voit bien, vingt-cinq Polognes!
que tu n'as vu le feu qu'à six cents lieues de distance. Saprebleu! c'était bien la peine de faire tant de bruit! je croyais à
t'entendre qu'il y aurait du sang versé.

— Oh! écoute donc, jarni, nous étions tous dans l'église et
non sur un champ de bataille, et tu comprends ben...

— Eh! laisse-moi tranquille! Est-ce donc là ce foudre de
guerre? Le pauvre garçon! il hésitait, il n'osait pas se lancer...
je l'aurais pris tout d'abord pour une recrue qui marche de
travers et ne sait pas tenir son fusil... Mille bombes! si j'avais
été près de lui, je l'aurais encouragé.

— Fallait donc le faire, toi, Marcel, qu'étais à son côté; fallait y dire qu'on l'mangerait pas et d'pousser toujours la botte
à M. le Curé...

Lafleur. — Et que veux-tu qu'il pousse? Je l'ai vu bégayer
trois fois, fort embarrassé de sa personne; il se tordait, il se
demenait, on eût dit le diable dans un bénitier. Qu'avait-il
donc, Marcel, était-il malade?

Marcel. — Peut-être ben!

— Ce qu'il y a de bien certain, c'est qu'à voir ferrailler ce
pauvre don Quichotte, on n'était sûrement pas tenté de
fuir.

— Eh morgué! que veux-tu, aussi! faut être juste. Il était
là tout planté comme un chandelier au milieu de la *nèfle*; et
pis le monde qu'était là à le r'garder, à le r'luquer ni pus ni
moins qu'un animal curieux venu des *Lantilles* ou du *Ca-
narda*... y ne s'trouvait pas à la noce, jarni! avec ça qu'il
n'entre à l'église que tous les trente-deux du mois, tandis que
le curé était cheux lui; et dame, si j'avions été là, moi, ou toi
Marcel, ou toi Simon, ou toi-même Lafleur, tout vieux sergent que tu es, nous n'aurions pas été à notre aise du tout!

Simon. — Oh! ça, vrai de vrai.

— Mais patience, ça viendra; il *s'enguerrelira*, l'lapin, et
pour lors, gare la bombe! y a d'la ressource dans c'te escar-
celle-là!

— Ah ça mais, nom d'une baïonnette! il a donc beaucoup
de verve et de courage, hors de l'église, le particulier; et
quand il est chez lui, comme tu dis, Lucas, c'est un vrai
*québrantador?*

— Oh? que oui, ma fine! et faut voir quand y s'trouve en
rase campagne!... Jarni! queu platine et comme y vous retourne le verbe! et de ci, et de là, n'en veux-tu, n'en v'là,
que c'est z'une bénédiction!... Oh! mais... faut pas alors venir
y tarabuster l'tempérament!

— Oh! oh! si terrible que cela?... Eh bien, mes amis, j'aurai ce courage, moi; voilà mon affaire! Je veux, morbleu, lui
dire quatre mots entre deux yeux. Mille bombes! je ne suis

ni curé, ni docteur, ni même pédagogue; mais je crois avoir
du bon sens, et c'est une arme qui en vaut une autre; qu'en
dis-tu, Lucas ?

— Qui, toi, Lafleur, t'attaquer à M. Lucien ?

— Oui, moi, vingt-cinq Polognes ! qu'y a-t-il là d'étonnant ?
J'ai mon honneur, j'ai ma raison, et par-dessus tout, j'ai des
principes solides... Ah ! mille cartouches ! avec cette triple
cuirasse, je me sentirais la force d'affronter l'univers, et tu
veux, saprebleu, que je tremble devant ce faquin?... Allons
donc !

—⸺—

# PRONE DEUXIÈME.

**Sur la Religion ; sa nécessité pour l'homme en particulier.**

> *Et si impius fuero, væ mihi est.* — Et malheur
> à moi, si je suis impie !
>
> (Job, 10-15.)

MES FRÈRES,

La société, vous l'avez vu dimanche dernier, ne saurait
subsister sans religion. La religion est la condition essentielle de son être; famille, tribu, peuplade, nation, de
quelque nom qu'on l'appelle, et sous quelque jour qu'on
l'envisage, partout où plusieurs hommes sont réunis; de
cette réunion même il résulte une multitude de rapports
nécessaires, des droits et des devoirs réciproques dont la
violation constitue la société dans un état violent de désordre et d'anarchie, capable, s'il se prolongeait, de
l'anéantir en peu de temps. Or, la religion est la gardienne fidèle de ces rapports sacrés; elle seule a su
donner aux lois qui les régissent une sanction suffisante,
puisque elle seule peut dignement punir le vice et rému-
nérer la vertu.

Mais, mes Frères, si la religion est si nécessaire à

l'homme en général, elle ne l'est pas moins à l'homme en particulier. Sans elle, en effet, l'homme est un mystère inexplicable à la raison humaine, et comme un étranger dans la création ; sa conduite journalière est une continuelle folie ; il traîne péniblement sur la terre une vie sans espérance ; ses jours sont sans soleil, ses douleurs sans adoucissement, et ses derniers soupirs empoisonnés par des terreurs et une épouvante sans nom.

— Certes, Monsieur le curé, *s'écrie M. Lucien plus aguerri cette fois et se dressant en face de la chaire,* voilà une terrible kyrielle de conséquences ! et savez-vous qu'il faut avoir les yeux perçants pour les découvrir dans votre principe ?

*A cette nouvelle interruption, un murmure d'étonnement et d'impatience s'élève de tous les points de l'auditoire, encore mal habitué à un genre de discussion si nouveau dans une église ; mais le prédicateur, qui voit avec plaisir à l'affluence inaccoutumée qui se presse autour de sa chaire, qu'il a choisi le vrai moyen d'intéresser et d'instruire une population dégoûtée, pour ne pas dire ennemie de la sainte parole, se contente de répondre froidement et sans s'émouvoir :*

— Ces conséquences, Monsieur, si vous ne les avez pas encore aperçues dans mon principe, c'est que vous ne l'avez pas sérieusement médité ; pour en être convaincu, vous n'avez qu'à descendre dans votre cœur, écouter froidement la saine raison... Que dis-je ? vous n'avez peut-être qu'à interroger votre propre expérience pour convenir que je n'avance rien de trop, et que nous ne pouvons nous définir ni vivre heureux sans religion.

— Je vous assure que mon cœur, ma raison, mon expérience, tout est en moi parfaitement muet et ne me dit rien là-dessus : j'attends votre bon plaisir et prête une oreille attentive à vos preuves triomphantes.

— C'est un honneur dont nous sommes très flatté, Monsieur. Je disais donc, mes Frères, que sans la religion, l'homme est un problème inexplicable, un nonsens dans la création. Que sommes-nous ? d'où venonsnous ? pourquoi avons-nous reçu l'être ? pourquoi cette ardente soif d'espérance et de bonheur que rien ne peut éteindre ? qu'y a-t-il au-delà de la tombe ? avons-nous une âme immortelle, et quel sort nous attend après la mort ?... Mystère, problème insoluble, mon frère; livre scellé pour toute intelligence créée qui n'en demande pas la clé à la religion. Ce problème redoutable, il y a six mille ans que la philosophie cherche à le résoudre; elle a enfanté des théories, donné des définitions, bâti des systèmes dont on ne lit plus de nos jours le résumé sans rire et prendre en pitié les aberrations de la sagesse humaine devenue de la folie. Un seul, le plus beau génie de l'antiquité païenne, a fait l'admiration des siècles pour avoir émis sur Dieu, sur notre âme et son avenir une doctrine à peu près raisonnable, puisée, on n'en doute plus, dans nos livres saints; et encore, quelle ridicule définition de l'homme : *un animal sans plumes !* Eh bien, mon frère, ces problèmes insolubles à la philosophie, un enfant les résoudra, s'il a été bercé sur les genoux d'une mère chrétienne; le flambeau de la foi à la main, il a sondé cet abîme; il vous dira sur Dieu, sur l'homme, son origine et ses éternelles destinées, sur la morale et les vertus, des choses sublimes devant lesquelles le divin Platon et Socrate tomberaient à genoux !

— Mon Dieu, Monsieur le curé, assez, assez, de grâce, nous savons tout cela; nous n'avons qu'à ouvrir le catéchisme, et vous nous ferez l'honneur de croire que nous n'en avons pas besoin. Voudriez-vous, s'il vous plaît, nous prouver *comme quoi* je ne puis pas, moi, par exemple, me passer de religion ?

*Un léger frémissement de l'auditoire accueille cette question de M. Lucien, qui n'entre dans l'église qu'aux fêtes nationales.*

— Et qu'y aurait-il donc d'étonnant à ce que je ne pusse pas le prouver pour vous, Monsieur ? Vous auriez l'insigne honneur de faire exception dans le monde moral, comme il est des êtres d'exception dans le monde physique; mais vous ne voudriez pas sans doute de cet honneur-là. Ainsi, permettez-nous, Monsieur, de vous classer dans la catégorie des hommes à qui la religion est nécessaire, et laissez-moi, s'il vous plaît, continuer mon raisonnement.

Nécessaire pour expliquer l'homme, son origine et son avenir, la religion ne l'est pas moins pour expliquer sa conduite journalière. Ceux qui veulent que l'homme en particulier puisse vivre sans religion, se placent dans une sphère impossible et des régions imaginaires; ils oublient qu'ils ont sucé la religion avec le lait maternel; qu'ils vivent dans une société naturellement chrétienne, qu'une atmosphère de religion les entoure, les inonde, les pénètre de toutes parts, et que son influence salutaire peut seule donner la raison de l'honnêteté des mœurs publiques: un homme sans religion, pour être conséquent, devrait être un scélérat. Si les lois le retiennent dans les bornes du devoir, il est le plus lâche des hypocrites et le plus misérable des insensés. Quoi! il a secoué le joug de Dieu, et nous le voyons obéir à l'homme! Son unique loi est son caprice et son intérêt; le plaisir son unique croyance; ses passions, le seul frein qui l'enchaîne, un bras vengeur n'est pas levé sur sa tête, un abîme éternel n'est pas ouvert sous ses pieds; pour lui, tout finit à la tombe; et pourtant, voyez-le, mon frère, son existence n'est pas à l'extérieur plus irrégulière et plus désordonnée que celle du vrai croyant, dont la vie est un combat, une souffrance continuelle! et, comme le chrétien exilé sur la terre, l'impie qui en fait sa patrie se fait violence et vit de manière à pouvoir aussi se proclamer *homme de bien;* et nous le voyons pratiquer toutes les vertus sociales et les plus pénibles devoirs de la vie, absolument comme ceux à qui la religion montre un œil constamment ouvert sur leur conduite, un juge qui les attend au bord du tombeau pour les récompenser ou les punir... En vérité, comment expliquer cette inconséquence et cette étrange folie? Pour moi, mes frères, j'y ai toujours vu un hommage éclatant et forcé que les impies rendent à la religion; et, la preuve incontestable de sa nécessité pour tout le monde, c'est que celui qui n'en a pas est obligé d'en prendre au moins les dehors s'il veut conserver quelque chose d'humain et n'être pas comme un monstre, honteusement banni de la société.

— Mais, Monsieur, comptez-vous pour rien la loi, le bagne et l'échafaud? ne sont-ce pas, à votre avis, d'excellents moralistes, et ne les croyez vous pas de nature à donner aux scélérats plus de souci que notre confession, notre ciel et notre enfer? Allez, allez, ne cherchez pas dans la religion la raison des vertus sociales: quant à moi, je la trouve dans les juges, les prisons et le bourreau.

— Et si l'impie est assez adroit pour les éviter, s'il peut faire son coup sans témoins, qui l'arrêtera? Vous n'ignorez pas cette parole d'un homme d'esprit : *La loi punit non pas le crime, mais la maladresse qui s'y laisse prendre.* Aussi, que de forfaits échappent tous les jours à la surveillance de la police! que de crimes inconnus! que de vols ignorés! que d'attentats à l'honneur, à la paix des familles! L'œil du magistrat pénètre-t-il au fond du cœur pour aller y couper le mal dans sa racine? C'est dans le cœur que s'opèrent tous les crimes avant de paraître à l'extérieur : voilà pourquoi c'est du cœur que la religion s'assure d'abord; c'est dans ce labyrinthe clandestin qu'elle va étouffer les complots des passions; c'est à cet étroit défilé qu'elle les attend pour les anéantir au passage. Le juge condamne l'assassinat, mais la religion condamne la colère et la haine; en un mot, selon l'énergique expression de Voltaire, *la loi veille sur les crimes publics, et la religion sur les crimes secrets.* Aussi, tout homme qui n'a pas de religion, sitôt qu'il peut sans crainte être ingrat, voleur, adultère, assassin, comme son intérêt est l'unique règle de sa conduite, s'il se fait violence et résiste à ses passions, sera, je le répète, ou un lâche hypocrite, ou le plus à plaindre de tous les fous.

— Mais que faites-vous, Monsieur, de ce sentiment d'honneur et de probité naturelle que la main du Créateur a déposé dans l'âme de tout homme qui n'est pas un monstre?

— Ce que j'en fais, Monsieur? une arme contre vous! L'honneur, la probité! mais n'est-ce pas le cri de la conscience, l'instinct du devoir, la sainte voix de la nature? Le remords, n'est-ce pas le gémissement de notre âme qui réclame ses droits? Et ce sentiment de paix céleste qui nous inonde après l'accomplissement d'un devoir, n'est-ce pas encore le joyeux transport de notre âme, heureuse d'avoir fait le bien et pratiqué la vertu? Eh bien, Monsieur, cet instinct sublime de l'honneur et du devoir, ce sentiment sacré dont le Créateur a mis le germe dans nos âmes, quelle sainte influence l'a développé? Ce cri intime de la nature, qui en a fait une parole, un langage, et comme l'annonce redoutable des jugements de Dieu? N'est-ce pas la religion; la religion qui, du berceau à la tombe, nous montre au-dessus de nos têtes et dans notre cœur, un juge et un témoin secret de nos actions, de nos paroles et de nos plus mystérieuses pensées? Non, non, mes Frères, sans la religion, plus de vertu, plus d'honneur, plus de probité; c'est J.-J. Rousseau qui l'assure, et M. Lucien ne récusera pas son témoignage: *Je n'entends pas*, dit-il, *qu'on puisse être vertueux sans religion; j'eus longtemps cette opinion trompeuse, dont je suis bien désabusé.*

— Eh bien! en supposant que la conduite de l'impie soit en effet inexplicable, une inconséquence continuelle et même *une folie*, si vous tenez à ce mot, que lui importe après tout si cette folie le rend heureux?

— Qu'avez-vous dit, Monsieur? l'impie heureux!... Mais savez-vous bien que vous donnez un démenti solennel à l'Esprit-Saint, qui a dit: *Point de paix pour l'impie* (1). Savez-vous bien que les hommes les plus pervers et les plus corrompus ont été forcés d'avouer que le bonheur, même dès cette vie, est inséparable de la paix du cœur, des pures et saintes joies d'une bonne conscience et des délices inénarrables que laisse dans une âme l'amour du devoir et de la vertu? Seriez-vous peut-être, Monsieur, de ceux qui font consister le vrai bonheur dans la fortune, la puissance, les honneurs et les plaisirs? Mais vous n'avez donc pas entendu ce gémissement de détresse du plus heureux des rois, qui va se répétant d'âge en âge sur le trône, dans le cabinet du financier, sous le laurier du conquérant et jusque dans ces voluptueux boudoirs où s'énerve la mollesse: *Tout est vanité sous le soleil!* (2) La fortune! et depuis quand le bonheur s'achète-t-il avec des écus? Les plus riches ne sont-ils pas souvent les plus malheureux? Les grandeurs, la puissance! comme si le cœur humain avait jamais pu étouffer les cris de cette sangsue dévorante qui le ronge nuit et jour, et lui dit: *affer affer!* (3) apporte, entasse, grandis, monte toujours! — Les plaisirs! comme si la volupté de l'incrédule n'était pas comme

(1) Is., 48, 22.
(2) Eccl., 1, 2.
(3) Prov., 30, 15.

celle du chrétien criminel, empoisonnée par le dégoût, l'épuisement et la douleur; comme s'il n'était pas, lui aussi, quoi qu'il en dise, poursuivi jour et nuit par le fantôme sanglant de sa conscience immolée qui lui crie: *Malheureux, qu'as-tu fait?* Non, Monsieur, l'impiété ne donne pas le bonheur: *A-t-on jamais résisté au Seigneur et trouvé le repos* (1), dit l'Ecriture... *la tribulation et l'angoisse n'ont-elles pas toujours rempli d'amertume l'âme infortunée qui vit dans l'iniquité* (2)?

— Je vous assure, Monsieur le curé, que vos arguments ne me convaincront pas. Je n'ai pas de religion, je n'en sens pas le besoin, et, comme vous le voyez, je ne m'en porte pas plus mal... N'allez pas au moins me dire, comme tout à l'heure, que je suis une exception : il y a dans cet auditoire bien des personnes de ma trempe, et qui n'en sont pas pour cela plus malheureuses. Nous mangeons bien, buvons encore mieux, et dormons fort tranquillement sur nos deux oreilles. Que dites-vous, Monsieur, d'une vie si peu édifiante?

— C'est, en vérité, poser nettement la question..... Eh bien, Monsieur, voulez-vous me permettre de vous parler aussi franchement et sans détour?

L'Instituteur, *rayonnant d'orgueil.* — Oui, Monsieur, parlez hardiment, déployez toute votre éloquence; que dites-vous d'une vie si déréglée?

— Hé, mon Dieu, ce que je dirais de la vie du chameau, du mulet, de l'âne et des animaux que l'on engraisse dans nos basses-cours... (*Rire général et marques d'approbation.*)

Encore devez-vous leur porter envie, Monsieur, continue le prédicateur, *après avoir imposé silence d'un geste de la main....* ces animaux sont plus heureux que vous; ils mangent sans se donner d'indigestion, ils boivent sans jamais s'enivrer et dorment plus tranquilles; jamais rêve fâcheux n'a troublé leur sommeil. Ce que je dis d'une pareille vie? et que voulez-vous que j'en dise? Quoi! à votre avis, manger, boire, dormir, voilà donc tout l'homme? Vous insultez à l'espèce humaine, Monsieur! Il y a quelque distance entre l'homme et la brute.

(1) Job, 9, 4.
(2) Rom., 2, 9.

Libre à vous de fraterniser avec la bête de somme et de vous incliner vers cet animal immonde qui se roule dans la boue pour lui dire : « Ami, tes plaisirs sont mes plai- « sirs ; tes douleurs sont mes douleurs ; ta vie est ma « vie, et ma mort sans espérance et sans retour comme « la tienne. » Mais je vous en prie, soyez le seul de votre espèce, et ne couvrez pas le front de ces honnêtes gens de la honte de vous ressembler ! Il n'y a ici, laissez-moi vous le dire, que des chrétiens et des hommes raisonna- bles ; ceux que vous vous donnez pour compagnons d'in- crédulité sont tout au plus des malheureux égarés par leurs passions, ou séduits par vos exemples et vos perni- cieux conseils ; mais qui, au fond de l'abîme de leur dé- gradation, conservent encore leur raison, leur noble intelligence et leur âme immortelle, cette fille du Ciel faite à l'image de Dieu ! J'en appelle au remords qui les torture après le crime ; j'en appelle à cette pure ivresse qui remplit leur âme lorsqu'elle a triomphé de ses pas- sions, et qui commence, en quelque sorte, dès cette vie, l'éternelle félicité de la vertu. Aux brutes et à ceux qui leur ressemblent, le bonheur de la brute ; mais au Roi de la création, au noble émule des anges, le bonheur qui n'a de nom qu'aux cieux !

—Mais, monsieur le curé, est-ce pour avoir le plaisir d'insulter et de faire de l'éloquence que vous me faites dire ce qui ne fut jamais dans ma pensée ? Où trouvez- vous, s'il vous plaît, dans mes paroles, que nous n'avons pas une âme immortelle, et que je ne mets pas de diffé- rence entre un homme et un *chameau ?*

— Oh ! si vous m'avouez cela, Monsieur, nous serons bientôt d'accord. Vous convenez donc que l'homme se compose de deux substances bien distinctes, l'âme et le corps, n'est-ce pas ?

— Je n'ai jamais prétendu le contraire.

— Eh bien, Monsieur, ces deux substances vivent et se nourrissent de deux aliments divers, selon leur nature différente : ainsi, manger, boire, dormir, voilà la vie du corps ; adorer, aimer, prier, voilà la vie de l'âme. Privée de cet aliment céleste, elle languit, s'étiole et meurt, comme le corps privé de sa nourriture matérielle. Et voilà pourquoi, lorsque l'homme n'a pas de religion, lors- qu'il a brisé cette chaîne ineffable et mystérieuse de communications entre son âme et Dieu, il ne vit que par les sens ; il mange, il boit, il dort, et le reste ; on dirait que toute sa vie et son activité spirituelles se sont réfugiées dans les organes. Mais encore une fois, est-ce là l'homme? est-ce là cette créature sublime dont la pensée embrasse l'univers, qui commande aux éléments, dont le regard pénétrant interroge la route des astres et l'essence du soleil ; qui s'est fait un serviteur du souffle du tonnerre, et qui s'apprête à marcher, lui aussi, sur les ailes des vents, comme pour voler vers son Dieu, qui, du haut du Ciel, l'encourage et l'appelle? Oh ! oui, mes Frères, qu'on laisse à l'homme sa religion : la lui ôter, ce serait l'abrutir ; toucher à sa foi, ce serait faire un vaisseau sans pilote, un corps sans tête, un cadavre inanimé..... ce serait ramener le chaos au sein de la création !

— Je trouve assez singulier, Monsieur le curé, que vous ayez parlé du progrès des sciences et de l'industrie à l'appui de votre thèse... c'est au moins une maladresse. Vous n'aurez pas été le dernier à vous apercevoir que le gaz et l'électricité dissipent de jour en jour les ténèbres de l'ignorance et de la superstition.

— Mais vous êtes complétement dans l'erreur, Monsieur ; mais vous n'êtes donc pas de votre siècle? Fi donc ! nous voilà toujours ensevelis dans notre Encyclopédie poudreuse, dans nos arguments vermoulus et notre *or potable!* Allons donc ! progressons, nous aussi, marchons avec la religion qui nous précède ! Ne voyez-vous pas que jamais la religion ne fut plus florissante? N'est-ce pas de nos jours que ces prétendues *ténèbres de l'ignorance et de la superstition* reprennent leur empire? Voyez de toutes parts, comme la science redevient ouvertement chrétienne ; comme elle renonce aux absurdes théories du siècle dernier, qui contredisaient le récit de Moïse sur la création, le déluge, la géologie, l'astronomie et les autres sciences ! Nous avons vu tomber de nos jours, et presque à la fois, tous ces hardis systèmes, ces brillantes erreurs, tout cet échafaudage d'impiété, véritable tour de Babel, élevée au nom de la science contre la religion ; la science a repris enfin sa marche ascendante, et chaque pas nouveau la ramène au point qu'elle occupait jadis. Désormais elle sera la sœur et la compague de la foi. Ah! qu'on ne nous dise plus que la religion éteint le flambeau du génie et entretient les peuples dans l'ignorance et les préjugés! « La religion, a dit un savant prélat, « la religion veut la science, recommande « l'instruction, sanctionne tout ce qui la favorise, condamne tout ce qui l'entrave; elle est la maîtresse des « sciences, parce que Dieu est le père des lumières (1). » Et pourquoi la religion craindrait-elle la science? N'a-t-elle pas la clé de tous les mystères, le mot de toutes les énigmes, et tous les vrais savants de nos jours ne lui rendent-ils pas un solennel hommage?

— Et d'où vient alors, Monsieur, que, pour vous comme pour les jésuites et les *dévots*, nommer un savant, c'est presque toujours nommer un incrédule?

— Allons, Monsieur, soyons de bonne foi; vous voulez dire sans doute un *demi-savant*, un de ces petits philosophes, de ces menus raisonneurs de la rue qui, n'ayant jamais rien approfondi, n'ont que des notions très superficielles sur toute chose et se croient des abîmes de science et des foudres de logique, parce qu'ils auront assez de babil et de poumon pour parler sur vingt sujets à la fois.

M. Lucien, *avec dépit*. — Je ne vous comprends pas, Monsieur, où voulez-vous en venir?

— Vous allez me saisir sans peine, ou plutôt, vous allez comprendre cette judicieuse sentence d'un profond philosophe, qui prouve mieux que tous les discours le vice et les dangers du demi-savoir: « Un peu de science, « dit-il, éloigne de la religion, mais beaucoup de science « y ramène (2). » Vous voyez donc bien, Monsieur, que nous pouvons vous abandonner le sentiment de ces petits savants de carrefour; leur opinion est d'une trop mince importance pour nous occuper en ce moment; et puis répond-on par des arguments sérieux aux déclamations de la suffisance, de la sottise et de la fatuité?

— Ah! vous voulez des noms sérieux, Monsieur? Eh bien, répondez à Montaigne, à Montesquieu, à Dupuis, à Volney, à l'abbé Raynal, à Bayle, à Diderot, à Con-

----

(1) Le cardinal Wiseman.
(2) Bacon.

dorcet, à Helvétius, à d'Argens, à d'Alembert; répondez à Toussaint, à Dumarsais, à J.-J. Rousseau, à Voltaire et à tant d'autres sublimes génies que vous n'appellerez pas sans doute des *demi-savants*, et qui ont muselé les prêtres en mettant le fanatisme à sa place... Ils n'ont pas parlé sur *vingt sujets à la fois*, ceux-là, j'espère, et vous ne qualifierez pas leurs œuvres immortelles de *déclamations de la suffisance, de la sottise et de la fatuité!*

— Et allez, allez toujours, Monsieur; pourquoi vous arrêter en si beau chemin? Déroulez toute votre liste de savants incrédules; mais prenez garde d'en glisser quelqu'un qui vienne ici plaider la cause de la religion: êtes-vous encore au bout de votre nomenclature?

— Mais..... il me semble, Monsieur, qu'en voilà déjà bien assez pour vous donner à réfléchir et modifier vos idées sur ce soi-disant axiome de Bacon : *Peu de science éloigne de la religion, beaucoup de science y ramène.*

— Et que diriez-vous si je m'appuyais du langage et de l'exemple de ces grands hommes pour vous prouver mieux que cela encore, ma thèse tout entière, c'est-à-dire que la religion est aussi nécessaire aux savants qu'aux ignorants, et qu'après avoir fait les braves toute la vie, il faut tôt ou tard y revenir?

— Je dirais, Monsieur..... parbleu, je dirais que vous avez le talent de rendre noir ce qui est blanc, et de nous montrer les étoiles en plein midi. ... je dirais que vous possédez la recette des miracles !

— Mon Dieu, Monsieur, il n'est pas nécessaire d'être aussi puissant que cela; il suffit d'avoir lu les ouvrages de ces philosophes que vous m'opposez avec tant d'assurance. Que dis-je, les ouvrages? ah ! il suffira bien souvent de quelques pages pour vous convaincre que la vie de ces grands hommes fut un long délire interrompu par quelques moments lucides..... Dans le délire, ils ont crié de concert : *Ecrasons l'infâme !* Mais la raison venue, ils sont tombés à genoux comme les simples fidèles devant la croix.

Et pour commencer par le sceptique *Montaigne,* vous n'ignorez pas ce qu'il dit des incrédules et des esprits forts de son temps:

« S'ils sont assez fous, ils ne sont pas assez forts; ils « ne laisseront pas de joindre les mains vers le Ciel si

« vous leur attachez un bon coup d'épée dans la poitrine,
« ou quand la maladie aura appesanti cette licencieuse
« ferveur d'humeur volage..... hommes bien misérables
« et écervelés, qui tâchent d'être pires qu'ils ne peu-
« vent (1). »

Vous avez nommé *Montesquieu.* Mais si sa vie et ses
ouvrages sont d'un impie, n'a-t-il pas souvent rendu
hommage à la religion? Ne s'est-il pas démenti plus tard,
et, dans ses derniers moments, ne disait-il pas à sa nièce,
la duchesse d'Aiguillon : « J'ai toujours respecté la reli-
« gion ; la morale de l'Évangile est le plus beau présent
« que Dieu ait pu faire aux hommes. »

Pour *Dupuis* et *Volney,* je m'étonne que vous ayez eu
le courage de les nommer ici ; vous savez ce que l'un de
nos plus grands écrivains a dit de l'audace de ces insensés : *C'est de l'ellébore qu'il fallait donner à ces deux
hommes* (2).

— Mais qu'avez-vous à dire, Monsieur, du sceptique
Bayle, ce gouffre de savoir si justement nommé le patriarche de l'incrédulité?

— Laissez-moi lui appliquer à lui-même ce qu'il dit
des impies en général : « Presque tous ceux qui vivent
« dans l'irréligion ne font que douter ; ils ne parviennent
« pas à la certitude. Se voyant dans le lit d'infirmité où
« l'irréligion ne leur est plus d'aucun usage, ils prennent
« le parti le plus sûr. »

— Vous ne parleriez pas ainsi de *d'Alembert*.....

— Ah! vous croyez, Monsieur? Eh bien, voici comment il explique la conduite des impies, et à quoi il
attribue l'irréligion : « Au désir de n'avoir plus de frein
« dans ses passions, à la vanité de penser autrement
« que la foule, plutôt qu'à l'illusion des sophismes ;
« quand les passions et la vanité se taisent, la foi
« revient. »

Pour l'impie *Diderot,* tout le monde sait la réponse
qu'il fit à l'un de ses amis qui l'avait surpris faisant ré-
citer le catéchisme à sa fille et qui lui en témoignait son
étonnement : « Après tout, lui dit-il avec un soupir, que
« puis-je lui enseigner de mieux. »

(1) *Essais.*
(2) **M.** de Maistre.

Je vous fais grâce des mille témoignages de Voltaire et de J.-J. Rousseau à la louange de la religion ; ils ont été recueillis en plusieurs volumes et sont entre les mains de tout le monde. C'est, au reste, ce qu'ils ont écrit de meilleur, au jugement de Voltaire lui-même : « Jeunes « ou vieux, écrivait-il à un de ses amis, jeunes ou vieux, « nous n'avons qu'un moment ; et ce moment si court à « quoi est-il employé? J'ai perdu le temps de mon exis- « tence à composer un énorme fatras dont la moitié « n'aurait pas dû voir le jour. »

— Je crois vous avoir avoué dernièrement, Monsieur le curé, que la vie de ces hommes de génie fut un tissu d'inconséquences et de contradictions ; mais je n'ai pas encore vu la preuve de cette sentence de Bayle que vous citiez naguère avec tant de complaisance : tous les in- crédules se démentent à la mort et prennent le parti le plus sûr. J'en connais une infinité qui ont ri au nez du prêtre avant d'expirer.

— Mais, Monsieur, est-ce ignorance ou mauvaise foi? *Une infinité*, dites-vous? Mais vous ne connaissez donc pas l'histoire de nos plus grands philosophes ; vous ne savez donc pas qu'ils sont à peu près tous morts repen- tants ou désespérés?

— La preuve, Monsieur, la preuve! Je ne souffrirai pas que, même dans une église, on flétrisse ainsi la gloire des plus beaux génies qui aient illustré la France... La preuve, ou je vous donne un démenti solennel!

— Ne vous emportez pas, Monsieur ; la preuve, la voici : commençons par *Montaigne*. Personne n'ignore qu'avant de mourir, il fit appeler un prêtre, reçut les derniers sacrements et se leva péniblement sur son séant pour recevoir la sainte Eucharistie.

*Montesquieu*, mourant, reçut le Viatique avec des sen- timents de douleur et de componction qui attendrirent les spectateurs.

*Diderot*, dans sa dernière maladie, exprimait tout haut son repentir : il allait appeler un prêtre, lorsque d'Alem- bert et Condorcet l'emmenèrent à la campagne pour lui fermer toute voie de retour.

L'impie *Raynal*, ce prêtre prévaricateur, abjura publi- quement ses erreurs, avant sa mort.

*Helvétius* se rétracta de même et mourut dans les sentiments du plus profond repentir.

Le marquis *d'Argens* mourut la même année, chez la baronne de la Garde, sa sœur, dans les dispositions les plus édifiantes et les plus chrétiennes.

La Harpe, encore impie, assistant aux derniers moments de *d'Alembert*, frémissait de le voir en proie aux plus sombres terreurs. « Si je n'avais été là, dit Condorcet, il faisait le *couard* et le *plongeon!* »

*Toussaint*, la veille de sa mort, prêt à recevoir le saint Viatique, réunit tous ses amis et leur déclara que, si dans sa vie et ses écrits il s'était montré peu chrétien, ce n'avait pas été par conviction, mais par pure vanité et pour plaire à certaines personnes.

L'incrédule *Dumarsais* fit une mort des plus édifiantes; ce qui faisait dire à Voltaire: « Je suis fâché des grimaces de Dumarsais.

*Maupertuis* mourut entre les bras de deux religieux.

*Boulainvilliers, Lamettrie, Bouguer, Marmontel, Thomas, Larcher* et enfin *La Harpe*, se sont convertis et ont réparé, par une mort chrétienne, les scandales de leur vie.

— Vous m'étonnez, Monsieur, je n'aurais jamais cru... Mais du moins, au milieu de tant d'exemples de lâcheté, vous trouverez, je pense, bien des exemples de vrai courage; et les J.-J. Rousseau, les Condorcet, les Bolingbrocke, les Voltaire.....

— Arrêtez, Monsieur! ne me forcez pas à déshonorer cette enceinte, à flétrir la sainte majesté de la chaire, en y déroulant les dernières scènes d'un drame à jamais lugubre, la mort de l'impie! Je le sais, hélas! par un juste châtiment de Dieu, quelques incrédules sont morts en réprouvés, et le spectacle de leurs derniers moments a souvent épouvanté leurs amis, les tristes complices de leurs iniquités : aussi, je le répète en frémissant, l'impie, s'il ne se convertit pas à la fin de ses jours, meurt en désespéré ou s'arrache la vie par le plus horrible des attentats.

Qu'ai-je besoin de vous rappeler ici que le traducteur de l'infâme *Lucrèce*, qui s'était tué à 42 ans, se suicida lui-même à 40; l'incrédule *Blount* à 39; que le matérialiste *Acosta* se fit sauter la cervelle d'un coup de pistolet; que *J.-J. Rousseau*, après avoir passé sa vie dans les anxiétés les plus cruelles, finit par autoriser de son exemple le suicide, qu'il avait si énergiquement flétri dans ses écrits?

Et *Condorcet*, disciple d'abord, puis victime de Robespierre, proscrit depuis six mois, termina par le poison sa criminelle existence.

Pour *Bolingbrocke*, ce patriarche de l'impiété en Angleterre, il mourut comme un démon. Un historien rapporte qu'il vit approcher ses derniers moments avec des transports de rage que toute sa fausse philosophie ne pouvait déguiser (1).

— Mon Dieu! que dire à cela? Malheureusement, c'est de l'histoire... Eh bien, tenez, Monsieur, je vous abandonne tous ces trembleurs: ils ont tourné comme de vraies girouettes, ou se sont tués en francs imbéciles... Aussi leur appliquerai-je volontiers les paroles de ce philosophe, cité par Bayle, qui disait, avec un soupir: « Ces hommes-là ne nous font pas honneur: lorsqu'ils « sont au lit de mort, ils se déshonorent et meurent « comme les autres. » Mais il en est un cependant, Monsieur, qui les surpasse tous, par la science et le génie: celui-là du moins est mort en brave, et vous n'enrôlerez pas le grand *Voltaire* parmi les apostats...

— Non, Monsieur, je l'avoue: il avait tant de fois *apostasié*, dans sa vie, en abusant des choses saintes, que Dieu n'a pas voulu, sans doute, l'exposer à jouer encore la comédie à son lit de mort. Ce misérable, après s'être fait un jeu diabolique du parjure, des sacrements, du repentir, abjurant ses erreurs dès qu'il tombait malade, et retrouvant son cynisme avec la santé, lorsqu'il se sentit frappé à mort, s'empressa, comme toujours, d'appeler un confesseur, en jurant qu'il voulait mourir en chrétien. Ses faux amis, entourant sa couche maudite, et comme d'intelligence avec les esprits ténébreux, qui déjà, sans doute, veillaient sur cette proie, étouffèrent ses cris et lui fermèrent ainsi tout espoir de retour. Les voyant tourner en ridicule ses terreurs et son repentir, et se sentant désormais à la merci de leur impiété cruelle: « Ah! s'écria-t-il en se tordant les bras de dé-

(1) Hor. Walp.

« sespoir, c'en est fait, je suis abandonné de Dieu et
« des hommes!... » Puis, après quelques instants d'un
sinistre silence, il reprenait d'une voix tour à tour
humble et terrible : « Jésus-Christ! Jésus-Christ! à moi,
« Jésus-Christ! ,. Retirez-vous, barbares, c'est vous qui
« m'avez perdu! » Tandis que ses amis se riaient des
violents transports de sa rage impuissante, lui, les cheveux dressés sur la tête, les yeux sanglants de fureur,
les lèvres écumantes, grinçait des dents et se déchirait
les entrailles en vomissant les plus horribles blasphèmes :
on l'aurait pris pour un damné sorti de l'enfer.

« Rappelez-vous, dit le célèbre Tronchin, qui le soigna
« dans sa dernière maladie, rappelez-vous toute la rage
« et les fureurs d'Oreste, et vous n'aurez qu'une faible
« image de la mort de Voltaire. Il serait à souhaiter que
« nos philosophes eussent été témoins du déchirement
« de son âme en proie aux plus cruels remords : cet
« épouvantable spectacle eût dessillé les yeux de ceux
« qu'il avait corrompus par ses écrits. »

Quelle leçon pour nous, mes Frères, que la mort de
l'impie! De temps à autre, le Dieu des vengeances montre
à la terre ce sinistre tableau pour nous faire sentir combien le monde est impuissant alors à consoler de si poi-
gnantes douleurs, à dissiper les terribles fantômes qui
s'élèvent à cette heure suprême devant la conscience d'un
incrédule..... Je m'arrête : aussi bien Voltaire mourant
parle assez haut et vous dit plus éloquemment que tous
les discours combien la religion est nécessaire à l'homme,
ne fût-ce que pour adoucir l'amertume de ce calice de
souffrance que nous devons tous boire un jour! Oh! aimons-la bien, mes Frères, cette fille du Ciel! attachons-
nous à la religion de toute l'énergie de notre misère et de
notre corruption d'enfants d'Adam! aimons-la comme
une étoile d'espérance qu'il nous sera si doux de voir
luire à la mort sur les ténèbres de notre avenir! ayons
horreur des maximes qu'elle condamne; suivons ses
saintes inspirations; accordons-nous bien, durant la vie,
avec ce mystérieux *compagnon de notre pèlerinage*, afin
qu'à notre heure dernière, devenu notre avocat et notre
providence, il plaide notre cause, fléchisse notre Juge et
nous ouvre les portes de l'immortalité bienheureuse.

**Ainsi soit-il.**

## Epilogue.

Une heure après l'office, M. Lucien, entouré de villageois, pérorait ainsi au milieu de l'hilarité générale :

— Pour lors donc, mes amis, vous l'avez entendu, nous filons tous de très mauvais coton... Il faut, si vous m'en croyez, nous mettre en règle, et le plus tôt possible...

*Quelques voix.* — Ah! jarni... ah! l'enjôleux... c'est qu'on direrait, ma fi, qu'y parle sérieusement!

— Mon avis est donc que nous allions tous dès ce soir trouver M. le curé, chargés chacun de notre petit bagage de peccadilles pour que le bonhomme nous asperge, nous sermonne, nous exorcise, nous confesse, nous bénisse, etc., etc., sans quoi nous sommes tous perdus...

*Quelques voix.* — Oh! jarni... oh! morgué, la drôlerie! *(Rires prolongés.)*

Pendant ce monologue, Lafleur s'est glissé dans le groupe sans être aperçu de l'instituteur. A peine a-t-il entendu les derniers mots, que, ne pouvant se contenir, il s'écrie :

— Eh bien, mille escadrons! que signifie ce bavardage-là?

M. Lucien, *légèrement troublé.* — Il signifie... il signifie, mon cher, que vous devriez être en ce moment chez M. le curé, vous, pour savoir s'il n'a pas besoin d'un verre d'eau sucrée.

— Allons, allons, jeune adulte, on voit bien que ma présence vous gêne; mais il faudra bon gré mal gré vous résigner à m'avoir pour auditeur. Que disiez-vous donc tout à l'heure, hein, l'ami? Vous aviez, nom d'un bleu! entamé là un fort joli prône : est-ce un de ceux que vous lisez dans votre Encyclopédie? Mille bombes! je vous en fais de grand cœur mon compliment.

— Peste, sergent, il paraît que vous suivez assiduement la discussion, et que, malgré la vie des camps et la consigne militaire...

— Trève aux personnalités, vingt-cinq mille noms d'une pipe! entendez-vous, Monsieur Lucien? Vous aviez la blague en main, blaguons.

— Très volontiers, si c'est votre plaisir, quoique notre oreille soit encore peu faite à la rudesse de votre langage soldatesque...

— Eh bien! pour l'adoucir, vous aurez l'obligeance de nous prêter votre rabot de grammairien patenté.

Lucas, *l'interrompant.* — Allons, jarni, y'là-t'il pas que vous allez tous deux faire des *actualités* et vous brosser devant tout l'monde? Morgué, m'est avis que vous valez ce que vous valez et que vous êtes ce que vous êtes, quoi! vous, Monsieur l'Régent, un archisavant sterling ; et toi, Lafleur, le Frrrançais le plus brave et le plus loyal que je connaissions. Ainsi, vous ne pouvez que vous entendre ; allons, morgué, pas de lanterneries!

M. LUCIEN, *un peu calmé.* — Eh bien, puisqu'on le veut, sergent, entrons donc en matière : nous parlions du prône de M. le curé ; que vous en semble, qu'en dites-vous?

— J'en dis ce que vous en devriez dire vous-même, au lieu d'en rire comme un vrai jobard... j'en dis, saprebleu, ce que vous en direz un jour quand il faudra descendre votre dernière garde et compter avec l'ancien.

— Eh bien, j'en dirai tout ce que vous voudrez, mais en attendant, qu'on nous laisse tranquilles.

— En ce cas là, mille bombes, cessez d'embéguiner ces braves gens, et flanquez-nous la paix.

— Ah çà, mon brave, est-ce qu'on n'est pas libre de dire ce qu'on pense?

— Pourquoi alors ne pas le dire tout haut et devant tout le monde?

— Parbleu, je ne crains personne, et dirai hardiment que nous ne voulons pas de religion.

— Vous pouvez avoir vos raisons, vous, l'ami ; mais pour ces bons paysans qui n'aiment pas le grabuge, ils en veulent, eux, ils en ont besoin, morbleu, parce qu'ils ne cherchent pas à pêcher en eau trouble, entendez-vous?

— Non, en aucune façon : que voulez-vous dire?

— Vous me comprenez, mille capucines, et de reste. Quand les chiens veulent faire leur coup, ils aboient après la lune... On n'invoque pas les jours sanglants de Robespierre et de Marat, si l'on n'a intérêt à la chose. Lorsqu'un homme parle contre la religion et le bon Dieu, il inspire aux honnêtes gens de terribles soupçons...

— Parlez donc plus clairement, si vous voulez qu'on vous réponde ; quels soupçons? expliquez-vous, je vous prie?

— Eh ! morbleu, le soupçon de vouloir profiter de la bagarre pour boire un coup à la santé des camarades : pour assouvir sa haine ou son ambition, pour exercer des vengeances, prendre sa part de curée, que diable? en un mot, pour radouber sa petite barque avec le goudron d'autrui.

— Ah ça mais, j'espère, sergent, que vous ne me supposez pas de si criminels projets. D'ailleurs ne peut-on pas vivre en homme d'bonneur sans religion?

— On vous a suffisamment répondu là-dessus. Pour vivre honorablement, même aux yeux du monde, si l'on n'a pas de religion, il faut en avoir au moins le masque et *le chique*, entendez-vous, mon camarade? sinon, gare la potence!

— Mais il me semble qu'il suffit d'être honnête homme.

— Eh oui, mille escadrons! pour éviter le bagne et l'échafaud. Et encore, savez-vous ce qu'on entend de nos jours par *honnête homme*? Ce mot-là, c'est un morceau de caoutchouc qui prend toutes les formes, s'adapte comme un masque à tous les visages et fait toutes les grimaces possibles. Est-ce que chacun n'est pas honnête homme aujourd'hui? Dites donc un peu à ce libertin scandaleux qui vient de porter le trouble et le déshonneur dans une famille qu'il n'est pas honnête homme! Dites à ce vieil avare qui prête à vingt pour cent, dites à cet ivrogne, à ce joueur, à ce prodigue qui laisse mourir de faim sa femme et ses enfants qu'il n'est pas honnête homme! Dites à ce marchand qui drogue sa marchandise, à ce contrebandier enrichi par la fraude, à cet avocat qui fait triompher la cause d'un scélérat sur celle d'un innocent, dites à ce juge qui vend la justice, dites à ce traître, à ce parjure, à ce calomniateur impudent qu'il n'est pas honnête homme! — Que dis-je? osez même soutenir à ce voleur revenu de la prison, à ce meurtrier libéré des galères qu'il n'est pas un honnête homme! vous vous verrez cité devant les tribunaux, mille bombes! et vous serez condamné. En sorte donc que ce n'est qu'en prison, au bagne et sur l'échafaud qu'on perd ces beaux galons d'honnête homme; on les retrouve avec la clé des champs! Ah çà! mais, vingt-cinq Pologues! n'est-ce pas de la blague, et nous prenez-vous pour des serins?...

— Mais un honnête homme, à mon avis, c'est celui qui fait le bien et qui évite le mal.

— Et continuez donc, morbleu : *Et qui rend à César ce qui est à César, et à Dieu ce qui est à Dieu!* voilà la consigne du véritable honnête homme!

— Qui jamais vous a dit le contraire?

— Eh bien, bravo, trente-six mille capucines! bravissimo, monsieur Lucien, nous voilà d'accord : vous venez de donner le signalement d'un chrétien pur sang!

— Mais, mon Dieu, oui, je suis chrétien à ma manière : seulement, je dois vous prévenir que mon catéchisme n'est pas long; et ces bons paysans le sauront bientôt par cœur.

— Et quels en sont les points fondamentaux, s'il vous plaît?

— *Primò*, l'ancien christianisme est trop vieux;

*Secundò*, la religion n'est bonne que pour les femmes;

*Tertiò*, toutes les religions sont bonnes, et c'est une lâcheté d'en changer;

*Quartò*, enfin, chacun est libre de vivre comme il l'entend, et de servir Dieu à sa manière.

— Et où diable avez-vous été les pêcher, camarade, ces points fondamentaux ! Fi donc ! nous donner ainsi du réchauffé, un pot-pourri passé à tant de sauces ! mille bombes ! vous vous faites tort ! croyez-moi, ne rabâchez plus ces misères : vous baisseriez dans l'opinion... Nous prenez-vous pour des moutards au syllabaire ? et dans quel guêpier t'es-tu fourré, mon pauvre Lafleur !...

— Ne vous affligez pas tant, camarade, et répondez au conscrit n° 1.

— Hélas ! il faut bien s'y résoudre ! Allons, mes amis, le bon Dieu prendra çà pour nos péchés.

Lucas. — Oui, oui, pardine ! va toujours ; t'es un luron huppé !

— Vous trouvez le christianisme trop vieux, n'est-ce pas, mon compère ? Eh bien, oui, et vous avez, morbleu ! cinquante-six fois raison ! En effet, dix-huit siècles et demi, ou plutôt — car c'est toujours le même Dieu et la même religion — six mille ans de service lui ont fait pousser une crâne barbe au menton (*Rires prolongés*) ; et ce n'est pas un blancbec de votre calibre qui viendra la lui tirer impunément. Du reste, tout vieux qu'il est, ses muscles sont doués d'une formidable puissance ; approchez, mon brave, et voyez à ses pieds les ennemis qu'il a terrassés et qu'il terrasse tous les jours. Bien d'autres avant vous ont voulu s'attaquer au marbre de l'autel, et sont venus y briser leurs dents et leur fureur... Ecoutez ceci, mon vieux : il y a eu bien du tintamarre autour de la croix, depuis Simon le Magicien jusqu'à Julien l'Apostat, Luther et Voltaire ; mais, mille escadrons ! apprenez que de vous à l'Antechrist bien d'autres y passeront ! Réformé le conscrit n° 1 ! en avant le n° 2, qu'est-ce qu'il chante, celui-là ?

— *Il chante*, mon cher, que votre religion est indigne d'un soldat, et que vous feriez mieux de laisser aux femmes, un chapelet, une quenouille, cela me paraît logique.

— Ah ! *cela vous paraît...* Vous voyez cela, vous ? ce que c'est que d'être lunatique !... Mais, sacrebleu ! si vous preniez vos bésicles des dimanches, vous verriez que la religion et le chapelet ne déshonorent pas les grands hommes ! Ah ! cette bêtise, ce n'est pas vous, mon vieux, qui l'auriez soutenue à Crillon, à Bayard, à Turenne, à Condé, à Louis XIV, à Napoléon le Grand ! La religion pour les femmes ! et oui, mille bombes ! il la leur faut, sans quoi nous en verrions de belles ! nous serions tous, ma foi, d'heureux époux, d'honorables pères de famille !... En vérité, vous me feriez dire des choses... suffit ! on sait ce que vaut une femme sans religion ; et vous n'en voudriez pas, vous, tout le premier, et vous seriez homme à enseigner le catéchisme à votre femme comme

Diderot l'enseignait à sa fille. Mille capucines! la religion pour les femmes? et, morbleu! pourquoi pas pour les hommes? Est-ce qu'un homme est d'une autre pâte qu'une femme? Est-ce que nous n'avons pas tous les mêmes devoirs à remplir, les mêmes droits à prétendre, le même Dieu à servir? Est-ce que Dieu peut avoir dit à la femme : écoute, ma bonne, toi, prie, souffre, pleure, résigne-toi ; et à l'homme : toi, jouis, blasphème, rosse, tempête, amuse-toi !... Allons donc, mille bombes! réformé, le n° 2! passons au n° 3; il prétend, je crois, que toutes les religions sont bonnes, n'est-ce pas?

— A peu près, sergent; il prétend, de plus, que c'est une lâcheté de changer de religion.

— Alors, vingt-cinq Pologne, inscrivez-moi tout de suite à la tête des lâches, les Francs, ces fiers Sicambres nos aïeux, et terminez la liste par Henri IV et Turenne. Mais vous avez donc juré de ne dire que des bêtises aujourd'hui? Je vous croyais plus de jugement, parole d'honneur! *Toutes les religions sont bonnes!* C'est-à-dire que, d'après vous, Dieu est également honoré par toutes les sottises, les cruautés et les abominations que l'on a de tout temps et dans tous les pays baptisées du nom de religion : *toutes les religions sont bonnes ;* ainsi l'on est aussi agréable à Dieu en adorant l'impudique Vénus qu'en priant la vierge Marie; blasphémer Jésus-Christ dans une synagogue est aussi méritoire que de chanter ses bienfaits au pied de ses autels : il est indifférent d'égorger son vieux père ou de le servir avec amour; à vous entendre, peu importe donc au Seigneur qu'on l'adore avec le catholique ou qu'on le renie avec l'hérésiarque : l'orgueil du protestant, l'entêtement du juif, la férocité sensuelle du musulman, les ridicules pagodes des Chinois, les horribles hécatombes des cannibales lui sont donc aussi précieux que l'auguste sacrifice de nos autels!... Ah çà! vous n'y pensez donc pas, Monsieur, vous êtes fou, mille bombes! N'est-ce pas se moquer du bon Dieu que d'en faire un mannequin! une vraie ganache! C'est comme si vous disiez que tout est également bon sur la terre, et qu'il n'y a pas de différence entre le bien et le mal, le vice et la vertu, la vie et la mort. Fi donc! Monsieur, raisonner ou plutôt radoter ainsi à votre âge, n'est-ce pas abuser... et abuser étrangement...

— Voyons, abuser de quoi, s'il vous plaît?

— Eh! de la permission d'être bête! (*Rire général.*) Morbleu! quand le Père Eternel nous a mis de planton ici-bas, il nous a donné la consigne et le mot d'ordre, c'est-à-dire sa religion... Or, figurez-vous qu'il est libre à chacun d'en faire à sa tête et *d'envoyer lanlaire* le bon Dieu avec son mot d'ordre et sa consigne... Excusez alors! bonsoir la discipline! et la belle Capharnaüm que nous verrions dans les brigades du

Seigneur! Ecoutez, mon vieux, voulez-vous être franc avec moi comme je le suis avec vous?

— Oui, parlez.

— Savez-vous ce que signifie en bon français cette vérité lumineuse : *toutes les religions sont bonnes?*

— Oui, expliquez-vous enfin, et sans m'insulter, si c'est possible.

— Allons, ne nous fâchons pas. *Toutes les religions sont bonnes* veut dire qu'il vaut infiniment mieux adorer les grotesques images de Brahma, de Bouddha, de Mithra, *et cætera,* et les risibles idoles des Hurons et des Esquimaux que de vivre sans religion; c'est un profond scélérat qui l'a dit; et vous êtes trop honnête, Monsieur, pour donner un démenti à Voltaire.

— Eh bien, passe pour cela, je ne serai pas plus délicat que lui, et j'avoue qu'une religion quelconque est nécessaire : voilà pourquoi, si j'étais né païen ou calviniste, ou mahométan, je vivrais sans souci dans la foi de mes pères, et je recevrais à coups de canne celui qui me parlerait d'apostasier.

— Entendons-nous, l'ami; que prétendez-vous par ce mot sonore? J'y vois une équivoque... Montrez-vous de grâce au grand jour, pour qu'on puisse distinguer la couleur de votre drapeau. Qu'est-ce qu'apostasier selon vous?

— Parbleu, j'appelle *apostasier,* tourner casaque à la croyance de ses pères.

— Casse-cou, casse-cou, mon vieux, vous vous trompez, vous voyez trouble. *Apostasier,* dans le dictionnaire du bon sens, signifie prendre martre pour renard, et une lanterne pour le soleil. Apostasier, c'est quitter la vérité pour l'erreur, ou, ce qui revient au même, renoncer à Dieu pour se donner à tous les diables... *Il faut rester dans la religion de ses pères,* dites-vous; pour moi j'aime encore mieux celle de mes grands-pères : elle a plus de chevrons au bras, celle-là, ou, comme nous le disions tout à l'heure, une plus forte barbe au menton. Or, vous n'ignorez pas, mon camarade, qu'il en est de la religion comme des vins et des amis; les plus vieux sont les meilleurs. Rappelez-vous la réponse d'un ambassadeur français à des seigneurs de la cour d'Angleterre, qui, le voyant guéri d'une maladie mortelle, lui demandaient en riant : « N'auriez-vous pas été fâché d'être enseveli dans une terre « hérétique? — Mon Dieu, non, répondit-il; seulement j'au-« rais recommandé qu'on creusât ma tombe un peu plus bas, « et je me serais trouvé parmi les catholiques. » Retenez donc bien ceci, Monsieur; parmi tant de religions contradictoires, la plupart absurdes, dégradantes, infâmes, une seule est la **bonne**; et, les quitter toutes pour embrasser celle-là, c'est faire un acte de prudence et de courage ; c'est se conduire en homme d'honneur et de loyauté.

— Voilà ce qui vous trompe, sergent ; une telle conduite a toujours été réputée une lâche apostasie ; car enfin, changer de religion, c'est renier ses aïeux et déshonorer son nom ; un enfant bien né doit marcher sur les traces de ses pères.

— Oh ! pour le coup, bravo, mon camarade , à la bonne heure ! en ce cas, les enfants de Cartouche, de Lacenaire et de Mandrin doivent passer leur vie à voler et à assassiner comme eux ? La belle morale, mille escadrons ! et vous ne craignez pas qu'un commissaire de police ne vous entende ? Un enfant doit imiter son père dans ce qu'il y a d'imitable, et lorsqu'il est dans le vrai ; il doit suivre ses traces quand il file à droite, morbleu ! mais s'il oblique à gauche, vers le bagne ou l'échafaud, par exemple, ou, ce qui revient au même, s'il va *piquer une tête* dans les oubliettes du bon Dieu, merci ! pas si bête ; et je le laisserais plonger tout seul ! — Enfoncé, le n° 3 ; en avant le n° 4 ! cette poule mouillée qui veut vivre à sa guise et servir Dieu sans se gêner..., mille bombes ! La triste recrue que vous avez là, mon yieux ! avec son amour du *far niente* et du *statu quo*, ça n'emportera jamais d'assaut une redoute ennemie !

— Allons, sergent, vous êtes en veine de gaieté ce soir ; mais plaisantez moins, et tâchez d'enfoncer ce carré qui vous paraît si efflanqué.

— Ah ! mille citadelles ! ça un carré ! ce conscrit douillet et délicat ! et savez-vous qu'il est d'un sans gêne fort amusant ! — *Vivre comme on l'entend et servir Dieu à sa manière !* en voilà, j'espère, du sans façon et de la liberté ! le charmant procédé pour aller au ciel sur des roulettes ! *vivre comme on l'entend*, c'est-à-dire sans entrave ni contrainte, lâcher la bride à ses passions, suivre *per fas et nefas* les doux penchants de la nature, et descendre gaiement le fleuve de la vie ! — *Servir Dieu à sa manière*, c'est-à-dire de ne pas le servir du tout, ou le servir en mauvais payeur, avec de la fausse monnaie ; ou bien comme on servirait un maître *bon enfant*, aussi impuissant à punir qu'à récompenser !... Mais vous n'y pensez donc pas, l'ami, ou vous perdez la tête ! Quoi ! le plus petit roitelet aura le droit de dicter des lois à ses sujets, qui seront forcés d'obéir ; un capitaine, un caporal donnera la consigne, et le tourlourou ne pourra s'y soustraire d'un *iota* ; un mince pédagogue pourra tracer un règlement à ses moutards, avec la férule pour sanction s'ils bronchent d'une ligne, et ce droit que tout le monde reconnaît aux autorités plus ou moins constituées, depuis le souverain jusqu'au dernier garde-champêtre, vous le refuseriez à Dieu ! Ce sera leur faire outrage et se moquer d'eux que de traiter leurs lois à la légère et d'en

faire à sa tête, et l'on pourra, sans crime, fouler aux pieds la
consigne du Roi des Rois!... Allons donc, mille baïonnettes!
ne parlez plus ainsi, Monsieur, vous vous feriez manquer!
croyez-moi, rengaînez vos *points fondamentaux* ou tâchez de
les mieux asseoir... Le maçon qui les a jetés n'avait pas fait
son tour de France apparemment, et si votre édifice n'est pas
plus solide que les fondements, hâtez-vous d'en déguerpir
avant qu'il ne vous arrive malheur.

LUCAS. — Ah ça, m'est avis, Lafleur, que ton gosier doit
êtra aussi sec que mon vieux sabot, et que t'aurais fièrement
besoin *du verre d'eau sucrée* de M. l' curé... Assez causé, jarni!
pour le jour d'aujourd'hui; venez, Monsieur l' Régent, et
vous, les amis, allons dire deux mots au cidre de la mère
Lucas : à plus tard le reste d' la danse.

# PRONE TROISIÈME.

**Suite de la Religion; établissement et bienfaits du christianisme.**

> *O Domine, ego credidi quia tu es Christus,
> filius Dei vivi, qui in hunc mundum venisti.*
> — Oui, Seigneur, je crois que vous êtes le
> Christ, fils du Dieu vivant, qui êtes venu sur
> la terre.
>
> (Jean, 11, 27.)

MES FRÈRES,

Vous êtes-vous jamais transportés par la pensée dans
ces siècles de sang, de honte et de corruption, où l'univers prosterné devant d'infâmes idoles avait divinisé le
vol, l'homicide et la volupté? Enfants des vieux Gaulois.
avez-vous entendu au fond des bois sacrés les rugissements de quelque victime humaine que vos pères égorgeaient avant d'aller au combat? Avez-vous gémi sur
l'avilissement de la femme et la hideuse exploitation de
l'homme par son semblable, qui en avait fait *sa chose* et
sa bête de somme? En admirant la gloire et l'immensité

de l'empire romain, ce géant magnifique enrichi des dé-
pouilles du monde, avez-vous en même temps suivi pas
à pas la marche dévorante du cancer qui le ronge et le
mine ; avez-vous vu cet autre Antiochus prêt à tomber
en lambeaux sous sa propre corruption ?

Quel spectacle, ô mon Dieu ! quelle confusion universelle, où est l'homme, où est la vertu ? Ne dirait-on pas
que la nature est rentrée dans une espèce de chaos, où le
génie du mal triomphe et domine en souverain !

Oh ! qui viendra le débrouiller, mes Frères, ce chaos !
quel nouveau créateur opérera sur le vice comme le
premier opéra sur le néant ! *Ah ! il faudra,* dit saint Augustin, *que du haut du ciel descende un grand médecin,
puisqu'un si grand malade agonise sur la terre !* Vous
seul, ô Dieu d'amour, dont la puissance égale la bonté,
vous seul pouvez l'opérer, cette création nouvelle, guérir
cet immense malade *et rendre à votre image sa noblesse,
son antique beauté* (1).

Dans une humble bourgade de Syrie, une pauvre
femme avait perdu son fils unique. Pâle, désolée, effrayante dans sa douleur, elle alla trouver le prophète
Elisée dont la puissante prière avait obtenu cet enfant à
ses ardents désirs. « Rendez-moi mon fils, lui dit-elle,
« ah ! par pitié, rendez-le moi, cet enfant que vous m'a -
« viez obtenu ! Hélas ! une mort prompte et cruelle vient
« de me le ravir ! Oh ! soyez sensible à la douleur d'une
« mère, homme de puissance et de vertu, venez le rani-
« mer ! »

Emu, attendri par l'accent déchirant de cette infortunée, le vieillard appelle Gyézi, son serviteur, et, lui donnant son bâton : « Allez, lui dit-il, faites toucher ce bâ-
« ton au cadavre, et que le nom du Seigneur soit glori-
« fié. » — Tandis qu'il s'éloignait, cette femme éplorée,
se jetant aux pieds du prophète : « Je ne vous quitte
« pas, lui dit-elle, que vous ne veniez vous-même ; c'est
« à votre parole que je dois mon enfant, votre parole
« seule aura le pouvoir de lui rendre la vie. » Ebranlé
par cette constance admirable, le prophète se rend à sa
prière. Comme ils étaient en chemin, ils virent Gyézi qui
revenait morne, abattu, silencieux... la mort a été sourde

_________

(1) Liturg.

à sa prière, et le bâton du prophète est resté sans vertu. Arrivé à la maison, Elisée monte à la chambre de l'enfant, et ferme la porte sur lui. Après avoir invoqué le Seigneur, il s'étend sur le cadavre, met ses yeux sur ses yeux, sa bouche sur sa bouche, ses mains sur ses mains et ses pieds sur ses pieds; en un mot, se rapetissant à la mesure de ce corps inanimé, il cherche à le réchauffer de sa chaleur et de son haleine. Soudain, ô prodige! l'enfant fait un mouvement, soupire, ouvre les yeux, se lève, fait quelques pas dans la chambre, et tombe à genoux pour bénir son sauveur (1).

Mes Frères, Elisée était la figure : avez-vous compris la réalité? Quel était ce cadavre qu'il fallait rappeler à la vie? quel était cet Elisée dont l'esprit prophétique devait le ranimer? Pauvre race d'Adam ! précipitée de ton trône, du faîte de l'innocence, que tu t'étais lamentablement mutilée ! que ton âme s'était endurcie et ton cœur pétrifié au souffle de l'antique serpent ! Hélas ! mes Frères, ni les eaux du déluge qui noyèrent le genre humain, ni la pluie dévorante qui fit un étang de feu et de soufre de cinq villes maudites, ni les barbares Pharaons qui forçaient les mères à tuer leurs enfants, ni les serpents du désert, ni le glaive de l'ange exterminateur, ni tous les fléaux de la terre et du ciel, rien n'avait pu convertir l'homme rebelle et le plier sous la verge de son Dieu : les coups le rendaient plus indocile et donnaient à son âme une trempe formidable contre les traits du Tout-Puissant. *Comme en se jouant il se livrait au crime* (2), *ses iniquités avaient dépassé les cheveux de sa tête* (3), *et depuis l'enfant jusqu'au vieillard, tout était corrompu, dévoré d'une lèpre immonde* (4).

Pauvre humanité ! Elisée t'avait envoyé Gyézi avec son bâton mystérieux : le Seigneur, ton Elisée à toi, t'avait donné ses Isaïe, ses Joël, ses Jérémie et ses Jean-Baptiste; mais, hélas ! loin de les écouter, avec Ninive, tu les as égorgés, ces prophètes, parce qu'ils te prêchaient la pénitence et n'ont pas voulu te bercer *de riants men-*

(1) 4 Reg. 20, 37.
(2) Prov. 10. 23.
(3) Psal. 39. 13.
(4) Job. 27.

*songes* (1). Qu'a fait alors ce Dieu de clémence et d'amour ? Il est venu lui-même ; il s'est, comme Elisée, étendu sur le cadavre de sa créature tombée ; il a collé ses yeux à ses yeux, sa bouche à sa bouche, ses mains à ses mains, ses pieds à ses pieds, il a rapetissé en quelque sorte son immensité aux proportions de sa chétive créature ; il est descendu avec elle dans la tombe pour la ressusciter.

— Permettez, Monsieur le curé, *interrompt l'instituteur de sa place ordinaire ;* rien de plus brillant et de plus pompeux que votre langage, assurément, si nous étions disposés à nous payer de belles phrases et de mots bien sonores. Mais nous sommes, hélas ! si froids et si *positifs*, comme vous le dites souvent vous-même ! veuillez donc nous convaincre d'abord avec *du positif* avant de chercher à nous attendrir avec le pathétique : de quoi, s'il vous plaît, allez-vous aujourd'hui nous entretenir ?

— Il me semble, Monsieur, que vous avez déjà pu le comprendre : de la nécessité d'un réparateur et des bienfaits du christianisme. Comme vous le voyez, le sujet est immense, bien que je doive l'abréger ; aussi vous prierai-je d'être sobre d'interruptions.

M. Lucien, *avec dépit.* — C'est dire assez clairement que l'on va nous en vendre.

— Monsieur, en vous permettant d'élever la voix dans cette enceinte sacrée, je ne pense pas vous avoir donné le droit d'insulter et de faire du scandale. Laissez-moi, je vous prie, exposer mon sujet ; vous pourrez ensuite m'interrompre à l'aise. *(Un murmure approbateur se promène dans l'auditoire.)*

— Eh bien, parlez, Monsieur, et sans figure, si c'est possible.

— Très volontiers. Pourquoi citer ici, mes Frères, l'antiquité religieuse et profane, pour vous prouver la nécessité d'un réparateur ? Vous savez tous ce qu'était le monde, avant Jésus-Christ. Depuis le déluge, un instant comprimée, la perversité du cœur humain eut bientôt repris le dessus : les principes de la loi naturelle allaient s'affaiblissant de jour en jour ; l'idolâtrie, cette religion des passions, étouffait le culte du Seigneur ; les peuples,

_______

(1) Is. 30. 10.

aveuglés par l'Enfer, ne quittaient une erreur que pour
en embrasser une autre plus dégradante et plus brutale.
Ici, les parents immolaient leurs enfants au démon en
les jetant dans un colosse d'airain embrasé ; là, des nations entières se faisaient un honneur, une religion du
parjure, du meurtre et du brigandage ; ailleurs, la débauche avait ses temples et ses infâmes autels où tout
était prostitué, tout, jusqu'à l'innocence, et ces orgies
abominables n'avaient pas toujours le voile du mystère.
Plus loin les jeux sanglants du cirque, l'apothéose du
suicide et de l'assassinat ; plus loin, enfin, des enfants
dénaturés donnant la mort à leur vieux père, *afin*, di-
saient-ils avec un cynisme de cannibales, *afin de le débarrasser du fardeau de la vieillesse !!!* En un mot, à la
venue du Messie, l'univers n'était plus qu'un antre de
corruption et de férocité, la sentine de tous les vices, un
chaos, un enfer.

Je le répète, ô mon Dieu ! qu'allait devenir la terre si
votre Fils bien-aimé n'avait eu pitié d'elle ? Pour la purifier de tant d'abominations, aurait-il suffi d'ouvrir, durant quarante jours, les cataractes du ciel et les abîmes
de la mer ? N'eût-il pas fallu la labourer avec la foudre
et la noyer dans un déluge de flamme ? Oh ! soyez béni,
mon Dieu ! puisque tant de forfaits n'ont pu vous effrayer ! Soyez béni pour avoir daigné vous souvenir du
malheureux Adam et descendre sur cette terre infortunée
pour y pleurer, y gémir, y souffrir comme nous ! Soyez
béni surtout, ô Dieu sauveur ! pour avoir, à force d'humiliations et de douleurs, tellement réparé les crimes du
monde et comblé la distance qui séparait l'homme de son
Dieu, que ce Dieu de gloire et de sainteté se voit plus
triomphant et plus glorieux après l'offense, ainsi réparée, qu'il ne le serait de notre innocence absolue ! Oui,
mes Frères, elle a été victorieusement rétablie, cette harmonie ineffable que le péché avait détruite entre le Créateur et son ouvrage ; oui, elle a été victorieusement réparée, cette offense infinie, et l'Eglise a pu s'écrier avec
transport, dans ses chants d'allégresse : *Heureuse faute
qui mérita d'avoir un tel réparateur !*

— Mon Dieu, Monsieur le curé, si vous pouviez donc
être un peu moins *mystique* et nous parler des préten-
dus bienfaits du christianisme dont on fait tant de bruit,

vous nous intéresseriez davantage : car c'est là que je vous attends.

— Un peu de patience, Monsieur, nous arriverons : je serai bientôt sur votre terrain, qui ne paraît pas être le *mysticisme*.

— Oh non ! assurément ; poursuivez donc, Monsieur, nous sommes tout oreilles.

— Le christianisme a répandu sur la terre deux sortes de bienfaits : bienfaits dans l'ordre de la grâce, et bienfaits dans l'ordre de la nature. Parlons d'abord des premiers.

Quelques jours après la sanglante expiation du Calvaire, douze pauvres pêcheurs, une croix à la main, se répandent dans l'univers. Où vont-ils? Combattre l'orgueil, l'égoïsme et l'impudicité, triple vampire qui, sous le nom d'idolâtrie, suçait le sang du genre humain. Aux accents de leur brûlante parole, les Juifs et les Gentils tremblent et adorent. L'idolâtrie expirante pousse un cri de douleur. Les tyrans l'ont entendu... Alors les tigres rugissent dans l'arène ; les bûchers pétillent, les chaudières bouillonnent, les chevalets, le glaive, les lames ardentes, tout est mis en mouvement ; sur un immense rayon, la terre est arrosée de sang... Vains efforts ! *le sang des martyrs est une semence de chrétiens* (1). Enfin, las de frapper, le bras du bourreau s'arrête ; le persécuteur de la foi pâlit sur son trône ; il hésite, il tremble, il recule, effrayé de la multitude, de la noblesse des têtes proscrites, et s'écrie avec désespoir : *Galiléen, tu as vaincu* (2)! et la religion du crucifié, après avoir lassé la colère de dix Empereurs, s'assied sur le trône, à côté de leurs successeurs, et continue en paix sa marche dans le monde. Voilà, mes Frères, le prodige éclatant, universel que nous avons sous les yeux : il dure depuis Jésus-Christ, et convertit, tous les jours, de nouveaux peuples à l'Evangile.

Et maintenant, heureux enfants d'une ère catholique, remontez un moment, par la pensée, le cours des âges ; rapprochez du XIX⁰ siècle le siècle d'Antiochus, de Claude et de Caligula ; un jour où le successeur de Pierre, de-

_______________

(1) Tertullien.
(2) Julien l'apostat.

bout au milieu d'un peuple de nations accourues de tous les points du globe, donne, du haut de Sainte-Marie-Majeure, la bénédiction solennelle à la ville et à l'univers, *Urbi et orbi;* transportez-vous aux jours d'ignominie, où César était le Dieu de Rome, et le Panthéon un lieu de débauche publique, et puis comparez! Comment s'est opérée cette étonnante métamorphose? quel souffle divin a réveillé la cendre du malheureux Adam ? d'où est parti le faisceau de lumière qui éclaire les nations assises à l'ombre de la mort? Vous m'avez répondu, mes Frères, c'est de la croix du Sauveur ; c'est le christianisme qui a renouvelé la face du monde ; c'est le nom de Jésus, tombé de la bouche de Jéovah, qui a confondu la sagesse des sages et rendu muette la science des savants ; c'est lui qui, des débris de l'intérêt et de l'égoïsme, a fait surgir le sacrifice, le dévouement et les instincts généreux, lui qui nous a unis à nos frères par les ineffables liens de la charité ; lui, enfin, qui a fait germer les vierges sur le sol impur de l'idolâtrie, et jusque dans ces infâmes bocages où la luxure était adorée. Oui, chrétiens, prêché aux nations, *le nom de Jésus est un phare immense qui les éclaire* (1) : c'est dans cette nourriture céleste que leur âme affamée de la sainte parole *a puisé la force et la vie* (2). Enfin ce nom divin, comme un *baume salutaire,* appliqué sur les plaies de l'humanité souffrante, a séché ses larmes, dissipé ses chagrins et *calmé ses douleurs* (3). Voilà ce que le christianisme a fait pour le monde. Examinons ce qu'il fait tous les jours pour l'homme en particulier.

Un enfant vient de naître, et déjà un fatal anathème le dévoue à la mort. Aussitôt l'eau baptismale, fécondée par le sang de Jésus-Christ, coule sur son front coupable, et le voilà régénéré ; et, avec sa robe d'innocence, lui sont rendus ses droits au céleste héritage. Bientôt cette religion chérie qu'il a sucée avec le lait maternel met dans sa bouche enfantine des noms sacrés, de saintes aspirations qu'il ne comprend pas encore ; il n'en sentira toute la douceur que le jour à jamais heureux où, assis

(1) *Nomen Jesu lucet prædicatum.*
(2) *Pascit recogitatum.*
(3) *Invocatum lenit et ungit.* (Saint Bernard.)

pour la première fois au banquet des élus, perdu, noyé, anéanti dans les transports d'une extase inénarrable, il s'écriera avec saint Bernard : O Jésus! ô glorieux diadème des anges! *vous êtes une douce mélodie à mon oreille !* O Jésus! délices de l'âme innocente et pure, vous êtes *une goutte de miel sur ma langue desséchée!* O Jésus! manne cachée, votre nom est un *nectar céleste pour mon cœur* (1).

Plus tard, si le démon, ce sanglier de la forêt, est venu ravager la vigne du Seigneur, où ira-t-elle cette âme troublée, dévorée par le remords vengeur du crime? où ira-t-il chercher le repos, cet infortuné qui s'est arraché du cœur de son Dieu? Ah! il *se lèvera*, nouveau prodigue, il retournera *vers son père*, ce bon pasteur qu'il avait abandonné! il versera quelques larmes amères, et la voix d'un ami, d'un frère, d'un prêtre, fera couler dans son âme le calme et la paix avec une goutte du sang de Jésus-Christ. C'est au pied des saints autels qu'une main vénérée le confirmera dans la foi et fera descendre sur lui, avec la foi du vrai chrétien, la plénitude de tous les dons célestes... C'est la religion qui sanctifiera l'union de deux cœurs enchaînés pour jamais, et qui leur donnera le courage de supporter, de chérir le fardeau souvent si lourd qu'ils ont accepté à la face du Tout-Puissant. Puis, lorsque étendu sur un lit de douleur, un pied déjà dans la tombe, et prêt à paraître au tribunal de Dieu, cet homme sentira la main glacée de la mort se poser sur sa poitrine défaillante, c'est encore la religion qui, mêlant le nom de Jésus aux onctions saintes, bénira ses derniers moments et lui donnera la force de mourir en paix, avec résignation, avec le bonheur, en prédestiné. Si son dernier soupir s'est exhalé avec le nom de Jésus, oh! ne le plaignez pas, ne le pleurez pas, mes Frères, il est dans les bras de son bien-aimé! Comme *ces esprits de flamme*, dont Dieu fait *ses ministres*, il s'est élancé vers la voix qui l'appelle du haut des cieux, en s'écriant : *Me voici !* — Et maintenant, confiée à la terre, que sa froide dépouille y repose en paix! la religion, dans le mystérieux et consolant symbole de la croix, veillera sur sa tombe en attendant le jour du réveil éternel. C'est

(1) Saint Bernard. Hymne.

ainsi, mes Frères, que la religion bénit notre berceau, soutient nos premiers pas, préside aux grands événements de notre existence, et après avoir été notre guide et notre appui durant la vie, adoucit à la mort l'amertume de nos derniers soupirs.

— Mais enfin, Monsieur le curé, vous nous entretenez depuis si longtemps des choses du ciel que vous semblez décidément avoir oublié les choses de la terre... Seriez-vous assez bon pour *humaniser* un peu votre langage ascétique? nous vous accordons volontiers toutes les merveilles du christianisme dans *l'ordre de la grâce*, comme vous le dites; il serait temps, je crois, de nous parler de ce qu'il a fait pour nous dans *l'ordre de la nature*, et de ce que l'humanité doit pour son bien-être physique au fanatisme, aux préjugés et à la superstition.

— Vous me devancez toujours, Monsieur; au reste, m'y voici. Nous passons maintenant, mes Frères, à un autre ordre d'idées, à ces bienfaits matériels, visibles et palpables, en quelque sorte, dont le christianisme a comblé la terre et dont le détail serait infini...

— Oui, Monsieur, allez toujours, maintenant; nous verrons si les croisades, les guerres de religion, la Saint-Barthélemi, la sainte Inquisition...

— De grâce, Monsieur, modérez cette ardeur belliqueuse; ne m'attaquez pas ainsi à l'improviste et comme par derrière; donnez-moi le temps, encore une fois, d'arriver sur votre terrain. — Je ne ferai qu'indiquer rapidement, mes Frères, les traits les plus saillants de ce sujet immense. Jetez les yeux autour de vous, depuis les grandes villes jusqu'aux plus humbles bourgades : partout la religion a marqué son passage. Que de pieux asiles ouverts à l'indigence, à la vieillesse, à l'enfance abandonnée, à l'infirmité, au malheur, au repentir ! Que d'institutions de charité pour la rédemption des captifs, l'hospitalité des voyageurs, le soin des prisonniers, l'éducation de l'enfance, la conversion des infidèles et l'abolition de l'esclavage ! A qui devons-nous ces maisons de refuge où la charité recueille les infortunés privés de la raison, ces tristes parias de l'espèce humaine dont la société rougit et qu'elle exile de son sein ? Quelle pensée a peuplé nos hôpitaux de ces angéliques créatures qui, par un héroïque sacrifice que Dieu seul peut couronner

2*

dignement, foulant aux pieds tout ce que le monde adore, fortune, hommages, talents, plaisirs, s'ensevelissent vivantes dans ces sombres retraites de la misère et de la douleur, consument leurs plus beaux jours au chevet des malades, et, se multipliant avec une sollicitude toute maternelle au milieu des cholériques, des lépreux, des pestiférés, finissent presque toujours par payer de la vie un si sublime dévouement? Nous n'en finirions pas si nous voulions seulement énumérer ici tous les établissements de charité que le christianisme a fait éclore, dont il peuple tous les jours nos cités, ainsi que les hommes généreux dont il a fait la seconde providence de l'infortune. Nommer les Vincent-de-Paul, les Charles-Borromée, les François-Xavier, les Jean-de-Matha, les François-de-Sales, les Claver, les Las Casas, les de la Salle et tant d'autres génies tutélaires de l'humanité, c'est faire l'histoire des longues souffrances de la terre avec le remède efficace que la religion y applique tous les jours; c'est recueillir en quelque sorte les rayons épars de cet auguste soleil qui a brillé sur les ténèbres du monde idolâtre; c'est montrer en action la morale céleste de cet Homme-Dieu qui *passa faisant le bien.*

— Mais il me semble, Monsieur le curé, que vous attribuez trop à la religion. Nous avons, en dehors et même en dépit du christianisme, nos philanthropes, nos bienfaiteurs et nos amis de l'humanité.

— Et lesquels, par exemple?

— Mais les Saint-Simon, les Fourier, les Enfantin, les Cabet, les Pierre Leroux, les Proudhon, les Raspail, les Considérant! est-ce qu'ils n'ont pas fait le bien, je le répète, en dehors et en dépit de la religion?

— Non, Monsieur, plusieurs d'entre eux, dont nous sommes loin d'ailleurs de contester les talents et le mérite, ont opéré avec des sentiments chrétiens et dans une société chrétienne; beaucoup d'autres, faisant violence à l'Ecriture-Sainte, ont cherché à baser sur l'Evangile leurs creuses utopies; mais tous assurément seraient fort étonnés de se voir nommés ici et dans un tel sujet. Quoi! Monsieur, vous oseriez comparer de pauvres rêveurs aux apôtres de la charité chrétienne! vous oseriez mettre en parallèle leurs systèmes en l'air et leurs impossibles théories avec les œuvres gigantesques et providentielles que ces saints personnages ont laissées après eux et qui couvrent l'univers ! Quoi ! oser mettre en balance un ridicule phalanstère avec un hôpital, et les agents d'une administration en commandite avec nos sœurs de charité ! mais c'est à n'y pas croire ! Et où sont-ils donc, je vous prie, les fruits de tous ces beaux systèmes ? Qu'en est-il résulté pour le peuple et les classes ouvrières ? un malaise plus général, une misère plus profonde. Où sont aujourd'hui ces maisons et ces sociétés modèles si pompeusement établies et si vite dissoutes ? Pour les former, — mes Frères, on ne peut y songer sans rire, — il leur a fallu des Anglais, et pour théâtre le Nouveau-Monde ! tant il est vrai que les plus brillantes entreprises, même pour le bien de l'humanité, ont besoin, pour naître viables, que la religion les inspire et leur serve de fondement. « C'est qu'il est aisé, dit J.-J. Rousseau, d'étaler de « belles maximes dans des livres ; mais la question est de « savoir si elles tiennent bien à la doctrine et si elles en « découlent nécessairement, et c'est ce qui n'a point paru « jusqu'ici. Reste à savoir si la philosophie, à son aise et « sur le trône, pratiquerait cette humanité si douce « qu'elle nous vante la plume à la main... Par ses prin« cipes, la philosophie ne peut faire aucun bien que la « religion ne fasse encore mieux ; et la religion en fait « beaucoup que la philosophie ne saurait faire... Que « d'œuvres de miséricorde sont l'ouvrage de l'Evan« gile ! »

Mes Frères, on l'a dit de nos jours, la philanthropie est la *fausse monnaie de la charité* : ses œuvres sont éphémères et trompeuses ; elles naissent et tombent, tandis que les œuvres du christianisme restent debout et défient la haine et la rage de l'impiété jalouse : c'est qu'il y a en elles un principe de vie et d'animation qui les soutient, les perpétue et les propage de proche en proche ; c'est que la charité qui les inspire ne se borne pas à prêcher dans un livre, mais se montre sur la brèche, s'impose les plus pénibles sacrifices et s'immole s'il le faut en holocauste à ses frères, pourvu que leur bien-être et leur salut soient le fruit de son dévouement. Voici comment un homme de génie résume les bienfaits que la terre a reçus de la religion de la charité.

« La religion, dit Châteaubriand, laissant à notre cœur

« le soin de nos joies, ne s'est occupée, comme une ten-
« dre mère, que du soin de nos douleurs ; mais, dans
« cette œuvre immense et difficile, elle a appelé tous ses
« fils et toutes ses filles à son secours. Aux uns, elle a
« confié le soin de nos maladies, comme à cette multi-
« tude de religieux dévoués au service des hôpitaux ;
« aux autres, elle a délégué les pauvres, comme aux
« sœur de la charité. Le Père de la Rédemption s'em-
« barque à Marseille ; où va-t-il seul ainsi, avec son bré-
« viaire et son bâton ? Ce conquérant marche à la déli-
« vrance de l'humanité, et les armées qui l'accompagnent
« sont invisibles. La bourse de la charité à la main, il
« court affronter la peste, le martyre et l'esclavage. Le
« missionnaire qui part pour la Chine rencontre au port
« le missionnaire qui revient glorieux et mutilé du Ca-
« nada ; la sœur grise court administrer l'indigent dans
« sa chaumière ; le père capucin vole à l'incendie ; le
« père Hospitalier lave les pieds du voyageur ; le frère
« du Bien-mourir console l'agonisant sur sa couche ; le
« frère Enterreur porte le corps du décédé ; la sœur de
« Charité monte au septième étage, pour prodiguer l'or,
« les vêtements et l'espérance ; ces filles, si justement
« appelées Filles-Dieu, portent et reportent çà et là les
« bouillons, la charpie, les remèdes ; la fille du Bon-Pas-
« teur tend ses bras à la fille prostituée et lui crie : *Je
« ne suis pas venu appeler les justes, mais les pécheurs !*
« L'orphelin trouve un père, l'insensé un médecin, l'i-
« gnorant un instructeur ; tous ces ouvriers en œuvres
« célestes se précipitent, s'animent les uns les autres ;
« cependant la religion attentive et tenant une couronne
« immortelle leur crie : Courage, mes enfants, courage !
« soyez plus prompts que les maux dans la carrière de
« la vie ; méritez cette couronne que je vous prépare et
« qui vous mettra vous-même à l'abri de tous les maux
« et de tous les besoins ! (1) »

Je n'ajouterai rien à ces éloquentes paroles, mes Frères, la religion s'est faite toute à tous pour consoler et
guérir ; céleste messagère, elle seule a pu calmer les
maux de la société, comme elle seule peut adoucir les
douleurs de l'individu...

(1) Chât. *Génie du Christianisme.*

— Eh bien, en supposant que vous ayez raison là-dessus, Monsieur, pouvez-vous en conclure qu'il n'y ait pas un triste revers de médaille? Vous nous avez parlé assez au long des bienfaits du christianisme, et j'avoue qu'il a fait du bien, un grand bien même, puisque vous y tenez; voyez si je suis loyal! Mais vous m'avouerez de votre côté qu'il a aussi produit beaucoup de mal, et que le mal l'emporte furieusement sur le bien.

— Non, Monsieur, je ne l'avouerai pas; ce serait afficher une honteuse ignorance ou trahir la plus insigne mauvaise foi; ce serait mentir à l'histoire!

— Comment donc! mais c'est précisément dans l'histoire que j'ai trouvé les plus terribles accusations contre le christianisme. Vous dites : *charité, charité,* et les guerres de religion vous répondent : *intolérance* et *barbarie;* vous nous étourdissez de vos établissements de bienfaisance, et l'histoire de France et d'Espagne vous déroule les sanglantes annales de l'Inquisition avec ses *vade in pace,* ses *autodafé,* ses tortures et ses bûchers dévorants : vous nous citez vos hôpitaux, vos lazarets, vos moines et vos sœurs de charité, et la Saint-Barthélemi se dresse devant vous comme une flétrissure à la sainteté du christianisme, une immense tache de sang que toutes les sueurs de vos religieux, tous les dévouements de vos nonnes, toute l'eau bénite de vos missionnaires ne pourront jamais effacer!

— Monsieur, vous calomniez la religion! et je ne puis vous taxer d'ignorance; il est impossible que vous n'ayez pas lu cent fois la réfutation de ces difficultés devenues aujourd'hui si banales, que le demi-savoir lui-même rougirait de les proposer. Si c'est la mauvaise foi qui vous aveugle, vous êtes donc plus méchant que Voltaire et J.-J. Rousseau.

— Je ne pense pas qu'ils aient jamais fait l'apologie de l'intolérance et du fanatisme.

— Non, Monsieur, mais ils ont été assez francs pour avouer la vérité, et n'ont pu se résoudre à mettre sur le compte de la religion des faits qu'elle a toujours abhorrés : « Le désordre des guerres civiles de France, dit Vol-
« taire, serait imputé à tort à la religion. Le prince de
« Condé voulait partager le gouvernement; le cardinal
« de Lorraine, à la tête de sa maison, voulait obtenir le

« premier crédit, et le connétable de Montmorency, en-
« nemi des Lorrains, conserver son pouvoir. Les Coligny
« et les autres chefs de parti se proposaient de résister
« aux maisons de Lorraine et de Guise ; chacun cherchait
« à dévorer une partie du gouvernement ; Dieu était
« leur prétexte ; la fureur de dominer était leur Dieu, et
« les peuples étaient les instruments et les victimes de
« tant de partis opposés... — Non, sans doute, dit-il ail-
« leurs, ce ne fut pas la religion qui médita et qui exé-
« cuta la Saint-Barthélemi ; la religion est *humaine*,
« parce qu'elle est divine, elle prie pour les pécheurs et
« ne les extermine pas ; elle n'égorge point ceux qu'elle
« veut instruire. »

— Je n'aurais jamais cru que Voltaire tint ce langage :
en tout cas, ce n'est pas ce que je lisais il y a huit ou dix
jours dans l'*Emile* de J.-J. Rousseau.

— Voici pourtant ce que vous lirez dans sa lettre à
l'archevêque de Paris : « Examinez vos prétendues guer-
« res de religion ; vous n'en trouverez aucune qui n'ait
« eu sa cause à la cour et dans l'intérêt des grands. Les
« intrigues de cabinet brouillaient les affaires, et puis
« les chefs ameutaient les peuples au nom de Dieu. »
Tel est, Monsieur, le langage de deux hommes que vous
n'accuserez pas sans doute de favoriser la religion. Je
regrette vivement que le temps ne me permette pas de
m'étendre là-dessus : mais quand vous voudrez, je vous
prouverai l'histoire à la main :

1º Que dans toutes les guerres de religion et les massacres des huguenots par les catholiques, la religion ne fut
qu'un prétexte, un instrument dont l'ambition et la politique se servirent pour soulever les masses, exterminer
des sujets rebelles et assouvir des haines de parti ;

2º Que la religion y fut, non seulement étrangère, mais
qu'elle a constamment gémi de ces horreurs, les a flétries
du nom d'assassinats et en a toujours repoussé la respon-
sabilité ;

3º Que l'on a impudemment exagéré le nombre des
victimes ;

4º Que dans le cas même où l'on pourrait sans injustice
imputer au catholicisme des massacres dont il abhorre le
souvenir, l'intolérance et la barbarie du protestantisme
ont fait périr en France, en Hollande, en Allemagne et

surtout en Angleterre, un nombre infiniment supérieur de catholiques.

— Mais la sainte Inquisition, oserez-vous l'approuver et la mettre au rang des bienfaits du christianisme?

— Voulez-vous, Monsieur, m'écouter froidement et sans prévention ?

— Oui, Monsieur, mais je doute que vous puissiez me convertir.

— Je commencerai par vous faire observer avec un savant écrivain : « que l'Inquisition, ce tribunal ef- « frayant dans l'ordre civil, fut d'abord de l'institution « des princes : institution locale et particulière, odieuse « aux Français, étrangère à nos lois et à nos usages et « inconnue chez un grand nombre d'églises ; » que les souverains l'ont établie dans leurs Etats pour les préser- ver de l'hérésie, ce vandale toujours armé d'un marteau pour démolir les trônes ; et que ce sont encore les prin- ces qui, par leur politique ombrageuse, lui ont donné ce caractère de cruauté qui contraste si fort avec son origine pacifique, et qui sert de thème aux déclamations de l'impiété. Cela posé, j'affirme, Monsieur, que l'Inqui- sition, dont je suis loin pourtant d'approuver sans res- triction l'établissement, et dont je déplore les abus, n'é- tait d'abord qu'un tribunal de paix, uniquement occupé de décisions théologiques ; sa mission était d'examiner les personnes suspectes d'hérésie, de les éclairer, de les ra- mener, et ce n'est qu'en les voyant obstinés dans l'erreur, qu'il les dénonçait au souverain.

— Au souverain, dites-vous? dites donc au bour- reau ! dites donc qu'on les appliquait à la question, et que les tortures arrachaient bien souvent au patient l'a- veu de crimes qu'il n'avait pas commis! dites donc que ces *hommes pacifiques* assistaient aux sanglantes exécu- tions, et qu'on les a vus, notamment en Espagne et en Portugal, allumer les bûchers ; dites donc que la science et le génie ont été souvent persécutés par l'ignorance de ce tribunal féroce !...

— Modérez vos transports, Monsieur. Ne vous ai-je pas dit que je suis loin d'approuver les abus et les excès de ces tribunaux, poussés le plus souvent par les princes qui voulaient à tout prix bannir l'erreur de leurs Etats? N'ai-je pas établi en principe que le zèle et la haine de l'hérésie ont pu entraîner quelquefois trop loin certains inquisiteurs ? Et que prétendez-vous conclure de là contre le catholicisme ? qu'on s'est servi de l'Inquisition pour commettre des excès qu'il condamne ; que les souverains qui ont à ce prix bâillonné l'hérésie pour sauver leur couronne, l'ont malheureusement fait dévier de son caractère originel ; qu'en la forçant à devenir un tribunal de sang, ils ont méconnu l'esprit du christianisme et de son divin fondateur. Que conclure de là ? que dans ces siècles de haine, de révolte et de férocité, où notre *tolérance* était inconnue, où l'on ne prêchait que les armes à la main, et où les discussions religieuses finissaient presque toujours par le meurtre et l'assassinat, ces rigueurs furent peut-être nécessaires ; que conclure de là ? que l'Inquisition espagnole fut une de ces opérations douloureuses, cruelles, suprêmes, que l'on fait quelquefois subir à un malade pour le sauver...

A Dieu ne plaise que nous fassions ici l'apologie d'un drame à jamais lamentable, et dont on ne peut lire les scènes sans frissonner d'horreur ; mais entre nous, mes Frères, si quelqu'une de ces scènes lugubres s'était passée dans la patrie de Calvin, peut-être n'aurions-nous à déplorer, ni la Saint-Barthélemi, ni les guerres de religion ; peut-être qu'à la vue des bûchers préparés à l'hérésie obstinée et du sang versé par un autre Torquémada, l'impiété tremblante eût gardé le silence et épargné à Robespierre, ce féroce Torquémada de l'athéisme, l'exécution de ses sinistres *autodafé !...*

Mais, encore une fois, je le demande, de ces cruautés, de ces fureurs, que conclure contre la religion ? Parce que, sur quelques points du globe, on aurait méconnu l'esprit de l'Evangile et abusé du pouvoir spirituel, faudrait-il proscrire l'Evangile ? faudrait-il imputer ces excès au Christianisme qui les déplore et n'en peut mais ? On a abusé, dit-on ; mais de quoi n'abuse-t-on pas ? L'abus de quelques-uns doit-il faire interdire l'usage à tout le monde ? est-il juste, est-il loyal de faire retomber sur l'Eglise tout entière les erreurs et les excès de quelques-uns de ses membres, alors surtout qu'elle réclame, qu'elle condamne, qu'elle maudit ? Car enfin, vous n'ignorez pas, Monsieur, que les souverains Pontifes, justement alarmés de voir l'Inquisition se séculariser en quelque sorte sous l'influence des rois, et devenir comme l'auxiliaire du bourreau, n'ont cessé de protester contre cet abus ; qu'ils ont bien des fois sommé les princes de laisser à ce tribunal, en Espagne et en Portugal, comme en Italie, comme à Rome, où pas un hérétique n'a péri, le caractère primitif d'une vénérable assemblée de théologiens, décidant paisiblement entre l'erreur et la vérité pour sauvegarder le dépôt de la foi.

D'ailleurs, encore ici, mes Frères, égale malice, égale exagération de la part des impies. On est révolté en lisant, dans certains écrivains, le tableau déjà si sombre de cette ère déplorable, de voir leur acharnement à grossir le nombre des victimes. Fidèles à cette perfide maxime de Voltaire : *Mentez, mentez toujours ; il en restera quelque chose !* ils ont tellement gonflé les chiffres, qu'ils faut en général compter *un* sur *mille*.

Quant au reproche d'avoir persécuté la science et le génie, je m'étonne encore qu'on ait pu le répéter ici, puisqu'on y a cent fois victorieusement répondu, et toujours l'histoire à la main. C'est l'hérésie et non la science que l'Eglise voulait anéantir ; quand la noblesse et la fortune étaient impuissantes à conjurer ses anathèmes, la science devait-elle être un privilége qui fît tolérer et pardonner l'erreur ? L'erreur est-elle moins dangereuse avec la science et le génie, et fut-il jamais pour la propager organe plus séduisant ?

— Mais est-ce l'hérésie que l'Inquisition poursuivait dans le célèbre Galilée ?

— Oui, Monsieur : lisez les mémoires du temps, et vous serez forcé de convenir que ce n'est pas pour avoir enseigné la rotation de la terre autour du soleil que Galilée fut persécuté (1), mais bien pour avoir voulu concilier le système de Copernic avec le récit de la Bible qu'il expliquait à sa manière ; c'est pour avoir soutenu avec obstination que l'Ecriture s'était trompée en faisant arrêter le soleil et non la terre au commandement de Josué.

Du reste, encore une fois, quand même on vous accor-

(1) Toutes les persécutions dont Galilée fut victime se bornèrent à être quelque temps enfermé, non dans les prisons du Saint-Office, comme l'ont avancé certains auteurs, mais dans un appartement du Fiscal d'où il pouvait aisément communiquer avec le dehors.

derait que Galilée fut injustement persécuté par la cour de Rome, serait-il juste d'en rendre responsable l'Eglise tout entière? Voilà bien la logique et la loyauté des ennemis de la religion : attribuer à tous les vices de quelques-uns; s'étendre complaisamment sur les abus et glisser sur les bienfaits; rechercher avec soin quelques faits isolés et les jeter comme une honte au front du Christianisme, afin d'obscurcir, si c'était possible, l'éclat du bien qu'il a produit. Mais c'est en vain; malgré les clameurs de la philosophie, cet auguste soleil poursuit sa marche bienfaisante dans le monde; et les orages que quelquefois ses rayons ont fait éclore, ne nous feront jamais oublier que cet astre béni nous éclaire, nous ennoblit, nous alimente, nous console, et luit sur notre misère comme un premier reflet de ce soleil divin qui réjouit les cieux.

— Peste! Monsieur le curé, il résulterait de tout cela que la religion est la panacée générale et le baume universel... En ce cas, nous n'avons plus que faire de médecins; les prêtres nous guériront tout aussi bien des maladies du corps que de celles de l'âme.

— Je vous en prie, Monsieur, ne vous mettez pas tant en frais d'esprit pour donner à mes paroles un côté ridicule et torturer ainsi la raison et le bon sens. N'oubliez pas surtout que le moment et le lieu sont mal choisis pour la plaisanterie; ailleurs, je pourrais vous répondre sur le même ton, et peut-être le sens commun, qui serait alors notre juge, vous forcerait-il à rougir d'avoir parlé si légèrement dans un sujet aussi sérieux. Pourtant, Monsieur, je ne craindrai pas de me servir en un sens de vos expressions, malgré leur inconvenance Oui, la religion est la *panacée générale* et le *baume universel* qui cicatrise toutes les blessures du cœur humain. Il y a ici, je n'en doute pas, plus d'un infortuné qui trouvera que j'ai raison.

Et en effet, mes Frères, en est-il un seul parmi vous qui n'ait pas souffert, et senti l'amertume du pain de l'exil? Celui que vous croyez le plus heureux, eût-il en partage toutes les richesses, toute la gloire, la santé, les jouissances dont un homme puisse être entouré sur la terre, celui-là n'a-t-il jamais trouvé parmi ses roses quelque poignante épine? n'a-t-il jamais senti une vapeur de la tombe se mêler aux essences dont il se parfumait? Mes Frères, disons-le en gémissant, la vie de l'homme ici-bas est un soupir, une souffrance continuelle, et si quelqu'un s'avisait de compter jour par jour, mois par mois, année par année, ses joies et ses chagrins, ses larmes de plaisir et ses larmes de douleur, peut-être le plus heureux du monde à nos yeux n'élèverait-il la voix que pour maudire le jour de sa naissance; peut-être celui qui ne vous semble destiné qu'au sourire et aux joyeuses émotions, peut-être à celui-là lui trouveriez-vous quelquefois les mains crispées sur un poignard!...

Chrétiens, c'est de l'histoire! Je ne veux rien exagérer ici, mais l'expérience nous apprend que sur onze cent millions d'hommes qui peuplent l'univers, plus de la moitié se demandent tristement la veille : qui nous donnera le pain de demain? Ceux-là, mes Frères, n'ont peut-être que la faim à endurer, et nous les appelons malheureux; croyez-vous qu'il n'y ait pas d'autres tortures dans la vie? Croyez-vous que la somme des infortunes physiques que nous voyons égale la somme des infortunes morales dont Dieu seul est témoin et que l'humanité souffrante dévore sans se plaindre? Encore une fois, mes Frères, croyez-vous que parmi ceux que vous appelez les heureux du siècle, il n'y ait pas quelque infortuné plus à plaindre que ce pauvre Lazare accroupi à la porte du riche, et qui implore en vain les miettes de sa table? Ah! celui qui a faim, un morceau de pain le contente et le console; s'il souffre, il regarde la croix, il prie, il se résigne et attend en paix les jours du Seigneur; la religion lui a appris à sanctifier ses larmes, à bénir la souffrance ou du moins à souffrir sans murmure. Mais le riche impie et malheureux, qui le soutiendra, qui le consolera?... qui le consolera, mes Frères? le suicide!...

Il y a au milieu de Paris, de la moderne Babylone, en face de la métropole, sur une des rives de la Seine, un repaire sombre, ténébreux, lugubre séjour où les vivants qui en ont le courage viennent reconnaître les morts. Les portes, comme celles de l'enfer, en sont constamment ouvertes, car tous les jours, presque à toutes les heures on y dépose un cadavre nouveau. La plupart de ces infortunés se sont donné la mort... Etendus sur des plaques de cuivre et exposés aux regards d'un public indifférent et blasé, ils ont en général conservé sur leurs traits égarés les contorsions de leur désespérante agonie. La passion furieuse qui a dirigé le coup fatal, haine ou vengeance, débauche, coupable amour, rage impuissante, se voient encore empreints sur ces fronts maudits... Je n'y suis entré qu'une fois, mes Frères; mais à l'aspect de ces tristes victimes de la douleur et du désespoir, à l'aspect de ces bouches hideusement contournées, de ces yeux ouverts, fixes, menaçants, hagards; en face de ces têtes dont les cheveux étaient droits, l'horreur et l'épouvante dont je fus saisi firent à mon âme une impression si profonde et si douloureuse, que jamais je n'en perdrai le souvenir !

Ah ! mes Frères ! c'est qu'ils n'ont plus de religion ! c'est qu'ils se sont violemment arrachés du sein de cette bonne mère; c'est qu'ils ne savent pas prier; ils ne peuvent plus lever les yeux au ciel, accoutumés qu'ils sont à ne regarder que la terre ! C'est que la croix leur fait horreur : et pourtant il faut bon gré malgré qu'ils la portent ! Oh ! s'ils savaient la douceur ineffable que l'on éprouve sur le sein d'une mère ! s'ils connaissaient le don de Dieu et les saintes joies de la religion ! s'ils avaient une seule fois tempéré de ce baume salutaire, de cette manne céleste l'amertume du calice que nous devons tous boire jusqu'à la lie sur cette terre d'exil !

O vous, que depuis longtemps accable l'infortune, victimes gémissantes sous le fardeau de la douleur, venez, dites-nous quel charme l'adoucit, quelle main l'allége, quel ange vous console ! privées de tout soutien sur cette terre ingrate où vous n'avez plus que des larmes à répandre, sans espérance et sans appui, qui peut donc vous y retenir encore? Vous que la mort a frappés dans ce que le cœur a de plus cher ici-bas, épouses infortunées, existences désormais incomplètes, pères, mères désolées qui pleurez sur la tombe de votre premier né moissonné à son aurore, venez nous apprendre à supporter la douleur ! parlez, qui vous rend légères ces tortures sans nom; d'où vous vient cette constance héroïque qui vous rend calmes, résignés, heureux, allais-je dire, au milieu de ces souffrances atroces dont la moindre eût pu vous inspirer, à vous aussi, le plus formidable des attentats?..... — Mes Frères, de la religion ! c'est son

étoile bénie qui a brillé sur les ténèbres de leur âme ; ils
ont levé les yeux au ciel, ils ont prié ; et leurs larmes
ont coulé moins amères et une douce sérénité s'est répandue sur leur horizon, et, souffrant en face de la
croix, ils ont senti leur cœur plus léger et leur âme plus
contente.

Oh ! oui, mon Dieu, nous croyons que vous êtes venu
sur la terre ; nous reconnaissons votre passage à la trace
de vos bienfaits ! Vous nous avez laissé, en remontant au
ciel, une parole de paix, un sourire d'espérance, la religion, ce fleuve d'amour qui coula sur la croix de votre
cœur entr'ouvert avec les sacrements de la loi nouvelle !
Soyez béni, Seigneur, pour tant de bonté ; préservez-nous
du malheur de la méconnaître ; donnez-nous de vénérer
toujours la religion, donnez-nous de la chérir, de marcher
sans cesse à la lueur de son flambeau salutaire ! Faites que
nous l'aimions, cet ami tendre, ce bon ange gardien qui
guidera nos pas, soutiendra nos efforts, sanctifiera nos
joies, calmera nos chagrins et fécondera pour le ciel
toutes nos souffrances, en nous y découvrant un trésor,
cette manne cachée que Dieu réserve à ceux qui l'aiment !

Ainsi soit-il.

---

### Epilogue.

Le jour commençait à baisser ; les promeneurs regagnaient
leurs demeures en toute hâte, car un violent orage s'était
déclaré presque subitement. Surpris par la bourrasque et la
pluie, une foule de jeunes gens s'étaient réfugiés dans la
maison de Lucas, qui faisait de son mieux les honneurs du
logis.

— Faut convenir, les amis, que sans ce petit grain, nous
ne serions pas à c'te heure en aussi belle société... et ma fi !
si nous voulons tous nous asseoir, faudra prier M. le curé de
nous prêter un tantinet les chaises d' l'église.

Marcel. — Ça, qui serait plaisant et drôle tout de même !

— Parbleu, vingt-cinq Pologues ! je me chargerai bien de
la commission, pour peu qu'on y tienne, répond Lafleur en
secouant sa capote et son bonnet de police.

— Ouf ! s'écrie l'instituteur qui entre précipitamment et va

se jeter à corps perdu sur Lafleur qu'il renverse sur Marcel ;
toutes les cataractes du ciel sont ouvertes... gare le déluge !...

— Eh ! gare vous-même, que diable aussi ! répond Lafleur
en le repoussant assez brusquement ; on voit bien, mille escadrons ! que vous m'en voulez toujours.

— Allons, sergent, vous voulez recommencer la discussion
de l'autre jour ?

— Non, non, soyez tranquille ; elle est complète, celle-là.
Laissons dormir *vos points fondamentaux* et *votre religion de
l'honnête homme* ; on sait ce que cela veut dire.. Voudriez-
vous nous faire *celui* de nous apprendre quel cousin vous
piquait ce soir ? Vous aviez, nom d'un bleu ! l'humeur bien
batailleuse.

— Et pouvait-il en être autrement ? On nous en a tant conté,
on nous a débité tant de sornettes, d'extases, de miracles ; on
nous a si longtemps promenés dans les espaces, que je trem-
blais d'y devenir illuminé... Ma foi, que voulez-vous ? J'avais
hâte de redescendre sur la terre et de quitter les nuages.

— J'ai bien peur, mon vieux, que vous n'y soyez encore !...
Allons, allons, reprenez un peu vos sens, vous êtes chez le
compère Lucas, entouré de bons enfants tout pleins d'admiration pour vos talents et vos lumières, mais qui commencent
à voir un tout petit bout des ficelles qui font mouvoir vos arle-
quins.

— Expliquez-vous mieux, je vous prie ; que voulez-vous
dire ?

— Oh ! patience, nous avons tout le temps. Dites-nous un
peu le sujet de vos sorties de ce soir ; l'instruction de M. le
curé n'était donc pas de votre goût ?

— En aucune façon, je vous l'assure ; le bonhomme parlait
beaucoup, mais sans jamais aborder la question : il s'arrêtait
toujours devant le nœud gordien.

— Vraiment ? Et si nous le tranchions ici comme Alexandre
à coups de sabre ? Mille bombes ! nous avons de quoi vous
satisfaire ; pourtant, il me semble que les raisons qu'on vous
a données...

— Ne sont que des faux-fuyants. D'ailleurs, qu'avais-je à
faire, moi, de ces considérations sur les martyrs, sur les
charmes du nom de Jésus, le mystique pèlerinage de la religion avec l'enfance, l'âge mûr, la vieillesse et la mort, et
toutes ces élévations en grand dont je ne vois pas trop encore
l'urgence ni même l'utilité ?

— Assez, assez, Monsieur, vous nous avez ingénument
avoué votre incompétence là-dessus. Vous avez *la vue basse*,
et vos lunettes, à ce qu'il paraît, ne portent pas si haut.

— Toujours en train de rire, sergent ; allez toujours, je ne
me fâche pas d'aujourd'hui. j'ai fait ce soir une forte provision

de patience... J'avais tant à dire, et **M.** le curé paraissait si peu disposé à me répondre!...

— Nom d'un bleu! quel dommage!... la postérité lui en gardera rancune.

Lucas. — Eh! jarni, la conversation n'a déjà pas mal duré comme ça! M'est avis que si not'curé vous avait suivi, soit dit sans vous fâcher, Monsieur l'Régent, vous nous teniez l'bec à l'eau jusqu'à la Saint-Nicaise.

— Est-ce ma faute, à moi? que venait-il nous chanter avec ses moines, ses capucins, ses nonnes et ses hôpitaux? Il ne manquait plus, pour compléter la fantasmagorie, que de nous parler aussi des Jésuites et des Frères ignorantins!

— Prenez garde, camarade, ça sonne creux... nous nous frottons à plus dur que nous! Laissez-moi les Jésuites tranquilles, croyez-moi, et ne leur faites pas de querelle d'Allemand... Vous avez assez d'adversaires dans cette question sans y mêler encore ces puissants et adroits spadassins, qui, tout en se jouant et sans avoir l'air d'y toucher, vous enfilent leur homme. Quant aux enfants de l'abbé de La Salle, croyez-moi encore, laissez-les en paix, Monsieur l'instituteur; tout modestes qu'ils sont, ces petits *frères ignorantins* montreraient l'*a, bé, cé, dé* à plus d'un savant de votre taille. Ainsi, par prudence, ne multipliez pas tant vos ennemis; vous perdriez votre poudre à tirer aux moineaux. Qu'avez-vous trouvé de plus étonnant et de plus *pyramidal* dans l'énumération des bienfaits du catholicisme?

— Je conviens qu'il est pour beaucoup dans le bien-être de l'humanité; c'est un fait éclatant que je ne puis nier. Mais ce qu'on ne lui pardonnera jamais, c'est l'intolérance de cette maxime barbare : *Hors de l'Eglise, point de salut.*

— Encore un adversaire que vous vous faites en pure perte, mon cher; il n'en a pas été du tout question au sermon de M. le curé. Vous voulez donc absolument vous battre contre des moulins à vent?

— Mais l'Inquisition, les Croisades, les guerres de religion et la Saint-Barthélemi, ne sont-elles pas des conséquences de ce principe sanguinaire qui damne les trois quarts du genre humain?

— Fort bien, fort bien; je vois que vous tirez toujours le même diable par la queue...; et vous n'êtes pas satisfait des raisons de M. le curé?...

— Non, Monsieur; il ne persuadera jamais à quelqu'un qui a les plus légères notions d'histoire, que dans nos guerres civiles et le massacre de la Saint-Barthélemi, la religion n'a pas tenu et dirigé le poignard des catholiques.

— Eh! mais vous êtes admirable, mille escadrons; camarade! on ne le persuadera pas à celui qui n'a qu'une légère

teinte d'histoire, voire même qui n'en a pas du tout, et qui se
borne à répéter les balivernes de quelque rêveur hypocon-
driaque, à la bonne heure! Mais pour celui qui a plus de
science que de blague, minute, c'est une autre chanson...

— Vous m'insultez, sergent... Apprenez qu'il y a vingt ans
que j'étudie l'histoire générale et particulière des peuples, et
que l'on ne m'en impose point pour l'appréciation des faits.

— Tout doux, tout doux, mon vieux. L'eussiez-vous étudiée
pendant quarante ans, vous ne la savez pas mieux que Voltaire
et J.-J. Rousseau; or, vous avez entendu leur langage, et je
pourrais, moi, tout sergent que je suis, vous citer d'autres
auteurs qui ont parlé dans le même sens et qui n'étaient pas
plus que Voltaire et Rousseau, pas plus que vous, intéressés à
épargner à la religion cette petite calomnie. Tirez donc vous-
même la conclusion, ou plutôt laissez-la telle que M. le curé
l'a tirée, et dites que la religion ne fut en rien dans ces massacres, qu'elle en gémit, les condamna et vit avec horreur
son nom céleste mêlé à ces assassinats organisés sur une
haute échelle.

— Tenez, brisons là-dessus, et portons la question sur
votre terrain. Etes-vous pour les Croisades?

— C'est selon, mille bombes! il y a croisades et croisades,
comme *il y a fagots et fagots*. De quelles croisades voulez-
vous parler? des croisades à la Carmagnole, à la Robespierre,
à la Ça ira? Merci, je sors d'en prendre. Est-ce de la sainte
ligue des vrais chrétiens contre les impies, et des braves gens
contre les pékins? Bravo, l'ami! j'en suis, car ça me va; mais
cette croisade est encore à faire...

— Je ne ris pas, sergent, c'est une question fort grave et
fort sérieuse que je vous adresse, et à laquelle M. le curé
aurait dû répondre.

— Et oui, morbleu! et nous flanquer en garnison dans
l'église pour tout un quartier d'hiver... Et à quoi bon, je vous
prie? Il était au milieu d'une assemblée trop pacifique pour
craindre qu'elle cherche jamais à renouveler la guerre sainte;
et quant à vous, Monsieur le classique, vos mœurs sont assez
connues, et tous les *Dieu le veut!* du moyen-âge ne vous
eussent pas fait prendre le mors aux dents.

— Riez tant qu'il vous plaira, Monsieur, mais vous ne
changerez rien aux faits ni à mon opinion; il sera toujours
constant que les Croisades furent la suprême folie de la
France et de toute la chrétienté.

— Quoi, mille escadrons! c'est de ce nom glorieux que
vous appelez les croisades qui nous ont donné la clé de
l'Orient, ont affranchi la Terre-Sainte et muselé les Sarrasins
en leur rendant *en gros* les camouflets qu'ils distribuaient *en
détail* depuis des siècles à nos pèlerins, à nos vaisseaux, au

pavillon chrétien? Eh bien, quelle que soit votre opinion, bravo, camarade! ça me va mieux encore, vous dirai-je, et je meurs de regret de n'avoir pas été là pour me croiser aussi.

— J'applaudis à votre vaillance; mais quelle nécessité d'ameuter ainsi l'Europe et de la lancer à travers les mers sous un climat brûlant; quelle nécessité d'aller, une croix sur l'épaule ou sur la poitrine, affronter la peste, la lèpre, la famine et la mort, et cela, pour délivrer je ne sais quel tombeau qui pouvait fort bien se délivrer lui-même?

— Quoiqu'on ne dût répondre à des blasphèmes que par l'indignation et le mépris, je veux bien croire, Monsieur, que vous avez envie de rire; et la plaisanterie, morbleu! ne me semble guère de saison dans un si grave sujet. Vous ne savez donc pas, vous, ce qui ébranla l'Europe à la voix de Pierre l'Ermite? C'était le cri d'alarme et de détresse de nos frères de la Terre-Sainte; ce cri: *Dieu le veut!* fut un coup de tonnerre qui électrisa le monde chrétien et vint réveiller dans l'âme de nos aïeux les plus sublimes instincts de l'honneur, du patriotisme et de la foi... Mille bombes! l'honneur, le patriotisme et la foi, comprenez-vous ça, mon vieux? Sentez-vous tout l'héroïsme et le mâle courage dont ce triple cri remplit des cœurs français? Ah! vingt-cinq Polognes! Monsieur Lucien, si vous aviez été soldat, vous pèseriez les Croisades à une autre balance...

— Je les pèse avant tout à la balance de la prudence et du sens commun. Je ne vois pas trop ce que prétendait cette immense nuée d'aventuriers indisciplinés, vrai ramassis de gens sans aveu, perdus de vices, qui ensanglantèrent la Palestine par leurs haines et leurs combats singuliers, la souillèrent de leurs débauches, et finirent par s'entre-dévorer eux-mêmes près de ce tombeau qu'ils venaient conquérir.

— Voilà, mille escadrons! ce que c'est que d'étudier l'histoire avec un tic dans la tête; un peu plus de calme et de bonne foi vous eût permis d'entrevoir dans ces expéditions générales, indépendamment du but saint et sacré qui les inspira, d'immenses résultats pour le bien-être et la civilisation de l'Europe.

— Vraiment, mon brave? et seriez-vous assez bon pour m'en signaler quelques-uns? Quant à moi, je n'ai jamais vu dans ces gigantesques entreprises, que les ambitieux efforts d'un fanatisme barbare surexcité jusqu'à la folie, et qui dut faire bien rire l'univers aux dépens de la chrétienté.

— Diable! quelle richesse d'imagination! et savez-vous, l'ami, que vous feriez un crâne tour de force si vous parveniez à ridiculiser les Godefroi de Bouillon, les Raymond de Toulouse, les Etienne d'Amboise, les Renaud, les Tancrède, les saint Louis, et tant d'autres vaillants héros, l'épouvante des

Sarrasins... *On a dû rire!* mais on aurait ri davantage apparemment si la lance, la poitrine et la croix de ces preux chevaliers n'eussent opposé à l'invasion musulmane une infranchissable barrière!... On eût ri davantage si le croissant, ce fléau dévastateur déjà maître de toute la Syrie, de l'Afrique, de l'Espagne, de la Sicile, de la Corse et de toutes les îles de la Méditerranée, eût noyé la chrétienté dans un déluge de sang! On eût ri davantage, mille escadrons! si les farouches disciples du Coran, vainqueurs de l'univers, étaient venus nous dire le cimeterre à la main, à nous, chrétiens et Français: *Au nom d'Allah et de Mahomet, crois ou meurs!...* Vous faites à la religion un crime des Croisades! vous criez à l'intolérance et au fanatisme!... Mais n'est-ce pas justement contre le fanatisme que les croisés ont combattu? Comment se prêche l'Evangile, et comment s'est prêché le Coran? Répondez!

— Eh bien, soit, passe pour cela... la religion a jeté les Croisades comme une barrière à l'invasion des Sarrasins. Mais quels en furent les résultats pour le bien-être de l'Europe; en est-elle plus avancée et plus heureuse pour avoir versé tant de sang?

— Eh! mille baïonnettes! quand les Croisades n'auraient fait que sauver l'Europe de la barbarie et de ses propres fureurs; quand elles n'auraient abouti qu'à la purger de ce qu'elle avait de plus pervers et de plus dissolu, à la débarrasser d'une infinité de petits tyranneaux qui, sans cesse, harcelaient le pauvre peuple et gênaient l'autorité royale, et qui portèrent en Orient leur libertinage et leur ambition turbulente; quand même elles n'auraient pas vengé les chrétiens de l'insolence des musulmans et rendu le tombeau du Christ à la vénération des fidèles; à ne considérer que l'impulsion donnée à notre marine, et l'agrandissement de notre horizon vers un monde nouveau, berceau de la civilisation et l'âme de nos grandes découvertes, les Croisades n'en seraient pas moins une œuvre providentielle, et nous devrions mille fois bénir la religion qui les inspira.

— Mais vous conviendrez au moins que cette belle armée n'était pas un modèle d'ordre et de discipline, et que si elle allait moraliser les Sarrasins, elle n'était guère à la hauteur de sa sublime mission; vous avouerez surtout qu'elle ne fut pas fort heureuse dans son œuvre admirable, et que la famine, la peste, la canicule et tous les fléaux de la terre et du ciel abrégèrent de beaucoup la besogne des Sarrasins.

— Eh bien, vingt-cinq Pologne! que voulez-vous conclure de là? qu'il en fut des Croisades comme de toutes les entreprises humaines, toujours mêlées de bonheur et de malheur: il s'y glisse toujours des abus; car l'homme porte toujours avec lui ses imperfections et ses défauts. Dans les guerres les plus saintes et les plus glorieuses, le mal tient toujours une large place à côté du bien; mais, morbleu! faut-il pour cela être injuste et cruel? Voyez vous-même, et jugez de la noblesse de vos sentiments; vous allez jusqu'à reprocher à ces vaillants guerriers les fléaux désastreux dont ils furent victimes! Mille bombes! ne parlez donc plus ainsi, Monsieur, vous me feriez croire que l'on n'a plus de cœur, quand on a tant d'esprit.

— Oh! pour le coup, si vous me parlez de cœur... je crois en avoir pour le moins autant que vos prêtres et vos moines, qui feraient sans scrupule un feu de joie de tous ceux qui ne pensent pas comme eux!

— Très bien, camarade : il paraît que nous en avons assez là-dessus, puisque nous entamons une autre chanson...

— Je vous répète, sergent, que cette chanson n'est que le refrain de la première; et que le principe de l'intolérance religieuse est une loi de sang qui fait un contrepoids terrible aux bienfaits du catholicisme. Quoi de plus barbare, encore une fois, que cette sombre maxime : *Hors de l'Eglise point de salut?*

Lafleur, *à part.* — Au diable le rabâcheur! (*Haut*) : Ah ça, mon vieux, cette *sombre maxime*, la comprenez-vous?

— Parbleu, je le pense! elle signifie, à mon avis, que le Pape seul a la clé du ciel; que tous ceux qui ont le malheur de mourir sans baptème sont damnés; que, fût-on le plus vertueux des hommes, fût-on un saint, dès-lors qu'on n'a pas été éclairé du flambeau de l'Evangile, on meurt dans l'ana-thème et la malédiction de Dieu, parce qu'on meurt *hors de l'Eglise;* c'est ce qui explique vos missions dans tout l'uni-vers...

— Que dites-vous, camarade! et quelle idée vous êtes-vous faite du christianisme? Ah! mille escadrons! je ne m'étonne plus que vos leçons à ces braves gens soient des prônes au rebours! Les amis, croyez-moi, envoyez paître ce capucin-là; qu'il aille débiter ailleurs ses craques et sa pacotille! quand on a l'aplomb de soutenir à des gens qui ont le sens commun que le bon Dieu est un père injuste et cruel, un tyran plus féroce que Néron, on ne mérite qu'une réponse : Allez, retournez à Pontoise!

— Croyez-vous me convaincre avec des injures?

— Dites donc avec des vérités à bout portant! que voulez-vous; c'est mon humeur : j'ai toujours eu mon franc parler.

Lucas. — Oui-dà, Monsieur l'Régent; faites pas attention : ça jure comme ça, ça bougonne, ça tempête, mais v'là tout; du reste, pas pus de malice que sus ma main. Y s'rait, jarni! tout au moins coronel sans ses brusqueries et ses rodomon-tades!

— Eh bien, passe; expliquez-moi, alors, Monsieur Lafleur, la conduite de l'Eglise relativement à cette maxime
impitoyable.

— Très volontiers, Monsieur. *Hors de l'Eglise point de
salut*, signifie tout bonnement qu'il faut être de la famille
pour avoir droit à l'héritage; que, pour participer aux bienfaits de la foi, il faut en suivre la lumière, et qu'il faut être
enfant de l'Eglise pour profiter de ses faveurs; ce qui revient
à dire que l'on doit s'approcher du feu lorsqu'on veut se
chauffer, de la table lorsqu'on veut dîner, et que ce n'est pas
en prenant le chemin de la cave que l'on arrive au grenier;
comprenez-vous à présent?

— Assez bien jusque-là; je vois que l'on se sauve dans
l'Eglise. Mais que faites-vous de tant de malheureux innocents qui meurent vertueux hors de l'Eglise? N'est-il pas
injuste et barbare, l'arrêt qui les condamne à l'enfer; et faut-
il *revenir de Pontoise* pour en être révolté?

— Vous êtes complétement dans le faux, mon compère;
cet arrêt injuste et barbare n'existe que dans votre tête; sans
être curé, ni théologien, je vous dirai que l'erreur involon-
taire, l'erreur invincible n'a jamais constitué personne en état
de damnation, pourvu que d'ailleurs on suive fidèlement les
principes de la loi naturelle; et Dieu ferait un miracle plutôt
que de laisser périr celui qui, toute sa vie, se serait trompé
de bonne foi. Quiconque évite le mal et fait le bien, en dehors
de la religion chrétienne et sans avoir été prévenu des lumières de l'Evangile, est *naturellement chrétien*, comme l'a dit
je ne sais plus quel Père de l'Eglise; et la miséricorde divine
ira le trouver s'il le faut, par le ministère d'un ange; elle ira
le sauver jusque devant les autels de l'idolâtrie : c'est la doctrine la plus conforme à la foi de l'Eglise, à l'enseignement
des Pères, et la croyance la plus en harmonie avec la justice
et la miséricorde de Dieu.

— Peste! sergent, quel trésor d'érudition! il paraît que
nous n'avons pas manié que l'épée et le mousquet, et que
nous avons mûri au régiment les connaissances de notre
jeune âge... Recevez-en mes félicitations; et dites-moi alors
pourquoi, puisque, à vous entendre, la miséricorde divine est
si grande, tant de croisés modernes s'en vont au delà des
mers, prêcher l'Evangile à des peuplades idolâtres qui vivaient
et mouraient fort tranquillement dans la bonne foi?

— Oh! minute, l'ami! vous sautez à pieds joints par dessus
la difficulté : il ne suffit pas d'être idolâtre et de bonne foi
pour mériter les effets de la miséricorde divine; il faut encore
éviter le mal et faire le bien; suivre en un mot les principes
de la loi naturelle. Or, si déjà le chrétien véritable, avec son
ciel et son enfer éternel, avec ses grâces extraordinaires,

trouvé la besogne si rude, le païen qui n'a ni moins de passions à vaincre, ni de plus puissantes armes à manœuvrer,
mais qui se sent au contraire entraîné au mal par l'exemple
de ses infâmes divinités, ne suivra-t-il pas avec fureur les
penchants de sa nature corrompue? Aussi, comptez, s'il vous
plaît, les saints du calendrier païen et comparez-les aux saints
de notre martyrologe : mille bombes! pour quelque Socrate
et quelque Caton isolé qui se rencontrera çà et là comme une
sentinelle perdue, que de légions d'apôtres, de martyrs, de
confesseurs, de solitaires, de pénitents, d'innocentes vierges,
de saints personnages, amis et bienfaiteurs de l'humanité!

   — Mon Dieu, sergent, qui vous conteste la supériorité du
nombre? Il ne s'agit ici que de l'inutilité des excursions mari-
times de nos missionnaires, qui vont apporter avec le baptème
le trouble et le remords chez des tribus paisibles qui vivaient
heureuses, et que leurs innocentes erreurs n'empêchaient
pas de se sauver dans la pratique de leurs vertus naturelles.

   — Ah! je vous tiens, mille cartouches! camarade, je vous
tiens! dites-moi ce que vous entendez par ces *vertus naturelles?* Est-ce de faire cuire des hommes, et de les manger en
dansant autour du bûcher? — Est-ce de repousser à coups de
flèches de malheureux naufragés qui nagent péniblement vers
la côte? est-ce de prostituer publiquement sa femme et sa fille
aux étrangers et aux voyageurs? Quelles sont ces *vertus naturelles?* est-ce de brûler une pauvre veuve avec le cadavre de
son mari, ou de l'enterrer vivante dans son tombeau? — est-
ce de pendre son vieux père à la branche d'un chêne, jusqu'à
ce qu'il tombe, et que la mort s'en suive? — est-ce de se faire
un mérite, une religion, du vol, du brigandage et de l'assassinat? — est-ce d'étouffer sans pitié l'enfant qui vient de
naître, et de l'exposer dans les rues, où trop souvent il devient
la pâture des chiens et des pourceaux? Eh bien, Monsieur,
voilà un léger échantillon des *vertus naturelles* que nos missionnaires ont trouvées aux Indes, au Japon, au Canada, au
Paraguay, en Chine, aux Antilles; voilà la belle paix qu'ils
sont venus troubler, la bonne foi qu'ils ont éclairée, et les
*innocentes erreurs* qu'ils ont remplacées par l'humanité, la piété
filiale, la chasteté, la bienfaisance, le dévouement et la plus
ardente charité. Ajoutez à ces bienfaits celui d'avoir fait vénérer et chérir le nom de la France à ces sauvages qui jadis
nous repoussaient à coups de pierres, brûlaient nos vaisseaux
et massacraient nos matelots sur le rivage, et qui aujourd'hui,
devant une *robe noire* ou un Européen, tomberaient à genoux!

   — Voilà, mon brave, qui s'appelle tailler l'histoire à sa
façon...; vous avez été, laissez-moi vous le dire, fort mal
renseigné. Ces peuplades sauvages ont si peu d'enthousiasme

pour les Européens, qu'elles les hachent en morceaux, et que les missionnaires eux-mêmes avec leur robe noire...

— Un démenti, à moi, un démenti! mille bombes! si je le croyais sérieux!... Jeune homme, vous me manquez! apprenez qu'à la gueule d'un canon le sergent Lafleur ne trahirait pas sa pensée, et que je me crois au moins aussi bien renseigné que vous!... Je le sais, morbleu, le nom d'Européen a long-temps fait frémir d'horreur ces tribus nomades et primitives, surtout depuis que les Pizarre et les Almagro, à la tête de leurs vampires espagnols, sont venus voler leur or, boire leur sang et épouvanter de leurs atrocités les forêts vierges du Nouveau-Monde; mais là comme en Europe, la religion ne fut qu'un prétexte pour la tyrannie et la cupidité. Aussi lors-qu'elle fut mieux connue, sitôt que, par ses bienfaits, cette fille du ciel eut prouvé sa divine mission, dès lors, plus de résis-tances, plus d'hésitations; les néophytes accouraient en foule, et le bras des François-Xavier, des Pérez et des Oliveyra tomba de lassitude à donner le baptême!

— Eh bien, voilà le beau côté de la chose, mon cher, mais ce qui n'est pas tout à fait aussi beau, ce sont les arrêts des Mandarins et le cachot; c'est la cangue, le rotin et le nœud coulant... Ne valait-il pas mieux laisser ces gens tranquilles dans leur religion primitive?

— En route, mes amis! je ne raisonne plus avec cet homme-là; il a nécessairement la berlue aujourd'hui ou le cerveau malade. Quoi! Monsieur Lucien, les blessures d'un vétéran, loin de vous attendrir, vous font sourire de pitié! et vous avez le cœur de hausser les épaules devant les restes glorieux des martyrs de la charité! quoi, mille escadrons! vous osez plaisanter et rire du dévouement de ces saints apôtres qui s'arrachent des bras de leur mère et du sein de la patrie pour voler sur des plages inhospitalières, affronter la faim, la nudité, les bêtes féroces et le fer des barbares qu'ils vont con-soler et bénir!... Quoi! vous êtes homme à faire à la religion un crime de son dévouement, de sa tendresse et de ses bien-faits! quoi! vous osez lui reprocher son plus beau titre de gloire! et l'héroïsme de ses enfants ne vous arrache pas un cri d'admiration!... Mille bombes! Monsieur Lucien, il est nuit, nous sommes chez un ami, personne ne nous entend que des gens qui vous sont tout dévoués, parce qu'ils vous croient honnête homme : voulez-vous que je vous dise, en finissant, un petit mot que vous pourrez méditer à l'aise et qui vous servira pour l'avenir?

— Oui, voyons, quel est-il?

— Vous venez de lâcher la plus grande sottise qui soit sortie d'une bouche qui mange du pain, et vous êtes fort heureux que nous ne soyons pas en plein jour, en plein vent et devant une société moins bienveillante à votre égard... Par prudence, mon cher, ne parlez pas ainsi ailleurs contre la religion, ses bienfaits et ses martyrs; ne lui attribuez plus les abus qu'elle déplore; ne lui reprochez plus ce qui fait son triomphe, et surtout, rengaînez-moi bien vite ces grands mots d'intolérance et de fanatisme avec vos points fondamentaux; car si vous osiez encore déraisonner sur le même ton et à la face du soleil, vous feriez hurler les chiens, et les moutards vous suivraient comme une curiosité!

Lucas. — Allons, Lafleur, assez jasé comme ça; v'là Marcel et Simon qui clignent l'œil et font signe d' la tête que t'as raison... Jarni, faut pas dire, mais t'as ben travaillé tout d' même; il est grand temps de te reposer... Allons-nous-en tous visiter not' vieux d' la vieille, et bonsoir la compagnie.

—⁓⁓⁓—

# PRONE QUATRIÈME.

Sur la bonté de Dieu et la reconnaissance que nous lui devons.

> *Confltemini Domini quoniam bonus.* —
> Chantez le Seigneur, car il est bon.
> (Ps. 44.)

Mes Frères,

Il n'entre pas dans notre plan de vous prouver l'existence de Dieu. Nous sommes dans une église chrétienne, et, je le dirai hardiment, tous mes auditeurs ont la foi. D'ailleurs à celui qui doute au XIXe siècle de cette vérité plus lumineuse et plus éclatante que le soleil, on ne répond plus par des raisonnements : on lui envoie un médecin qui le traite par le régime, des calmants et une plante en usage dans les maisons de santé. Pour douter de l'existence de Dieu, il ne suffirait pas d'être sourd, muet et aveugle, il faudrait avoir perdu la raison. Que dis-je, la raison? ah! il faudrait encore avoir perdu le cœur, être un monstre dans la création ; car tout ce qui paraît à nos regards, tout ce que nous touchons, tout ce qui nous environne, tout nous parle de Dieu : c'est Dieu qui nous l'a donné, c'est de sa bonté paternelle que nous avons reçu l'existence et la vie en échange de notre amour.

Or, je vous le demande, mes Frères, si un prince de la terre exigeait quelque reconnaissance d'un esclave qu'il a tiré de la poussière pour l'anoblir et en faire son favori ; si le plus tendre des pères disait à son fils : Donne-moi ton cœur ; si l'ami généreux, qui, par le plus sublime dévouement, a sauvé son ami de l'ignominie et de la mort, lui demandait un souvenir, une parole d'amour ; si Vincent de Paul implorait un regard, un soupir de reconnaissance du forçat dont il vient de prendre la chaîne, et que quelqu'un de ces misérables fût assez ingrat pour refuser un si juste retour, pourriez-vous trouver dans la langue des hommes une expression pour désigner cet opprobre de la nature ? Non, sans doute. Eh bien, mes Frères, si l'on doit de la reconnaissance à son père, à son bienfaiteur, Dieu n'est-il pas éminemment notre bienfaiteur et notre père ? Et dès lors que son existence nous est aussi démontrée que la nôtre, ce Dieu n'a-t-il pas, comme créateur et comme rédempteur, des droits infinis à notre amour ?

Nous allons les considérer en deux mots, ces titres sacrés, pour étudier la manière d'y répondre dignement.

*(En ce moment M. Lucien, dont tout le monde a remarqué l'absence, entre dans l'église d'un air dégagé, évite le bénitier, en passant à quelque distance, puis, promenant ses regards à droite et à gauche comme pour se donner du cœur, fend la presse, traverse la nef et va prendre place devant la chaire.)*

Dieu était de toute éternité, *continue le prédicateur :* la contemplation de sa divine essence constituait sa félicité suprême. Qu'avait-il besoin de créer ? Ne suffisait-il pas lui-même à sa gloire et à son bonheur ? Bonté de mon Dieu ! je vous adore ! vous avez pétri un peu d'argile, façonné ces membres, soufflé sur cette boue organisée, et l'homme, cette créature intelligente et raisonnable, l'homme, ce noble émule des anges, fier de sa sublime

origine et de son divin modèle, a tressailli de joie et béni
son auteur !... Bonté de mon Dieu, je vous adore ! vous
avez comme épuisé tous les trésors de la terre et du ciel
au bonheur de vos enfants. Soyez rois, leur avez-vous
dit : *dominamini!* Tout ce bel univers est votre domaine,
car c'est pour vous que j'ai opéré la création, avec toutes
ses merveilles. Pour vous, ce ciel d'azur et ces myriades
d'étoiles ; pour vous, ce beau soleil, ces riantes campagnes, ces nuits délicieusement parfumées ; pour vous
les habitants des eaux, les animaux et les fruits de la
terre ; pour vous le murmure des ruisseaux, le chant
des oiseaux, la voix mélodieuse du zéphyr et l'arc-en-
ciel, mystérieux symbole de mon sourire et de mon al-
liance avec mes enfants chéris ! Pour vous enfin et la
terre et les cieux : je ne me réserve que votre cœur...,
mais ce cœur, oh ! c'est un trésor dont je suis jaloux :
donnez-le-moi, ô mes enfants bien-aimés, que nul autre
ne le possède !

Mes Frères, être ingrat pour les bienfaiteurs de la terre,
c'est une monstruosité. Cet animal sans raison, dont
on vante l'attachement et la fidélité, caresse la main qui
le nourrit, et *la bête de somme connaît l'étable de son
maître.* Jugez-vous vous-mêmes, sur ce point, et n'oubliez pas que, pour vous être devenus nécessaires et
comme naturels, les bienfaits du Seigneur n'en sont pas
moins des bienfaits et n'en méritent pas moins votre reconnaissance et votre amour.

— Il me semble, Monsieur le curé, *interrompt l'instituteur,* que vous établissez, entre Dieu et l'homme, une
similitude qui ne saurait être admise... Que l'on soit reconnaissant envers un homme, je le conçois sans peine,
car nous avons besoin d'être encouragés au bien : l'é-
goïsme ne nous est, hélas ! que trop naturel, et presque
toujours il en coûte d'obliger. Mais quelle reconnaissance
devons-nous à Dieu qui, bienfaisant par sa nature, nous
oblige tous comme nécessairement, et sans qu'il y prenne
garde? C'est, à peu près, comme si vous me disiez d'être
reconnaissant pour un prodigue dont la manie est d'obliger et qui trouve son plaisir à semer ses écus.

*(Un sourire de pitié circule dans l'assemblée ; Marcel,
tout seul, à côté de M. Lucien, semble applaudir.)*

— Dites-moi, Monsieur, *répond le prédicateur*, faut-il faire à votre objection une réponse sérieuse, ou nous contenter d'en rire?... Je vous en laisse le juge... (*L'hilarité continue.*)

M. Lucien, *sans se déconcerter*. — Je parle très sérieusement

— Si sérieusement que vous prétendiez parler, Monsieur, vous n'empêcherez pas le bon sens de faire justice de votre langage : je n'en veux pour garant que le rire peu flatteur qu'il vient de provoquer dans l'auditoire et qui, pour le moment sera ma seule réponse.

Si le Créateur a tant de droits à notre reconnaissance, M. F., quels ne seront pas ceux du Fils de Dieu, notre Sauveur ! Vous le savez : l'homme devenu, par son crime, odieux à la justice éternelle, mangeait son pain à la sueur de son front ; il ne devait plus voir la face de son Dieu ; maudit à jamais, la honte et la douleur étaient son partage et le sort de Satan l'attendait au trépas. Or vous connaissez tous, aussi bien que moi, comment la *justice et la vérité se sont rencontrées* dans le sein d'une vierge ; nul parmi vous n'ignore par quel sublime prodige la *justice et la paix se sont* enfin *donné ce baiser* salutaire (1) qui a réconcilié la terre avec le ciel. Le Verbe éternel a daigné visiter notre pauvre demeure ; il s'est fait petit, misérable, homme de douleurs comme nous. O profond, ô adorable mystère ! Dieu s'abaisse jusqu'à nous et nous montons jusqu'à lui ; ce que la Divinité semble perdre, l'humanité le gagne ! Confondez-vous, M. F., adorez aimez, et d'un amour qui réponde, si c'est possible, à l'amour du Rédempteur ! Qui ne l'a vu à Bethléem, grelottant sur la paille glacée d'une crèche? qui n'a frémi en voyant couler les premières gouttes de son sang divin sous le couteau de là circoncision ? Ne dirait-on pas qu'il lui tarde de consommer son sacrifice et de verser tout son sang pour nous sauver?... Ah! il viendra bientôt ce moment qu'appelle son amour ! Mais il faut qu'une vie entière de sacrifices et de souffrances fasse comprendre à la terre la malice du péché, le prix d'une âme, et jusqu'où peut aller la tendresse d'un Dieu pour sa créature.

Suivez-le, M. F., de Nazareth à Jérusalem, laissant par-

(1) *Psal.* 84, 11.

.out sur son passage, dans ses prodiges, dans ses exemples, dans sa morale céleste, les marques de sa bonté, de sa sagesse et de sa miséricorde ! Et maintenant, qui dira les mystères sanglants et lugubres de la passion et de la mort de cet Homme-Dieu ? Entendez sa parole d'amour et de pardon qui répond au baiser du traître ; entrez chez Pilate, chez Caïphe, chez Hérode, dans le Prétoire ; comptez les coups, les outrages, toutes ces avanies que notre langue ne peut rendre ; et puis, sur ce visage défiguré, cherchez à reconnaître les traits adorables du Fils bien-aimé en qui l'Eternel a mis ses complaisances !... Oh ! ne reculez pas d'horreur ! le voilà bien lui-même ! *voilà l'Homme !* voilà l'état où l'a réduit sa clémence et sa tendresse pour les pécheurs

Et maintenant, montez au Calvaire où il va bientôt expirer entre deux scélérats : il faut que l'ignominie accompagne la douleur. Grand Dieu ! où donc s'arrêtera la tendresse du Sauveur ? Il ne lui restait ici-bas que sa mère ; et, du haut de la Croix, son dernier adieu nous transmet cet ineffable héritage ! Ce n'était point assez encore : ce Dieu, *vraiment prodigue de lui-même,* ainsi que s'exprime un saint docteur (1), a poussé la bonté jusqu'à résider dans nos tabernacles ; son amour lui a inspiré la sublime folie de nous donner son corps en aliment et son sang en breuvage. Oh ! je vous le demande, M. F., sans vous parler ici des charmes de l'ineffable couronne des élus, ni des torrents de volupté suprême que Dieu nous réserve dans les cieux, à ne nous occuper que des bienfaits et des grâces que nous en avons reçues sur la terre, pouvait-il nous témoigner plus de bonté, pouvait-il *entourer sa vigne* d'une plus tendre sollicitude ? pouvait-il même se montrer à nos regards sous des dehors plus familiers, un plus aimable symbole que le pain de chaque jour ? Mes Frères, lorsque vous l'adorez, dans cet auguste sacrement qui les résume tous, et qui est comme la consommation de toutes les merveilles opérées pour notre salut, est-ce que votre âme n'est pas toute brûlante et votre cœur tout transporté d'amour ?

Ah ! non, non, le temps n'est plus où il fallait épouvanter Israël et menacer la terre pour lui commander

(1) Saint Augustin.

d'aimer son Dieu : sous la loi de grâce, en face du divin agneau de nos tabernacles, l'amour doit dominer le respect et la crainte qu'inspire le Tout-Puissant; dans le sacrement où son sang divin nous purifie et nous divinise, en quelque sorte, il veut être aimé en père, en ami tendre, en bienfaiteur, d'un amour qui ne ressemble pas à celui de l'esclave pour son maître, mais d'un amour filial, ardent, qui soit le commencement et l'avant-goût de cet inénarrable amour qui doit un jour consommer notre éternelle félicité.

— Vous supposez donc, monsieur le curé, que c'est en vue de notre reconnaissance et de notre amour que Dieu nous a créés et qu'il nous comble de bienfaits? Je crois qu'il s'occupait fort peu de nos sentiments à venir, lorsqu'il nous a formés, et qu'à cette heure même, notre reconnaissance et notre amour lui sont assez indifférents.

— Encore une fois, Monsieur, il est impossible que votre objection soit sérieuse... : ce serait nous faire croire que pour vous la reconnaissance est un lourd fardeau, et l'ingratitude votre passion dominante. Quoi donc! Dieu peut-il être indifférent à l'amour de ses créatures? N'a-t-il pas cent fois, dans les saints Livres, réclamé ce tribut sacré dont il est si jaloux? Quoi! il aurait mis un cœur dans nos poitrines, l'aurait animé des plus nobles instincts, des plus généreux sentiments, il aurait fait de la reconnaissance et de l'amour un besoin de notre nature pour répondre aux bienfaits de nos frères, et ce cœur serait froid, muet, insensible pour les bienfaits du Seigneur! Mais où donc avez-vous puisé cette étrange morale? Et quand même il lui serait égal d'avoir, en créant l'homme, produit un monstre ou la plus noble de ses créatures, n'est-ce pas un horrible désordre que l'homme reçoive les bienfaits de son Dieu, comme cet animal immonde qui reçoit sa pâture sans daigner lever les yeux vers la main qui la lui donne?

— Mais que fait au Seigneur notre reconnaissance? en a-t-il besoin pour son bien-être et sa gloire?

— Non, Monsieur, Dieu n'a pas besoin de nos hommages; mais nous en avons besoin, nous, pour mériter de nouvelles faveurs; nous en avons besoin pour ne pas nous rendre indignes des premières, et conserver le noble caractère d'enfants de Dieu. Nous en avons besoin,

en un mot, pour ne pas être les seules créatures insensibles aux bienfaits du Créateur, les seules qui lui refu-
sent le juste tribut de louanges que le ciel et la terre font
monter à jamais jusqu'aux pieds de son trône immortel.
Oui, Monsieur, ce n'est pas pour lui, mais pour nous,
que nous sommes reconnaissants; vous dirai-je avec
Voltaire lui-même : C'est une dette de justice et d'honneur que nous avons tous les jours à payer au Seigneur,
sous peine d'être la honte et l'exécration de toute la
nature!

— Eh bien! puisqu'il faut l'avouer, nous sommes d'accord là-dessus ; nous devons à Dieu quelque gratitude.
Mais, entre nous, croyez-vous qu'il se mette fort en peine
de nos prières et qu'il attache tant d'importance aux
sentiments que nous inspirent ses bienfaits? pensez-vous
qu'il s'occupe de nous? Allez, allez, Monsieur, Dieu a
bien autre chose à faire qu'à prêter l'oreille à nos soupirs
et à nos aspirations : soyons justes, il suffit, et Dieu
n'en demande pas davantage!

— Chacune de vos paroles est un sophisme; encore
n'a-t-il pas le mérite d'être spécieux. Mais quelle idée
vous êtes-vous donc faite de Dieu? quel est ce Dieu
étrange et bizarre que vous avez rêvé? *Dieu ne s'occupe
pas de ses créatures*, dites-vous, et qui donc les a faites,
qui leur a donné l'intelligence pour connaître, le cœur
pour aimer et le sentiment pour répondre aux bienfaits
par la reconnaissance? *Dieu ne s'occupe pas de nous?*
quel blasphème! Quoi! un père, une mère ne s'occu-
pent-ils plus de leur enfant sitôt qu'il a reçu le jour? ne
lui auraient-ils donné la vie que pour le délaisser ensuite
et le rejeter loin d'eux? Non, non, c'est alors surtout que
commence le véritable rôle du père et de la mère; c'est
alors qu'ils deviennent la seconde Providence et les anges
gardiens de cet enfant chéri! D'ailleurs, n'avez-vous
jamais entendu cette énergique parole de la sagesse éternelle : *Et quand même une mère serait assez barbare
pour délaisser son enfant, je ne vous abandonnerais pas,
moi, votre Seigneur et votre Dieu* (1). Dieu ne s'occupe
pas de nous? Mais songez-vous, Monsieur, à ce que vous
dites? N'est-ce pas *en Dieu que nous avons l'être, le*

_______

(1) Isaïe, 49-15.

*mouvement et la vie* (1)? Si sa main puissante cessait un instant de soutenir cette terre qui nous porte, ces murs qui nous environnent, cette voûte qui nous protége, ne serions-nous pas aussitôt engloutis sous des ruines? Que son souffle divin oublie un moment de vivifier l'air que je respire, d'accélérer le mouvement de mon sang, d'alimenter ma chaleur naturelle et de faire battre mon cœur, qu'il cesse d'arrêter le glaive de la mort prêt à tomber sur ma tête, en un mot, qu'il m'abandonne à moi-même sur l'abîme du néant où je suis suspendu, c'en est fait de moi pour jamais!

*Dieu*, dites-vous, *a bien autre chose à faire qu'à prêter l'oreille à nos soupirs*. En vérité la difficulté est sérieuse! le Dieu qui remplit l'univers de son immensité, dont l'œil pénètre les derniers replis de notre cœur, dont l'oreille entend le frémissement de la fibre la plus intime de notre âme, ce Dieu de gloire et de majesté, vous le voyez, vous, péniblement attentif à nos supplications et se multiplier soucieux à l'orient, à l'occident, au septentrion et au midi avec la fatigue et l'anxiété d'un faible mortel! apparemment il aura besoin de messagers et de suppléants pour lui transmettre la prière qu'il n'a pu entendre! Encore une fois, quel étrange Dieu avez-vous imaginé? *Il a bien autre chose à faire!* Eh quoi, par exemple? trouvez donc une occupation plus noble et plus digne de Dieu que de considérer son ouvrage et de recevoir les hommages des créatures qu'il a formées pour sa gloire; trouvez-lui une occupation plus belle que de savourer l'encens de prière et d'innocence qui monte vers lui soir et matin du cœur de l'homme vertueux, ce mystérieux autel qu'il s'est lui-même consacré. Trouvez au Seigneur une occupation plus sublime que de se contempler dans son image, d'encourager comme une tendre mère les premiers pas de ses enfants, et de sourire aux généreux élans de notre âme, qui prend dans la prière *les ailes de la colombe pour s'envoler dans le sein de son bien-aimé.*

— Mais, monsieur le curé, si Dieu s'occupait de nous, verrions-nous tant de désordres et d'iniquités sur la terre! Les vicissitudes et les catastrophes journalières

(1) *Act.*, 17-23.

dont nous sommes les témoins, et trop souvent les innocentes victimes, nous feraient-elles à chaque instant
murmurer contre la Providence ! Si, comme vous le
dites, Dieu nous gouverne et nous contemple du haut du
ciel, que doit-il penser de son ouvrage ? y voit-il rien à
sa place ? s'il l'a créé parfait, n'est-il pas étrangement
dégénéré ? Comment admettre tant d'anomalies sous un
Dieu juste et bon ? Où est la sanction de ses lois, la
récompense des bons et la punition des méchants ? Pour
moi, je vous l'avoue, c'est là ce qui m'a toujours fait douter du concours de la Providence dans les événements de
la terre ; et la plus forte preuve, à mon avis, que le
monde est abandonné à lui-même, c'est qu'on y voit
presque toujours le vice triomphant et la vertu misérable.

— Mon Dieu, Monsieur, pourquoi vous obstinez-vous
à raisonner pour l'homme comme pour la brute ? Respec-
tez-vous donc, et respectez-nous, je vous en prie !

— Je ne vous comprends pas, Monsieur.

— Est-ce qu'à votre avis l'homme se termine à la
tombe ? Admettez-vous une seconde vie ?

— Oui, Monsieur ; c'est la doctrine de nos plus grands
philosophes, le cri de la raison et l'instinct sacré de la
nature ; mais je ne vois pas encore.....

— Où je veux en venir, n'est-ce pas ? Le voici. Supposez qu'à un moment donné tout ici-bas rentre dans
l'ordre : un jour, une heure après, les passions humaines
n'auront-elles pas tout confondu, tout bouleversé de
nouveau ?

— Hélas ! il faut bien en convenir, car l'homme est
bien égoïste et bien méchant, quoi qu'en pense Jean-
Jacques Rousseau.

— Eh bien ! voulez-vous obliger Dieu à faire à chaque
instant des miracles pour entraver les événements,
enchaîner la liberté humaine, rendre dès cette vie à
chacun selon ses œuvres, et rétablir dans la création
l'ordre et l'équilibre sitôt que l'homme l'aura troublé ?

— Oh ! non, assurément, ce serait l'asservir aux capri-
ces de sa créature..... Et pourtant il y a toujours là-des-
sous un mystère inexplicable, une terrible présomption
contre la Providence..... Je ne puis croire que, du haut
du ciel, Dieu nous gouverne et prenne garde à ce qui se

passe sur la terre. Tant de mal et si peu de bien! tant de criminels impunis et d'innocents opprimés! Tenez, Monsieur, ne me dites plus que Dieu contemple d'un œil tranquille toutes ces horreurs qui font tache à la beauté de son œuvre... vous me feriez presque douter de son existence!

— Non, Monsieur, Dieu ne serait pas Dieu s'il pouvait rester spectateur impassible de toutes ces iniquités; autant vaudrait le nier que de le croire capable d'une aussi cruelle indifférence, et c'est ce qui vous prouve que l'ordre et l'harmonie seront un jour rétablis pour jamais dans la création. *Dieu est patient parce qu'il est éternel*, a dit saint Augustin; s'il souffre que le crime triomphe et que la vertu soit opprimée, c'est que l'homme, créature intelligente et raisonnable, doit être libre dans le temps; lui, pour récompenser ou pour punir, il s'est réservé l'éternité. De ce désordre apparent qui vous révolte, Monsieur, doit sortir un jour l'ordre immuable et permanent. Laissez triompher le méchant, son règne va passer; pour ces innocentes victimes de l'infortune et de la douleur, elles gémissent dans le creuset où leur vertu se purifie; pierres vivantes désignées par l'architecte éternel, elles sont maintenant sous le ciseau salutaire qui les taille, les polit et les prépare pour la céleste Jérusalem. — Encore une fois, Monsieur, tout ici-bas vous parle de la Providence et de la bonté de Dieu, tout, jusqu'à ces grandes catastrophes qui épouvantent la terre; les biens comme les maux, tout est prévu, coordonné pour notre bien-être dans cette vie ou dans l'autre; partout éclate la tendresse et la miséricorde du Seigneur; nous devons donc le louer et le bénir dans la joie comme dans les larmes, dans les richesses comme dans la pauvreté, dans la santé comme dans la maladie, puisque sa bonté paternelle nous y a ménagé un trésor de vertus et de mérites pour le ciel.

Et maintenant je vous demanderai à mon tour, à vous, Monsieur, qui trouvez qu'*il suffit d'être juste et que Dieu n'en exige pas davantage* comment appellerez-vous un enfant qui, sous les yeux de sa famille, passe les jours, les mois, les années sans jamais adresser à ses parents une parole d'amour, un enfant qui mange le pain que son père lui gagne à la sueur de son visage, qui absorbe le fruit de ses travaux, qui est l'objet de la plus tendre sollicitude, et qui répond par l'indifférence à tant de bienfaits, disant : *Que m'importe? je ne dois rien à mon père!* Cet être-là, Monsieur, encore une fois, de quel nom l'appellerez-vous? oserez-vous le classer même au rang des animaux? Non, sans doute, ils lui enseigneraient la reconnaissance. *Soyons justes, il suffit*, disiez-vous naguère. D'accord, Monsieur; seulement vous oubliez une chose, c'est qu'avec votre justice vous pourriez être un monstre d'ingratitude; avec votre justice vous seriez bien près de devenir un scélérat !

— Vous voyez bien, monsieur le curé, que vous revenez sur le passé pour faire de l'enthousiasme en pure perte; ne vous a-t-on pas avoué que l'homme doit être reconnaissant pour les bienfaits du Seigneur? Mais ce que je n'admettrai jamais, c'est que nous soyons obligés de le remercier sans cesse, de lui rompre la tête de nos patenôtres et de nos *oremus*. Puisque, comme vous venez de le dire, Dieu voit le fond de nos cœurs, il y verra aussi les sentiments de reconnaissance et d'amour que m'inspire sa bonté, sans que je me morfonde les heures entières à l'adorer, à le bénir, à le prier à genoux..... Allez, Monsieur, nous n'avons pas besoin de cette posture humiliée pour être peu de chose devant Dieu : si grand que l'homme puisse être et si haut qu'il se place, il sera toujours bien petit aux yeux du Tout-Puissant.

— En voilà bien, j'espère, des bons mots et de l'esprit! que c'est joli!... Vraiment, Monsieur ! Et qui vous parle de *posture*, d'*humiliations*, de *patenôtres* et d'ᴏʀᴇᴍᴜs? Qui vous a ordonné de vous *morfondre les heures entières* à prier et à *rompre la tête du bon Dieu?* Vous prenez un singulier plaisir à soulever des questions étrangères à mon sujet! du reste, il y a dans votre objection un orgueil profond et concentré dont vous trouverez bon que nous ne partagions pas la solidarité. *Dieu lit au fond de nos cœurs, sans doute ;* mais est-ce une raison pour que notre bouche soit muette et n'élève jamais une prière, un soupir vers ce Dieu de clémence et d'amour? Ah ! si vous l'aimiez, pourriez-vous vous lasser de le lui dire? J'en appelle à ces insensés qu'un coupable amour enchaîne à de viles créatures : que de serments, de protestations, de mystérieux entretiens, sans que jamais le cœur dise :

*C'est assez !* Ainsi, lorsqu'on aime vraiment sur la terre, on a toujours quelque chose à se dire ; c'est un besoin, une condition de notre bonheur ; et ce besoin, sitôt qu'il s'agit de Dieu, de notre ami, de notre père, de la beauté toujours ancienne et toujours nouvelle, ce besoin impérieux, nous ne l'éprouverions pas ! Cet homme que l'on voit quelquefois se prosterner à genoux devant des idoles de chair et de sang, il passera le front haut, fier et dédaigneux devant le Roi des rois !...

Je le sais ; sur un trône comme dans la poussière, aux yeux de Dieu, l'homme est toujours un pauvre vermisseau ; il peut à volonté profiter de toute sa hauteur sans que l'Eternel doive en être jaloux : mais, je vous le demande, à quel titre se présente-t-il devant Dieu, *ce pauvre, cet affamé, cet aveugle, ce misérable* en haillons, comme s'exprime l'Apocalypse ? N'est-ce pas à titre de suppliant, et pour implorer la bonté de son Dieu ? Eh bien, pour comprendre la posture qui convient à votre misère, regardez cet animal qui se roule à vos pieds : il rampe, il s'humilie, il vous dit à sa manière comment il faut prier ; mais, encore une fois, nous nous écartons de notre sujet pour en entamer un qui sera traité en son temps. Concluons donc, mes Frères, que si notre cœur est véritablement sensible aux bienfaits du Seigneur, il s'empressera d'y répondre par l'amour et la reconnaissance ; il éprouvera le besoin de le louer, de le bénir comme l'enfant a besoin du sourire et du sein maternels.

Oui, ô Dieu de bonté, de miséricorde et d'amour, vous méritez tous nos soupirs, toutes les aspirations de notre âme ; vos bienfaits vous ont de nouveau gagné nos cœurs, ces cœurs qui vous appartenaient à tant de titres et dont vous êtes si jaloux ! ne vous avons-nous pas coûté toutes les gouttes de votre sang adorable ? N'est-ce pas sur la Croix que vous avez conquis votre héritage ? Oh ! oui, nous vous aimerons, ô doux Jésus ! tant d'amour et de faveurs ne nous trouveront pas ingrats. Oui, nous vous aimerons ; nous ne voulons plus abuser de votre clémence et de votre bonté ! Depuis trop longtemps votre voix nous appelle, et trop de liens sacrés nous attachent à vous ! nous voici donc, Seigneur, notre cœur est prêt ; donnez-nous de répondre désormais par notre conduite aux sentiments qui pénètrent nos âmes ! que le souvenir de vos bienfaits nous soutienne et nous console dans la vie, qu'il nous encourage à l'heure de la mort; et puisse notre fidélité à correspondre aux dons de la nature et de la grâce, nous mériter un jour les dons de la gloire éternelle! Ainsi soit-il.

---

### Epilogue.

Dans la soirée, il y avait grande réunion sous le marronnier du presbytère. Lafleur tenait le haut bout de la conversation, et gesticulait d'une façon très-énergique; M. Lucien ne se défendait que mollement, et semblait dédaigner un tel adversaire..... Pourtant les villageois commençaient d'ouvrir les yeux sur son compte et perdaient de jour en jour l'habitude de jurer par lui comme par un oracle. Le paysan n'est pas un docteur; il ne soutiendra pas si l'on veut une discussion scientifique; mais témoin et juste appréciateur de la discussion qui se passe devant lui, avec sa raison et son gros bon sens, il pressent, reconnaît et palpe la vérité: alors il s'interroge, il s'examine, abandonne un à un tous ses préjugés, et, redevenu lui-même, sous l'influence de cette vérité sainte qui frappe son oreille, il est tout étonné, tout heureux de sentir son cœur battre à l'unisson..... Et voilà pourquoi, au dire de Lafleur, M. Lucien *baissait de plus en plus dans l'opinion..*

— Mais, vingt-cinq Polognes, avouez donc, monsieur l'instituteur, que nous jouons la comédie: que nous voulons poser, nous donner *du chique* et nous rendre intéressant.

— A merveille, sergent, bravo! embarquons-nous comme toujours dans les personnalités.

— Et le moyen, s'il vous plaît, de ne pas en faire avec vous! un particulier qui se donne des airs d'interrompre un prédicateur et de pérorer devant la multitude sans croire un mot de ce qu'il dit?

— Mais qui peut donc vous autoriser à me juger si mal? Ce sont mes convictions que je défends: et vous devriez au moins les respecter.

— Vos convictions, dites-vous? Mille bombes, monsieur Lucien, vous êtes alors, il faut l'avouer, un singulier bipède! Je croyais, au sermon, comme monsieur le curé, que vous vouliez rire! Apprenez, mon brave, que dans un homme ingrat envers le bon Dieu, la reconnaissance pour ses semblables ne pèse pas la fumée de ma pipe.

— Mais vous dormiez donc à l'office, que vous n'avez pas entendu.....

— J'ai fort bien entendu, morbleu; et quand même nous aurions été tentés de dormir, vous qui craignez tant de *casser les oreilles du père éternel*, vous nous avez tellement cassé les nôtres de vos objections qui faisaient hurler le bon sens, que nous en serions restés éveillés tout un quartier d'hiver.

— Peste, quelle richesse d'imagination!... mais, encore une fois, sergent, vous oubliez que j'ai admis la nécessité de se montrer reconnaissant. Seulement, M. le curé veut que ce sentiment soit exprimé par l'adoration et la prière, tandis qu'il suffit de l'éprouver au fond du cœur.

— Oui, parbleu! et comme c'est de l'abondance du cœur que parle votre bouche, plus vous aurez de reconnaissance, plus vous sentirez le besoin de la témoigner; et si vous ne le sentez jamais, nous dirons, mon camarade, que votre reconnaissance n'est que de la *blague* et que vous nous prenez pour des niais.

— Oh! oh! comme vous allez vite en besogne, sergent!... pourtant il me semble que l'on peut fort bien...

— *Il vous semble, il vous semble....,* jardine, interrompt Lucas, m'est avis monsieur l'régent, soit dit sans vous fâcher, que vous êtes dans votre tort... d'autant que j'ons entendu le fils à Marcel qui lisait l'aut' jour dans un grand livre des farces à *la Morlière, que lorsqu'on aime ben quelqu'un, l'on y en baille toujours quelque petite signifiance.* Tant y a qu'il faut soir et matin, prier un tantinet... Non pas, jarni! comme la mère Lucas qui, trois fois par jour, mange tous les saints du paradis; mais comme un vieux luron de ma connaissance, qu'est pas dévot, au contraire! et qui pourtant ne s' lève jamais sans se signer avec d' l'eau bénite... Allons, ne riez donc pas ainsi, monsieur l' régent, car ce luron, c'est moi, oui-da! et quand je me couche, j'ons toujours le soin de dire: *Ah! mon Dieu!*

— Eh bien! je ne le dis pas, moi, mais je le pense, et devant Dieu, c'est à peu près la même chose.

— Vous êtes un farceur, monsieur Lucien; nous n'avons pas oublié votre programme religieux et vos points fondamentaux; avec *vos grands sentiments* et votre religion du cœur, vous voudriez faire de nous de vrais huguenots; merci, mon vieux, nous sommes pourvus; je vous l'ai dit, portez ailleurs votre pacotille.

— Il est donc mieux à votre avis de marmoter trois heures durant des rosaires et des *salvé* sans savoir à la fin ce que l'on a dit, et que l'on vient de parler à l'Être suprême?

— Ah! ah! voilà enfin le grand mot lâché! diable, que

d'esprit et d'érudition dans ce mot ronflant : *l'Être suprême* !
ce que c'est, mes amis, que d'avoir du talent !... Mais penser
comme la multitude, fi ! que ce serait trivial ! prier le Seigneur
comme les bonnes femmes, l'appeler *le bon Dieu* avec la simplicité naïve d'un petit enfant..., allons donc ! on se ferait
tort quand on est si savant. Il vaut bien mieux adorer l'Être
suprême dans le *Moi* et le *Grand Tout*, le servir quatre fois
l'an, à la première aurore des quatre saisons, et le prier dans
*le grand livre de la nature* ! À la bonne heure, donc, mille capucines ! voilà la vraie religion de l'âme et la quintessence de
la dévotion !...

Monsieur Lucien, vous nous ferez le plaisir de la garder pour vous, cette dévotion sentimentale ; nous avons
du cœur, nous, et nous voulons être du commun des justes ;
nous n'épiloguons pas sur le bien et le mal moral ; nous ne
sommes pas assez savants pour sonder les décrets de la Providence ; et tous les Jean-farines de la terre ne nous feront
pas nier Dieu ! peu nous importe qu'il tienne ou ne tienne
pas à notre reconnaissance ; il est notre bienfaiteur, notre
ami, notre père, il est notre sauveur, nous sommes l'objet
continuel de sa tendresse ; or, celui qui n'a pas une âme pour
l'adorer, un cœur pour le chérir, une langue pour le prier, le
bénir et chanter ses louanges, celui-là déshonore l'espèce humaine ; on devrait le bannir de la société...

Mais, entre nous, monsieur Lucien, je le répète, vous
n'en êtes pas là. Vous êtes croyant, vous avez des principes,
que diable ! soyez franc avec nous ; et ce n'est que par antipathie pour monsieur le curé que vous singez l'incrédule.
Oh ! si vous saviez comme ça vous va mal ! mille bombes ! ne
soyez pas dévot si vous voulez, mais au moins soyez juste et
loyal. Vous nous disiez dans l'église qu'*il suffit d'être juste et
que Dieu n'en demande pas davantage* : vous aviez donc oublié
que la reconnaissance exprimée et sentie fait partie essentielle
de la justice et de l'honneur ?

Allons, allons, s'il vous plaît, mêlez-vous à nos prières, que
l'on entende votre grosse voix ! encore une fois ne soyez pas
dévot, ne *mangez pas les saints* ; mais vous auriez, morbleu,
l'âme bien dure et bien sauvage si la naïve dévotion du
compère Lucas pouvait vous faire peur !

Un long éclat de rire accueillit cette sortie qui vint dérider
le front de M. Lucien lui-même ; et tous les spectateurs s'en
allèrent chacun de leur côté essayer la prière du *compère
Lucas*.

# PRONE CINQUIÈME

**Sur la Foi. — Mystères. — Miracles.**

*Sine fide, impossibile est placere Deo.* — Sans
la foi, impossible de plaire à Dieu.
(Hébr. 11. 5.)

MES FRÈRES,

Nous lisons, dans les annales de l'histoire de l'Eglise,
que les apôtres, avant de se séparer pour voler à la conquête de l'univers, par la prédication et le martyre,
réunirent, dans un corps de doctrine, tous les enseignements du divin Maître, en firent un faisceau qui, pareil
à un phare éclatant au sein de l'orage, pût les rallier
tous, pasteurs et brebis, au milieu des tempêtes qu'allait
susciter l'Evangile dans le monde païen.

Ce corps de doctrine, aussi ancien que le Christianisme, et dont la défense a fait tant de martyrs, ce glorieux étendard autour duquel vous devez venir aussi
vous ranger, M. F., lorsque l'erreur, les préjugés, les
passions menacent votre foi, cet abrégé de la religion
vous fut transmis d'âge en âge; vos aïeux le léguèrent
à vos pères, de qui vous l'avez reçu pour le transmettre
à vos enfants; c'est le *Symbole des apôtres*, code sacré
dans lequel vous trouverez la solution de tous les problèmes qui intéressent notre âme.

Un seul mot le résume, Chrétiens : JE CROIS! mot terrible, ce semble, pour la raison humaine! mot impitoyable qui humilie et brise son orgueil; mais, en revanche, mot bien consolant qui, par cette seule réflexion :
Dieu a parlé, Dieu, la vérité par essence et la bonté
suprême, nous laisse entre ses mains adorables, sans
volonté, sans arrière-pensée, souples, dociles comme des
enfants d'un jour! mot bien consolant, puisqu'il fait
luire à nos yeux un ineffable soleil qui éclaire nos dou-

tes, prévient nos erreurs, dirige notre conduite, féconde notre vie pour le ciel et nous donne la raison de nos espérances éternelles !

Cet auguste symbole de votre foi, M. F., vous l'avez tous les jours sur les lèvres ; mais en avez-vous bien pénétré le sens et compris toute la portée ? est-il bien l'expression fidèle de votre croyance ? n'est-il pas vrai que vous chancelez quelquefois et que votre orgueilleuse raison scrute, examine, interroge ces mystères sublimes, oubliant que l'insensé qui *ose y plonger un regard téméraire sera écrasé par la majesté du Tout-Puissant* (1)? C'est pour vous faire sentir le prix de cette constance et de cette docilité dans la foi que nous allons rapidement en examiner l'objet et la nécessité pour en opérer votre salut.

— J'espère bien, monsieur le curé, que vous n'allez pas nous faire ici le catéchisme et nous expliquer le symbole des apôtres, *s'écrie l'instituteur, toujours infatigable dans ses interruptions :* supposez-nous, de grâce, assez fixés là-dessus, et si vous tenez à nous intéresser et à nous instruire, ayez l'obligeance de traiter votre sujet en rapport avec les idées et les questions du jour.

— Je serais heureux de vous satisfaire, Monsieur, mais je crains que vous ne m'engagiez dans des discussions qui demanderaient de trop longs développements et dans lesquelles l'auditoire, peut-être, aurait de la peine à nous suivre... : je les accepte, toutefois, pourvu qu'elles ne soient pas étrangères à mon sujet.

— Ne craignez rien, monsieur le curé, vos auditeurs n'ignorent pas que c'est *devant eux,* et non *avec eux* que nous agitons certaines questions, dans lesquelles pourtant leur grosse raison peut être notre juge. Il ne faut pas vous dissimuler que ces braves gens, aujourd'hui, depuis le plus grand jusqu'au plus petit, pensent et raisonnent : ils savent fort bien ce qu'ils doivent admettre ou rejeter en matière de croyance, et leur bon sens est pour cela une merveilleuse pierre de touche... Quant à rester dans la question, rassurez-vous encore, Monsieur : je veux être aujourd'hui d'une logique rigoureuse.

— J'y compte bien, Monsieur : j'expose mon sujet ;

(1) *Prov.* 25-27.

vous soumettrez ensuite vos difficultés, et nous tâcherons de les résoudre.

Je ne vais donc pas énumérer ici, M. F., les vérités que nous devons tous croire d'une foi constante et fidèle : elles sont, nous l'avons déjà dit, admirablement résumées dans le *Symbole des Apôtres*. Dieu, le Père créateur, du ciel et de la terre ; Dieu, le Verbe éternel, son Fils unique et notre Rédempteur ; Dieu, l'Esprit sanctificateur qui procède du Père et du Fils et forme l'ineffable lien d'amour qui les unit à jamais ; les mystères de la vie et de la mort de l'Homme-Dieu, l'immortalité de l'âme, et l'existence d'une vie future, après le jugement qui suivra notre mort et qui décidera de notre sort éternel ; voilà, M. F., avec le dogme de l'existence d'une Eglise catholique, héritière et dispensatrice des fruits de la rédemption ; voilà les principaux points de notre croyance.

*Credo*, je crois : tel est le premier mot de notre profession de foi, la clé mystérieuse du redoutable sanctuaire où réside la majesté du Tout-Puissant. — Je crois sur l'autorité de Dieu même, de Dieu, la vérité par essence, qui m'a parlé par l'Eglise, son organe infaillible et qui ne peut se tromper ni me tromper sans se détruire. — Je crois, et je crois plus sûrement, plus raisonnablement que si je voyais de mes yeux, entendais de mes oreilles et touchais de mes mains. Les sens peuvent m'induire en erreur : ils m'ont mille fois trompé ; tous les jours, je suis le jouet de leurs impressions mensongères ; mais Dieu a parlé ; l'Eglise m'a transmis sa parole : je me soumets, j'adore, je crois.

— Certes, monsieur le curé, à vous entendre il serait donc *raisonnable* de croire ? vous accorderiez, vous, la foi et la raison ? Mais, c'est à renverser toutes les idées reçues ; mais vous sautez à pieds joints sur un abîme : la foi et la raison ne marchèrent jamais ensemble : la foi n'est-elle pas le *nec plus ultra* de la raison humaine ? et même, dans vos principes, lorsque la foi parle, ne faut-il pas que la raison se taise ?

— Que vous dirai-je, Monsieur ? Il y a du vrai et du faux dans votre raisonnement ; ou plutôt vous dites plus vrai que vous ne le pensez, peut-être : seulement, vous partez d'un faux supposé. Loin d'exclure la raison, la foi l'invoque d'abord et la prend en quelque sorte pour juge et s'appuie sur elle comme sur son fondement. Mais, une fois convaincus par la raison, des motifs que nous avons de croire et de la légitimité de notre foi, une fois chrétiens par conviction, nous n'avons plus à balancer, notre raison doit se taire et rentrer dans son néant. Je m'explique.

Avant de s'imposer à l'homme, la foi a parlé à ses sens ; comme le Sauveur aux Juifs, elle a dit : Je suis descendue du Ciel et je vous apporte la vérité. Voici mes titres : l'attente des nations, les prophéties, les miracles, la beauté céleste de ma morale, mon établissement dans l'univers païen, à travers les obstacles, les contradictions et les impossibilités de toute espèce. Comptez mes martyrs, mes vierges, mes solitaires, mes docteurs, toute une nuée de saints qui ont foulé aux pieds les charmes de l'idolâtrie pour embrasser les douleurs et l'ignominie de la Croix ; étudiez mes lois, mes monuments, mes œuvres immortelles pour le bien-être de l'humanité ; considérez surtout mon unité constante et invariable depuis dix-neuf siècles, et cela, malgré les tyrans, les persécutions, les philosophes, les schismes et les hérésies ; malgré les faux frères, les intrus, les apostats ; voyez la barque de Pierre, même entre des mains indignes, briser tous les obstacles, éviter tous les écueils, franchir tous les abîmes et continuer en paix sa marche victorieuse dans le monde ; pesez, étudiez, examinez, faites-vous une conscience droite et certaine ; et puis, lorsque votre raison, confondue, atterrée sous le poids de tant de preuves éclatantes, se sera écriée avec les sages de Pharaon : *Le doigt de Dieu est là !* c'en est fait, dès lors, le domaine de la raison fini, celui de la foi commence.

C'est donc, en définitive, la raison qui pose les fondements : la foi vient ensuite qui continue et perfectionne l'édifice. « Il est hors de doute, » dit un savant « écrivain, que la foi, loin d'être l'ennemie de la raison, « n'est que la soumission de notre raison à des raisons « supérieures ; qu'au lieu de marcher, s'il m'est permis « de le dire, *contre* la raison, elle marche *par-dessus* ; « qu'au lieu d'être jamais déraisonnable et servile, elle « est, selon le principe de l'Apôtre, libre et complète-

« ment raisonnée; enfin, qu'à l'exemple de son divin
« fondateur, elle s'écrie sans cesse : Voyez, examinez ces
« millions de preuves sur lesquelles repose ma céleste
« origine, car je ne crains qu'une chose, c'est d'être
« condamnée avant d'être connue. »

— Tenez, monsieur le curé, avant d'aller plus loin,
j'ai besoin de vous consulter sur une difficulté au sujet
de Jésus-Christ, l'auteur et le consommateur de la foi,
comme l'appellent les saints Livres : a-t-il réellement
existé? J'ai bien souvent entendu traiter son existence
de mythe et ses miracles de rêveries.

— Si je pouvais supposer votre difficulté sérieuse,
Monsieur, je me contenterais de vous dire que jamais
personne, à l'exception de deux ou trois fous, n'osa révoquer en doute l'existence et les œuvres célestes de Jésus
de Nazareth, que tous les historiens sacrés et profanes
qui ont écrit les annales de son siècle appellent le *Messie*,
le *Christ*, un *homme sage par excellence, puissant en
œuvres et en paroles*, l'*Homme-Dieu*, le *Fils de Dieu ;* je
vous nommerais des païens, l'empereur Tibère, contem-
porain du Sauveur qui l'aurait mis au rang des dieux
de l'empire, si le sénat ne s'y fût opposé ; — le grave et
judicieux Tacite, qui dit en propres termes que, *sous
Ponce-Pilate, le Christ fut mis à mort ;* — Celse lui-
même, Celse, le Voltaire de son siècle, qui, tout en con-
venant des miracles du Sauveur, les attribuait à la
magie ; — Julien l'Apostat, qui les expliquait par l'in-
tervention des démons, et qui, voyant l'Eglise triompher
des persécutions, des hérésies, de ses sophismes, de ses
sarcasmes et de sa rage diabolique s'écria désespéré :
*Galiléen, tu as vaincu !...* Ce hurlement furieux vous
paraît-il lancé contre un mythe et des rêveries ? — Je
vous nommerais les Juifs eux-mêmes, les juifs, ces aveugles obstinés si intéressés à nier l'existence de Jésus-
Christ, puisqu'ils sont depuis dix-huit cents ans la honte
et l'exécration de l'univers pour le sinistre caractère
du déicide imprimé sur leur front maudit, et qui, pourtant, pareils à ces esprits infernaux qui *tremblent et adorent*, sous la verge du Dieu vengeur qu'ils voudraient
anéantir, conviennent de l'existence de Jésus-Christ,
avouent ses prodiges, sa passion, sa mort et toutes les
circonstances qui caractérisent le désiré des nations. Je

vous dirais avec J.-J. Rousseau, *que les faits les plus publics et les plus avérés ne sont pas plus authentiques ni plus certains que ceux qui concernent le Sauveur; et qu'il n'y aurait pas de l'ignorance, mais de la folie à les révoquer en doute.* Mais encore une fois, Monsieur, votre objection n'est pas sérieuse, laissez-nous le croire; il nous en coûterait de vous classer dans la catégorie de ces deux ou trois malades que l'on voulait guérir naguère avec de l'ellébore... En tout cas, permis à vous de douter, de nier même si le cœur vous en dit, mais nous croyons, nous, Monsieur, avec les chrétiens, avec les païens, avec les juifs, avec les déistes, avec les athées, et nous aimerions autant nier l'existence de Louis XIV et de Napoléon le Grand, que douter un moment de l'existence de celui dont la parole féconde et la céleste influence ont changé la face de l'univers; nous croyons non seulement à son existence, mais encore à ses miracles, à ses préceptes divins, à sa sublime morale, en un mot à toutes les leçons de la sagesse éternelle devenue visible, palpable dans l'adorable personne du Verbe incarné. Nous croyons, entendez-vous, et d'une foi si solide, si constante et si généreuse, qu'avec le secours de la grâce, nous nous sentirions le courage de confesser Jésus-Christ devant les tyrans, sans être ébranlés par les promesses, les menaces, les tourments ni la mort!

— Oh! oh! monsieur le curé, vous n'y allez pas de main morte! Nous avons fait du chemin depuis Jésus-Christ et les apôtres, et, Dieu merci, le temps des martyrs est passé (1).

— Eh bien! que voulez-vous dire par là?

— Que l'on est un peu plus tolérant de nos jours : que ces grandes questions de foi et de religion ont fort heureusement perdu de leur importance, qu'elles ne sont plus de mode, et que d'ailleurs, fussent-elles à l'ordre du jour, je ne vois pas trop la nécessité d'aller se faire égorger pour des mystères et des miracles dont la raison et le bon sens ne sauraient s'accommoder.

---

(1) C'est une étrange erreur; ce malheureux temps existe encore, même après l'énergique leçon que nous venons de donner à l'empereur Tu-Duc. Mais M. Lucien ne lit pas les *Annales de la propagation de la foi.*

— D'abord, je ne pense pas, Monsieur, que l'on vous ait mis encore entre l'apostasie et la mort : et puis, qui sait? peut-être que si le ciel vous eût placé dans cette terrible alternative, votre foi réveillée par la grâce et l'espoir d'une auguste couronne vous inspirerait un courage dont vous vous sentez incapable en ce moment. Quant à la prétendue absurdité des mystères et des miracles, puisque la raison et le bon sens vous la démontrent, auriez-vous l'obligeance de nous la faire entrevoir?

— Quoi ! Monsieur, vous voulez sérieusement que je croie que trois ne font qu'un ; que Dieu, l'esprit souverain infini, peut naître, souffrir, mourir, *être emporté par le diable sur une haute montagne d'où l'on découvre tous les royaumes de la terre ;* vous voulez que je croie que le péché d'Adam a pu damner tout le genre humain *qui n'en pouvait mais...* ; que le plus grand scélérat s'en ira tout droit en paradis s'il a pu voir un prêtre une minute avant de mourir, tandis que celui qui, toute sa vie, fut un modèle d'innocence et de vertu, s'il a le malheur d'avoir en mourant un seul mauvais désir, sera pour jamais précipité dans l'enfer? Et vous voulez que je croie à vos indulgences, à votre eau bénite, à l'efficacité de vos prières pour les vivants et pour les morts? Vous voulez que j'admette tous vos miracles passés, présents et futurs, depuis la guérison de l'oreille de saint Malchus jusqu'à celle des écrouelles, à l'apparition de la Salette, à l'ébullition du sang de saint Janvier? allons donc ! Je vous répète, Monsieur, que le peuple y voit clair aujourd'hui ; nous n'avons plus, grâce à Dieu, cette foi robuste qui *transporte les montagnes* et dévore les absurdités (1).

— Prenez garde, Monsieur, vous nous avez promis d'être logique et vous battez la campagne. Il ne s'agit pas ici de chercher à faire de l'esprit en énumérant les prétendues absurdités de la religion; mais de prouver l'absurdité de ses dogmes et de ses miracles. Ainsi ne nous dites plus si au long ce que vous ne croyez pas ; arrêtez-vous, de grâce, dans ce formidable inventaire : vous finiriez peut-être par nous dire que vous ne croyez à

---

(1) Comme la plupart de ces objections sont réfutées dans le corps de l'ouvrage, nous croyons qu'il est inutile de nous y arrêter ici.

rien, pas même à vos talents et à votre mérite, que
d'ailleurs personne ici ne conteste. Allons, soyez franc ;
nous savons tous que votre catéchisme n'est pas long ;
que croyez-vous ? Faites-nous un peu ici votre profession de foi.

(*M. Lucien avec emphase :*) — Je crois, j'adore un
Dieu tout-puissant, infini, créateur de l'univers, qui
m'a donné l'être et la vie avec une âme immortelle, et
qui s'occupe fort peu de ce que je puis croire ou rejeter
en dehors de cette grande vérité.

— Certes, Monsieur, voilà des principes assez larges,
et vous ne risquez pas d'être jamais molesté pour votre
foi... ; assurément les tyrans vous eussent laissé en
repos.

— Que voulez-vous ? monsieur le curé ? On n'est pas
plus le maître de ses principes que de ses sentiments ;
l'esprit aussi bien que le cœur a ses répugnances et ses
sympathies indépendantes de notre volonté. J'ai beau
torturer mon âme et lui présenter sans cesse les vérités
les plus saintes même et les plus vénérables que l'Eglise
propose à notre croyance, peine perdue ! après le dogme
de l'existence de Dieu et de l'immortalité de l'âme que
l'on ne saurait nier sans folie, mon intelligence rebelle
n'admet que ce qu'elle peut comprendre.

— Vous êtes généreux ! Il est vraiment dommage que
vous daigniez faire une exception en faveur de Dieu et
de votre âme, et que vous n'exigiez pas, pour y croire,
l'intelligence absolue de l'infini en général. — Vous n'admettez que ce que vous comprenez ! mais vous ne croyez
donc pas à votre existence, à votre vie, à l'union de
votre corps avec votre âme, car je vous défie de comprendre ! Vous ne croyez pas à votre pensée, à votre
regard, au mouvement de votre bras, de votre main, de
votre doigt, car je vous défie de comprendre ! Vous ne
croyez donc pas à cet animal, à cet insecte, à cette
plante, à cet atome de poussière qui scintille au soleil,
car je vous défie de comprendre ! *Vous ne croyez que ce
que vous comprenez !* mais alors vous ne croyez donc à
rien, puisque à chaque instant, à chaque pas dans la
vie, votre intelligence est en défaut, qu'elle est forcée de
s'arrêter devant d'impénétrables mystères, et que, selon
l'expression d'un grand génie, *elle ne voit le tout de rien.*

Comprenez-vous le sommeil, le plaisir, la douleur? qu'est-ce que parler, sentir, entendre, se rappeler? le comprenez-vous bien? et si peu que l'on vous pousse sur les choses mêmes que vous comprenez le mieux, n'êtes-vous pas forcé de bégayer, de vous taire ou de répondre en quatre mots : *Je n'en sais rien?*

Si vous êtes obligé d'admettre tant de mystères dans la nature, dans ce qui se voit, se sent, se pèse en quelque sorte, si la création a des secrets, comment ne pas en admettre dans le créateur? Dieu serait-il Dieu si nous pouvions le comprendre, et la religion serait-elle divine si elle n'avait pas des mystères devant lesquels l'orgueilleuse raison de l'homme tombe et s'humilie, comme sur le grain de sable du rivage, tombe et se brise la vague écumante, enchaînée par cette puissante parole: *Tu n'iras pas plus loin?* Des mystères! mais n'y en a-t-il pas eu dans toutes les religions de la terre, et dans le paganisme lui-même, cette religion de la matière et des sens?

— Tenez, monsieur le curé, en fait de mystères, de prodiges et de merveilleux, j'aime bien le principe de saint Thomas, qui n'a cru qu'après avoir vu et touché ; c'est le vrai moyen de n'être jamais induit en erreur.

— Quoi, Monsieur, vos sens ne vous ont jamais trompé? Dans la veille ou dans le sommeil, vous n'avez jamais été forcé de réformer leurs jugements? Vous êtes, en ce cas, la huitième merveille du monde! — *Il faut avoir vu et touché* pour croire, dites-vous? mais avez-vous vu et touché César, Charlemagne, saint Louis, le grand Condé?

— Oui, Monsieur, je les ai vus dans l'histoire; j'ai même touché leur buste et leur portrait d'après nature.

— Ils n'ont donc existé qu'en peinture et chez les historiens?

— Mais les monuments, les témoignages, la tradition. . oh! ceci est bien différent; et j'ai trop de raisons pour ne pas admettre.....

— Vous voyez donc que vous croyez sur la foi d'autrui, et que vous n'exigez pas toujours d'avoir vu et touché par vous-même. Dites-moi, croyez-vous à l'existence de Lisbonne, de Jérusalem, des Indes, du Labrador, des monts Hymalaya?

— Comment pourrais-je en douter quand tant de voyageurs les ont visités et en ont raconté les merveilles ?

— Encore des actes de foi que vous faites sans avoir
vu ni touché. Allons plus loin. Croyez-vous à la circula-
tion du sang, à la loi de l'attraction, au mouvement de
la terre autour du soleil ?

— Monsieur le curé, libre à vous de m'appeler impie,
mais je ne souffrirai jamais que l'on me taxe d'ignorance,
et dans les choses que savent les derniers paysans......
Ici non-seulement je crois, mais je sais, et je sais de la
science la plus certaine que l'homme puisse acquérir sur
la terre !...

— Ah ! j'entends ; vous avez sans doute vérifié par
vous-même.....

— Et qu'ai-je besoin de vérifier ? n'est-ce point assez
de ces sublimes génies dont leur siècle s'honore et qui
ont fait faire à la science un pas de géant ? ..

— Arrêtez, Monsieur, ne nous retirez pas vos conces-
sions du commencement de ce prône ; n'oubliez pas surtout que vous avez admis l'existence de Dieu...... Or il a
parlé, vous ne l'ignorez pas, vous ne sauriez en douter
raisonnablement ; laissez-nous croire au moins que pour
vous la parole de l'homme n'est pas plus sacrée que celle
de Dieu. Eh bien, n'est-ce pas Dieu lui-même qui a daigné nous révéler les mystères et les grandes vérités de
la foi ? N'a-t-il pas résumé dans son saint Evangile tout
ce qu'un chrétien doit croire et pratiquer sous peine de
damnation ? et parce que votre faible raison ne pourra
sonder l'abîme des mystères divins, faudra-t-il appeler
le Seigneur à votre tribunal et le sommer de s'expliquer
avec vous ? faudra-t-il nier ? faudra-t-il douter ? Mais
douter de l'Evangile au xixe siècle, en pleine Europe, dans
cette contrée de la terre d'où son auguste flambeau
rayonne avec tant d'éclat sur tout l'univers ; douter de
l'Evangile sur les ruines de l'idolâtrie et sur le tombeau
glorieux de tant de millions de martyrs ; douter de
l'Evangile au milieu de tant de monuments, d'institutions et d'œuvres sublimes qu'il a inspirés ; douter de
l'Evangile quand nous avons sous les yeux le prodige vivant de la terre régénérée par la parole de douze pauvres
pêcheurs ; douter de l'Evangile quand toutes les nations
accourent en foule à sa divine lumière, quand l'impiété

moderne elle-même le proclame et lui rend hommage, n'est-ce pas avoir perdu la raison; et fut-il jamais plus étrange prodige de malice ou de stupidité? Je vous en laisse la décision.

— A vrai dire, Monsieur, un passage de J.-J. Rousseau, que je lisais naguère sur ce sujet, m'a fait une vive impression et m'a réconcilié presque avec l'Evangile..... Je vois que *cette histoire admirable ne peut avoir été faite à plaisir, que ce n'est pas ainsi qu'on invente, et que l'auteur en serait plus étonnant que le héros* (1). Mais c'est égal, vous dirai-je avec le même philosophe; il y a dans cet Evangile des choses si étranges et des contradictions si palpables que la raison humaine en est révoltée; elle se perd dans cet abîme d'absurdités que les ignorants et les imbéciles peuvent seuls admettre.

— Vous nous faites beaucoup d'honneur, Monsieur, à nous qui les admettons, ces *choses si absurdes, ces contradictions si révoltantes* pour lesquelles nous nous sentirions le courage de mourir. Oui, nous les croyons, ces vérités absurdes pour la sagesse humaine qu'elles ont humiliée et convaincue de folie; nous les croyons, ces dogmes si éminemment *contradictoires* qui donnent un démenti solennel aux impures maximes du siècle, condamnent l'orgueil, l'égoïsme, les richesses, et placent la vertu, le vrai bonheur dans la sainte folie de la Croix ! Oui, nous les chérissons, ces mystères ineffables qui révoltent les passions et la nature corrompue, et disent à l'homme charnel comme jadis un saint Pontife, à ce fier Sicambre qui courba le premier sa tête royale en France pour recevoir le diadème du chrétien : *Adore ce que tu as brûlé, et brûle ce que tu as adoré !*

— Mon Dieu, monsieur le curé, je voudrais bien avoir la foi, mais je sens que cela m'est impossible.

— Impossible, dites-vous ! mais vous n'y songez donc pas, ou vous cherchez à vous abuser? Tenez, laissez-moi vous parler ici en toute franchise; dites plutôt que vous ne voulez pas croire, que la foi vous épouvante, que vous en repoussez la lumière de toute l'énergie de votre malice et de vos passions. Dites plutôt que vous ne voulez pas ouvrir les yeux ni voir le précipice où vous donnez

_______________

(1) *Emile,* liv. IV.

tête baissée pour n'avoir point à revenir sur vos pas !
dites que vous ne voulez pas *entendre* pour *n'avoir pas
à réformer votre conduite* (1) ! c'est qu'il en coûte à la
nature et qu'il faut se faire violence, pour vivre de la vie
de *la foi*, qui est *la vie du juste* (2) !

— Mais je ne crois pas vivre plus mal qu'un autre,
Monsieur, et d'ailleurs quelle connexion peut-il y avoir
entre la croyance et la conduite? je les vois parfaitement
indépendantes l'une de l'autre... Allez, allez, vous avez
beau faire et beau dire, nos grands impies et nos incrédules modernes n'étaient ni des loups-garous ni des scélérats.

— Il me semble, Monsieur, vous avoir donné en son
temps la raison de cette inconséquence et de cette contradiction continuelles entre la conduite et les principes
de l'impie ; s'il n'est pas un scélérat, s'il vit comme les
autres, c'est qu'il affecte au moins à l'extérieur, les principes des vrais croyants, les seuls conformes à la nature,
aux lois sociales, et sans lesquels nous serions tous,
comme vous le dites si bien, des *scélérats* et des *loups-
garous.*

— Tenez, Monsieur, brisons là-dessus ; je suis chrétien par le baptême, voilà tout ; que voulez-vous ? c'est
en vain que je m'étudie à croire, tous mes efforts n'aboutissent à rien... Dieu, sans doute, m'a refusé le don de
la foi.

— Que dites-vous, Monsieur? et quel étrange blasphème est sorti de votre bouche? Dieu donc, à votre avis,
serait un tyran injuste et barbare, puisqu'il doit punir
des châtiments éternels celui qui n'a point la foi, bien
qu'il ait été éclairé des lumières de l'Evangile? Non, non,
il a été coupable en ne croyant pas. Or, comment le serait-il si le don de la foi n'était pas en son pouvoir, ou si
Dieu lui refusait la grâce pour l'obtenir? *Vous ne pouvez
avoir la foi!* mais avez-vous pris les moyens d'y parvenir? Avez-vous prié, pour demander au ciel cet inestimable trésor? Avez-vous cherché à vous instruire? Quels
auteurs avez-vous pris pour guides dans cette science

(1) *Noluit intelligere ut benè ageret.* Psal. 35-4.
(2) 1. Rom. 17.

sacrée? Au lieu d'aller puiser aux véritables sources, de consulter des écrivains sérieux, n'avez-vous pas étudié la religion dans les mauvais livres, dans les sophismes de l'incrédulité, à l'école des impies qui la blasphèment, la tournent en ridicule et ont juré de l'anéantir? et si vous l'avez réellement étudiée, quelles étaient les dispositions de votre âme? n'en aviez-vous pas peur? n'était-ce pas avec défiance? ne vous teniez-vous pas en garde contre la sainte voix de la grâce, et vous sentiez-vous prêt à suivre fidèlement ses impressions salutaires?

Non, non, mes Frères, Dieu ne refuse à personne le don de la foi, il se montre à celui qui le cherche avec un cœur docile; comme autrefois près du puits de Jacob il s'insinuait dans l'âme de la pécheresse de Samarie, il pénètre peu à peu dans cette âme fidèle, l'illumine de ses saintes clartés, dissipe un à un tous ses préjugés, tous ses doutes, ses illusions, et la conduit comme par la main, des sentiers de l'erreur jusqu'au pied de l'échelle mystérieuse qui va de la terre au ciel.

Mais malheur à celui qui ferme volontairement les yeux à cette lumière sacrée! malheur au chrétien lâche et prévaricateur qui perd la foi! ce caractère auguste que le baptême imprima sur son front et qui devait un jour former son diadème dans les cieux, devenu dans l'enfer sa honte et son supplice, ne sera plus qu'un stimulant au remords, à la rage des démons, et un aliment surnaturel aux flammes éternelles!

Oh! conservez-nous, mon Dieu, le céleste trésor de la foi! donnez-nous de marcher toujours à la lueur de ce flambeau salutaire! qu'il continue de briller sur les nations assises encore à l'ombre de la mort! protégez les messagers de paix qui leur apportent avec le baptême la vertu, l'espérance et le bonheur! Puissions-nous bientôt, ô mon Dieu, être tous unis à nos frères par les ineffables liens de la même croyance et de la même charité! Puissent tous les enfants d'Adam, guidés par ce phare céleste, arriver de l'Orient, de l'Occident, du Septentrion et du Midi jusqu'au port du salut, entrer dans l'aimable bergerie du père de famille où nous attend la gloire et l'immortalité des élus!

Ainsi soit-il!

## Epilogue.

Vers six heures du soir, les villageois habitués étaient à leur poste sur l'esplanade de l'Eglise et prêtaient une oreille attentive aux réflexions de *m'sieu l'régent.*

— N'est-il pas vrai, mes amis, que **M.** le curé excelle à éluder les questions qui pourraient compromettre sa réputation de savant et donner à ses instructions une tournure plus moderne, plus attrayante? Vraiment, c'est nous traiter un peu trop en prédicant du moyen-âge : « il faut croire, parce qu'il « faut croire; cela est, parce que l'Eglise le dit, et si vous ne « croyez pas, gare Belzébut et sa broche éternelle (1)!... » (*Rires prolongés.*)

**MARCEL.** — Il me semble en effet que **M.** le curé aurait fort bien pu nous jaser un p'tit mot de ce que nous devons croire ou rejeter en fait de miracles, car on nous en a, dans l'temps, diablement conté là-d'ssus.

**LUCAS.** — Des miracles... des miracles! n'en v'là t'y une de sévère! est-ce que tu crois aux miracles, toi? Ah! ben!... t'es pas difficile, oui-da!... j'aimerais mieux croire aux antipodes!

— Si j'y crois! mais apparemment que j'y crois, et bédame! demande voir un peu à m'sieu l'régent qui lit *l'Siècle.*

**M. LUCIEN.** — Oui, mes bons amis, je crois aux miracles; oui, nous devons y croire, aujourd'hui surtout que le génie de l'homme enfante tant de merveilles, aujourd'hui que le progrès des lumières et nos inventions récentes dans les sciences, les arts et l'industrie ont fait de l'homme un demi-dieu!

— Oh! oh! monsieur Lucien, nous chantons en ré majeur! s'écrie le sergent en entrant brusquement dans le cercle; il paraît à votre ton que le sujet comporte la pompe et l'emphase : allons, voyons, mille citadelles! quel est ce demi-dieu qui fait des miracles et dont il faudra bientôt encenser les autels?... Si c'est vous, à la bonne heure, camarade! nous voici prêts à faire votre apothéose; mais avant tout, montrez-nous vos parchemins et vos titres de noblesse!

— Vous riez hors de saison, monsieur Lafleur; et pourtant rien de plus sérieux que le sujet qui nous occupe : vous allez bientôt en convenir. Mais procédons avec ordre et méthode : il s'agit de la foi dont on vient de nous parler si longuement. Avouez que **M.** le curé charge un peu son symbole et que

(1) Expression de Voltaire.

l'on peut fort bien opérer son salut sans croire à tout ce tas de bourdes, à cette kyrielle de lubies qu'il nous débite.

— *Un tas de bourdes..., un symbole, une kyrielle de lubies...* comprends pas. Si vous aviez la complaisance de me passer vos bésicles, j'y verrais plus clair, peut-être.

— Est-il besoin de lunettes pour voir que nous ne pouvons plus, en plein xixᵉ siècle, admettre, avec la naïve bonhomie de nos pères, l'incarnation, la confession, l'extrême-onction et tout ce fatras de superstitions et de mystifications dont on cherche encore à nous éblouir et qui ne prouvent au bout du compte qu'une chose : c'est que tous les charlatans ne sont pas sur les planches.

— Ah! sacrebleu! vous nous en donnez la preuve! et vous êtes bien là sur votre terrain, car vous posez à ravir!... Or donc, monsieur le charlatan, puisque vous vous entendez si bien en mystifications et en jongleries, vous allez nous montrer un peu votre lanterne magique et les grrrrandes merveilles du panorama des miracles opérés par le *demi-dieu* en question. (*Rire général.*) Mais avant de tirer les ficelles, dites-nous en préambule comme quoi le prône de M. le curé n'est qu'*un tas de bourdes, une kyrielle de lubies*, et ce qui doit faire l'objet de notre croyance au xixᵉ siècle, ce siècle *d'industrie et de vapeur* qui n'est plus le siècle des charlatans.

— Très volontiers, sergent, car je ne répondrai pas à vos bouffonneries. Puisque vous étiez au sermon, vous avez dû sentir comme tout le monde que la raison humaine ne peut plus aujourd'hui s'accommoder de ces dogmes de foi que nos bons aïeux ont si moutonnièrement admis durant tant de siècles! Cette maxime tyrannique, *magister dixit*, le maître l'a dit, a passé de mode et n'est plus propre qu'à faire des ignorants et des esclaves. Nous savons tous, aujourd'hui, penser et raisonner; et, ce que nos yeux voient noir, tous les *Credo* du monde ne nous le feront jamais voir blanc. Qu'au moyen-âge on crût aux miracles, aux mystères, aux lutins, aux farfadets, à la magie; qu'on brûlât des sorciers, qu'on excommuniât le diable, et que le bon peuple se signât dévotement, en criant : *Amen!* passe; mais aujourd'hui, mon brave, on ne nous éblouit plus avec des mots : avant de croire, nous voulons voir de près, examiner les choses, et nous rendre raison du *pourquoi* et du *comment*, parce qu'il ne doit plus y avoir de secrets ni de mystères pour le roi, le maître des éléments, pour le Prométhée moderne qui vient de dérober la foudre des mains de Jupiter.

— Oh! oh! mille escadrons, en voilà, j'espère, du phébus et du pathos! allons, bon! de charlatan devenu poète : il y a progrès;... encore un pas, et nous voilà complétement imbécile!... Vous riez, les amis? du diable si j'exagère! Dites un peu à monsieur Lucien de résumer ce fatras, de le presser dans sa main comme une éponge, pour en faire jaillir, s'il y a lieu, quelques gouttes de bon sens?

— Courage, mon brave, insultez à votre aise ; pour moi, je reste dans la question : je soutiens qu'on ne nous en vend plus, en matière de croyance, et que nous disons avec le grand Diderot : *la foi, c'est croire ce que la raison ne croit pas.* Que voulez-vous, sergent? la foi étant un don de Dieu, si nous ne l'avons pas, ce n'est pas vous qui nous la donnerez... D'ailleurs, je vous le répète comme à M. le curé, *c'est impossible.*

— Vous êtes un farceur, monsieur Lucien; on ne dit pas ce mot-là devant un soldat français. Du reste, à tout prendre, vous pouviez au moins y mettre de l'esprit et dire, par exemple, qu'en matière de religion il vous est impossible de croire aux choses *possibles ;* mais qu'en matière de *craques* on peut admettre l'*impossible* et sans examen. Mille bombes! vous qui faites si bon marché de la parole de Dieu et de son Eglise, ne dévorez-vous pas tous les jours les plus étonnantes absurdités? Que le plus sot des journaux annonce un de ces quatre matins qu'un rocher de la lune est tombé sur la terre ; ou qu'un jongleur est monté jusqu'au soleil ; ou qu'un âne savant a trouvé la pierre philosophale et le mouvement perpétuel ; ou qu'une comète affamée va, d'une bouchée, engloutir l'univers ; ou qu'une somnambule, évoquant tous les esprits infernaux, va leur faire danser sur la terre une sarabande échevelée, ne vous verra-t-on pas avaler cette bourde avec la voracité d'un canard sauvage? Est-il un sorcier qui ne vous exploite, un magnétiseur qui ne vous épouvante, un charlatan qui ne vous donne la fièvre, un *prophète,* un *devin* qui ne vous fasse aller? *Impossible de croire,* mille escadrons! et cela, en plein xix<sup>e</sup> siècle, au siècle des esprits, des fluides, des lutins, des chapeaux et des tables tournantes, lisantes, parlantes, polkantes, etc. Mais, en vérité, n'est-ce pas mentir aux faits ; n'est-ce pas nier l'atmosphère de crédulité qui nous entoure, nous pénètre, nous anime? Morbleu! monsieur Lucien, ce manque de foi, cette prétendue impossibilité de croire, voulez-vous que je vous l'explique?

— Oui, voyons!

— Savez-vous pourquoi vous ne pouvez admettre les prodiges, les mystères, les saintes vérités de la religion?

— Oui, parlez donc enfin!

— C'est que vous croyez trop de bêtises et de canards, et qu'il n'y a plus de place pour les dogmes de la foi... Devenez moins crédule aux sornettes, et la foi religieuse reviendra. Mais ne dites plus, vingt-cinq Polognes, qu'il vous est impossible de croire : car jamais vous n'aviez eu le goulot plus large ni la foi plus robuste! En voilà une, mille citadelles, j'espère, qui transporte les montagnes et dévore, comme vous dites, les plus pyramidales absurdités! Et vous venez nous parler de la foi sainte et naïve de nos pères, comme si elle n'avait pas été cent fois plus raisonnable et plus éclairée que la vôtre! Je vous le demande, homme de sens, de pensée, de raison, est-il *raisonnable*, est-il naturel, lorsqu'on refuse toute créance à Dieu, de se livrer pieds et poings liés à l'homme, qui peut, après tout, n'être qu'un pékin et un mystificateur émérite?

— Eh bien, quand je conviendrais de toutes les vérités de l'Evangile primitif, en seriez-vous plus avancé? est-ce que vous n'avez pas tronqué, rajeuni, *jésuitisé* la parole de Dieu? Ne vous êtes-vous pas fait un Evangile à vous? Ne l'avez-vous pas bouffi de pratiques, de maximes et de dogmes nouveaux?

— Non, monsieur, nous n'avons ni tronqué, ni rajeuni, ni *jésuitisé* l'Evangile; cessez de battre la campagne, et n'espérez pas vous tirer d'affaire par un bon mot. Nous avons l'Evangile de J.-C., l'*Evangile primitif*, ainsi que vous le nommez, mon brave. Il est assez étrange que vous inventiez contre l'Eglise une objection sérieuse qui a échappé à Voltaire, et qui eût été, dans ses mains, une si terrible massue pour *écraser l'infâme!* Nous sommes en possession de la vérité depuis dix-neuf siècles. Vous niez? Et bien, prouvez, morbleu! montrez en quoi nous avons changé. Ne vous contentez pas de nier, mille bombes! sans quoi nous vous répondrons par cette sentence bien connue : *Plus negaret asinus quam probaret philosophus*, et qui veut dire qu'un sot peut donner un démenti au plus sublime génie!

M. Lucien, *pâle de colère*. — Mais le jeûne, l'abstinence, la Messe, les Vêpres, les prônes, la confession, la communion, les cérémonies, la dîme, les couvents, les papes, les cardinaux, les évêques, avec leur mître, leur crosse et leur brillant équipage, tout cela est-il dans l'Evangile de J.-C.?

— Monsieur Lucien, me permettez-vous une petite question?

— Quatre si vous voulez.

— Si un vieillard qui vous a vu pleurant, criant et malpropre au berceau et qui vous voit aujourd'hui élégant, pincé, beau diseur, et le lion des philosophes de la contrée s'en venait, en ce moment, vous toiser, de la tête aux pieds, contester votre extrait de baptême et nier votre identité, ne lui ririez-vous pas au nez, en lui disant qu'il radote?

— Mon Dieu, sergent, si vous pouviez me faire grâce de vos injures, et surtout être plus clair...

— Un moment, je vais me faire saisir. Que diriez-vous d'un homme qui connaît, ou est censé connaître la valeur des termes, s'il venait à confondre le dogme et la discipline, le précepte avec le conseil, l'Eglise avec l'Evangile, une recrue avec son général? Ne diriez-vous pas qu'il a la berlue et voit trouble? Eh bien, tout cela se brouille dans votre pauvre cervelle; mais je ne suis pas votre instituteur, pour vous faire le catéchisme. *Nous avons*, dites-vous, *changé l'Évangile!* Mais êtes-vous de ceux qui ne mettent pas de différence, quant à l'extérieur, entre l'Eglise naissante et l'Eglise universelle, c'est-à-dire entre ce lait et ce miel que l'on donne aux marmots dont l'estomac, encore trop délicat, ne peut supporter un aliment plus solide, et ce pain des forts, nourriture ordinaire de l'homme endurci au travail et à la fatigue? Pouvait-on parler aux néophytes des Catacombes, comme on parle à l'imposant auditoire qui se presse de nos jours autour des chaires chrétiennes? ne voyez-vous pas de différence pour l'éclat et la pompe de la religion, entre le Pape crucifié la tête en bas, et le Pape entouré d'un brillant cortége de cardinaux, de princes et de rois, donnant, du haut de la galerie de Sainte-Marie-Majeure, la bénédiction apostolique à l'univers et à la ville Eternelle?

Voyons, monsieur Lucien, je serai clair cette fois : êtes-vous venu au monde avec des dents, une mouche des lunettes, et les rares talents que nous admirons en vous? L'âge, l'étude, l'art, l'expérience, les occasions, n'ont-ils pas développé ce qui n'était qu'un germe? Dirons-nous pour cela, vingt-cinq Polognes, que vous n'êtes pas le même, monsieur Lucien, et que vous êtes changé pour être devenu galant homme, savant aimable et bel esprit? Hé non, sans doute : toutes ces perfections étaient en vous au berceau, où le vieillard en question a pu vous voir en si triste équipage!... Eh bien, *si parva magnis,* — ce qui, s'il m'en souvient, veut dire, *toute proportion gardée,* — il en est à peu près de même de l'Evangile : il renferme en embryon tous les mystères, tous les dogmes, je dirai même toutes les pratiques religieuses qui vous choquent le plus dans le christianisme. Si, pour s'accommoder aux temps, aux lieux, aux besoins des peuples, il a reçu des développements pour la forme et la discipline, le fond est resté toujours le même. La parole de Dieu a bien pu être expliquée par l'Eglise, son organe infaillible; mais elle n'a pas varié d'un *iota,* depuis dix-huit cents ans qu'elle est prêchée sur tous les points du globe.

Et maintenant faire un crime à nos cardinaux, à nos évêques, aux souverains pontifes de l'appareil que nos mœurs et nos exigences leur ont imposé serait une injustice criante qui retomberait sur la frivolité du siècle lui-même. Il serait beau, en effet, dans ce siècle de *confort,* d'indifférence et d'égoïsme, où l'habit, le pouvoir et la fortune sont les seuls dieux qu'on adore, dans ce siècle ricaneur et sarcastique, où un homme en haillons est un objet de risée, il serait beau de voir les successeurs des Apôtres errer de ville en ville et de bourgade en bourgade, sans besace ni bâton, chaussés de leur modeste sandale et quêtant un morceau de pain, en échange de la parole éternelle!... mille bombes! les dignes fruits qu'ils feraient produire à la vigne du Seigneur, et les beaux poissons que ces pêcheurs d'hommes attireraient dans leurs filets! Heureux encore, morbleu! s'ils en étaient quittes pour le ridicule, et si, à défaut de gendarmes pour les conduire au violon, sous la prévention de vagabondage, les moutards ne les suivraient pas à coups de pierres!

— Mais comment voulez-vous que l'on croie à une religion qui compte les mauvais prêtres par milliers? Assurément si Dieu eût voulu nous donner la foi, il eût choisi de meilleurs organes... Voici, sergent, un argument solide auquel je n'ai pas encore trouvé de réponse sérieuse : il est impossible qu'une religion où l'on a vu tant de papes, d'évêques et de prêtres scandaleux soit la religion de Jésus-Christ et de l'Evangile.

— Et moi je dis, mille escadrons! qu'une religion que tant de prêtres et de ministres scandaleux n'ont pas anéantie est la véritable religion; qu'une foi à l'épreuve de tant de schismes et d'hérésies, nées le plus souvent sous la mître des patriarches, doit être la véritable foi; je soutiens qu'un vaisseau ballotté par tant de tempêtes, sapé intérieurement par la cognée de tant de perfides matelots et qui résiste, se soutient, brave la fureur des vents, des flots et la rage de tant de traîtres, ne peut être que le vaisseau de Pierre dirigé par l'Esprit saint lui-même; il est impossible, comme le disait M. le curé, de ne pas reconnaître là le doigt de Dieu qui a dit à Pierre et à son Eglise : *Les portes de l'enfer ne prévaudront jamais sur vous, car je suis avec vous jusqu'à la consommation des siècles.* C'est là un miracle permanent universel dont les plus audacieux incrédules ont été frappés; et si vous n'en êtes pas frappé vous-même, il restera prouvé, mon vieux, que vous êtes un miracle d'obstination et d'aveuglement, pour ne pas dire un miracle de sottise.

Lucas. — Ah çà, Lafleur, prends donc pas comme ça la mouche, ça t'échauffe la température... Ne faites pas attention, m'sieu l' régent, malgré ses flons flons, c'est un bon diable tout de même.

— Mon Dieu, je le crois comme vous, mon brave Lucas, et je pense bien que le cœur n'y est en rien.

— Et vous avez raison, mille bombes! je n'en veux qu'à votre manie et à vos préjugés de classique encroûté, de voltairien bardé d'une double cuirasse de rationalisme et d'impiété.

— Hélas! sergent, je serai, je le crains du moins, bien dur à convertir! Mais nous sommes loin de la question qui nous occupait tout à l'heure...

— Ma foi, ce n'est pas moi qui ai enfilé la tangente : vous en êtes témoins, les amis; et pourtant je n'avais pas promis, moi, *d'être logique* et *de procéder avec ordre et méthode.*

— Eh bien! je veux tenir ma promesse ; puisque vous parliez de miracles vous y croyez donc?

— Parbleu, si j'y crois... mais sans doute! et vous n'y croyez pas, vous?

— C'est selon; j'ai mes idées là-dessus et vous les vôtres, mais je doute que nous puissions nous mettre d'accord.

— Oh! je commence par vous déclarer, article premier, que si vous ne croyez pas aux miracles, vous êtes pour moi, vous-même, je le répète, un gros et grand miracle.

— Entendons-nous, mon brave; en un sens, je crois aussi aux miracles, mais aux vrais miracles, monsieur Lafleur; et non pas aux tours d'escamotage et de fantasmagorie : je veux dire aux miracles modernes, à ceux qui se font en plein soleil, et devant lesquels l'univers entier devrait tomber à genoux!

— Et quels sont-ils, mille escadrons! ces étonnants prodiges, par quels thaumaturges ont-ils été opérés?

— Mais... par ces glorieux génies qui transportent un peuple de nations d'un bout du monde à l'autre avec la rapidité de la pensée, qui s'élancent dans l'espace et sillonnent les nues sur les ailes de la vapeur; quels prodiges, dites-vous? mais si l'Eternel a, pour le servir, des esprits de flamme, l'homme redevenu lui-même et divinisé en quelque sorte par l'étude et la science, n'a-t-il pas dit à la foudre : Obéis, esclave! et porte en un clin d'œil ma pensée et ma parole aux extrémités de l'univers?

— Oh! oh! les admirables prodiges! assurément la puissance divine est au-dessous d'une si formidable puissance et n'a jamais rien enfanté de pareil!... Ah çà, monsieur Lucien, ce sublime génie, quel mort a-t-il ressuscité? quelle maladie incurable a-t-il guérie ? a-t-il fait pousser un cheveu de plus sur sa tête, ajouté une ligne à sa taille? ce demi-dieu a-t-il pu former un animal, un insecte, une feuille, créer un grain de sable?... J'admire comme vous sans doute les étonnantes merveilles dont nous sommes aujourd'hui les témoins, je suis pour ainsi dire à genoux à vos côtés devant le génie de l'homme; mais, mille escadrons, entre créer et *perfectionner,* ou pour mieux dire *arranger,* n'y a-t-il pas l'infini?

— Vous avez beau dire, sergent, l'esprit humain est enfin monté à un tel degré de puissance et de splendeur, que les merveilles qu'il enfante tous les jours surpassent de beaucoup tout ce que l'antiquité religieuse et profane nous racontent de plus sublime... Quoi de plus beau, de plus miraculeux que la vapeur, les aérostats, l'électricité, le magnétisme et tant d'autres prodigieuses inventions qui feront l'admiration des siècles, et dont les générations passées eussent adoré les auteurs?...

— A merveille! bravo, mille citadelles! tombez en extase, en adoration devant les miracles modernes! encore une fois, la guérison d'un aveugle-né, d'un sourd-muet, la résurrection d'un mort de quatre jours ne sont auprès que *de la Jean-Jean!*... Dites-moi, monsieur Lucien, avez-vous lu don Quichotte?

— Oui, après?...

— Avez-vous suivi les progrès de sa folie et du dessèchement de son cerveau?

— Oui, sans doute ; mais je ne vois pas trop...

— Un moment ; vous savez, je pense, ce qui fit de la plus saine tête d'Espagne un ridicule pourfendeur d'outres et de moulins à vent?

— Oui, les romans de chevalerie ; mais encore...

— Bon, nous y voici : il y a une heure que vous êtes à *donquichotter* d'estoc et de taille contre la foi, les miracles, la religion ; franchement, quelque lecture *abracadabrante* vous aurait-elle aussi dérangé le cerveau? mille bombes! Monsieur Lucien, vous lisez le *Siècle*, a-t-on dit tout à l'heure ; prenez garde, il y a du *Jourdan* là dedans ; et vous connaissez le proverbe : *On apprend à hurler avec les loups ; et dis-moi qui tu hantes*...

— Que voulez-vous dire? expliquez-vous, je vous prie...

— Eh morbleu! avec l'intelligence d'élite que vous avec reçue de la nature, vous n'avez pas encore compris... que le *Siècle* radote, comme un vieux bonhomme qu'il est, et qu'on prépare à Louis Jourdan une cellule en certain lieu... vous savez? on y peut radoter à l'aise (1). Or, écoutez, mon brave, un conseil d'ami. Le *Siècle* est de la confrérie de ces bons exégètes d'outre-Rhin dont vous sembliez vouloir ressusciter les rêveries, quand vous nous disiez au sermon que Jésus-Christ pourrait bien *n'être qu'un mythe*, ses prodiges des fables, et ses enseignements de la blague... Prenez garde à vos accointances avec le *Siècle!* C'est sans doute pour marcher sous son drapeau et avoir des armes de la même trempe, que vous avez été déterrer une rapière si rouillée dans l'arsenal allemand...

(1) Nous écrivions ces lignes en 1857, lors de la polémique entre le *Siècle* et l'*Univers* au sujet de l'apparition de la Salette, sept mois avant la condamnation de Louis Jourdan.

— Mais, est-ce que l'on ne pourrait pas, à la rigueur, soutenir ce système qui lève tant de difficultés?...

— Eh! laissez-moi donc tranquille! on n'habille plus chez
nous la bible *à l'orientale* pour expliquer naturellement les
merveilles qu'elle rapporte! Espérez-vous peut-être nous
faire croire, à nous aussi, morbleu, comme on l'a cru en
Allemagne, que l'arbre de la science n'était autre chose qu'un
mancenillier dont l'ombre fut fatale à nos premiers parents;

Que la voix tonnante du Sinaï était celle de Moïse prêchant
aux Hébreux avec accompagnement de fifres, de cymbales et
d'éclairs;

Que le buisson ardent n'était autre chose qu'une éruption
volcanique et le brasier où il réchauffait ses doigts en écrivant
le Deutéronome, et que sa figure rayonnante était tout simplement dans un nuage chargé d'électricité;

Que les mages étaient des marchands forains qui offraient
des joujoux au fils de Marie, et l'étoile, la lanterne de leur
guide;

Que les anges qui vinrent servir Jésus-Christ sur la montagne après la tentation, étaient tout bonnement des arabes
qui passaient par là munis de vivres;

Que Jésus-Christ marcha sur les flots, mais avec les rames
et le gouvernail;

Que lorsqu'avec cinq pains et cinq poissons il nourrit quatre
mille personnes, dans le désert, il y avait préparé en secret
des magasins de vivres, ou qu'il invita ces bonnes gens à
manger le pain qu'ils avaient apporté dans leurs poches;

Que le jour de l'Ascension, il profita d'un épais nuage pour
s'esquiver d'un autre côté, plantant là ses disciples mystifiés;

Et que si, le jour de la Pentecôte, ils crurent avoir reçu le
Saint-Esprit, c'est parce qu'un coup de vent ayant ébranlé le
Cénacle, la frayeur leur fit voir les étoiles et perdre la tra-
montane... *et voilà ce qui fait que votre fille est muette!!!* — En
faut-il, vingt-cinq Polognes, du courage et de la bonne volonté pour croire ces turlupinades! Et c'est là, mon vieux, ce
que vous voudriez nous donner en échange de nos miracles
et de nos saints mystères! voilà comment vous voudriez remplacer notre foi! Mais mille escadrons, ne vaudrait-il pas
mieux nous conter tout bonnement les aventures de M. de
Crac en nous disant: *Croyez et buvez du meilleur?...*

Oh! je sais bien qu'il y a miracles et miracles, et que tout
ce qu'on nous débite là-dessus n'est pas article de foi: je
sais que souvent certaines têtes faibles, certains esprits
exaltés ont eu des visions, des ravissements, des extases qu'il
faut bien se garder de prendre pour de l'argent comptant;
mais il y a quelque différence entre les hallucinations d'une
dévote ou les tours de passe-passe d'un industriel et les pro-

diges du Sauveur, les apparitions de la Bible et les miracles consacrés par l'Eglise... Il y a même tout un abîme entre les miracles ou les mystères de la foi pour laquelle nous devrions mourir, et les faits particuliers, les prodiges opérés par tel ou tel saint reconnus par l'Eglise et respectés par les fidèles comme de pieuses croyances; toutes les légendes que l'on nous raconte ne sont pas, je le répète, articles de foi; mais morbleu, les tourner en ridicule serait une témérité coupable, une impiété peut-être; car on s'exposerait à rire avec Voltaire des plus saintes vérités de la foi et des prodiges du Sauveur lui-même. Tout s'enchaîne dans la foi, monsieur Lucien; et celui qui ne respecte pas les pieuses traditions, j'entends celles que l'Eglise proclame ou tolère, s'attaquera bientôt aux dogmes les plus adorables; et, après avoir ri des indulgences et de l'eau bénite, finira par nier la divinité de Jésus-Christ.

— Mais, mon brave, vous allez faire de moi tout à l'heure un second Luther! rassurez-vous, de grâce, je suis encore plus croyant que vous ne pensez... Tout en épiloguant, je cherche à m'instruire, et vous venez de faire une distinction qui me plaît. S'il faut que je vous le dise, malgré votre ton brusque et vos grands airs de Goliath, j'aime assez votre franchise et votre manière de raisonner.

— Merci de vos compliments s'ils sont sincères; et je les en crois, monsieur Lucien.

Lucas. — A la bonne heure donc! v'là qui termine notre soirée comme *Deo gratias* une grand'messe. Jarni, m'sieu l'régent, vous nous mettez la joie au cœur de vous entendre parler comme ça. Qui sait? peut-être ben que Lafleur avec ses beaux jurons finira par vous convertir!... S'il allait donc faire de vous un capucin!... Oh! jarni, jarni! mais il passera crânement d'l'eau sous l'pont, avant; pas vrai, m'sieu l'régent?

— Oh! patience! il y a de la marge à parcourir.

— Allons, Lucas, songe à te convertir toi-même, mille escadrons! chacun pour soi et Dieu pour tous! En matière de religion, je ne connais que cette consigne... Au revoir, mes amis!

# PRONE SIXIÈME.

### Sur le prêtre catholique.

*Tu es sacerdos in æternum secundüm ordinem Melchisedech.* — Vous êtes prêtre à jamais selon l'ordre de Melchisedech.

(Ps. 109. 4.)

Mes Frères,

Il est un personnage mystérieux que l'Ecriture nomme à peine, et seulement pour annoncer d'avance le divin sacrificateur de la nouvelle loi ; personnage auguste, imposant, sans famille, sans postérité, j'allais dire sans patrie, et qui doit passer dans le monde comme ces torrents sortis tout à coup des entrailles de la terre ; qui roulent quelque temps à travers les campagnes et disparaissent sans retour, ne laissant d'autres traces après eux que la richesse et la fécondité des champs qu'ils ont parcourus.

Ce personnage, mes Frères, existe de nos jours ; il est le dernier rejeton d'un arbre immense qui répand au loin son ombrage salutaire et embrasse l'univers de ses gigantesques rameaux. Comme Melchisedech, cet homme est sans famille, car il vient du ciel et le Seigneur est *la part de son héritage* ; comme lui sans postérité, car il doit être pur comme les anges, et son cœur assez grand pour contenir l'humanité tout entière ; mais plus parfait que le roi de Salem, cet homme est sans patrie, puisque l'univers est son domaine et qu'au moindre signal il est prêt à franchir les mers, les forêts, les déserts, les montagnes, à voler d'un bout du monde à l'autre, à braver les rigueurs de l'hiver, les griffes des lions et des tigres, les morsures des serpents, la férocité des cannibales, pour aller partout où il y a des aveugles à éclairer, des larmes à tarir, des crimes à pardonner, des brebis égarées à ramener, à porter sur ses épaules dans la bergerie du Seigneur.

Cet homme, mes frères, c'est le prêtre; le prêtre, que l'idolâtrie expirante a brûlé sur ses bûchers, que l'hérésie a noirci de ses calomnies, que la philosophie a bafoué dans ses libelles, proscrit par ses arrêts, maudit dans ses tribunes, juridiquement assassiné dans ses prisons et sur les places publiques; le prêtre que, depuis son apparition dans le monde, l'enfer tout entier poursuit sous des noms divers; le prêtre enfin, à qui chaque instinct grossier, chaque passion brutale, jette sa malédiction parce qu'il lui dispute sa pâture.

Mes frères, au milieu des calomnies dont on ne cesse de flétrir le prêtre, et ce qu'on appelle aujourd'hui *jésuitisme,* j'ai cru qu'il était de mon devoir de vous faire entendre du haut de cette chaire, comme une protestation solennelle contre ces clameurs qui ne tendent qu'à diminuer votre estime et votre affectueuse vénération, pour cet ange gardien que Dieu vous a laissé sur la terre pour vous consoler, vous bénir et vous enrichir de tous les trésors du ciel.

*— A la bonne heure ! s'écrie M. Lucien, en souriant avec complaisance,* à la bonne heure; au moins voici un sujet tout de circonstance et dans lequel vous ne serez pas, j'espère, trop intéressé. Depuis longtemps nous désirions de vous soumettre là-dessus quelques difficultés sérieuses; et si vous parvenez, Monsieur, à nous donner une solution satisfaisante, vous n'aurez pas perdu votre temps; car les vices du clergé, son ambition, son égoïsme, son luxe, son fanatisme et son oisiveté n'ont pas peu contribué à nous rendre indifférents pour la religion et insensibles à l'éloquence... même des plus grands prédicateurs.

— Je suis heureux, Monsieur, que mon sujet vous intéresse à ce point; et j'espère, avec le secours d'en haut, dans cet entretien et dans celui de dimanche prochain, faire peu à peu tomber vos préjugés sur le prêtre, ce miracle vivant de miséricorde et d'amour qui ne demande, comme la religion chrétienne, qu'à être connu, étudié de près, et qui prie pour ses ennemis parce qu'ils ne savent ce qu'ils font.

Je ne vous dirai pas, mes Frères, que de tout temps le prêtre fût l'objet d'une vénération profonde; qu'à son aspect, on se demanda toujours si ce n'était pas un esprit céleste sous une forme humaine, tant on voyait rayonner en lui de noblesse et de majesté. Je ne vous dirai pas les honneurs insignes dont était entourée la tribu de Lévi pour le noble privilége attaché à ses augustes fonctions, qui lui permettaient de parler comme face à face à l'Eternel dans son sanctuaire. Vous n'ignorez pas que chez les nations les plus barbares et les plus corrompues, au sein même du paganisme, le prêtre et l'idée qu'on s'en était faite, avaient quelque chose de sacré, de vénérable et de mystérieux; et, tout dépravé qu'était ce prêtre, les peuples à son aspect s'inclinaient avec amour, comme pour adorer en lui un rayon de la majesté divine, tant la nature toute seule est pénétrée de l'excellence du sacerdoce, même en dehors de la révélation.

Je ne vous dirai pas non plus que le prêtre catholique surpasse en dignité tout ce que l'intelligence d'une créature peut concevoir de plus auguste, puisqu'il *vient*, en quelque sorte, *au secours de Dieu* (1) dans l'œuvre de la régénération du monde; en sorte que nous pouvons nous écrier avec un saint docteur : « Grand Dieu! vous qui « d'une parole avez fait le ciel et la terre, et qui, dans « l'œuvre étonnante de la création n'avez eu besoin ni « d'aide ni de conseiller, lorsqu'il s'agit de sauver « l'homme coupable il vous faut douze pécheurs que « vous initierez à votre divin ministère, que vous em- « brasserez ensuite comme des amis, des égaux, des « frères dont vous implorerez le secours (2) ! » Le prêtre, à ces titres différents, chrétiens, vous apparaîtrait investi d'un caractère sublime, ineffable; et pourtant ce n'est point encore là le prêtre. Pour vous en donner une idée plus exacte, je voudrais pouvoir le considérer sous trois rapports divers qui sont comme le résumé des plus belles prérogatives du prêtre; nous verrions en lui trois prodiges dignes de l'admiration du ciel et de la terre : un *prodige de grandeur*, puisqu'il est établi

(1) *Dei sumus adjutores.* — 1 Cor., 3-9.
(2) Petr. Bles., *serm.* 97.

comme médiateur entre Dieu et les hommes ; un *prodige
de puissance*, puisque sa voix ouvre le ciel, ferme l'enfer
et fait descendre tous les jours Jésus-Christ sur nos autels ;
enfin un *prodige d'amour*, puisqu'il est parmi vous
comme un autre Jésus-Christ pour vous éclairer, vous
bénir, vous consoler et vous combler de bienfaits. Mais
comme le développement d'un si vaste sujet fournirait
la matière de plusieurs discours, nous nous bornerons
aujourd'hui à la dernière considération.

— Oui, Monsieur ; aussi bien vos deux premiers *prodiges* prêteraient assez peu à la controverse et vous
pourriez là-dessus laisser le champ libre à votre imagination, puisque vous ne considérez le prêtre que dans
*l'ordre de la grâce* et *de la gloire*; nous aimons mieux
l'ordre de la nature ; c'est toujours plus matériel et plus
visible, et l'on ne nous éblouit pas si aisément.

— A Dieu ne plaise, Monsieur, que je cherche à vous
éblouir par le merveilleux et l'appareil des faveurs dont
le ciel a prévenu le prêtre ; ne craignez pas que je
rapporte ici les mille témoignages des Pères de l'Eglise
à sa louange, que l'on peut résumer en quatre paroles :
c'est que ses prérogatives sont si sublimes qu'elles semblent avoir épuisé la toute-puissance divine. Je ne viens
pas les énumérer, ni vous mettre par là hors d'état de me
contredire si bon vous semble ; je laisse de côté toute
considération surnaturelle et n'envisage le prêtre que
comme bienfaiteur du genre humain, comme un ange de
lumière qui dirige vos pas sur la terre, vous aplanit le
chemin de la vertu, et, en vous enseignant à bien vivre,
vous enseigne à bien mourir.

Et en effet, mes Frères, lorsqu'on remonte par la pensée jusqu'à la venue du Messie, à la vue des iniquités qui
souillent la face de la terre, on ne peut se défendre d'un
sentiment pénible, et l'on se demande avec le roi-pro-
phète : *Où est leur Dieu?* — Où est leur Dieu, mes Frères ?
il est dans les astres du ciel ; il est dans les plus vils
animaux de la terre ; il est dans une plante, dans un
bloc de marbre, dans un morceau de bois ; il est dans
le vol, le parjure, l'impudicité, le parricide ; il est dans
toutes les abominations que la corruption humaine a pu
imaginer. *Il est partout*, suivant l'énergique parole de
Bossuet, *et il n'est nulle part...* Hélas ! dans quel abîme

de misère et de dégradation es-tu tombé, ô homme, ô roi de la nature! Ah! plus ton élévation était grande et plus ta chute fut profonde; plus ton âme était noble et radieuse, et plus elle s'est abrutie; elle n'a plus vu, pensé, chéri que le crime; soleil découronné de ses rayons, elle a dit à l'erreur et aux ténèbres: *Vous êtes mon domaine*, et semble s'être vendue à l'esprit du mensonge, au génie du mal...

Sans doute le paganisme avait ses prêtres, ses poètes, ses philosophes; il pouvait leur demander la lumière... Eh bien, il la leur a demandée: ses prêtres lui ont prêché le crime au nom des dieux; ses poètes, au nom de la nature, ont chanté le plaisir; ses orateurs, exaltant ses instincts féroces, l'ont excité à la haine et à la vengeance; et ses philosophes lui ont enseigné l'orgueil, l'égoïsme et l'impiété. Et maintenant, comme on l'a dit d'ailleurs, comparez le monde païen au monde catholique, rapprochez ces deux extrêmes par la pensée; qui donc a renouvelé la face de la terre? l'Homme-Dieu, l'Evangile, le prêtre: l'Homme-Dieu comme l'auteur et le consommateur de notre foi; l'Evangile, cet adorable abrégé de sa vie et de sa sainte parole; le prêtre, messager fidèle qui va l'annoncer à toute créature. Or vous n'ignorez pas, mes Frères, comment le prêtre a rempli sa noble mission d'éclairer et d'instruire; et je ne parle pas ici de ces arts et de ces sciences dont le monde est aujourd'hui si fier, et dont on fait sonner si haut le progrès et le développement...

— Au contraire, monsieur le curé, parlez-en, je vous prie! Nous avons entendu tant de fois taxer le clergé d'ignorance, que vous ne pouvez que nous édifier par le développement de cette pensée... Du reste, s'il faut vous le dire, un des plus grands obstacles que le prêtre rencontre dans l'exercice de son ministère, c'est la science et le talent... Oh! comme il se replie et se retranche alors avec une feinte modestie dans son ignorance et sa nullité! Mais en revanche, comme il triomphe et pérore avec emphase dès qu'il se sent environné de gens crédules et ignorants! C'est que la science a de tout temps imposé au fanatisme; aussi le parti prêtre fait-il toujours la guerre aux savants, parce qu'en propageant les ténèbres, il assure son empire et sa tyrannie.

— Quoi, Monsieur, après tant de réponses victorieuses à cette accusation, quand cette calomnie a été tant de fois mise en poudre, vous avez encore le courage de la reproduire ! Et vous ne voyez pas qu'il y a autant de malice à contester la science et le talent au clergé, au clergé français surtout, que d'ingratitude à nier la part active qu'il a prise à la civilisation européenne ! Car si vous remontiez le cours des âges pour étudier les peuples qui furent nos aïeux, si vous jetiez les yeux sur ces hordes barbares errant sans famille, sans foyer, sans patrie, n'ayant pour toute raison, pour toute loi, que l'instinct de la bête féroce ; si vous entendiez leurs cris sauvages dans les bois qui couvraient alors le sol de notre belle France, et les rugissements des malheureux que l'on immolait à des divinités sanguinaires ; si vous les contempliez bientôt après, fatigués de massacres et de sanglants triomphes, se reposer sur leur francisque victorieuse, ainsi qu'un moissonneur content de sa journée, oublier peu à peu la soif du sang et le goût du carnage, se polir, se civiliser en prêtant l'oreille au noble instinct national et devenir le peuple le plus doux, le plus aimable et le plus religieux de l'univers ; si vous vouliez en un mot suivre pas à pas la marche progressive de notre civilisation, vous verriez, mes Frères, des prêtres, une croix et l'Evangile à la main parcourant les champs, les bois, les montagnes de la Gaule comme ils parcourent de nos jours les monts, les déserts et les forêts vierges du Nouveau-Monde.

Et sans même remonter si haut, qu'étions-nous il y a quatre ou cinq cents ans, au milieu des ténèbres de la barbarie, de l'ignorance où nous avaient replongés nos guerres civiles, où s'étaient réfugiés les arts et les sciences ? Et, sans ces prêtres et ces moines tant calomniés qui nous les ont conservés au prix de leurs veilles, de leurs travaux les plus longs et les plus opiniâtres, au prix de leur santé et de leur vie, où seraient aujourd'hui les chefs-d'œuvre de l'antiquité, où seraient notre littérature, notre histoire, notre civilisation ?

N'est-ce pas le prêtre qui a agrandi notre intelligence, poli nos mœurs et couvert le sol français de ces superbes temples, œuvres gigantesques d'un génie surhumain, où tant de siècles ont accumulé leur travail, leurs richesses, leur pieux patriotisme et que l'étranger contemple d'un œil jaloux? Ah! mes Frères, ne soyons pas ingrats, c'est le prêtre qui nous a faits ce que nous sommes; le prêtre qui, bien souvent, a développé ces intelligences d'élite qui, d'un vol rapide ont atteint ici-bas le faîte de la gloire, et, plus d'un Voltaire de nos jours se voit forcé de bénir au milieu de ses déclamations impies, l'humble jésuite qui fit son éducation.

Et pourquoi le prêtre aurait-il à redouter la morgue et l'impiété d'un savant? pourquoi se tairait-il devant la suffisance et la sottise d'un soi-disant esprit fort? Le clergé ne marche-t-il pas de nos jours à la tête de tous les progrès, ne brille-t-il pas du plus vif éclat par la science et les talents? l'univers entier n'est-il pas à genoux dans l'admiration devant le génie et les vastes lumières de notre épiscopat français? Voilà ce que nous vous dirions, mes Frères, si nous avions à nous occuper de la part active que le clergé a prise dans le développement des sciences et de la civilisation: mais là n'est point toute sa gloire et le bienfait qui lui donne le plus de droits à notre reconnaissance; s'il doit être béni dans le temps pour nous avoir fait hommes, il doit l'être dans l'éternité pour nous avoir faits chrétiens.

Entendez une voix s'écrier dans le lointain des siècles: *Qu'ils sont beaux sur la montagne, les pieds des messagers de la paix, qui annoncent la bonne nouvelle et nous apportent le salut* (1)! Oui, mes frères, ils sont beaux, les pieds du prêtre qui vient éclairer le monde du flambeau de la foi! les peuples assis à l'ombre de la mort baisent avec amour la trace de ses pas, car *il est* pour eux *l'ange du Seigneur!* Oui, il est en effet l'ange du Seigneur pour ces malheureux sauvages qui n'ont d'humain que la figure et qui s'enfuient à son approche comme devant une bête féroce, mais que le doux son de sa voix attire, instruit et gagne au dieu qui l'envoie! oui, il est l'ange du Seigneur, pour ces peuplades sanguinaires qui, refusant la bonne nouvelle et fermant les yeux à la lumière céleste, lui font d'abord souffrir mille tortures; mais dont la barbarie vaincue par sa constance héroïque s'apaise peu à peu, fait place à la curiosité, puis à l'admiration, puis à l'amour

(1) *Nahum.* 1-15.

de la parole salutaire qui finit par changer ces tigres en innocents agneaux ! Oui, il est l'ange du Seigneur pour ces royaumes et ces empires lointains, où il va, céleste précurseur de nos armes et de la civilisation , planter le glorieux étendard de la croix sur les ruines de l'idolâtrie, faire fleurir le lys angélique de la pureté sur la terre qui adora l'impudique Vénus, et remuer dans le cœur humain la fibre de la charité la plus tendre dans ces pays où, tous les matins, des milliers d'enfants nouveau-nés étaient la pâture des plus vils animaux !

— Eh bien, soit, Monsieur le curé, nous vous accordons sans peine l'influence du clergé dans la civilisation du monde; nous admirons même avec vous ses talents et ses rares lumières ainsi que les bienfaits qu'il répand tous les jours en Amérique et dans l'Asie orientale; mais nous ne sommes point en Chine, au Japon et au Canada; que fait le prêtre en pleine Europe au xix$^e$ siècle? où sont les sauvages à éclairer, les cannibales à humaniser, les idolâtres à convertir? Ne savons-nous pas tout ce qu'il peut désormais nous apprendre; et aurions-nous besoin par hasard qu'il vienne établir aussi parmi nous l'œuvre de la Sainte-Enfance?

— Non, Monsieur, je l'avoue; mais n'est-ce pas au prêtre que vous le devez? sans lui, même au xix$^e$ siècle, ne seriez-vous pas pires que les sauvages et les cannibales? et sans revenir sur ce qui a été dit plus haut, pouvez-vous nier l'influence salutaire du clergé sur les mœurs publiques? N'est-ce pas lui, qui, tout en vous rendant chrétiens, vous a rendus humains, charitables, vertueux? Du haut de la chaire de vérité, le prêtre ne renouvelle-t-il pas de nos jours les prodiges du Sauveur, donnant la vue aux aveugles, l'ouïe aux sourds, la parole aux muets, le mouvement aux paralytiques, à ces paralytiques spirituels dont la guérison est si pénible et si difficile? Pour moi, toutes les fois que je vois un prêtre au milieu de son peuple fidèle qu'il doit nourrir du pain de la sainte parole, je me transporte en esprit à Jéricho: il me semble que chacun de ses auditeurs est cet aveugle-né qui demandait la vue: *Seigneur, faites que je voie!* — Eh bien, mes frères, que veut voir cette multitude attentive, avide de la parole éternelle et comme suspendue aux lèvres de son pasteur? Ses devoirs envers Dieu, envers le prochain , envers soi-même ; elle demande à connaître ses vrais biens, et le moyen de les acquérir, à connaître *la voie, la vérité et la vie ;* en un mot, tout ce qui intéresse l'homme sur la terre et dont le prêtre a la mission d'instruire son troupeau, puisque *sa bouche est la gardienne de la science et la dépositaire de la sagesse* (1).

C'est en effet le prêtre, mes Frères, qui résout les grands problèmes de l'humanité, lui qui jette un fil conducteur dans ce dédale inextricable où nous sommes sur la terre. Nous l'avons déjà dit ; sans le prêtre, saurions-nous ce que nous sommes, d'où nous venons, où nous allons et par quel chemin nous arriverons au but de notre course ? Ce que nous sommes, la philosophie nous l'a dit ; un peu de matière animée, et rien de plus : *entre l'homme et l'animal, la seule différence est dans les vêtements.* D'où nous venons : elle nous l'a dit encore à sa manière : tantôt *du hasard,* tantôt *de la nature,* tantôt *du contact des atomes* ; en étions-nous plus avancés ? Où nous allons ; elle a essayé de nous le dire ; la terre réclame la terre ; fort bien ; mais l'âme ? Le néant. Mais encore, qu'est-ce que le néant si tout est éternel ? et s'il y a un Dieu vengeur du crime et rémunérateur de la vertu, un Dieu de qui tout émane comme cause, et à qui tout doit revenir, quelle est la voie qui nous y conduira ? Problème, mes frères, problème insoluble ; et si la philosophie a tenté de l'expliquer, ç'a toujours été au profit des passions. Ah ! c'en était fait de l'homme, ô mon Dieu, si vous ne lui aviez envoyé votre bon ange pour le conduire, un autre Jésus-Christ qui vint prendre par la main cet aveugle-né pour lui rendre la vue ! Aussi depuis que le prêtre illumine cet abîme de l'auguste flambeau de sa parole, un enfant voit-il cent fois plus clairement que les plus grands génies de l'antiquité.

Et maintenant, après vous avoir montré le prêtre instruisant par la parole comme docteur, que n'ai-je le loisir de vous le dépeindre instruisant par l'exemple comme modèle, et à ce titre, nous enseignant la pratique des vertus qu'il nous annonce ! vous le verriez comme un phare divin, brillant sur la montagne et vous disant avec l'apôtre des nations : *Soyez mes imitateurs comme je le*

______
(1) Malach. 2-7.

— 430 —

suis de *Jésus-Christ* (1) ; — ou bien avec Moïse : *Regardez, et faites comme le modèle qui vous est montré là-
haut* (2).

— Croyez-moi, monsieur le curé, ne vous engagez pas
plus avant sur ce terrain scabreux ; par prudence, tenez-vous-en à ce que vous avez dit à la louange des
prêtres, car si nous entrions en matière sur leur conduite...

— Que voulez-vous dire, Monsieur, et que signifie
cette réticence calculée? Croyez-vous donc que le clergé
doive redouter l'examen et la critique? Vous me feriez
presque regretter qu'il n'entre pas dans mon plan d'étudier le prêtre, dans sa vie et sa conduite journalière, de
contempler en action toutes ses vertus, son humilité, sa
douceur, sa charité, sa pureté angélique, sa patience à
toute épreuve, sa générosité, son désintéressement, sa
bonté paternelle, sa vie entière d'abnégation, de dévouement, de sacrifices! Et pourquoi devrions-nous nous
borner, en parlant du prêtre, à louer ses talents et ses
lumières? pourquoi n'oserions-nous aborder le chapitre
de ses vertus? pourquoi ne nous serait-il pas permis de
vous faire savourer le parfum de sainteté qui s'exhale de
cet ange de la terre; parfum que l'on respire en silence
pendant sa vie, mais qui vous arrache des cris d'admiration après sa mort? Mes Frères, vous verriez partout en
lui, quoi qu'en disent les impies, la vivante image de
J.-C.! C'est que le prêtre n'ignore pas que l'exemple est
la voix la plus simple et la plus abrégée de la persuasion;
que la plupart des hommes ne vivent que d'imitation,
et passent leur existence à copier les vices ou les vertus
de leurs modèles. Ah! quand même le prêtre ne ferait
que vous montrer dans le détail de la vie l'édifiant spectacle des vertus qu'il vous prêche, il serait toujours pour
vous un Évangile vivant, une continuation sensible de la
vie de J.-C., et mériterait pour un tel bienfait une reconnaissance éternelle.

— Eh bien, puisque vous m'y forcez, Monsieur, puisque vous semblez appuyer avec tant de complaisance
sur les prétendues vertus des prêtres, je commencerai

(1) 1 Cor. 4-16.
(2) Exod. 25-40.

par vous dire que la plupart vivent si mal qu'ils paraly-
sent, par leur vie scandaleuse, le bon effet de la parole
divine qu'ils nous prêchent.

— Oui, Monsieur, nous l'avouons avec douleur, il y a
de l'ivraie parmi le bon grain, des loups dévorants au
milieu des brebis. On a vu des prêtres indignes de leur
nom, de leur saint habit, de leur sublime ministère qu'ils
déshonoraient ; nous ne prétendons ni dissimuler, ni
justifier ces désordres : nous les déplorons, nous en gé-
missons autant et plus que vous ; et l'Eglise dégrade et
vomit de son sein ceux qu'elle n'a pu ramener par ses
sollicitations maternelles. Mais avant d'entrer dans la discussion de ce qui fait la honte du christianisme et de ce
triste point de contact que doit avoir le prêtre catholique
avec votre misère et le limon dont il fut pétri comme
vous, promettez-moi, Monsieur, d'être juste, loyal et de
mettre de côté toute antipathie naturelle, tout amour-
propre et tout esprit de parti.

— Oui, Monsieur, je veux apporter dans cette discussion toute l'indifférence et l'impartialité désirables.

— Avant tout, pensez-vous que le prêtre, pour être
revêtu du plus auguste caractère, soit un ange qui ne
participe en rien à la nature humaine ? Le jour où, tombant la face contre terre, étendu sur la croix du sacrifice,
il jura de vivre en séraphin, au milieu de l'impure Babylone, pensez-vous que le pontife qui lui imposa les
mains, le rendit impeccable en le faisant prêtre pour jamais ? Croyez-vous, en un mot, qu'il n'ait pas les misères communes de la nature déchue et que le vœu redoutable qui l'enchaîne ait anéanti en lui la chair et le
sang ?

— Non, sans doute ; mais n'a-t-il pas mille grâces et
mille secours surnaturels pour triompher de lui-même ?
n'est-il pas obligé, par sa position de vivre toujours en
état de grâce ?

— Oui, Monsieur ; seulement vous oubliez que, s'il a
plus de grâces, il a aussi plus d'occasions ; que ses rapports continuels avec le monde tendent à lui en communiquer l'esprit. Vous oubliez que le siècle et le démon
multiplient autour de lui leurs séductions avec un acharnement qui tient de la frénésie, parce que tout est gagné
pour eux sitôt qu'un prêtre tombe, qu'il en résulte un

plus grand scandale, que sa ruine entraîne celle de bien des âmes, et que les libertins en triomphent et s'en prévalent pour insulter à la religion. Voilà, monsieur, ce que je tenais à vous dire d'abord et qu'il ne faut jamais perdre de vue. Et maintenant, comprenez-vous pourquoi la chûte d'un prêtre est si éclatante et fait tant de bruit ?

— Eh mais... c'est apparemment parce qu'elle est plus complète et plus profonde que celle du reste des hommes; car lorsqu'un prêtre devient coupable, il ne s'arrête jamais en chemin : il roule au fond de l'abîme.

— Vous venez de dire une bien déplorable vérité, sans doute, mais ce n'est pas encore tout-à-fait là ce que je vous demande. Voulez-vous savoir pourquoi la ruine d'un prêtre cause tant de scandale? C'est parce que, même dans l'esprit du monde, le prêtre est une créature angélique et la vivante image de Dieu. Or un prêtre criminel est un être sans nom, une étrange anomalie dans la nature, une tache hideuse à la candeur de l'Eglise. Les peuples en seraient moins révoltés, s'ils n'étaient habitués à l'innocence, aux vertus, à la sainteté du clergé. On ne jette pas de si hauts cris pour un événement ordinaire ! Le mauvais prêtre est donc une exception ; et plus sa chûte fait de scandale, plus est éclatante et rayonne la sainteté des autres.

— Il résulterait de là, Monsieur, que le nombre des mauvais prêtres serait insignifiant, par rapport au reste du clergé : ce que nous sommes loin d'admettre... Il est évident, pour tout homme qui a des yeux pour voir et des oreilles pour entendre, que le nombre des méchants surpasse infiniment le nombre de ceux dont l'Eglise se glorifie.

— C'est une calomnie atroce, Monsieur : il est impossible que vous osiez sérieusement la soutenir. L'immense majorité des prêtres est vertueuse et digne de sa sublime mission ; et pour un prêtre qui déchire le sein de l'Eglise, mille innocents lévites sont là pour la consoler et la réjouir ! N'y eut-il pas, au nombre des douze premiers disciples, un Thomas incrédule, un Pierre infidèle, un Judas traître et désespéré ? Nous sommes cinquante ou soixante mille prêtres, en France : est-il étonnant qu'il y ait des prévaricateurs ? est-il étonnant qu'il y ait tant d'apostats dans l'immensité des prêtres qui couvrent l'univers catholique, puisque, après tout, ils sont mortels et fragiles comme vous? Comment donc qualifier la malice et l'injustice de ces clameurs? Comparez, je vous prie, le mal causé dans la société par les mauvais prêtres au bien inestimable opéré par les bons, et dites-nous s'il y a la moindre proportion et si ce mal ne se réduit pas à fort peu de chose.

D'ailleurs, entre nous, M. F., quels sont ceux qui s'érigent en censeurs du clergé et lui jettent la première pierre? quelle est leur valeur personnelle? A de rares exceptions près, ce sont ou les *indifférents*, à qui il est à peu près égal qu'il soit bon ou mauvais, puisqu'ils savent se passer de lui ; ou les *impies* qui voudraient faire retomber sur la religion le scandale de sa vie ; ou les *libertins* qui y cherchent une excuse et un prétexte à leurs débordements. Et puis, encore une fois, le mal est-il aussi grand qu'on le fait? N'est-il pas vrai qu'on exagère, qu'on s'étudie à grossir les maux de l'Eglise? N'est-il pas vrai qu'on imagine, qu'on invente, qu'on calomnie avec un plaisir malin? A défaut de crimes réels, n'en signale-t-on pas d'imaginaires, parce que l'on voudrait qu'ils existassent pour diminuer d'autant la honte de sa propre inconduite?...

Ainsi donc, M. F., en laissant les mauvais prêtres pour ce qu'ils sont et les calomnies pour ce qu'elles valent, il n'en sera pas moins constant que le prêtre catholique, le véritable prêtre, et nous le disons avec un saint orgueil, l'immense majorité des prêtres est, au moins autant qu'il est possible à l'homme, à la hauteur du sacerdoce, retrace au monde les exemples de J.-C., l'éclaire de sa doctrine et lui aplanit la voie des plus sublimes vertus.

Et, maintenant, cessons de nous étonner, mes Frères, de la rage avec laquelle l'Enfer s'attache à le flétrir, à le proscrire, à le torturer sur la terre ; il se venge à sa manière et use de représailles. Mais de quel nom appeler les misérables qui se font les vils instruments de Satan pour rendre son ministère impossible, et qui voudraient, disent-ils, *en purger l'univers*? Ne sont-ils pas coupables en quelque sorte du crime de lèse-majesté divine, puisque le Sauveur a tellement identifié sa personne avec la personne de ses prêtres, et sa dignité avec leur dignité, que *celui qui les écoute l'écoute et celui qui les méprise le méprise* lui-même (1) ?

Oh ! soyez donc fiers, soyez heureux de le voir tous les jours au milieu de vous. M. F., cet envoyé céleste, cet autre J.-C. ! soyez heureux de sa gloire et de sa puissance, et que sa grandeur vous inspire les plus vifs sentiments d'admiration ! prosternez-vous, si j'ose le dire, devant cette autre divinité de la terre, puisqu'elle est pour vous comme un rayon de la divinité du Sauveur ! marchez toujours à la lueur de ce flambeau céleste ! qu'il dirige vos pas à travers les sentiers de la vie, anime votre dernier combat, à l'heure de la mort, et préside à votre triomphe sur les ennemis de votre âme !

Ainsi soit-il !

---

### Epilogue.

Quelque temps après l'office, un immense concours de peuple était réuni sur l'esplanade en face de l'église; Lafleur apostrophait M. Lucien en des termes fort peu parlementaires; il l'avait surpris cherchant à ridiculiser la première partie du prône de M. le curé. L'on sait s'il entendait raillerie sur ce chapitre-là.

— ... Et moi je vous *dis* et vous *douze*, mille escadrons, qu'avec toute votre science et vos talents, vous n'êtes qu'un pédant et un faquin !

— Insultez tant qu'il vous plaira, sergent, je ne vous suivrai jamais sur ce terrain...; mais il n'en sera pas moins vrai que les prêtres sont de francs ignorants, et de plus le fléau de la société.

— Hélas ! il le faut bien; les malheureux ! que ne vont-ils à votre école, vous en feriez des génies. Sous votre férule, et dans quelques leçons, ils deviendraient savants, philanthropes, vertueux !... Mais patience, j'ai quelques amis dans le clergé des environs; attendez-vous à les voir un de ces quatre matins parmi les moutards fortunés qui marchent tous les jours, ô éblouissant soleil, à la splendeur de vos rayons !... Ah ça ! monsieur Lucien, vous battiez donc la campagne ce soir? je m'en doutais, car à vous entendre...

(1) Luc. 10-16.

M. Lucien *avec humeur*. — Eh bien, quoi? que prétendez-vous avec vos ironies? J'exposais mes difficultés, et l'on n'aurait pas dû les éluder.

— On n'en a, que je sache, éludé aucune; seulement on vous a promis de revenir dimanche prochain sur le même sujet, et l'on vous fera raison, j'espère. Pour les objections d'aujourd'hui, si la solution ne vous plaît pas, morbleu, revenez au catéchisme; c'est mon refrain.

— Très volontiers, mon brave, si je dois y apprendre en même temps pourquoi les prêtres nous demandent toujours de l'argent.

— Quoi! vous ne le savez pas? mais, pour devenir capitalistes, financiers, millionnaires, et acheter la lune!... *ils demandent toujours de l'argent!* Eh! mille escadrons! si on leur en demande sans cesse à eux-mêmes, et de toutes parts; s'il leur en faut toujours, qui pour les pauvres, qui pour les malades, qui pour les incendiés, qui pour les inondés, qui pour les ouvriers sans travail, qui pour les hôpitaux, qui pour les frais du culte divin, qui pour vêtir, qui pour nourrir, qui pour élever les enfants que tant de parents abandonnent; s'ils ont constamment sur les bras une multitude de besoins à satisfaire, d'où tireront-ils assez d'argent pour cela? Depuis quand le gouvernement leur a-t-il concédé le pouvoir de battre monnaie? Eccutez, mon vieux, l'aumône est un tribut que nous nous devons tous les uns aux autres; et cette dette sacrée, il faut la payer, entendez-vous, sous peine d'être un monstre d'égoïsme et de barbarie. Or, que ce soit aux prêtres ou aux pauvres que vous vous adressiez, c'est tout un, pourvu que votre aumône arrive à destination. Si vous ne voulez pas que *les prêtres vous demandent toujours de l'argent*, empêchez qu'on leur en demande en faisant le bien par vous-même, en donnant, et en donnant abondamment; du diable s'ils vous font un procès pour les avoir affranchis de cette pénible et humiliante corvée!

— Mais pourquoi sont-ils donc si ambitieux et si avides d'entrer dans les secrets des familles? Pourquoi faut-il que sous prétexte de direction ils pénètrent dans tous les détails de notre intérieur; que par la femme, ils tiennent le mari, par la servante le ménage, et par les enfants, la clé de toute la maison? Cette inquisition du confessionnal n'est-elle pas de nature à nous les rendre souverainement odieux?

— Laissez-moi le confessionnal tranquille, je vous prie, monsieur Lucien; si vous croyez que le prêtre y est à la noce, vous êtes dans une furieuse erreur. Ce doit être fort peu amusant de passer son existence entre quatre planches à écouter des misères, des sornettes, des doutes, des scrupules, des infamies; à dérouler en un mot les replis et les turpitudes du pauvre cœur humain, et cela, pour recommencer demain, après demain, dans huit jours, dans un mois, toute la vie, sans qu'il soit permis, lorsqu'on est décidément trop embêté, de se plaindre, de murmurer, de faire un geste d'impatience. La belle existence, morbleu! et sans que leur traitement en soit augmenté d'un centime! car vous n'êtes pas, monsieur Lucien, vous, de ces jobards qui accusent le prêtre de se faire payer la confession à tant par heure. — Vous avez parlé *d'ambition ;* seriez-vous assez bon pour expliquer votre pensée? Quelle est cette ambition, je vous prie? Voulez-vous dire qu'un pauvre desservant de village aspire à la mitre, au chapeau de cardinal, à la tiare?... qu'il cherche à s'élever sur les ruines de ses nombreux concurrents? Qui sait? peut-être le haut clergé brigue-t-il une ambassade, un portefeuille? peut-être son ambition caresse-t-elle en espérance le sceptre et la couronne?... Voyons, expliquez-vous, jusqu'où le clergé aspire-t-il à monter?

— Oh! je ne dis pas que nous soyons près de revenir aux jours des Richelieu, des Mazarin, des Brienne et des Talleyrand-Périgord; le pouvoir, pour se soutenir et triompher de la cabale, n'a plus besoin de la pourpre d'un cardinal, et nous ferons assez bien nos affaires sans le clergé; qu'il borne son ambition à propager l'Evangile, à ramener les brebis errantes au confessional; qu'il s'y occupe des péchés des pénitents et non de ce qui se passe dans l'intérieur de nos maisons.

— Il s'y occupera, mille escadrons, de ce dont il doit s'y occuper, cela ne regarde personne, camarade; et Dieu seul est son juge, entendez-vous? Savez-vous que vous pousseriez loin la tyrannie, si vous vouliez empêcher l'infortuné d'aller pleurer et se consoler sur le sein d'un ami; savez-vous bien qu'il y aurait de la cruauté, de la barbarie à fermer à la pauvre humanité souffrante le seul asile où elle vient chercher la résignation, l'espérance et la paix! Quoi donc, mille bombes, est-ce le prêtre qui va les chercher, ces douloureuses confidences? et doit-il rejeter sans pitié le malheureux qui vient en gémissant se jeter dans ses bras? Et puis, si le prêtre est instruit de ce qui se passe chez vous, quel usage en fait-il? Avez-vous à redouter son indiscrétion? En a-t-on jamais vu aucun dévoiler les secrets des familles ou trahir les confidences dont il est le dépositaire fidèle? Qui donc a jamais eu à se repentir d'avoir mis en tiers le prêtre dans ses affaires domestiques? partout où on l'appelle, ne répand-il pas une influence salutaire de paix, d'union, de douce charité?

— Tout ce que vous voudrez, monsieur Lafleur, mais je n'aime pas qu'on me fasse le bien malgré moi: je me défie à bon droit de ces personnes obligeantes qui m'imposent leurs faveurs, et je les soupçonne d'avoir plus à cœur leurs intérêts que les miens.

— C'est de la reconnaissance !... Vous vous défiez, vous soupçonnez... c'est que vous ne croyez pas au dévouement, à la véritable charité ; c'est que vous mesurez tout le monde à votre aune... Et quel intérêt un prêtre peut-il avoir à obliger votre mère, votre épouse, votre enfant ; à vous réconcilier avec un ennemi, à rétablir l'union dans votre famille ; quel avantage matériel doit-il en résulter pour lui ? Vous vous méfiez ! et pour quelle raison ? La récompense qu'il attend du ciel pour prix de son dévouement est-elle de nature à vous appauvrir sur la terre ? Vous soupçonnez ! et tant pis pour vous, vingt-cinq Polognes ! si vous êtes méchant parce qu'il est bon, que voulez-vous que j'y fasse ?

— Tenez, sergent, je vous accorde là-dessus tout ce qu'il vous plaira ; mais je trouve le prêtre bien dégénéré de sa sainte et modeste origine. Comment souffrir tant de pompe dans les cérémonies, tant de luxe dans les ornements, tant de richesse dans l'ameublement des presbytères ? Un Dieu pauvre et crucifié, qui n'eut pas où reposer sa tête, ne saurait aimer tant d'éclat dans son Eglise, ni tant de confort dans les successeurs des douze pauvres pêcheurs de Galilée... Assurément, si les apôtres revenaient sur la terre, ils n'adopteraient ni les mœurs, ni le faste, ni les usages du monde.

— Ah ! par exemple, mon vieux ! et quel raisonnement me faites-vous là ? Pourquoi me forcer à répondre à des questions déjà résolues ? Vous êtes donc tellement *protestant* que vous n'admettiez pas la nécessité d'un culte extérieur et de quelques cérémonies partout où se trouve établie une religion quelconque ?

— Doucement, sergent, ne me faites pas dire ce que je n'ai jamais eu dans l'idée : *à une religion qui veut saisir l'homme et en être saisie, il faut un corps,* a dit un spirituel écrivain ; or, le culte et les cérémonies sont le corps de la religion.

— A merveille, l'ami ; maintenant, avec nos idées, nos mœurs, nos tendances vers le grandiose et le merveilleux, où trouvez-vous plus de noblesse et de majesté, dans nos imposantes églises et nos basiliques séculaires, ou dans les temples protestants ? Soyez franc : un jour de grande fête, où placeriez-vous la vérité, si vous flottiez indifférent entre Luther et Jésus-Christ ?

— La belle question ! j'entrerais dans une cathédrale, et tout serait dit ; mais je ne vois pas trop encore...

— Patience, j'arriverai... Vous voyez donc, mon vieux, que vous vous laissez aussi déterminer par les sens, et que vous avez besoin que la beauté, la grandeur, la majesté de la

religion, apparaisse à vos regards, qu'elle vous attache, vous
attire, vous entraîne! et en effet, comme l'a dit je ne sais plus
quel auteur : « Le culte chrétien, cette magnifique réverbé-
« ration de la lumière qui éclaire tout homme venant au
« monde, le culte chrétien qui doit être catholique et uni-
« versel, ne doit-il pas surpasser autant les autres cultes par
« la variété, l'harmonie, la richesse et la beauté des formes,
« que la pensée chrétienne surpasse toute autre pensée? les
« plus belles inspirations de l'éloquence, de la musique, de la
« poésie, de l'architecture, de la peinture, de la sculpture ne
« sont-elles pas chrétiennes et catholiques? » — En un mot,
monsieur Lucien, en sommes-nous à la simplicité des catacombes? Aujourd'hui que l'univers entier bénit et adore le
Dieu crucifié, aujourd'hui que les princes et les potentats
déposent sur son autel leur sceptre et leur diadème, que
nous voyons la chrétienté hérissée de monuments et d'édifices
religieux, où tant de générations ont entassé leurs richesses
et déployé leur génie créateur, convient-il, je vous le demande, d'y rendre au Seigneur un culte mesquin, dont
l'indécente simplicité serait la condamnation de notre avarice?
Quand nous voyons l'homme déployer tant de magnificence
dans ses palais, dans ses festins, ses équipages, ses jardins,
pour le culte divin tout seul il sera d'une parcimonie sordide?
Allons, allons, vous n'êtes pas franc, monsieur Lucien, et
votre langage n'est pas sérieux...

Vous parlez de la somptuosité des presbytères! et il y en
a de si pauvres et de si délabrés que vous n'en voudriez pas
pour votre école! Vous reprochez aux prêtres leur luxe et
leur confort? mais alors pourquoi blâmer l'excessive simplicité de quelques-uns ? N'avons-nous pas vu naguère
tourner en ridicule, à cause de son costume patriarcal et plus
que modeste, le vénérable père de Ravignan? Je ne répète
pas ici ce que l'on a dit dans une autre occasion; le prêtre en
nous voyant si frivoles et si superficiels a suivi son siècle et
s'est mis un peu au goût du jour, pour se faire tout à tous. Il
vous connaît trop bien, les amis, il sait que vous lui ririez au
nez s'il venait en *négligé* vous faire de la morale. « Quoi! vous
« nous parlez d'abstinence! — fi donc! c'est que vous faites
« maigre chère! — Vous tonnez contre le luxe et la toilette?
« allons donc! vous avez une soutane râpée!... Vous prêchez
« la mortification?... Oh! ben oui!... parfumez donc un peu
« votre personne, et nous vous écouterons ensuite!... » Le
moyen s'il vous plaît de faire entendre raison à un siècle si
éminemment ricaneur lorsqu'on n'est pas à la dernière mode?
Je vous l'ai dit en son temps, mon camarade, si Jésus-Christ
et les apôtres revenaient parmi nous sans autre chaussure
que leur modeste sandale, d'autres moyens d'existence que la

prédication, ni d'autre domicile que l'univers, un commissaire et quatre gendarmes les auraient bientôt conduits au violon sous la prévention de vagabondage...

Conclusion et moralité : laissons le prêtre tel qu'il est et tel que Dieu nous l'a donné; si jamais, par malheur, nous voyons percer l'homme à travers la soutane du prêtre, ne soyons pas les premiers à crier au scandale, ne fut-ce que par prudence et pour ne pas afficher publiquement notre cynisme et la dépravation de notre cœur.

LUCAS. — Oh! là, vrai de vrai! c'est toujours la canaille qui crie la première au voleur! et quand y s' fait du grabuge, du tintoin, ou n'importe, c'est toujours un pas grand'chose qu'a été le boute-en-train.

<div style="text-align:center">~~~~~</div>

# PRONE SEPTIÈME.

**Sur le Prêtre catholique. (Suite.)**

> *Non relinquam vos orphanos.* — Je ne vous laisserai pas orphelins
> (Jean 14, 18.)

MES FRÈRES,

Quand Jésus-Christ fut près de quitter la terre pour remonter vers son père, ses disciples consternés, abattus, le contemplaient les larmes aux yeux dans un douloureux silence, et trahissaient le déchirement de leur âme par des sanglots étouffés. Alors le Sauveur jetant sur eux un regard de compassion, un de ces regards d'ineffable tendresse dont il savait si bien dissiper leurs chagrins : Mes chers enfants, leur dit-il, que votre cœur ne se trouble pas de ce que je vous quitte pour aller à mon père ; je ne vous laisserai pas orphelins, je viendrai vers vous ; je vous enverrai mon Esprit consolateur : *Non relinquam vos orphanos, veniam ad vos.*

Or, cet Esprit consolateur, mes Frères, Jésus-Christ le

fit bientôt descendre sur l'Eglise naissante et son souffle créateur a renouvelé la face du monde. Depuis lors, le prêtre est devenu pour l'humanité comme un autre Esprit-Saint : ou plutôt tout pénétré, tout animé qu'il est de ses divines flammes, le prêtre est, en quelque sorte, cet Esprit céleste lui-même, rendu visible aux mortels par les bienfaits dont il ne cesse de les combler....

— Oh ! oh ! monsieur le curé, *s'écrie l'instituteur en se levant brusquement à sa place ordinaire*, c'est le prendre un peu haut ; et vous renchérissez de beaucoup sur l'instruction de dimanche dernier..... Il nous tarde de voir comme vous allez justifier ces énormités que vous n'appellerez pas j'espère, de pieuses exagérations... Nous voyons malheureusement, hélas ! aujourd'hui tant de choses... Ah ! le clergé de nos jours est bien loin de mériter les titres pompeux dont vous voudriez l'honorer !

— Un peu de patience, Monsieur ; veuillez me suivre attentivement ; j'espère non-seulement justifier à vos yeux ces prétendues énormités, mais encore venger le prêtre des calomnies de l'impiété, du libertinage, et vous prouver qu'il a droit à l'estime, à l'amour et à la reconnaissance du genre humain.

Oui, mes Frères, laissez-moi vous le dire, le prêtre est comme une extension de cet Esprit consolateur que Jésus-Christ vous a promis ; cet ange de paix, d'espérance et d'amour, le Rédempteur vous l'envoya en même temps que le divin Paraclet, pour ne pas vous laisser orphelins. Oui, il est venu à vous comme un ange de lumière pour vous instruire, nous l'avons vu dimanche dernier ; comme un ami tendre pour vous consoler et comme une seconde providence pour vous sauver ; développons aujourd'hui ces deux pensées.

Le prêtre, disons-nous, est un ami qui console ; comme le divin Maître, *il passe faisant le bien*. Je vous le demande, mes Frères, depuis que ce bon ange veille comme au chevet de l'humanité souffrante, est-il une larme qu'il n'ait tarie, un besoin qu'il n'ait satisfait, une douleur qu'il n'est adoucie ? Est-il une terre si lointaine qu'il n'ait parcourue, une peuplade si sauvage où il n'ait apporté l'espérance et le bonheur ? Et ici, je ne fais pas de l'imagination ; mes Frères, interrogez l'histoire ! elle vous dira ce qu'a fait le prêtre pour soulager les maux de l'hu-

manité. Elle vous montrera les asiles ouverts par milliers
à l'indigence, à la vieillesse, à l'enfance abandonnée, au
malheur, au repentir ; elle vous nommera des établissements et des associations de charité dont le détail serait
infini, et qui sont l'espérance suprême de l'infortune et
de la douleur ; elle vous les montrera sortant comme
autant de fleurs du sein fécond du catholicisme sous l'influence séraphique des Vincent de Paul, des Jean de
Matha, des François-Xavier : toujours et partout où
il est passé, le prêtre a laissé les traces vivantes de ses
bienfaits.

— Mon Dieu, monsieur le curé, qui songe à vous contester tout cela ? Vous nous en avez assez longuement
parlé ailleurs ; seulement je vous dirai comme correctif,
que si le prêtre est le bienfaiteur de l'humanité en grand,
et sur une haute échelle, en revanche il est en petit, et
dans les détails de la vie privée, d'un égoïsme et d'une
cupidité révoltante.

— Encore l'exception que vous nous donnez pour la
règle, Monsieur : est-ce juste, est-ce loyal, je vous le demande ? espérez-vous flétrir le corps entier du clergé en
lui jetant à la face le nom de quelque mauvais prêtre,
de quelque misérable qui s'est fait un dieu de l'or et de
l'argent ? Je vous répète que l'Eglise les repousse et les
maudit, ces mercenaires qui la déshonorent ; mais de
grâce, ne chargez pas tout le clergé de cette injuste et
honteuse accusation ! Non, mes Frères, le prêtre n'est ni
égoïste, ni cupide : examinez-le dans sa vie ordinaire :
étudiez-le tel qu'il se montre tous les jours au milieu de
vous, et dites s'il n'est pas par excellence l'homme du sacrifice et s'il thésaurise pour la terre.

Le prêtre ! mais c'est le père des pauvres ! en le voyant
passer, comme ils élèvent tous vers le ciel leurs mains
reconnaissantes, pour bénir celui qui partage avec eux
son pain de chaque jour ! Regardez cette porte modeste
où se presse une multitude couverte des haillons de la
misère. Elle ne supplie pas, elle n'implore pas ; elle demande, elle réclame *son* morceau de pain, *sa part* de
feu pour se réchauffer, un lambeau de *son* étoffe pour se
couvrir, *son* obole de tous les matins, *sa* parole d'espérance et *son* sourire d'amour ! Sur ces visages ridés par
la faim et la souffrance, voyez se peindre le calme, la

paix de la sécurité, du contentement... Ah ! c'est qu'ils ne craignent point qu'ici leur voix ne soit pas entendue; sur cette porte, devant cette maison si bien connue, les haillons du pauvre sont au moins aussi précieux que les colifichets de l'opulence aux palais des grands ! il ne rougit plus ici de sa misère, chrétiens, car jamais une parole dure, jamais un refus n'y vint contrister le pauvre ; toujours il se retira content.

Et n'allez pas croire au moins, que dans cette maison règne un prince, un grand, un heureux du siècle : c'est un homme simple et frugal, qui trouve à peine dans sa modique rétribution, de quoi fournir à ses premiers besoins... Vous le connaissez tous, il n'a d'ordinaire ni rentes, ni fonds secrets, ni riches domaines ; et pourtant regardez autour de lui ; voyez-le, non pas quand il soulage l'infortune, il le sait à peine lui-même, car sa main gauche ignore ce que donne la droite ; mais voyez autour de lui les familles secourues, les orphelins adoptés, l'innocence, la vertu retirée des périls du monde ; voyez les prisonniers consolés, les pauvres soulagés, le médecin du corps envoyé par le médecin de l'âme à l'indigent étendu sur un lit de douleur ; voyez en un mot renaître autour du prêtre l'aisance et la joie, comme autour d'un clair ruisseau tout respire la fraîcheur, l'abondance et la vie, et dites-moi, mes Frères, si le Dieu qui multiplia cinq pains dans le désert pour nourrir une multitude affamée ne renouvelle pas tous les jours dans le prêtre ce prodige de miséricorde et d'amour. Dites-moi surtout s'il n'y a pas autant de malice que d'ingratitude à taxer un tel homme d'égoïsme et de cupidité.

— Mais avouez au moins, monsieur le curé, que la plupart des prêtres font un métier de leur ministère et qu'ils sont très bien payés pour mener une vie oisive et inutile....; avouez aussi que cette grande charité dont ils affectent les dehors, et dont ils font sonner si haut les bienfaits, n'est que pour la parade et pour conserver leur influence sur les peuples ; vous savez bien qu'au fond, s'ils ont les dehors de la philanthropie et de la charité, ils n'en ont guère l'esprit.

— Que voulez-vous dire, Monsieur ? et comment pouvez-vous juger la charité autrement que par les œuvres ? Remarquez bien que je dis *charité* et non pas *philan-*

*thropie*, mot sonore inventé pour désigner la charité administrative, clinquant qui singe l'or et qui n'est, ainsi qu'on l'a dit ailleurs, que *la fausse monnaie de la charité*. La charité véritable, Monsieur, elle est dans le prêtre qui en fut toujours la personnification. Vous ne la trouverez pas devant un registre, dans un confortable salon, occupée à classer, à coordonner, à chiffrer *moyennant finance* ; elle ne trône pas non plus sur les places publiques, à haranguer une populace avide et mutinée pour exalter ses passions en lui montrant la richesse et le plaisir au bout d'une pique. Vous le trouverez, mes Frères, le prêtre, dans la mansarde du pauvre, sur la paille infecte d'un cachot, vous le trouverez au chevet du mourant ; voilà sa place, c'est là *qu'il fait son métier !* Oh ! qu'il s'y montre bien l'envoyé de Dieu, l'ange gardien de ce malheureux, rendu visible pour le consoler, l'encourager et lui adoucir les tortures déchirantes de l'agonie !

Mes Frères, si jamais vous avez vu un prêtre penché sur le grabat d'un malade qui se meurt, si vous avez vu son visage, miroir fidèle des émotions de son âme, pâlir, se contracter ou s'épanouir, suivant que le moribond trahissait par ses soupirs prolongés, ou son calme, ou sa souffrance, si vous l'avez vu épiant comme une mère, au berceau de son premier né, ses douleurs, ses mouvements, ses besoins et ses moindres désirs et s'empresser de les satisfaire, si vous avez vu en un mot ses yeux attendris suivre pas à pas les ravages de l'ange de la mort, puis quand il n'y a plus d'espoir, laisser tomber une larme sur ce front décoloré, oh ! alors, mes Frères, vous comprenez ce que je ne puis rendre, tout ce qu'il y a d'amour et de généreux dévouement dans un prêtre !

Et maintenant, seul au milieu de ces pleurs, de ces gémissements et de ces cris de douleur, que fera-t-il, je vous le demande, chrétiens ? Se retirer tristement, puisque son rôle est fini, *son métier,* comme on l'appelle, et qu'il n'a plus qu'à rendre à la terre ce qui est à la terre, comme il a rendu à Dieu ce qui est à Dieu ;... mais que dis-je, son rôle, fini ? Ah ! mes Frères, c'est maintenant qu'il commence ! Le prêtre n'a-t-il pas une larme pour toutes les infortunes, un mot d'espoir pour tous les chagrins, un baume ineffable pour toutes les douleurs ? Non, il ne partira pas ! celui dont la parole a su ramener un sourire de résignation sur les lèvres du mourant, saura calmer la désolation que sa perte a fait naitre : il pleurera avec vous ; sa voix amie, généreuse, inspirée, pénètrera dans votre âme comme une rosée céleste : « Je « l'aimais aussi, vous dira-t-il, car il était mon enfant ; « mais je ne le pleure plus, puisqu'il m'a été donné de « lui fermer les yeux, de recueillir son âme sur ses lèvres « mourantes, et de la remettre dans le sein de mon « Dieu qui me l'avait confiée. Plus de craintes, plus de « soupirs ; c'est un ange de plus qui veillera sur vous : « plus de larmes, ou s'il en coule encore, que ce soient « de ces larmes qui consolent et font du bien ; de ces « larmes que l'on paie à la mémoire, aux vertus de nos « parents et de nos amis, comme un tribut de regrets « et de douloureux amour ! » Au doux son de sa voix, le calme et la paix renaissent dans votre âme ; vos larmes coulent moins amères, votre cœur se dégonfle à l'aise dans son cœur, et cette voix céleste qui a préparé le malade à mourir sans trouble, vous prépare vous-même à souffrir sans murmure.

C'est qu'il y a dans le prêtre, mes Frères, je ne sais quelle influence providentielle qui le rend comme nécessaire à toutes vos douleurs. Rarement il participe à vos fêtes : mais êtes-vous malheureux ? c'est alors qu'il vient à vous : il sent qu'il sera maintenant à sa place ; car, ainsi que son divin modèle, il n'est pas venu pour les heureux du monde, qui craindraient en l'associant à leurs plaisirs, d'en empoisonner l'ivresse : il n'est venu que pour les infortunés : *ce ne sont point ceux qui se portent bien, mais les malades qui ont besoin de médecin* (1). Et le monde lui-même est si convaincu de cette vérité, que, de tout temps, le prêtre fut chargé des plus tristes missions. Quelqu'un a-t-il éprouvé un revers de fortune, un malheur inopiné, une perte irréparable, c'est le prêtre le plus souvent qui viendra l'apprendre à l'infortuné que le ciel vient de frapper : c'est le prêtre qui viendra déchirer ce cœur, parce que lui seul possède un baume salutaire pour le guérir. Voilà, Monsieur, voilà l'esprit de la charité dont le prêtre affecte *les dehors*, voilà comment

(1) Matth., 9-12.

*il fait son métier;* le croyez-vous trop bien payé pour mener cette vie oisive et inutile?

— A vrai dire, Monsieur le curé, la charité du prêtre, tel du moins que vous le dépeignez, nous fait passer sur bien des défauts; et s'ils étaient tous aussi généreux, aussi dévoués...

— Ce n'est rien encore, écoutez, Monsieur. Il est un moment, il est un lieu où le prêtre est sublime, et comme un dernier reflet de la miséricorde divine: c'est dans la prison, c'est sur l'échafaud!... Oh! alors que la justice des hommes vous condamne, que les clameurs populaires vous maudissent, que tous vos parents vous renient, que tous vos amis vous abandonnent, alors que votre cœur lui-même, que votre conscience vous réprouve, que le désespoir a contracté vos traits, dressé vos cheveux et arraché de votre poitrine comme un râle de moribond, à cette heure suprême où le coutcau fatal va trancher le fil de vos jours, se voir seul, seul avec soi-même, seul avec le bourreau!... quel horrible moment! ah! l'enfer seul peut en retracer l'idée! mais, mes Frères, un tel spectacle vient rarement épouvanter la terre; et, sur l'échafaud, celui-là meurt seul qui s'obstine à mourir en impie. Mais pour le chrétien coupable et malheureux qui va, par un sacrifice sanglant, satisfaire à la justice des hommes, en montant sur l'échafaud, il s'appuie encore sur le bras d'un ami! le seul qui lui soit resté des parents et des amis de la terre, le seul qui ne s'épouvante pas de ses chaînes et de son opprobre, le seul qui ne l'ait pas abandonné dans son malheur!... O vous, qui flétrissez le prêtre, vous qui l'accusez d'égoïsme et de cupidité, qui jetez des doutes sur la sincérité de ses vertus, contemplez-le un crucifix à la main, entre le bourreau et sa victime, et dites-nous si vous le haïssez encore! dites-nous s'il fait là *son métier!*

Oh! oui, sans doute, *il y fait son métier,* le métier sublime qui sauve et qui console, le métier qui se paye non avec de l'or et de l'argent, non avec des croix et des distinctions, mais avec une couronne que Dieu seul peut donner! Oui, mes Frères, si jamais il se montre grand et semblable à Jésus-Christ, c'est sans doute lorsqu'il vient sécher les larmes de l'infortuné qui va périr, c'est lorsqu'il lui fait révérer la justice qui le condamne, pardonner à ceux qui l'ont envoyé à la mort, aimer le bourreau qui va l'immoler! Oh! s'il a le bonheur de consoler ce misérable, de lui faire envisager d'un œil tranquille et résigné le glaive suspendu sur sa tête et recevoir sans murmure, la mort la plus horrible que l'homme puisse donner à l'homme, dites, mes Frères, dites-moi si le prêtre n'est pas comme la divinité de l'infortune et de la douleur, et si rien sur la terre peut payer tant d'amour et de généreux dévouement!

Enfin le prêtre est après Dieu le sauveur de l'humanité. Oh! à tant de titres, il fallait bien joindre le plus beau, le plus magnifique! sans lui, l'homme aurait passé sur la terre comme y passe l'animal sans raison, sans savoir qu'il est homme, sans lever les yeux au ciel, et jouissant du présent sans s'inquiéter de l'avenir... de l'avenir toujours si sombre, hélas! et si terrible pour celui qui vit comme s'il n'y avait pas de Dieu.

Je ne vous dirai pas que depuis le jour solennel où le prêtre imprima sur votre front le sceau de ses brebis chéries, il s'est attaché à vos pas pour ne plus vous quitter qu'à votre dernier soupir. Est-il un instant dans la vie où l'homme n'ait besoin du prêtre comme de son bon ange? dans son enfance, pour former son intelligence naissante, diriger ses premiers pas dans les sentiers de la vertu, et l'initier aux plus sublimes mystères en le faisant asseoir au banquet des élus; — dans sa jeunesse, en le préparant aux faveurs du Saint-Esprit, en lui ouvrant dans son cœur, après le crime, un asile inviolable contre les traits de la justice éternelle; — dans l'âge mûr, il a cimenté l'union de son âme à celle de la compagne de sa vie, a béni ses enfants et bien souvent ramené la paix et la tendresse entre deux cœurs que la médisance, la calomnie, l'enfer avait désunis.

C'est enfin le prêtre qui, au moment de la mort, vous apportera le gage de votre heureuse délivrance, et qui remettra votre âme entre les mains de Dieu : Partez, âme chrétienne vous dira-t-il, d'une voix attendrie, partez au nom du Dieu qui vous a créée, du Dieu qui vous a rachetée, du Dieu qui vous a sanctifiée ; qu'il vous reçoive dans son sein paternel, et qu'il envoie ses anges pour vous défendre contre les légions de l'abîme. C'est ainsi, mes Frères, que le prêtre conduit l'homme du berceau à

la tombe, et ne le quitte que lorsqu'il a déposé son âme
au port du salut ; c'est ainsi qu'il se montre à chaque
instant son sauveur : *sauveur*, en le nourrissant du
pain de la parole divine ; *sauveur*, en lui appliquant les
mérites infinis de Jésus-Christ ; *sauveur* dans l'administration des sacrements ; *sauveur*, par ses exemples, en
lui montrant tous les jours la vivante image du Fils de
Dieu, et en l'excitant à l'imiter, comme l'aigle excite ses
petits à s'élancer dans les airs ; *sauveur* par ses prières :
que de fois n'a-t-il pas arrêté le bras du Dieu vengeur
prêt à tomber sur vos têtes ! Ah ! pendant votre sommeil, il veillait pour vous, il priait ! pendant que vous
vous abandonniez à l'ivresse des plaisirs, des banquets,
de l'orgie ; pendant que vous accumuliez crimes sur crimes, et que vous adoriez le veau d'or sous les yeux du
Tout-Puissant, le prêtre, nouveau Moïse, la face contre
terre, prosterné dans le temple entre le vestibule et l'autel, ou dans son oratoire, pleurait vos égarements et appelait sur vos têtes la clémence divine ! Dieu sait, chrétiens, le nombre des pécheurs qui ont dû leur salut, à
l'heure de la mort, aux prières d'un prêtre !

*Sauveur* enfin par ses sollicitations. Lorsqu'il vous
voyait marcher dans les sentiers de l'abîme, que de détours adroits, que de pieuses industries pour vous en
éloigner, pour vous faire tomber de lassitude, pour vous
arrêter ou retarder au moins votre course sur cette pente
fatale ! que de saintes fraudes, quelle adresse salutaire
pour attirer les pécheurs au tribunal de la pénitence !
J'en ai vu, mes Frères, qui les recevaient à leur table,
jouaient même avec eux, qui, par de joyeux propos, ga-
gnaient leur confiance, et vivaient avec eux dans une
intimité, dans une familiarité, j'allais dire dans une ca-
maraderie qui faisait presque murmurer les gens de
bien... Voyez, disait-on de toutes parts, *il boit, il mange,
il vit et converse familièrement avec les publicains et les
pécheurs...*

— Et effet, monsieur le curé, c'est un reproche sérieux
qui peut être fait à beaucoup de membres du clergé : ils
ne tiennent pas leur rang, se répandent trop au dehors,
et, par leurs rapports presque scandaleux avec toutes
sortes de personnes, déshonorent leur saint habit, perdent

l'estime des honnêtes gens et s'exposent à de tristes naufrages.

— Que vous dirai-je, Monsieur? c'est encore une vérité déplorable dont je ne disconviens pas ; mais outre que ces reproches sont loin d'être aussi généralement mérités qu'il vous plaît de le dire, vous oubliez qu'on les faisait au Fils de Dieu lui-même ; vous oubliez le noble but qu'ils se proposent pour la plupart ; la présence du prêtre, au moins pour quelque temps, retient ces insensés dans le devoir ; son aspect, son maintien, sa parole, peu à peu les habituent aux choses saintes, il boit, il mange avec les pécheurs, mais laissez agir le temps, laissez prendre au prêtre la clef de ces cœurs endurcis au crime : au moment favorable, il saura frapper un coup décisif, un de ces coups de grâce qui triomphent de la volonté la plus rebelle, et l'on verra tout-à-coup ces *publicains et ces pécheurs* édifier par une sincère et solide conversion le peuple qui, depuis longtemps, gémissait de leurs égarements.

Oui, chrétiens, le prêtre est votre Sauveur ; toute sa vie est consacrée à ce rôle sublime ; il déploie à le remplir autant d'énergie et d'activité que Satan à vous perdre ; que dis-je? ah ! sur les pas de Jésus-Christ, le prêtre, s'il le faut, donnera tout son sang pour le salut des âmes qui lui sont confiées ; n'est-il pas écrit que *le bon pasteur donne sa vie pour ses brebis ?* De tout temps l'Eglise a eu ses généreux martyrs du devoir et de la charité : le choléra, la peste, la famine, l'incendie, tous ces terribles fléaux, qui de temps à autre viennent dépeupler nos cités, ont montré le prêtre à l'œuvre, et sans le moindre espoir de récompense sur la terre : les croix et les distinctions qui pleuvent de toutes parts dans ces jours de dévouement, le prêtre les dédaigne : on ne songe pas même à lui, tant on est habitué à son héroïsme ; l'héroïsme, pour lui, c'est le devoir ! Notre patrie, dans le siècle de sang et d'irréligion qui nous a légué son triste héritage, a pu comprendre ce que c'est que le prêtre. Exilé par un édit impie, sur les monts, dans les bois, au fond des cavernes, entouré de son peuple fidèle, il a retrouvé les catacombes des premiers confesseurs de la foi. Et naguère encore, quel sublime exemple de courage et de dévouement au milieu d'une grande ville, en

proie à toutes les horreurs de la guerre civile! O glorieux
Pontife! ô prêtre martyr! si, pour épargner le sang de
tes enfants, ton cœur magnanime est venu si généreusement s'offrir à la balle d'un parricide, que n'eût-il pas
fait pour sauver leur âme! Ah! tu resteras dans notre
souvenir comme un monument éternel de ce que peut
dans une âme vraiment sacerdotale le sentiment du
devoir, l'exemple de Jésus-Christ et l'amour ardent d'un
pasteur pour son troupeau (1)!

Voilà le prêtre, mes Frères! et l'on voudrait vous le
rendre odieux, ou du moins affaiblir votre vénération
pour sa grandeur et diminuer la reconnaissance que vous
inspirent ses bienfaits! Et l'on voudrait vous ravir le
prêtre et le remplacer auprès de vous par de belles théories, de vaines spéculations, par la *philanthropie!*... Mes
Frères, remontez un moment par la pensée à 93, et
voyez la France tout entière inondée de sang! Avant de
disperser et de frapper les brebis, on commença par
frapper le pasteur!... on vous parle de vices, de tyrannie, d'abus intolérables, d'influence excessive, d'insatiable ambition... faites-vous donc dire le mot de l'énigme;
on veut vous enseigner à vous passer du prêtre; mais
qu'on cesse d'inutiles efforts; tant que la religion sera le
premier besoin de l'homme et le complément de son
existence, il aura besoin du prêtre : du prêtre pour
remplir ses devoirs de fils, d'époux, de père, de citoyen;
du prêtre pour le purifier de ses crimes, le soutenir dans
la route du bien et le secourir dans son infortune; du
prêtre pour bénir ses travaux, sécher ses larmes et consoler ses douleurs; du prêtre enfin pour qu'il lui aide à
supporter la vie, espérer à la mort et retourner à Dieu
son principe et sa fin! Oh! laissez-lui donc le prêtre, à
ce pauvre peuple! si les jours sont mauvais, si l'existence lui devient de plus en plus à charge à mesure que
ses infortunes redoublent, laissez-lui cet ami tendre et
fidèle qui partagera son fardeau! il est enfant du peuple
lui-même, et le malheur les a si intimement unis l'un à
l'autre, qu'ils ont besoin de se serrer dans une mutuelle

_________

(1) Mgr. Affre tué sur les barricades de Paris.

étreinté, l'un pour consoler, l'autre pour pleurer sur le cœur d'un ami !

Oh ! amour, vénération profonde, chrétiens, à celui qui unit le ciel et la terre, à cet autre Jésus-Christ dont la médiation puissante continue la médiation de l'Homme-Dieu ! amour et vénération à celui dont la sentence prévient et détermine la sentence du Juge suprême ! amour et vénération à celui qui dont la voix commande à Dieu lui-même, et le fait descendre tous les jours sur l'autel ! amour et vénération à ce miracle permanent de la puissance et de la bonté divine, à ce flambeau sacré qui luit sur vous au sein de la mer orageuse du monde ! Mais surtout amour et reconnaissance à l'ange tutélaire descendu du ciel pour calmer vos souffrances, dissiper vos chagrins et partager vos douleurs ! Amour et reconnaissance à cet ami généreux et fidèle qui vous sacrifie ses joies, son repos, sa famille, sa patrie, qui vous a consacré ses veilles, sa santé, sa vie tout entière, et qui donnerait lui aussi tout son sang pour vous sauver !...

Soyez béni, mon Dieu ! qui, à tant de faveurs, avez ajouté ce prodige vivant de votre tendresse paternelle ! Soyez béni pour avoir ordonné à *ce bon ange de nous conduire dans toutes nos voies, et de nous soutenir dans ses mains de peur que nous ne heurtions du pied contre la pierre* (1) ! Oh ! pour mettre le comble à tant d'amour donnez-nous pour lui tout le respect, toute l'admiration que mérite le sublime caractère dont vous l'avez honoré ; inspirez à nos cœurs une reconnaissance éternelle pour ses bienfaits ! que sa sainte parole nous pénètre et nous enflamme ; que sa prière désarme votre justice, et que sa médiation puissante attire sur nous les regards de votre miséricorde ! Puisse-t-il nous conduire et nous protéger à l'ombre de son aile tutélaire, jusqu'à ce que nous soyons un jour réunis sous votre houlette divine au sein de la bergerie éternelle *où il n'y aura plus qu'un troupeau et qu'un pasteur !* Ainsi soit-il !

(1) Ps. 90, 12.

### Epilogue (Lafleur, Lucas).

— Quand je te dis, moi, morbleu, qu'il en a contre M. le curé, et qu'il enveloppe tous les prêtres dans sa haine!

— Eh! jarni, s'ils étiont donc assez francs pour se donner tous deux un p'tit bout d'explication... Pourtant, m'est avis que si not' curé a mis l' nez là dedans, il a z-évu tort.

— Ah bien oui! le particulier est assez fat et assez hardi pour se compromettre tout seul.

— Ainsi tu crois que ce n'est pas l' curé qui l'a fait destituer?

— Eh non, mille bombes! Je crois tout bonnement que ses chefs, instruits de ses principes et de sa conduite équivoque, l'ont fait observer de plus près; et qu'en définitive, convaincus de son impiété qu'il n'a jamais cherché à dissimuler, même à ses moutards, non plus que son cynisme et l'intrigue suspecte que tu connais, ils l'ont révoqué tout court... Mais je te donne ma parole que M. le curé n'a fait que mettre un terme honnête à cette intrigue en ouvrant les yeux des parents sur la conduite de leur fille, et n'est pour rien dans la disgrâce de l'instituteur. Je l'ai vu au contraire bien des fois déplorer l'obstination de ce jeune homme qui venait de briser ainsi son avenir.

Tandis que Lafleur et Lucas s'entretenaient ainsi de M. Lucien, tout en se promenant autour de l'église, l'instituteur, assis avec quelques villageois sur des bancs de gazon au pied du marronnier, s'escrimait à faire ressortir les vices du clergé, dévoilait des crimes mystérieux, racontait des anecdotes piquantes, dont le *Siècle* a toujours la primeur, citait avec une maligne complaisance des noms flétris, et, sans toutefois conclure que tous les prêtres se ressemblent, il émettait une opinion qui fit tout d'abord éclater de rire les paysans : c'est que tous les prêtres devraient se marier.

— Oh! oh! c'te farce! s'écria Simon, c'est déjà bien assez de nourrir cette immense couvée de calottins sans que nous ayons encore à nous embarrasser de leur marmaille!...

Attirés par la nouvelle explosion de rires qui accueillit cette réponse pittoresque de Simon, Lafleur et Lucas s'approchent insensiblement du groupe, interrompent leur entretien et entendent M. Lucien qui dit avec un gros soupir :

— Vous riez, mes amis, et pourtant rien de plus grave et plus sérieux que la réflexion que je viens de faire : il y aurait bien moins de mauvais prêtres sans le célibat ecclésiastique ; c'est une loi barbare et contre nature.

— Eh ! eh ! vingt-cinq Polognes, ne confondons pas les métaux, mon camarade, s'empresse de répondre Lafleur en prenant place au milieu des villageois : *au-dessus de la nature,* voulez-vous dire, et non pas *contre nature.* Lorsqu'on s'engage dans le sacerdoce on doit s'y sentir appelé d'en haut, et l'on ne force personne ; c'est là que serait la barbarie. Celui qui se fait prêtre ne sait-il pas à quoi il s'engage ? n'en accepte-t-il pas les charges comme les avantages ? C'est comme si vous appeliez *contre nature* l'obligation où est le chirurgien de faire des opérations de son art. Morbleu, s'il a un cœur de poulet, pourquoi s'engager dans la médecine et se faire *sangrado ?* Le prêtre a bien des sacrifices à faire, je l'avoue, il a grand besoin du secours d'en haut pour remplir ses obligations et vivre en bon prêtre, mais est-il seul dans la lutte, et ne *peut-il pas tout en Celui qui le fortifie ?* N'a-t-il pas la prière, la grâce, et la main tutélaire de son bon ange, qui le soutiendra, s'il vient à broncher contre la pierre que le diable a mise devant lui ? Il y aurait moins de mauvais prêtres sans le célibat, dites-vous : et si je vous prouvais, moi, qu'il y en aurait davantage, et qu'il est encore plus aisé de s'abstenir que de se modérer ?...

Lucas. — Oh ! ça, vrai de vrai ! l'aut' jour Marcel qu'aime à boire un tantinet, comme nous savons tous, fit entrer à l'auberge l' père Thomas pour causer d'affaires. Une bouteille fut tôt vidée ; à la seconde, Marcel, qui lampait tout seul, tape un coup sur la table : Eh ! buvez donc, père Thomas ! — Merci, mon bon, j' boirons d' l'eau. — De l'eau ! fi donc ! vous ! un soiffeur fini, qui fesiez dans vot' temps la nique à six bouteilles !... allons, pas possible, vous vous gaussez de moi ? — Ya pas moyen. — Que dites-vous, morgué ! c'est donc fini, nous sommes donc déjà mort et enterré ?.. — Que veux-tu ? mon bon ; j'avons tant patiné *dans les vignes du Seigneur,* que j'ons été ramassé cinq fois, et que j'ons évu tout l' temps de réfléchir dans ma cellule aux p'tites misères du métier. Neuf fois je me sommes corrigé, mais toujours je r'tombe : n, i, ni, c'est fini ; j'y fais la croix, et v'là ! — Allons, jarni ! rien que cette p'tite rasade ! — Que nenni, que nenni, j'amorcerions de nouveau, et quand une fois ça me tient à la gorge... impossible de résister... — Laissez vous tenter ! — Tarare, c'est inutile ! la tentation m'a tenté tant de fois, que pour ne plus récidiver, je sommes résolu à ne boire que d' l'eau le restant de mes jours...

M. Lucien. — C'est bon, c'est bon, Lucas, votre historiette est venue assez à propos ; pourtant je persiste à croire que si les prêtres pouvaient se marier...

— Mille escadrons! qui les en empêche, avant de jurer qu'ils ne se marieront pas? ne sont-ils pas alors parfaitement libres?

— Sans doute ; mais si plus tard ils ont des regrets, s'ils ont fait un vœu de surprise, d'enthousiasme, s'ils n'ont pas bien réfléchi...

— Eh! allez au diable avec vos regrets, votre enthousiasme et votre surprise! Est-ce qu'on les a fait tomber dans un guet-à-pens? Ne leur a-t-on pas donné tout le temps de la réflexion? Un vœu de surprise à vingt-cinq ans! Excusez! si à cet âge-là un homme ne sait pas ce qu'il fait, il ne le saura jamais; c'est un idiot, un crétin, une momie ; et. alors, on ne se marie pas, entendez-vous, mon vieux ; on va tout bonnement s'enfermer à Pantin ou dans un bocal de naturaliste.

— Mais enfin, si les prêtres se mariaient, nous ne verrions pas tant de scandales.

— Quand je vous dis, moi, morbleu, que nous en verrions davantage, et de plus grands encore, et que vous invoquez des jours de sanglante mémoire! Tenez, pour vous édifier là-dessus, laissez-moi vous lire une page d'un excellent petit livre que j'ai là dans ma poche, et dont je fais mes délices depuis quelque temps...

— Peste, sergent, vous me prenez donc pour un terrible champion, puisque vous venez armé de toutes pièces ;... encore avez-vous la malice de cacher vos armes ;... ce n'est pas loyal, monsieur Lafleur! mais c'est égal, lisez toujours.

Lafleur *lisant*. — « Quand découvrit-on chez nous que le
« célibat est une source de corruption! Quand le poursuivit-
« on comme un crime? C'est lorsqu'une tourbe d'abominables
« brigands qui se disaient la France, décernaient des pen-
« sions sur le trésor à des filles publiques, et nous sommaient
« la pique à la main d'adorer une prostituée... On nous cite
« quelques misérables, trois au plus, qui, depuis le com-
« mencement du siècle, ont oublié leur dignité de prêtres et
« d'hommes ; mais montrez-nous un corps de soixante mille
« individus, qui, dans le même espace de temps, n'ait pas
« donné plus de trois noms aux annales du crime? d'où vient
« que ces misérables dont on nous jette toujours les noms à
« la tête parce qu'on n'en trouve pas d'autres, d'où vient qu'ils
« ont acquis une si monstrueuse célébrité, sinon de ce qu'ils
« étaient les seuls de leur ordre, et que leurs méfaits gran-
« dissaient de toute la régularité de leurs collègues? Plusieurs
« se souviendront aussi bien que moi des épouvantables voci-
« férations de votre populace voltairienne, quand un jour,
« l'exécuteur des hautes œuvres stigmatisait publiquement le
« front d'un prêtre, et d'un prêtre étranger à la France (1).

(1) Contrafatto.

« Pourquoi ce *bis* effroyable poussé par mille bouches altérées
« de sang de prêtre? Ah! c'est que ces tigres en guenilles,
« en blouse et même en habit fin voyaient pour la première
« fois un prêtre sous la main du bourreau, et qu'ils désespé-
« raient d'en voir de longtemps un autre (1). »

— Mais pourquoi imposer aujourd'hui le célibat aux prêtres, tandis que, dans les premiers siècles de l'Eglise, ils
pouvaient se marier?

— Je le crois bien, mille bombes! Le célibat n'était-il pas à
peu près inconnu avant le Messie? Le Sauveur, pour propager l'Evangile devant se servir de disciples et d'apôtres,
ne dut-il pas les prendre tels qu'ils étaient alors? l'Eglise
pouvait-elle, aussi aisément qu'aujourd'hui, choisir ses ministres? était-il facile de pratiquer la continence sur un sol
encore souillé des abominations païennes et dans une nation
qui avait toujours regardé, jusque-là, le célibat et la stérilité
comme un opprobre? Au reste, il n'est pas vrai, monsieur,
que, même alors, il fût permis aux évêques et aux prêtres
de se marier : ceux qui l'étaient déjà juraient de garder la continence en recevant les ordres sacrés, et se séparaient ordinai-
rement de leurs épouses qui, pour la plupart, se consacraient
à Dieu : tandis que ceux qui ne l'étaient pas encore ne pouvaient plus contracter mariage, une fois revêtus du sacerdoce.

— Voilà, sergent, une loi bien rigide et bien cruelle, et
dont on ne voit pas trop la raison.

— Il est fort possible que vous ne la voyiez pas, vous, mon
brave ; mais elle n'en existe pas moins. Cette loi fut établie
autant dans l'intérêt de la morale que de la discipline ; c'est
surtout afin que le prêtre fût toujours pur, charitable et digne
du ministère angélique dont il est honoré. Permettez-moi de
vous lire encore une page du même livre qui vous répondra
bien mieux que moi.

« Interrogez l'univers : vous n'entendrez qu'une voix, de-
« puis les plus beaux génies de l'Europe jusqu'à cet Indien
« sauvage qui répondit naguère à un officier américain qui
« l'exhortait à recevoir dans sa tribu des ministres protes-
« tants : — Le grand Esprit n'a point de femme ; ses prêtres
« doivent faire de même. Puisque les vôtres sont mariés,
« nous n'en voulons pas : ils nous ressemblent et ne nous
« serviraient de rien. — Quand un homme a vaincu par esprit
« religieux la plus terrible des passions, on le croit aisément
« victorieux des autres : dès lors ce n'est plus un homme
« ordinaire; l'opinion publique l'investit forcément d'une con-
« sidération et d'une puissance morale surhumaine... Qu'il

(1) *Platon-Polichinelle.*

« attaque les vices, si haut placés qu'ils soient, qu'il demande
« à pénétrer au fond des consciences pour en extirper les
« germes secrets du mal, tout lui est permis : son regard, sa
« parole console, soutient, enflamme la vertu, terrasse le
« crime et l'oblige à chercher un refuge contre le remords
« dans les bras de sa charité. Les passions en fureur peuvent
« bien haïr cet homme, le calomnier, l'égorger, le mépriser
« jamais ! S'il ne s'agissait que de satisfaire par de belles
« cérémonies l'instinct religieux inhérent au cœur humain,
« je conçois qu'un père de famille pourrait s'en acquitter tout
« aussi bien qu'un autre ; mais il n'en est pas ainsi. Le prêtre
« est un magistrat à part qui doit obtenir par la seule force
« morale ce que toutes les forces humaines ne sauraient
« faire...

« J'ai lu la plupart des apologistes modernes du mariage du
« prêtre (j'entends ceux qu'un honnête homme peut lire) :
« mais de toutes les raisons spécieuses dont ils peuvent s'étayer,
« une seule m'a paru bien plausible, et c'est précisément la
« seule qu'ils n'osent avouer : je veux dire le grand désir
« qu'auraient ces gens-là d'*humaniser* les prêtres. Ils s'ima-
« ginent avec raison que ces prêtres, à la parole si haute, si
« austère, deviendraient les meilleures gens du monde si on
« pouvait leur donner une femme et des enfants. Occupés un
« peu plus de leurs affaires, ils s'occuperaient moins de celles
« des autres. L'église serait une jolie salle de spectacle où
« l'on irait, aux grandes fêtes, entendre de la belle musique,
« assister à de majestueuses cérémonies, admirer quelques
« phrases innocentes que l'on écouterait de ses deux oreilles,
« sans le moindre danger pour le cœur... L'enfer, le terrible
« enfer, rendrait les 999 millièmes de ses victimes, pour ne
« plus conserver que les abominables scélérats que le jury
« lui-même envoie sans façon au bourreau. A la voix de
« l'honnête pasteur, la porte du ciel, que l'Evangile nous fait
« si étroite, s'ouvrirait assez pour absorber le troupeau en
« masse : agneaux, brebis, béliers, taureaux, chèvres, boucs
« et même les loups, tous y passeraient sans difficulté...

« Le confessional serait un trône où, aux approches de
« Pâques, grands et petits ne feraient nulle difficulté d'aller
« souhaiter la bonne fête à M. le pasteur ; avant d'aborder le
« mari, vous iriez offrir vos hommages à madame ; là, vous
« feriez l'empressé auprès de mademoiselle aînée, déjà plus
« que nubile ; et, si vous ne pouviez parler amour, attendu
« que vous avez déjà femme et enfants, vous brigueriez du
« moins l'honneur de tenir sur les fonts le premier enfant à
« éclore ; enfin vous ne manqueriez pas de louer l'esprit, la
« bonne mine de la sainte progéniture, fût-elle plus sotte
« qu'un panier, plus laide qu'une chenille... Le mari-papa-

« confesseur n'y tiendrait pas, et donnerait toutes les absolu-
« tions qu'on voudrait (1)... »

— Votre livre est facétieux, sergent; mais le sujet ne prête
guère à la plaisanterie... Je persiste, en dépit de toutes vos
raisons, à soutenir que le célibat est contre nature et dé-
peuple les Etats ..; je prétends que le gouvernement devrait
interdire le célibat ecclésiastique qui lui enlève tant de milliers de citoyens.

— Tiens, tiens! nous nous lançons toujours dans le réchauffé? Eh bien, morbleu? c'est encore le *livre facétieux* qui
va vous répondre : « Il suffit d'observer que cette honteuse
« sottise ne fut mise en avant que par de vieux célibataires
« gangrenés de vices, usés de débauches, et dont les sales
« romans ont fermé l'entrée de la vie à un plus grand nombre
« d'hommes que leurs théories politiques n'en ont fait égorger
« sur les champs de bataille... Oui, vraiment! c'est bien
« quand un excès toujours croissant de population nous fait
« voir plus d'un tiers de Français condamnés à un célibat
« forcé, qu'il nous convient de prêcher le mariage aux prê-
« tres!... Ah! laissons donc au prêtre sa virginité si nous
« voulons qu'il nous sauve, et lui seul peut nous sauver,
« puisque nous ne périssons que faute de croyance et de
« vertus!

« Malheur au prêtre et malheur à nous si une femme le
« touche! *car une vertu sort aussitôt de lui*, la vertu vivifiante
« qui ressuscite les âmes, la vertu qui les soutient et les
« pousse dans les voies de Dieu, la vertu des vertus du prêtre,
« celle qui le rend l'arbitre du cœur de Dieu et du cœur de
« l'homme, la vertu qui, recueillant un jour l'héritage de ses
« aînées, la foi et l'espérance, doit leur survivre à jamais... la
« charité! Il sera humain, compatissant, jamais il ne sera
« martyr, celui qui a dit à une femme : Je te jure amour et
« fidélité! Il pourra s'attendrir sur le pauvre et l'orphelin,
« mais il ne le chérira pas d'un cœur de mère, celui qui vit
« entouré d'enfants dont l'entretien, l'éducation, l'avenir
« absorbent toutes ses pensées, ses affections et lui prescri-
« vent de sévères économies! Ce morceau de pain que lui-
« même il s'ôterait de la bouche pour sustenter le famélique
« qui pleure à sa porte, il n'osera l'arracher des mains de son
« enfant! Cette vie que, dans un fléau public, il voudrait
« sacrifier au salut de son troupeau et à la gloire du ministère,
« il la doit à sa famille; vainement il se débat contre la na-
« ture, ses plus généreuses résolutions expirent forcément
« devant les pleurs d'une épouse et le vagissement d'un ber-
« ceau Oui, les aveugles doivent le voir; le mariage serait

______

(1) *Platon-Polichinelle*, chap. x.

« le meurtre solennel du prêtre ; le flambeau d'hyménée sa
« torche funéraire, et la femme à qui il donnerait la main, la
« tombe béante qui lui dirait : Viens, tu es ce que je suis...
« un peu de poussière (1)!... »

— Oh ! assez, en voilà bien assez sur le célibat, sergent ;
je verrai... je péserai vos raisons...

— Oui, monsieur Lucien ; pesez-les à la balance du bon
sens ; et si vous n'êtes pas convaincu, ce ne sera pas ma faute
ni celle du petit livre que je viens de vous lire, car il en a
convaincu bien d'autres.

— Encore une petite difficulté, mon brave. Si les prêtres
sont les successeurs des apôtres et les imitateurs de Jésus-
Christ, expliquez-moi alors leur vie stérile, oisive et sensuelle.

— Ah! diable!... en voilà bien d'une autre! Eh ! l'ami, vous
rêvez, mille bombes! Le prêtre oisif et sensuel? mais re-
cueillez donc vos souvenirs ; on vous a prouvé le contraire.
Pour l'oisiveté, vous ne la reprocherez pas, j'espère, à ce bon
prêtre de campagne dont tous les moments sont partagés entre
la prière, la messe, les confessions, l'office, le catéchisme, la
visite des malades, l'étude et les œuvres de charité. Vous
n'appellerez pas stérile la vie de cet ange de la terre qui
répand sur son passage consolation, bien-être, lumière, bonheur. Le prêtre sensuel! mais n'a-t-il pas dit un éternel
adieu à tous les plaisirs de la terre? Sa vie n'est-elle pas un
perpétuel martyre, et seriez-vous, morbleu! assez barbare
pour lui envier les mets qui couvrent sa table? Ah ! souvent
il les partage avec le pauvre affamé que le riche a repoussé
de sa porte!... Tenez, monsieur Lucien, brisons là-dessus,
vous avez vos idées et moi les miennes... Il est fâcheux que
vous soupçonniez toujours M. le curé de vous avoir desservi
auprès de vos supérieurs ; cette pensée vous a mis un prisme
devant les yeux et vous fait tout voir sous un faux jour... Je
vous déclare que M. le curé a gémi le premier de votre disgrâce, et il ne tiendrait pas à lui que vous ne fussiez réintégré... Soyez donc juste, mille escadrons, et ne vous en
prenez qu'à vous de ce qui vous arrive.

Et quand même vous auriez à vous plaindre de M. le curé,
quand même tous les prêtres que vous connaissez mérite-
raient en effet votre haine et votre mépris, serait-ce une
raison, vingt-cinq Polognes, pour flétrir tout le clergé en
général et vous poser aussi effrontément en impie? C'est
comme si nous voulions aujourd'hui prétendre que tous vos
anciens confrères vous ressemblent, qu'ils ont tous vos principes, vos préjugés, et méritent d'être destitués comme vous!

(1) *Platon-Polichinelle,* chap. XIII.

Je vous jure encore une fois, monsieur, que vos soupçons sont aussi injustes que votre thèse est scandaleuse.

— Oh! je m'étonnais bien que vous ne m'eussiez pas encore insulté. Mes anciens confrères sont ce qu'ils sont et je suis ce que je suis : tout est personnel ici-bas, et je ne prétends les rendre solidaires ni de mes principes religieux, ni de ma révocation... Quant à la thèse que nous avons débattue, sergent, gardez vos convictions comme je garde les miennes. Au reste, je pèserai vos raisons, et j'apprécierai la conduite équivoque de M. le curé à mon égard...

— Eh! pesez le diable et appréciez le tonnerre! quand je vous dis que M. le curé est aussi innocent que son bréviaire, et que toutes vos objections ne sont que de la blague!... écoutez, les amis, ne vous laissez plus enjôler par ce fantassin. S'il parle contre les prêtres et la religion, vous en connaissez les motifs. Pour nous, qui n'avons rien eu à démêler avec les jugements académiques, ayons pour le prêtre l'estime, la vénération et l'amour que méritent et son auguste caractère et ses bienfaits. Adieu, mes amis, et souvenez-vous que tant que le prêtre sera chéri et vénéré parmi nous, son bien-être et sa gloire rejailliront sur le peuple; mais sitôt qu'on a l'audace de s'attaquer à l'oint du Seigneur, Dieu détourne les yeux, et le règne de la terreur promène son niveau sanglant sur la face de la terre!

FIN DE LA PREMIÈRE PARTIE.

# DEUXIÈME PARTIE



---

## PROLOGUE

Le jour de carnaval, tout était en rumeur à Drignon ; le sergent Lafleur venait de dissiper le plus grotesque charivari que l'on eût jamais vu dans la contrée. Il ne pouvait souffrir, disait-il, que son village se laissât *encanailler par quelques pékins* et fît chorus à leurs burlesques clameurs à quatre pas de l'église, tandis que le Saint-Sacrement restait à peu près seul exposé sur le tabernacle. Aussi, plein d'un noble zèle, il s'était jeté au beau milieu de la cohue, roulant les uns, bousculant les autres, disant à chacun ses grosses vérités ; il était parvenu à force de bourrades et de jurons à s'emparer de la place et à *pacifier sa capitale,* ainsi qu'il s'exprimait en riant.

Honoré de l'estime et de la vénération générales, aimé de tout le monde, il était une puissance dans la commune ; et les brouillons, qui connaissaient pour la plupart l'énergie de son bras de vieux conscrit, avaient fini par battre en retraite et sans se faire prier. Tandis que la foule désertait le champ de bataille et entrait dans l'église, Lafleur, les mains derrière le dos et fumant sa pipe, se promenait triomphalement sur l'esplanade comme pour se reposer de sa victoire. Tout à coup, apercevant Lucas qui revient vers lui :

— Eh ben, l'ami, que t'en semble ? lui dit-il.

— Il m'en semble, jarni..., il m'en semble, morgué, que t'es un luron fini, et un drôle de capucin, oui-da!

— Bah! tu crois?... et que dirais-tu, mille escadrons, si je t'avais relancé toi-même, car tu jouais fièrement ton rôle de badaud dans cette belle équipée... Je te croyais, morbleu, plus de bon sens, et surtout plus d'estime pour toi-même!

— Et que veux-tu, morgué? *faut que jeunesse passe!* après tout, je n'sommes pas d'avis de m'enfermer à dire des patenôtres comme un chartreux... La belle existence, ma fi! en temps de carnaval, et pendant que tout le monde s'amuse!

— Pauvre Lucas, que je te plains, si tu en es encore là! *Il faut que jeunesse passe!* Mais songes-tu que tu dis une bêtise? nous grisonnons, mon vieux, nous grisonnons, et nous parlons de nous amuser! Allons, allons, vingt-cinq Pologness, il est grand temps de devenir sages, et de dire bonsoir à des folies dont il faudra tôt ou tard se repentir. Crois-moi, plante là tous ces airs de jeunesse qui te vont si mal, et laisse le carnaval à la canaille!

— Morgué, faut pas dire, mais tu tapes juste; m'est avis que je n'sommes plus jeune, et que je commençons tout d'même à rancir...; mais c'est égal, y a du temps pour tout; je songeons à moi, pour le jour d'aujourd'hui; viendra l'tour du bon Dieu.

— Je disais comme toi, mon brave, et j'étais encore plus dur à cuire...; toujours : *aujourd'hui en payant et demain pour rien,* comme le porte-savonnette de l'enseigne : et ce demain n'arrivait jamais. Eh bien, nom d'une baïonnette! je l'ai enfin pincé, *ce demain,* je te l'ai solidement chevillé, morbleu, et me voilà! Et tous les sacripants de la terre ne me feront pas broncher d'une ligne dans la consigne du bon Dieu! Allons, toi aussi, mon brave, il faut changer de vie; sans quoi nous ne serions pas à la noce au jour de la grande revue.

— Tiens, Lafleur, j'ons un p'tit conseil à te donner en ami; veux-tu?

— Oui, parle, quel est-il?

— Fais-toi curé.

— Oh! oh! cette blague! Et pourquoi, je te prie?

— C'est que t'as fièrement l'*chique* et l'*verbe* pour convertir, quoi !

— Allons, allons, mille bombes, trève aux plaisanteries. Si tu m'en crois, tu te mettras dès aujourd'hui aux idées sérieuses; pour moi, je vais y songer tout ce carême; il faut nous préparer à régler nos comptes à Pâques. Tel que tu me vois, j'en ai crânement besoin... Et toi, mon camarade, et toi, vieux lapin, depuis combien de temps es-tu brouillé avec le confessionnal?

— Oh! quant à ça, j'ons perdu l'compte; mais, entre nous, si tes affaires vont si mal là-haut, toi, qu'es pourtant un quart d'sacristain, comme dit M. l'régent, de mon côté, je ne me crois pas trop ben dans les papiers du père éternel.

— Eh bien, mon cher Lucas, voici le moment de se réveiller et de se mettre à la besogne, mais là, sérieusement et sans balancer, car, comme dit le proverbe :

> S'il fut un temps pour la folie,
> Il en est un pour la raison.

# PRONE HUITIÈME.

### Sur le péché.

> *Scito et vide quia malum et amarum est dereliquisse te Deum tuum.* — Comprenez et voyez qu'il est cruel et amer d'avoir abandonné votre Dieu.
>
> (Jérém. 2-19.)

MES FRÈRES,

Que sont devenus vos jeux et vos bruyantes fêtes? Quelle sombre nouvelle a tout à coup mis un terme à votre longue orgie? C'est une voix sortie du sépulcre, l'éclair du glaive de la mort, c'est un peu de cendre jetée sur votre tête; et cette tête, hier encore si rayonnante et si fière, s'est courbée morne et pensive sous la main du Seigneur toujours menaçante; vous avez pâli de terreur, et, dans votre âme, un souvenir lugubre a remplacé la soif du crime et la frénésie du plaisir.

Eh bien, en ce moment, en face de la mort, interrogez-vous, M. F.; que vous *reste-t-il de vos coupables amusements?* Si, dans ces jours de désordre et de folle ivresse, vous avez été réellement heureux, que vous reste-t-il de votre bonheur?... Ce qu'il vous en reste, chrétiens? de la honte et de la douleur, lie amère qui empoisonne les plaisirs du monde; le remords et le repentir, qui suivent toujours le crime et en sont le premier châtiment.

Mais qu'ai-je dit, mes Frères? le repentir? Ah! si vous l'aviez reçue du ciel, cette grâce salutaire!... Qui de vous pleure ses iniquités? En est-il un seul ici qui sente son cœur se briser en se voyant séparé de son Dieu? Non, non, M. F., votre âme semble *se jouer avec le crime*; non, elle n'a point éprouvé cette douleur aiguë et pénétrante qui la purifie et la régénère; non, laissez-moi vous le dire, vous ne savez pas ce que c'est que le péché; et la raison, c'est la facilité déplorable avec laquelle vous retombez dans les mêmes désordres, quand ce n'est pas dans de plus grands encore, c'est le peu de fruit que vous retirez des sacrements; la raison, c'est que l'impie rejette sur la religion le scandale de votre conduite, et dit, avec une lamentable vérité, que, pour être dévots, vous n'en êtes pas meilleurs; la raison, en un mot, c'est qu'on peut vous adresser ces reproches que les anges adressaient à Babylone: *Venez, retirons-nous de cette ville impure, puisque tous nos soins n'ont pu la guérir!*

Oh! s'il vous était donné de comprendre, M. F., toute la malice du péché mortel, l'horrible flétrissure qu'il imprime à notre âme, le coup fatal qu'il lui donne, et le sanglant outrage qu'il fait à la majesté divine! Je viens vous apprendre en ce jour à pleurer vos péchés, parce qu'ils ont outragé Dieu, tué votre âme et brisé votre avenir éternel.

— M. LUCIEN *se levant brusquement :* Je serais bien curieux d'apprendre, monsieur le curé, comment toutes ces effroyables conséquences peuvent se trouver dans l'action, la parole, la pensée d'un faible mortel, si désordonnée qu'on la suppose ; il me semble qu'on exagère beaucoup trop la malice du péché.

— Veuillez me suivre, quelques instants, Monsieur, et vous serez bientôt convaincu du contraire.

Je disais d'abord que, par le péché, nous avons outragé Dieu. Oh ! si vous saviez, M. F , ce que c'est que Dieu ! si vous aviez entrevu un seul rayon de sa gloire immortelle et de sa ravissante beauté qui fait le paradis des élus ! si vous aviez vu sa puissance infinie se jouer dans la création de l'univers, sa sagesse lancer les mondes dans l'espace et les régler avec la plus parfaite harmonie ! si vous aviez entendu sa voix dont le tonnerre est l'imposant écho ! si vous l'aviez vu marcher sur les ailes des vents, et, de son sourire béni, réjouir la nature ! si vos yeux avaient une seule fois contemplé le Roi des rois, le Dieu de bonté, de clémence et d'amour qui *ouvre sa main paternelle et toute créature est remplie de bénédiction !...* oh ! vous expireriez de honte et de douleur d'avoir osé lui déplaire !

Mais que vois-je, grand Dieu ! et quel est ce sang dont vous êtes couvert, mon frère ? Je vous vois un poignard à la main... Ah ! quel crime avez-vous commis ; où est la victime que vous avez immolée ?

Un maître avait un serviteur ; il ne l'appelait que son ami, l'admettait à sa table, le comblait de bienfaits et lui destinait son héritage, car il l'avait adopté pour son enfant. — Eh bien, le croirez-vous ? ce serviteur trahit son maître, et le vendit à ses ennemis qui le mirent à mort. Ce serviteur, ce traître, ce monstre s'appelait Judas, et son nom, depuis dix-huit cents ans, on ne le prononce qu'avec un frémissement d'horreur...

Il y a dix-huit cents ans il s'appelait Judas, mon frère, aujourd'hui comment s'appelle-t-il ? Vous vous taisez ! Ah ! votre conscience m'a répondu ! Hélas ! quel mal vous avait fait ce Dieu d'amour, votre frère, votre ami, votre sauveur ? il était mort une fois sur le Golgotha ; sa mort ne fut donc pas assez cruelle, puisque vous l'avez de nouveau crucifié dans votre chair ? car enfin, le chrétien, ce sanctuaire vivant de la divinité, consacré par le baptême, tant de fois nourri du pain des anges et devenu le temple du Saint-Esprit, peut-il se souiller d'un péché mortel sans commettre en un sens un infâme sacrilége ? Vous êtes donc bien criminel, ô mon frère, et votre âme est bien monstrueuse si un pareil malheur ne l'épouvante pas... Ah ! je ne crains pas de le dire, il triplerait les supplices de Satan !

— Mais, Monsieur, quel est le misérable qui raisonne en péchant, et qui se propose directement de résister à Dieu, de l'outrager ou même de lui déplaire? On ne pense à rien de tout cela : on suit l'impression du moment, on contente son envie, et voilà tout ; quel mal peut-il y avoir en cela?

— Quel mal, dites-vous? mais n'est-ce rien que de désobéir à Dieu, de fouler aux pieds sa loi sainte, d'apostasier en quelque sorte en suivant les drapeaux du démon? n'est-ce rien que de venir interrompre par un blasphème le concerts de louanges qui monte de toutes parts vers le trône du créateur? n'est-ce rien que de tourner le bienfait contre le bienfaiteur, et d'être méchant envers votre Dieu, parce qu'il est bon pour vous? Si vous étiez sûr d'être puni aussitôt après le crime, auriez-vous le courage de le commettre? ne trembleriez-vous pas sous le bras de ce Dieu terrible? c'est donc sa bonté qui vous enhardit au crime, et vous osez dire encore: *quel mal y-a-t-il?* Que vous ne pensiez pas à Dieu au moment de l'offenser, soit; mais c'est là votre premier crime: le souvenir de sa présence vous eût retenu sans doute ; mais si vous étiez tombé sous ses yeux, si vous aviez eu l'audace de faire le mal à la face du Tout-Puissant, vous eussiez été cent fois plus coupable, et la foudre seule eût pu venger Dieu de votre scélératesse.

— Voudriez-vous me dire, Monsieur, ce que peut faire à Dieu notre innocence ou notre malice? qu'importe à sa gloire et à sa suprême félicité que tout le monde l'offense ou l'honore: n'est-il pas infiniment au-dessus de notre sphère d'action? et croyez-vous qu'il ait à craindre qu'à l'exemple des Titans, nous ne cherchions à le détrôner ?

— Non, Monsieur, nos crimes ne sauraient atteindre Dieu ni le blesser dans son bonheur suprême et sa gloire infinie; mais il ne tient pas au pécheur que Dieu ne soit blessé, déshonoré, anéanti ; il y a au fond de tout péché mortel une révolte, un parjure, un déicide ; il y a comme

une malédiction à Dieu, un anathème contre sa Providence ; anathème insensé, malédiction impuissante, sans
doute, mais qui n'en prouvent pas moins au Seigneur la
malice diabolique qui les inspire.

J'ai dit en second lieu le tort fait à notre âme. Elle était
si belle, mes Frères, lorsqu'elle sortit innocente et pure
des mains du créateur ! elle était si belle, que, même
après sa chute, elle conservait encore assez de charmes
pour qu'un Dieu descendît du ciel sur la terre et versât
tout son sang pour la régénérer. Aussi, depuis le jour où
vint se joindre à sa beauté première l'éclat céleste qu'elle
a puisé dans le sang de Jésus-Christ, les anges seuls peuvent la contempler, cette âme radieuse : et toutes les fois
qu'une âme coupable expie ses iniquités et se purifie devant Dieu par les larmes de la pénitence, il y a un re-
doublement d'allégresse dans le ciel. Enfin, ces âmes sont
si belles et si précieuses aux yeux de Dieu, que Satan
croit s'être assez vengé de lui lorsqu'il a pu en précipiter
quelqu'une dans l'abîme. C'est qu'il n'ignore pas, ce génie
du mal, combien Dieu aime nos âmes et tout ce qu'il a
fait pour se les attacher à jamais ; il n'ignore pas que
Dieu verrait sans s'émouvoir l'univers s'anéantir, pourvu
qu'il ne pérît pas une seule de ces âmes chéries que son
divin fils est venu sauver.

Or, voyez, mes Frères, l'effroyable désordre du péché :
il livre cette âme entre les mains de son féroce ennemi.
Aussitôt Satan la saisit avec un rugissement de sombre
joie ; il commence par la dépouiller de ses plus beaux ornements, son innocence, ses vertus, sa grâce. Cette aimable robe d'innocence que le sang de l'agneau avait em-
bellie et qu'il fallait rapporter blanche et pure au festin
de l'époux, le monstre depuis longtemps la dévorait des
yeux. Oh ! comme il assouvit en la souillant, en la déchirant, sa rage et son envie ! ces trésors de vertus et de
mérites dont elle s'était enrichie sur la terre d'exil, qui
brillaient autour de son front comme un noble diadème
et qui charmaient les yeux de Dieu, l'ange de ténèbres,
de sa bouche maudite, y souffle les vapeurs de l'enfer ; et
cette grâce sanctifiante, manteau royal dont l'Eternel a
revêtu ses enfants d'adoption, comme un gage de la félicité suprême qui les attend, le démon la lui arrache et la
foule aux pieds !... La voilà, cette pauvre âme, honteu-

sement dépouillée, avilie, déshonorée; elle a tout perdu, tout, jusqu'au triste courage de se plaindre...; que dis-je? ah! elle s'habitue à son malheur, elle s'en trouve bien; peu à peu sa raison s'obscurcit, et bientôt sa volonté n'a plus de force que pour le crime; l'âme tout entière est tombée de son trône de reine, ou plutôt elle en est descendue, s'est inclinée vers la terre, s'est étendue dans la boue; la chair l'y a tournée et retournée, et cette âme ainsi salie a dit: *Il est bon pour nous d'être ici, restons-y pour jamais!* La voilà, cette âme sublime faite à l'image de Dieu et destinée à la gloire et à la félicité des anges; la voilà qui se roule dans l'ordure à côté des plus vils animaux!...

Quel spectacle, mes Frères! Sainte-Catherine de Sienne, à qui il fut donné de voir, dans l'extase d'une oraison, une âme souillée d'un péché mortel, assure qu'il lui fallut toute la force et le courage que Dieu lui avait inspirés pour soutenir cet effrayant tableau; elle ajoute que si elle avait été livrée aux seules forces de la nature, elle serait morte à l'instant sous l'impression foudroyante de ce prodige de laideur, de corruption et d'ignominie. Grand Dieu! que le péché doit donc être une chose épouvantable, puisqu'il imprime à votre image une si horrible flétrissure, puisqu'en si peu de temps il peut faire d'un ange un démon! Ah! ce n'est point l'expier trop cher que de se condamner à une vie entière de repentir et de larmes; l'éternité même, l'éternité ne sera pas trop longue pour le punir!

— Vraiment, monsieur le curé? vous conviendrez, j'espère, que le zèle vous emporte un peu loin; au reste, c'est l'imagination qui joue ici le plus grand rôle, et la vôtre vous sert à merveille... Comment, en effet, avez-vous pu apprécier et la beauté de notre âme, et l'amour qu'elle inspire à Dieu, et la haine que Satan lui a vouée, et les ravages qu'y produit le péché? Tout cela est bien mystérieux et bien au-dessus de notre faible intelligence; contentons-nous de croire et de nous soumettre, sans tant approfondir les secrets de Dieu; surtout pensons moins au péché; c'est, je crois, le meilleur moyen de ne pas le commettre.

— Vous roulez de sophisme en sophisme, Monsieur; je ne perdrai pas à les relever un temps trop précieux.

Non, l'imagination ne joue ici aucun rôle; quand l'Esprit Saint parle, l'homme doit adorer en silence. Je n'ai pas vu mon âme, mais je sais qu'elle existe; je n'ai pu apprécier par moi-même l'amour de Dieu et la haine de Satan, mais j'en ai de trop grandes preuves pour en douter: Dieu a tant fait pour me sauver et le démon pour me perdre! Je n'ai pas sondé non plus toute la profondeur de l'abîme où le péché nous précipite, Dieu seul la connaît; mais ce que je sais bien, Monsieur, c'est que, plutôt que de le commettre, les saints et les martyrs eussent enduré mille morts, et que les pénitents du désert l'ont pleuré toute leur vie avec des larmes de sang; ce que je sais bien, c'est qu'un seul péché mortel attire sur la tête du coupable, s'il meurt dans l'impénitence, un éternel anathème au delà du tombeau. N'y songeons pas, *respectons ces mystères redoutables*, dites-vous : eh bien, soit, j'y consens; n'approfondissez pas la malice du péché; mais aussi n'en considérez pas les charmes; il serait par trop cruel de vous laisser savourer le parfum d'une rose sans vous dire: prenez garde! un scorpion se cache dans le calice de cette fleur; et vous auriez droit de me maudire si, vous voyant porter imprudemment à vos lèvres une coupe empoisonnée, je n'arrêtais pas votre bras en criant: malheureux, ce breuvage est mortel!...

Enfin, dernier désordre du péché : il brise notre éternel avenir, car, du même coup, il nous ferme le ciel et nous dévoue à l'enfer.

*(En ce moment, M. Lucien, qui, depuis quelques instants, restait pensif et préoccupé, tiré brusquement de sa rêverie par les dernières paroles du prédicateur, lève la tête et semble vouloir l'interrompre à cet endroit; mais réfléchissant soudain, il se contient et redouble d'attention tandis que M. le curé continue.)*

Dites-moi, mes Frères, savez-vous ce que c'est que d'avoir perdu son Dieu et ses droits au céleste héritage? Y avez-vous quelquefois sérieusement réfléchi? Comprenez-vous l'effroyable malheur de se voir pour jamais séparé de Jésus, ce miracle d'amour et de beauté qui doit ravir l'âme des élus dans les siècles des siècles? Avez-vous jamais cherché à pénétrer ces torrents de volupté infinie que Dieu réserve à ceux qui l'aiment? Non, non,

sans doute, mes Frères, car alors vous pleureriez nuit
et jour le péché qui ruine une si glorieuse destinée !
vous vous écrieriez sans cesse dans les déchirements de la
plus amère douleur : O Dieu de mon salut ! est-il possible que je vous aie abandonné, que je vous aie irrité,
trahi, vendu pour une bagatelle, *pour un morceau de
pain, une poignée de froment* (1) ! est-il possible que j'aie
été plus ardent à me perdre que vous ne l'avez été à me
sauver, vous, qui êtes mort pour mon amour ? O bonheur
ineffable, immortelle couronne, ô aimables chœurs des
anges ; vous surtout, ô Marie, ô ma douce et tendre mère,
quoi ! je vous ai dit un éternel adieu !.. quoi ! ce trône,
ce diadème, ce fleuve d'intarissables délices, le péché en
un instant m'a tout ravi pour jamais !... Oh ! malheur,
malheur ! venez, regrets vengeurs, remords déchirants,
venez briser mon âme, crucifier mon cœur : que des
torrents de larmes effacent mes iniquités durant la vie,
car il serait horrible de les expier après la mort ! malheur à moi si je tombais en cet état entre les mains du
Dieu vivant !...

Oui, malheur à vous, mes Frères ! Si vous ne lavez
vos crimes dans les larmes du repentir, il faudra les
expier dans les flammes éternelles. Terrible expiation,
ô mon Dieu ! qui pourra sonder cet épouvantable abîme !
Toujours brûler sans adoucissement, toujours rugir sans
espérance, toujours sentir au fond de son âme ce cruel
ver rongeur qui vous rappelle sans cesse et la rapidité
du crime, et l'effroyable durée du châtiment, et la clémence infinie du Sauveur, et l'aveugle frénésie du réprouvé qui a voulu se damner malgré lui... Quel tableau,
mes Frères ! et comprenez-vous enfin le fatal pouvoir
du péché mortel, de l'arbre empoisonné qui porte de
tels fruits ?... Ecoutez, et frémissez d'une terreur salutaire :

Oh ! grâce, grâce, s'écrie en grinçant des dents ce misérable ; oh ! pitié ! *Je souffre, je brûle dans ces flammes
dévorantes !* pitié, pitié !!! — De la pitié, dans l'enfer !
répondent les démons avec un ricanement déchirant ;
de la pitié pour toi !... mais avais-tu pitié de ton âme,
cruel ! mais regarde cette croix ; avais-tu pitié de ton

(1) Ezech. 13-19.

Sauveur?... Insensé! tu disais : *J'ai péché, et quel mal en ai-je ressenti?*... Eh bien, ce mal, souffre-le maintenant, et souviens-toi que, si *Dieu est patient*, c'est qu'il a l'éternité pour se venger! souffre-le maintenant, ce mal, *et comprends combien il est cruel et amer d'avoir abandonné ton Dieu!* Vois la goutte d'eau de Lazare suspendue sur ta tête; jamais elle ne tombera! Interroge du regard le sombre et formidable abîme de l'éternité; jamais tu n'y verras briller l'étoile de l'espérance! *Ici est le lieu de ton* REPOS ÉTERNEL, *et tu y habiteras à jamais, puisque tu l'as choisi!*

— Mais, monsieur le curé, quel plaisir trouvez-vous à nous parler ainsi? espérez-vous peut-être nous effrayer avec ces sombres tableaux? Certes, le moment est assez mal choisi : vous pourriez, je crois, attendre à nous parler de l'enfer, des démons et de l'éternité, que nous soyons plus enfoncés dans le carême, et plus éloignés des mascarades du carnaval... ; sans quoi, nous nous croirions encore entourés des lutins, des farfadets et des diablotins en carton qui nous ont tant amusés ces derniers jours... Au reste, Monsieur, si jamais il vous prenait fantaisie de nous parler sérieusement de l'enfer, n'oubliez pas de tonner bien fort là-dessus; car nous sommes à peu près tous ici, sur ce point, d'une incrédulité déplorable et d'une tranquillité parfaite.

— Oh! rassurez-vous, Monsieur, je ne viens aujourd'hui, ni vous convaincre, ni vous épouvanter; mais seulement appeler l'attention de mon auditoire sur les suites funestes du péché : dimanche prochain, nous pourrons entrer, avec le flambeau de la raison, dans cet abîme redoutable qui vous semble une chimère; et peut-être qu'à la fin, en rire ne vous paraîtra pas le parti le plus sage. Permettez-moi de ne pas m'arrêter, en ce moment, à vos plaisanteries trop indécentes pour être réfutées dans ce saint lieu, trop pitoyables pour mériter une réponse. Mes Frères, je vous le demande, à vous qui avez la foi, à vous qui souvent, par la pensée, êtes descendus dans ce formidable séjour, comment pouvez-vous vivre tranquilles dans votre iniquité? en voyant tant de pécheurs damnés pour un seul crime, vous, dont les péchés ont dépassé les cheveux de votre tête, vous ne trembleriez pas! et vous espéreriez qu'il sera toujours temps de

5*

vous convertir ! mais vous vous moquez donc de la justice de Dieu, puisque sa clémence est pour vous un encouragement au crime? mais Dieu vous doit donc plus de miséricorde qu'à ces infortunés que la mort frappe dans l'ivresse du péché, et avant qu'ils aient le temps ou même la pensée de se convertir? et quand même il devrait vous pardonner, non pas sept fois, mais septante fois sept fois, quand même la mesure de sa patience ne serait pas près d'être comblée, voulez-vous donc être méchants parce qu'il est bon?

Soyez-donc de bonne foi : espérez-vous le pardon ou ne l'espérez-vous pas? si vous ne l'espérez pas, si vous vous regardez déjà comme une torche de l'enfer, n'y a-t-il pas au moins de la folie à grossir le nombre de vos crimes, par votre endurcissement qui doublera vos tortures éternelles? et si vous espérez le pardon, vous avez donc un cœur de tigre, pour outrager votre Dieu, le maudire et persévérer dans sa haine, précisément parce qu'il doit un jour vous pardonner?

Vous nous avez donné, Seigneur, un bien touchant exemple de repentir, dans la personne du saint roi David, lorsqu'il eut le malheur de vous offenser par un double crime; oh ! si vous daigniez exciter en nous les déchirements de cœur qu'il éprouvait lorsque, arrosant son lit de ses larmes, il s'écriait d'une voix lamentable: *Ayez pitié de moi, Seigneur, selon l'étendue de votre miséricorde! C'est contre vous que j'ai péché, j'ai fait le mal en votre présence; mais je vous en supplie, détournez les yeux de mes iniquités; car je suis devenu comme le pélican et le hibou dans leur retraite obscure! Pitié, Seigneur, car mes gémissements ne vous ont pas été cachés :* Je me suis offert en holocauste vivant à votre justice; je vous ai immolé mon âme agitée, bourrelée par le remords et la crainte de vos jugements. Aussi, j'en ai la douce confiance, vous daignerez me pardonner, ô mon Dieu, *car vous ne méprisez pas un cœur contrit et humilié!*

Entrez dans ces sentiments, mes Frères, laissez-vous attendrir à la pensée de vos iniquités: que vos larmes coulent aussi amères que vos chutes ont été profondes, que votre douleur du passé vous soit un préservatif pour l'avenir. Oh ! de grâce, ayez pitié de votre âme, ne la laissez pas misérablement périr dans les blessures que

le péché lui a faites : mais versez-y le baume de vos larmes, de votre repentir, de vos saintes résolutions ; et ce
baume précieux, fécondé par la grâce, en guérissant les
plaies de votre âme, armera votre volonté d'une énergie
nouvelle, vous rendra tout-puissants contre les traits de
l'enfer, et vous donnera les ailes de la colombe, pour
vous envoler au sein de la gloire et de la félicité des
élus !

Ainsi soit-il !

---

### Epilogue.

Dans la soirée, on s'était réuni comme à l'ordinaire sous
le marronnier, et chacun parlait de ce qui l'avait le plus
frappé au prône de M. le curé. Lafleur et Lucas, un peu
isolés, causaient tranquillement d'affaires ; tout à coup l'instituteur, comme pour les faire participer à la conversation
générale, et s'adressant à Lafleur :

— Je crois, sergent, lui dit-il d'un air malin, que vous
n'étiez pas à votre aise, aujourd'hui, tandis que M. le curé
nous débitait cette belle tirade ; vous vous agitiez, vous vous
démeniez comme un possédé : sans doute, vous aviez des
remords de conscience...

— Ah ça, mon vieux, dites-moi un peu si ma conduite ou
mes remords regardent quelqu'un ici ? Serais-je, par hasard,
sous votre férule ?

— Je ne dis pas cela, mon cher, ne vous fâchez pas : seulement, on a pu remarquer de temps en temps, à votre air
égaré, que vous deviez avoir sur le cœur quelque gros péché...

— Eh bien, après ?...

— Et que les paroles du prédicateur tombaient d'aplomb
sur vous seul comme une véritable avalanche.

LAFLEUR, *avec un mouvement d'impatience.* — Et vous con-
cluez de là ?...

— Parbleu, je conclus de là que vous êtes bien rond et
bien maussade aujourd'hui : j'en conclus que vous êtes d'une
humeur massacrante et que vous en avez contre tout le
monde.

— Eh bien ! mille escadrons, si c'est mon plaisir, si je veux
faire carnaval à ma manière ? on l'a bien fait ici toute la
quinzaine, morbleu ! et vous l'avez bien aussi fait vous-
même à l'église, où vous venez de jouer un si grotesque per-

sonnage, surtout en dernier lieu...; comme si l'instruction d'aujourd'hui n'était pas de nature à nous donner à tous des pensées sérieuses : je dis *à tous,* entendez-vous, monsieur Lucien?

— Vous faites bien de nous mettre sur la question, sergent, car j'ai quelques doutes à vous soumettre : me promettez-vous au moins de ne pas vous emporter?

— Allons bon, vingt-cinq Pologues! encore quelque question *abracadabrante* qui a besoin de préambule...

— Non, non, rien que de très naturel : me promettez-vous?

— Cela dépendra, morbleu! Je ne suis pas plus maître de ma colère que vous de votre foi... : vous vous souvenez? Ainsi, dans le cas où vous tiendriez à ce que tout marche en droite ligne, parlez raisonnablement, et ne nous dites pas de craque trop exorbitante comme à la fin du sermon, car alors, nom d'une baïonnette!...

— Oh! soyez tranquille, nous sommes en trop bonne compagnie, et puis vos exploits de mardi dernier...

— Assez, assez, brisons là-dessus : vous n'y étiez pas et j'en suis bien aise, et pour vous et pour moi. (*Rire général.*)

— Non, sans doute, je n'y étais pas; mais je vous ai vu de bien loin vous emporter et gesticuler d'une étrange façon... Peste! mon brave, de quelle sainte ardeur vous sembliez animé! on vous eût pris pour l'ange exterminateur : vous pressentiez, sans doute, le sermon sur le péché, le ver rongeur, la fureur des diables, etc., etc.?

— Eh! morbleu, fallait-il pressentir un sermon pour déplorer les sottises et les ignobles carnavalades qui se faisaient à la face du bon Dieu, exposé sur l'autel? Qu'on s'amuse en temps de carnaval, qu'on se masque et qu'on gambade en vrais polichinelles; qu'on se prépare, si l'on veut, au Carême, par une indigestion de huit jours, à la bonne heure! j'y consens : l'abstinence n'en sera que plus rigoureuse et plus méritée. Mais on doit gémir, mille bombes! quand on a du cœur et du bon sens, de voir, un jour de prière publique, un rassemblement scandaleux devant l'église, toute grande ouverte, et un peuple de chrétiens désertant le Saint-Sacrement pour suivre et porter en triomphe une douzaine de ridicules baladins! (*Plusieurs voix :* C'est vrai! c'est vrai!)

— Oh! pour le coup, si vous voulez empêcher les jeunes gens de s'amuser...

— Je ne veux rien empêcher, mille citadelles! mais qu'on choisisse mieux le jour, le moment et le théâtre de ses folies! Je ne suis ni ennemi de leurs plaisirs, ni jaloux de leur bruyante gaieté! J'ai été jeune, j'ai crié comme eux et plus fort qu'eux : *Vive la joie, quand même!...* Mais en tout il est des bornes, que diable! On n'en est pas plus malheureux pour s'amuser honnêtement, avec décence, en chrétiens : et je ne vois pas quel plaisir on peut trouver à multiplier ses crimes. Ah! mille bombes, si l'on pensait au détroit de Gibraltar, on mettrait un peu plus d'eau dans son vin, même en temps de carnaval! .

— Le *détroit de Gibraltar?*... Que voulez-vous dire? Vous parlez en paraboles.

— Si l'on songeait à la mort et à l'éternité de ponton qui nous attend peut-être dans les galères de l'Ancien!... Mais bath! on fait un demi-tour à gauche, on siffle un petit air de gaudriole et tout est dit.

— Vous vous entendez à merveille à faire des sermons, camarade, et vous avez dû opérer bien des conversions au régiment.

— Croyez-moi, monsieur Lucien, ne nous escrimons pas ici à faire assaut de ridicules : nous tirerions aux hirondelles, et cela ne ferait ni froid ni chaud à votre fameuse question de tout à l'heure que vous avez sans doute oubliée.

— Ah! justement, m'y voici. N'est-ce pas Adam qui fut le premier pécheur?

— Oui, sans doute, et Eve la première pécheresse. Après?

— Avons-nous consenti à leur péché pour partager leur malheur?

— Aurions-nous consenti à leur fidélité pour partager leur bonheur?

— Expliquez-vous un peu mieux : je ne vous saisis pas.

— Vous trouvez étrange qu'un arrêt divin nous rende solidaires de la chute et des malheurs d'Adam; mais, morbleu! puisque nous devions profiter des fruits de son obéissance, n'était-il pas juste que nous fussions associés au malheur de sa ruine? Est-ce qu'un enfant au maillot est pour rien dans le crime de son père? Et pourtant, si ce crime emporte l'infamie, sa flétrissure rejaillit sur le berceau de son fils : c'est un préjugé, si vous voulez, mais la chose n'en est pas moins réelle. Un père ne transmet-il pas souvent à sa race ses vices physiques et moraux? S'il joue, s'il dissipe son bien, ses enfants ne doivent-ils pas, un jour, recueillir les tristes fruits de son inconduite? Mais tenez, mon brave, n'épiloguons pas là-dessus : ni vous, ni moi ne sommes compétents dans la matière, et nous nous heurterions contre un mystère profond et redoutable : qu'il vous suffise de savoir que Dieu a voulu nous envelopper dans la disgrâce de ceux dont nous devions partager la félicité, s'ils fussent restés fidèles. Et puis, en définitive, a quoi bon toutes ces discussions oiseuses? Que nous fait le châtiment et la ruine d'Adam, puisque sa chute a été si victorieusement réparée? Pourquoi discuter sur un sujet si profond et si mystérieux, quand nous avons tous les jours tant de motifs de crainte et de sérieuses méditations?

— Y pensez-vous, sergent? C'est que, sans le péché du premier homme...

— Eh bien, quoi, mille escadrons? sans le péché d'Adam, nous n'aurions probablement pas, moi les sardines de sergent, ni vous le diplôme de pédagogue.

— Riez, riez à votre aise, monsieur Lafleur : il n'en sera pas moins certain que si Adam n'avait pas péché, la concupiscence..., ce triste et malheureux penchant, hélas! trop naturel, qui nous porte tous irrésistiblement vers le mal...

— *Irrésistiblement*, dites-vous? Oh! halte-là, mon camarade, vous ne seriez pas coupable devant Dieu; mais une preuve que vous êtes le maître de résister à ce penchant, c'est le remords qui vous agite après le crime, et qui vous dit sans cesse, au fond de l'âme : c'est mal, bien mal, tu ne devais pas le faire et tu pouvais t'en abstenir.

Lucas. — Oh! pour ça, vrai de vrai. L'aut' jour, le petit à Mathieu cassit une chopine, en revenant de cheux l'apothicaire (révérence parler), et l' pauvre marmot, en voyant les pots cassés et la drogue répandue, se met à genoux, les bras en croix, en pleurant comme une madone : « Mon père va me gronder, ma mère va me battre!... » criait-il d'une voix dolente, et jarni! c'était à fendre les pierres, quand la grande Simonnete vint à passer par là. « Qu'as-tu tant à pleurer, « pauvre gars, » lui dit-elle, « c'est pas toi qu'as cassé la « chopine, c'est la glace; et bédame! si tu t'avais cassé la tête « avec? Allons, jarni, ne pleure plus : ton père et ta mère « verront ben qu'y a pas d' ta faute... C'est pas comme l'aut' « jour, ousque tu fourras un bâton au travers des jambes de « Nicaise pour le faire tomber : de quoi l' pauvre diable eût « un bras démis et deux côtes enfoncées, oui-da! Aussi, tu « te rappelles quelle danse soignée, quand ton père le sut? « C'était juste, morguenne, car t'étais dans ton tort; mais au « jour d'aujourd'hui, va; va, aie pas peur : ça s'est fait tout « seul. »

— Et elle avait raison, mille bombes! Mais quand monsieur Lucien fera quelque fredaine, bonsoir, c'est une autre chanson : il n'y a ni penchant, ni concupiscence qui tienne! il faut marcher droit, tant pis pour celui qui file à gauche.

— Eh bien, soit! je vous accorde tout; mais ne trouvez-vous pas que M le curé donne de plus en plus dans le mysticisme et le rigorisme?

— Et vous, dans l'illuminisme, vingt-cinq Pologness! Après tout, il fait son devoir : *à nous de faire le nôtre*, comme disait Louis XIV à ses courtisans. Si, comme moi, vous vous êtes reconnu dans quelqu'un des tableaux qu'il nous a tracés du

pécheur ; si vous avez frémi à la pensée des terribles conséquences que le crime entraîne, cessez d'épiloguer et de
discuter à tort et à travers ; mettez-vous la main sur le cœur,
et dites : — « Je suis très arriéré dans mes affaires ;… chaque
« jour je grossis, j'accumule mes dettes : pour peu que ce
« train de vie dure, à force d'obligations et d'hypothèques,
« j'absorberai tellement mon capital qu'un de ces quatre
« matins, désespéré de ne pouvoir faire face à tant de protêts,
« je sentirai tout à coup le recors du bon Dieu, de sa main de
« squelette, me secouer rudement l'épaule, en disant : *Allons,*
« *camarade, en route pour Clichy !* »

— Oh ! Clichy, Clichy ! le beau calembour pour désigner
l'autre monde, eh bien, tant mieux ! il nous tarde de savoir
ce qui s'y passe.

— Eh ! patience, mille bombes, patience, mon brave ! seulement, prenez garde d'être satisfait plus tôt que vous ne
pensez. Et surtout réglez vos comptes avant de tenter le saut
périlleux ; croyez-moi, souvenez-vous de Voltaire et Cie ;
*n'oubliez* pas que nous avons affaire à un rude patron, qui
n'admet ni ratures ni brioches dans les registres de ses
commis. Tremblons d'abord, et agissons en conséquence :
nous ferons les braves plus tard, après la canonnade, et
quand notre drapeau flottera victorieux sur la redoute ennemie !

---

# PRONE NEUVIÈME.

**Sur l'Enfer. — Certitude.**

*Ibit homo in domum æternatis suæ.* —
L'homme s'en ira dans la maison de son éternité

(Eccl. 12-5.)

Mes Frères,

Celui qui veut bâtir un édifice, commence par creuser
jusqu'au solide pour y asseoir les fondements : et plus
l'élévation sera grande, plus la base doit être profonde.

Vous avez tous un édifice à construire, mes Frères, un édifice grand comme le monde, élevé jusqu'au ciel, la maison de votre éternité, le salut de votre âme. Il faut donc creuser par la pensée, par la méditation, et ne pas s'arrêter à la surface de la terre; car si vous bâtissiez sur un sable mouvant, arriveraient bientôt les vents des affaires, les orages du monde, la tourmente des passions, et votre maison croulerait, et la ruine serait grande. Creusez donc jusqu'au solide, jusqu'à la roche de la foi, ét là, pour fondement inébranlable, pour pierre angulaire, jetez la pensée de la mort et de l'éternité : la mort ! *ibit homo*, l'homme s'en ira; cette lugubre parole que nous avons tant de fois prononcée là, sur le cercueil de vos parents, de vos frères, de vos amis; l'éternité! *in domum æternitatis suæ;* le ciel ou l'enfer, et cela pour jamais. Oh ! stimulés par ce puissant aiguillon, nous deviendrions bientôt des saints! assis sur ce fondement d'airain, notre édifice braverait les orages et les vents déchaînés !

Mais, hélas ! notre foi chancelle, nous doutons; non pas du ciel! oh! le ciel, nous avons tous bien besoin d'y croire pour supporter les misères de la vie! où est l'impie, où est le scélérat qui n'espère pas de se convertir un jour pour aller au ciel? Mais l'enfer, mais l'enfer éternel, voilà le grand scandale de l'impie et du méchant. Otez de la religion ce seul point qui les gêne, et vous les rendrez chrétiens, vertueux, j'allais dire dévots. Mais, mes Frères, le Dieu qui nous a dit : *Allez, instruisez les nations,* apportez-leur ma parole sacrée, ne nous a pas dit en même temps : Consultez leurs désirs, ménagez leur délicatesse ; aussi pour réveiller votre indolence dans ces jours de salut, je viens vous dire qu'il existe un enfer, un enfer éternel, et que tous vos raisonnements et vos subtilités ne sauraient le détruire.

— Avant tout, je dois vous prévenir, monsieur le curé, *s'écrie l'instituteur avec un profond salut,* que vous entamez un chapitre où la foi joue le plus grand rôle, pour ne pas dire qu'elle en est l'unique fondement. Aussi avez-vous fort bien fait d'invoquer la foi en tête de votre prône, car si nous consultions la raison... elle aurait bientôt, de son souffle tout-puissant, balayé tout ce terrible échafaudage élevé par la peur et la superstition.

— Que dites-vous, Monsieur ? Vous vous trompez étrangement sur le sens de mes paroles : la foi n'est pas l'unique fondement de l'enfer. La raison l'établit d'une manière si solide, qu'elle sera aujourd'hui comme toujours mon principal argument. Suivez-moi, je vous prie, dans le développement de mon sujet.

Je ne viens pas vous effrayer ici, mes Frères, par la peinture des supplices éternels; cent fois vous avez frissonné d'épouvante à ce lugubre tableau, que nous considèrerons dimanche prochain; je ne veux pas non plus entasser les raisonnements et les citations pour vous prouver l'existence de l'enfer : le chrétien y trouve un des points fondamentaux de sa religion; l'homme policé, la raison de cet instinct d'honneur et de probité qui naît avec nous et qui forme le ciment de toute société : et l'homme sauvage y reconnaît la sanction de la loi naturelle qu'il porte au fond de son cœur. Bornons-nous donc à indiquer les principales preuves de ce dogme redoutable consacré par la foi, proclamé par toutes les traditions humaines, établi par la raison et qui découle nécessairement de l'existence de Dieu.

Oui, mes Frères, il y a un enfer et un enfer éternel ; cette terrible vérité, chaque page de l'Ecriture sainte l'atteste, Jésus-Christ la confirme jusqu'à quinze fois dans son Evangile, elle a renversé l'idolâtrie et converti l'univers à la sainte folie de la croix ; elle a peuplé les déserts de pénitents et d'anachorètes, et des millions de martyrs l'ont scellée de leur sang. Il y a un enfer et un enfer éternel; tous les conciles, tous les pères et les docteurs de l'Eglise le proclament. Origène, au deuxième siècle du christianisme, douta, osa nier, et les foudres de l'Eglise étouffèrent l'hérésie à son berceau.

— Oh ! soyez tranquille, monsieur le curé, sur ce chapitre-là, nous vous accorderons tout ce qu'il vous plaira. Nous ne doutons pas que l'Ecriture, les conciles, les Pères, l'histoire de l'Eglise, etc., etc., n'établissent de mille manières ce dogme impitoyable inventé par des fanatiques pour épouvanter les humains et exploiter leur crédulité... Mais avouez, encore une fois, qu'il faudrait aujourd'hui du courage et de la bonne volonté pour avaler cette pilule amère que rien ne dore ; avouez que si la foi robuste des nigauds s'en accommode, en revanche, le bon

sens en fait justice, et la grosse raison de Jacques Bonhomme en rit tout à son aise.

— Pas autant qu'il vous plaît de le dire, Monsieur, dé-
trompez-vous bien vite; car à moins d'être aveugle et
insensé, l'enfer donne à réfléchir aujourd'hui comme autrefois, et à tout le monde. Cette vérité, déjà si formidable pour l'homme qui a la foi, n'est pas moins certaine
et moins évidente pour celui qui raisonne. Toutes les traditions religieuses et profanes sont unanimes : le nom
seul changé, la chose est partout et toujours la même.
Malgré leur corruption et leurs infamies, les païens
avaient leur Achéron, leur Styx et leur Tartare où les
âmes coupables enduraient mille tortures, dans des prisons aux triples murs d'airain et de diamant. Et, sans
parler ici de ce feu vengeur qui consume l'impie Salmo-
née, de ce vautour qui s'attache aux entrailles de Prométhée et déchire son foie sans cesse renaissant, ni de la
faim et de la soif éternelles de Tantale, ni de ce rocher
que remonte Sisyphe et qui retombe sans cesse, ni du
supplice de ce grand coupable à jamais enchaîné sur son
siége éternel : sans vous dépeindre cette fatale roue qui
entraîne Ixion et qui tournera toujours, ni les eaux tristes
et immondes de ce fleuve lugubre qu'on ne traverse
qu'une fois, nos saints Livres renferment-ils rien de plus
épouvantable, mes Frères, que le tableau que les païens
nous ont laissé de leur Eternité?

Les mahométans ont leur enfer éternel; et si leurs
croyants doivent jouir à jamais dans leur paradis sensuel, leurs infidèles souffrent une éternité de tortures,
plongés dans des torrents de lave bouillonnante *qu'ils
dévorent avec toute l'ardeur d'un chameau altéré;* ce sont
les expressions du Coran.

Les Indiens comme les Islandais ont leurs étangs de
feu et de soufre; les Perses ont leur Poul-Serrho éternel; les tribus les plus sauvages et les plus barbares
qu'aient évangélisées nos missionnaires, croient et ont
toujours cru à un enfer éternel; dans tous les siècles et
les pays du monde, depuis la hutte du Labrador jusqu'aux forêts vierges du Brésil et du Paraguay; depuis
les Egyptiens efféminés qui adoraient les astres, les animaux et les plantes, jusqu'à ces terribles Gaulois qui
égorgeaient leurs enfants et leurs prisonniers devant une

idole de bronze, toutes les nations ont cru à un enfer éternel ; toujours cette effrayante image est venue se placer entre le crime et la conscience humaine en lui disant : Arrête !... toujours elle a troublé le repos du méchant, en lui criant : Malheur !...

Ainsi, mes frères, quand toute chair avait corrompu ses voies, quand le vice s'appelait vertu, quand le souffle de Satan avait tout confondu, tout bouleversé sur la terre, au milieu de tant de ruines morales, l'enfer seul était debout : la nature, semblable à une cavale indomptée, avait rompu ses liens, brisé toutes ses entraves ; mais sa bouche frémissante portait encore ce frein salutaire, blanc d'écume sans doute et taché de sang, mais toujours intact et tel que le lui avait mis le créateur.

Aussi le Protestantime, cette grande négation de toute vérité révélée, cette orgueilleuse *protestation* contre tout ce qui gêne la nature, après avoir tout réformé, tout mis en question ; après avoir nié le célibat ecclésiastique, la confession, la présence réelle, le culte divin et ses plus augustes cérémonies ; après avoir tout sacrifié à l'orgueil, à la raison, à la liberté, devant le dogme redoutable de l'enfer, le Protestantisme a senti tomber son audace : toute l'imagination sauvage de Luther n'a pu jeter un pont sur cet abîme ; sa main de Vandale n'a pu y accumuler assez de ruines... Il a été, l'insensé ! jusqu'à y jeter le purgatoire ; et le gouffre insatiable l'a dévoré sans perdre une ligne de sa profondeur infinie ! Oui, mes Frères, le protestant n'a plus que le ciel et l'enfer : son orgueilleuse raison se trouble et se confond ; *il tremble, mais il croit !...*

— Voilà, monsieur le curé des autorités respectables, assurément ; nous voyons bien que l'histoire religieuse et profane consacre le dogme de l'enfer, et que toutes les nations ont payé à ce ténébreux Moloch leur tribut d'épouvante. Mais vous oubliez que nous ne sommes plus dans l'antiquité idolâtre et superstitieuse, et que nous avons secoué la poussière et les langues du moyen-âge : vous oubliez surtout que nous sortons de l'école des Diderot, des Voltaire et des J.-J. Rousseau, qui nous ont appris à nous moquer de cet épouvantail ridicule.

— Prenez garde, Monsieur ; vous invoquez des témoins que vous n'avez pas, sans doute, interrogés d'avance, au moins sur la question qui nous occupe; lisez-les et vous changerez de langage. Et, en effet, le cri de la foi, de la nature et de la raison fut toujours si énergique et si puissant, que la philosophie impure et ricaneuse du dernier siècle a été forcée de rendre hommage au dogme qu'il consacre. Vous avez nommé Diderot; eh bien, écoutez ce qu'il dit des jugements de Dieu : « Il faut être « insensé pour croire que la Divinité défend aux hommes « de faire le mal, et ne les punit pas s'ils désobéissent. « L'idée d'un Dieu juste et bon implique récompense et « châtiment à venir. Celui qui nie un Dieu vengeur laisse « la vertu sans appui et pousse indirectement à la dé- « pravation : il est véritablement athée. »

Vous avez nommé J.-J. Rousseau : mais qui ne connaît ses anxiétés, ses terreurs continuelles et l'énergie de son langage partout où il trouve occasion de parler de l'enfer ? « Philosophe, s'écrie-t-il, ta morale est fort belle, « mais montre-m'en, de grâce, la sanction; dis-moi ce « que tu mets à la place du Poul-Serrho ?... Sans le « dogme de la justice éternelle, je ne vois plus dans la « vertu qu'une folie à qui l'on donne un beau nom. » Et le patriarche de l'incrédulité moderne était si convaincu de l'existence, de la nécessité même d'un enfer après la mort, qu'il ne connaissait pas de plus puissante barrière au crime et à la méchanceté des humains.

« Il faut, disait-il, un Dieu vengeur aux rois, aux mi- « nistres, à nos procureurs; il faut un enfer à l'homme « de cabinet, à nos ouvriers; il en faut un au peuple : « il faut un Dieu vengeur à tous ceux qui, sans la crainte « de ce Dieu, nous pileraient dans un mortier dès qu'ils « y trouveraient leur intérêt. » Voilà le langage des hommes les plus impies qui aient attaqué la religion. Je ne vais pas multiplier ici les citations, j'en ferais des volumes; il nous suffira de dire que les professeurs dont vous vous vantez, Monsieur, d'avoir suivi les leçons, ont reconnu que le dogme de l'enfer est si enraciné dans la nature humaine que jamais ils ne pourraient l'entamer; ils ont senti qu'il était même nécessaire au repos des citoyens; que cette vérité terrible est si fondamentale et si essentielle à l'existence de toute société, que la terre ne serait sans elle qu'un abîme de sang et d'horreur.

— Dites-moi, monsieur le curé, n'auriez-vous pas hérité de l'enthousiasme et de l'imagination de ces prédicants exaltés qui nous ont transmis ce bel apanage ? Jusqu'ici vous nous signalez fort bien la croyance générale, l'accord universel de tous les hommes à admettre l'existence de l'enfer : je vais même jusqu'à convenir qu'il est *nécessaire au repos des citoyens que tout le monde y croie.*

Mais de sa nécessité, pouvez-vous, en bonne logique, conclure son existence ? et puisque vous voulez l'établir sur un autre fondement que la foi, puisque vous le faites découler de l'essence des choses et de l'existence même de Dieu, quelle raison pouvez-vous en donner ? Je soutiens qu'en dehors de la foi, l'enfer est un fantôme, une vraie chimère, et Dieu peut fort bien exister sans s'acharner toute l'éternité à tyranniser son ouvrage.

— Quoi ! Monsieur, toutes les traditions de l'univers seraient unanimes pour proclamer une chimère ! et quelle chimère !... Tous les siècles, toutes les nations auraient frémi d'épouvante, à genoux, devant un si terrible fantôme ! ils lui auraient immolé leurs passions les plus chères ! ils auraient laissé ce sinistre oiseau de malheur empoisonner leurs plaisirs ! Mais que devient, je vous prie, cette célèbre sentence du plus grand orateur de Rome païenne : *Un jour voit tomber ce qui n'est que système, tandis que la voix de la nature s'affermit avec les siècles ;* et cette autre parole non moins profonde : *Quand tous les hommes, tous les temps et tous les pays s'accordent sur un point de doctrine, cet accord universel est le cri de la nature et de la vérité ?* — Mais allons plus loin encore, s'il est possible, mes Frères, et, sur la pierre fondamentale de la foi, puisque le dogme de l'éternité de l'enfer repose en premier lieu sur la parole divine, laissons agir la raison qui trouve dans l'essence de Dieu même la nécessité d'un enfer éternel. Oui, chrétiens, j'oserai le dire, si l'enfer n'existait pas, Dieu ne serait pas Dieu.

— Oh ! oh ! Monsieur, voilà, j'espère, une proposition hardie !... Prenez garde, en voulant frapper trop juste, de dépasser le but ; et n'oubliez pas que vouloir trop prouver, c'est ne rien prouver.

— N'oubliez pas vous-même, Monsieur, que, pour l'éternité des peines, je pose d'abord la foi pour fondement de ma thèse, et que c'est sur cette pierre angulaire et inébranlable que je laisse le champ libre à ma raison. Suivez-moi dans le développement de ma pensée ; je la crois de nature à vous frapper et à vous convaincre, même en dehors de la foi. J'ai dit que sans l'enfer Dieu ne serait pas Dieu.

Et en effet, mes Frères, Dieu n'est-il pas infiniment juste, infiniment sage, infiniment saint ? Or, je vous le demande, où serait sa justice, s'il donnait, après la mort, au scélérat le sort de l'innocent, au mauvais riche celui de Lazare, à Caïn le sort d'Abel ?

Où serait sa sainteté, s'il se réconciliait avec le pécheur impénitent, s'il souffrait à ses côtés ce lépreux toujours horrible, cet enfant toujours rebelle qui ne veut pas se repentir, s'il laissait ce démon faire une tache éternelle à la splendeur des cieux ?

Où serait sa sagesse, enfin, si, ayant comme jeté pêle-mêle, ici-bas, les biens et les maux, ayant laissé le vice triomphant et la vertu misérable, il ne rétablissait pas l'ordre et l'équilibre au-delà du tombeau ? Où serait sa sagesse surtout, si, ayant établi des lois, il ne leur avait donné qu'une sanction illusoire, puisqu'un enfer qui devrait finir serait une digue impuissante à contenir la fougue des passions ?

Oui, mes Frères, il y a un enfer, et cette vérité terrible est la conséquence rigoureuse de l'immortalité de notre âme et de l'existence de Dieu ! Oui, l'enfer est éternel ; car alors même que Dieu ne nous l'aurait pas révélé, ce sombre mystère, la raison humaine, toute seule, eût pu le pressentir. Tant que Dieu sera Dieu, il abhorrera le crime et le pécheur impénitent : tant que Dieu sera Dieu, l'arbre déraciné par la justice éternelle et tombé à gauche, y restera, parce qu'il ne peut plus se relever, une fois mort, pour revenir à droite et produire des fruits de vie : tant que Dieu sera Dieu, les pleurs du damné seront des pleurs de rage, sa prière un blasphème, et son repentir le repentir de Satan !

— Mais enfin, monsieur le curé, qu'est-ce donc que cet enfer dont on fait tant de bruit ? en savez-vous rien de positif ? Ne vous perdez-vous pas comme nous en conjectures ? Le parti le plus sage, assurément, est de le laisser où il est sans nous en mettre tant en peine : qu'il nous suffise de savoir que c'est un épouvantail d'enfants, une vraie superstition, un rêve de cerveaux malades... On veut nous effrayer ; il n'y a pas d'enfer.

— En vérité, Monsieur, est-ce sérieusement que vous parlez ? Laissez-nous croire, de grâce, que vous voulez rire ! et votre rire, dans un sujet si terrible, est pitoyable et déchirant comme le rire d'un moribond !... Mais si vous parlez sérieusement, je vous plains davantage, Monsieur, car je crains que vous ne soyez devenu insensé. Quoi ! l'enfer, *un rêve*, une vaine superstition ! mais ce rêve..., il a fait trembler Antiochus, Julien l'Apostat et Voltaire ! Mais cette superstition..., elle a épouvanté Luther !... L'enfer *un rêve !* mais vous êtes seul contre toute l'espèce humaine ! *il n'y a pas d'enfer !* et qui vous l'a dit ? en êtes-vous bien sûr ? Mais savez-vous que vous êtes plus tranchant et plus affirmatif que l'incrédule de Genève qui répondait : *Peut-être ?* — Y a-t-il un enfer éternel ? — *Je n'en sais rien.* Savez-vous bien que vous allez plus loin que Voltaire lui-même ?

Ce Lucifer du xviii<sup>e</sup> siècle, après avoir consumé sa vie dans l'étude de toutes les sciences religieuses et profanes pour écraser le Christianisme sous le poids de sa vaste érudition, après avoir été fouiller partout où il espérait trouver une arme contre lui, désespéré de se voir vieillir, de se sentir un pied dans la tombe sans avoir pu trouver un seul argument solide à opposer au dogme de l'enfer, écrivait à l'un de ses plats admirateurs qui se vantait de posséder enfin une preuve victorieuse : *Vous êtes bien heureux, Monsieur, je n'en suis pas encore là !* Quel triomphe pour Voltaire, s'il avait pu dire au monde : *Il n'y a pas d'enfer !* — Vous le dites, vous, Monsieur, vous le dites ; mais je prétends que vous ne le pensez pas ! Vous mentez à votre conscience : c'est le cri intime de ce gardien fidèle que vous voudriez étouffer ; mais malgré tous vos efforts et votre acharnement à le détruire, il se réveille sans cesse, se dresse contre vous ; le jour, la nuit, partout, il vous poursuit et vous crie : *ibit homo !* Je dis plus encore : tous vos efforts et votre acharnement à le nier prouvent évidemment son existence, on ne se donne pas tant de peine pour nier ce qui n'existe pas. Ne dites donc plus : il n'y a pas d'enfer ; dites plutôt que vous ne voudriez pas qu'il y eût un enfer, car, s'il existe, vivant si mal, il serait nécessairement votre demeure éternelle.

— Mais qu'y a-t-il donc dans l'enfer? où est-il et qui en est revenu pour nous le dire?

— Qui en est revenu, Monsieur? Satan ! il vous dira, lui, non pas où est l'enfer, peu vous importe une telle réponse : le Dieu de l'univers peut partout torturer le crime et se venger de ses ennemis; mais il vous dira ce qu'il y a dans l'enfer et ce que c'est que l'enfer. Qui ne l'a contemplé dans quelqu'un de ces effrayants tableaux qui le représentent matériellement, et qui annoncent moins encore l'imagination de l'artiste que la terreur universelle qu'inspira, de tout temps, ce tyran de l'abîme?... Voyez-vous ces yeux sanglants, ce visage farouche, ces cheveux droits? Sur ce front maudit et sillonné par la foudre, cherchez à reconnaître les aimables traits du beau Lucifer; de ce sublime archange de lumière qui se levait avant l'aurore!... Entendez, M. F., entendez ces hurlements de rage et de malédiction, et ces grincements de dents qui s'entrechoquent de désespoir!... Ne frémissez pas d'épouvante, mon frère : il vous dit à sa manière ce que c'est que l'enfer.

*Qui en est revenu?* La mauvais riche ! voyez-le se tordre et rugir de douleur, au fond de l'abîme, et, levant les yeux au ciel du milieu des flammes qui le dévorent, implorant éternellement la goutte d'eau de Lazare, sans pouvoir l'obtenir ! Personne n'en est revenu ! Mais n'avez-vous pas, vous aussi, Moïse et les prophètes? n'avez-vous pas de plus la parole de J.-C., les aveux, l'épouvante des impies, le cri de la nature et la croyance du genre humain? Personne n'en est revenu ! Mais si vous avez le malheur d'y tomber, vous n'en reviendrez pas vous-même ! Mais c'est parce qu'on y reste à jamais que je viens vous dire, au nom de Dieu : *Prenez garde! réfléchissez; rejetez-vous en arrière*, car vous mettez le pied sur un abîme sans fond !

— Peu nous importe, dites-vous, Monsieur, de savoir où est l'enfer? Mais vous n'y songez donc pas? C'est pour nous une question capitale; et si vous y réfléchissiez, peut-être y trouveriez-vous la raison de notre indifférence. Car s'il y a un enfer, il est sur la terre où nous

avons tant à souffrir. C'est déjà bien assez d'avoir été si
malheureux pendant la vie, sans que le bon Dieu nous
torture encore après la mort.

— Ah ! vous venez de dire une bien déplorable
vérité. Monsieur ! Oui, l'homme fait son enfer, ici bas :
car trop souvent il y souffre comme les démons ! au lieu
de souffrir avec résignation, pour expier ses iniquités ;
au lieu de souffrir par amour, en union avec les souffrances du Sauveur, il blasphème le Ciel, il maudit le
travail, la pauvreté, la douleur : et ce travail qui pouvait être une prière, cette pauvreté, cette douleur qui
étaient une expiation, par votre colère et vos murmures
vous en avez fait un nouveau crime ; et cette croix bénie
que vous portiez au Calvaire, sur les pas de J.-C., cette
croix où vous auriez pu entendre cette ineffable parole :
*Aujourd'hui, tu seras avec moi en Paradis !* vous l'avez
traînée, comme le mauvais larron, en réprouvé ! Oh !
vous faites votre enfer, hélas ! mais cet enfer pouvait
être votre purgatoire : il y avait l'espérance au bout !
et vous en avez fait le commencement de votre enfer
éternel ! Non, le Seigneur ne vous en tiendra pas compte,
car nous ne pouvons mériter qu'en état de grâce et par
J.-C., et vous en êtes séparés par le péché mortel ! Non,
il ne vous en tiendra pas compte, car vous mordez la
main paternelle qui vous châtie, au lieu de la bénir !
Non, il ne vous en tiendra pas compte, car si de telles
souffrances étaient méritoires, Satan et les réprouvés
auraient droit d'en être jaloux !

— Tout cela est bel et bon, monsieur le curé ; mais
vous ne nous épouvanterez pas ; Dieu est un trop bon
père : il ne peut ainsi damner ses enfants.

— Oui, sans doute, Monsieur, si Dieu n'était qu'*un
trop bon père ;* mais avec son extrême bonté il y a sa
sainteté, sa sagesse et sa justice à concilier ; de plus, à
côté de *l'extrême bonté,* il y a *l'extrême scélératesse* à
punir. Dieu est un trop bon père ; mais si ses enfants
sont des monstres qui le déshonorent, s'il leur a pardonné
mille fois en vain, si sa clémence et son amour, loin de
les toucher, les confirment dans le crime et les encou-
ragent au parricide, cette bonté ne serait-elle pas de la
mollesse, et cette clémence de la lâcheté ? Et puis, dites-
moi, mon frère, est-ce bien Dieu qui vous damnera ?

n'est-ce pas votre malice? ne sont-ce pas vos crimes?
n'est-ce pas vous même? Si Dieu nous damnait, il serait
le plus dénaturé de tous les pères, le plus barbare des
tyrans. Ah! si un seul damné pouvait se consoler, par
l'idée que son malheur n'est pas son ouvrage; s'il pouvait accuser Dieu d'en être seul l'auteur, l'enfer, pour
lui, ne serait plus l'enfer, ou Dieu ferait un miracle pour
l'en arracher!

*Dieu est un trop bon père* pour me damner, dites-
vous? Ce n'est pas ainsi que vous devez vous exprimer;
il faut dire : Dieu est trop bon pour ne pas m'arrêter,
malgré moi, au bord de l'enfer; il est trop bon, pour ne
pas fermer, pour ne pas anéantir l'enfer où je veux me
jeter, malgré lui. Ce raisonnement vous paraît-il bien
juste? Il vous a comblé de biens, il est mort pour votre
salut, il vous a nourri de sa chair et de son sang
adorable, et puis, pour éprouver votre reconnaissance,
il vous montre d'un côté l'abîme béant, et de l'autre, son
cœur embrasé d'amour, en vous disant : Mon enfant, il
vous faut un asile, choisissez. — Et vous courez aussitôt
vous jeter dans l'abîme! A qui la faute, je vous le
demande; et Dieu était-il obligé de faire un miracle
pour vous en empêcher?

— Mais Dieu qui, de toute éternité, prévoyait l'abus
que nous ferions de notre liberté, pourquoi nous l'a-t-il
donnée? En nous créant libres, il est le premier artisan
de nos iniquités, et, partant, l'auteur de notre damnation. *Sans la volonté propre*, a dit, je crois, un docteur
de l'Eglise, *il n'y aurait pas d'enfer*. Et moi je dis que,
en nous refusant la liberté, Dieu rendait l'enfer impossible, et en assurant notre innocence assurait notre
bonheur.

— Que dites-vous, Monsieur, et quelle étrange parole
avez-vous prononcée! Oh! vous portez donc envie à ces
infortunés que l'on enferme, parce qu'ils sont le rebut et
la honte de l'espèce humaine? Je vous plains de toute
mon âme : car vous êtes si méchant et si dépravé que
vous osez murmurer d'être fait à l'image de Dieu!

Quoi! vous concevez, vous, l'homme sans la liberté?
Et où sera sa vertu? et que devient le mérite et la
moralité de nos actions? Dieu devait donc nous livrer à
l'instinct grossier de la brute ; il devait donc faire de

l'homme une machine, de peur qu'il ne se révoltât contre son auteur ? Et que vouliez-vous qu'il fît de vos hommages d'esclave ? N'a-t-il pas son soleil, son univers, ses astres et sa foudre, pour lui obéir et chanter sa gloire? N'était-il pas indigne de lui, cet enfant ingrat et dénaturé qui, pour aimer son père, aurait eu besoin de ne pouvoir le haïr?

— Mais au moins avouez, Monsieur, que si l'enfer existe il ne saurait être éternel : ce mot barbare doit être banni d'une religion toute de clémence et d'amour. Sous un Dieu juste et bon, une éternité de tortures !... et cela pour punir une pensée, un désir, un moment d'oubli, un seul péché mortel!... Non, Monsieur, cela n'est pas possible : il n'y aurait pas de proportion entre le châtiment et l'offense.

— Dites-moi, Monsieur, pourquoi craint-on si peu le péché véniel?

— C'est, sans doute, parce qu'on l'expie au purgatoire... : les supplices y sont, dit-on, atroces, horribles, les mêmes que ceux de l'enfer; mais ils finiront un jour, et c'est une consolation... Passe donc pour le purgatoire, si long qu'on le suppose; mais qu'on nous laisse au moins l'espérance.

— Un moment, je vous prie. Les supplices du purgatoire sont horribles, dites-vous; ils sont les mêmes que ceux de l'enfer. Eh bien, on dit : Bah! ce n'est qu'un péché véniel; on passe et tout est dit. Mais quand il s'agit du péché mortel, oh ! l'éternité marche à sa suite : elle nous épouvante, on réfléchit. Du sein de cet abîme formidable, une noire vapeur s'élève : c'est un coup de la grâce; on résiste, on triomphe de la tentation, et le but de la sagesse éternelle est atteint. Ainsi, M. F., comme l'éternité des peines épouvante le méchant, c'est elle qui l'arrête. Mais, je le veux, raisonnons, au moins autant que le permet un sujet aussi mystérieux et si redoutable.

Je ne vous dirai pas ici que la société elle-même inflige à sa manière un châtiment infini, si j'ose le dire, lorsqu'elle condamne à mort, ou au bagne à perpétuité, un meurtrier, un assassin ; qu'elle punit aussi d'une peine éternelle en quelque sorte le crime d'un moment, puisqu'elle flétrit à jamais non-seulement les coupables, mais encore leurs enfants et leur postérité la plus reculée. Si nous voulions établir une proportion quelconque entre la durée du crime et celle du châtiment, les fautes les plus légères, les moindres délits pourraient recevoir un châtiment barbare et les plus noirs attentats rester à peu près impunis. M. F., jamais nous ne connaîtrons toute la malice du péché ni la grandeur du Dieu qu'il outrage; mais ce que nous savons tous, c'est l'horreur infinie que lui inspirent le pécheur impénitent et le crime inexpié; ce que nous savons tous, c'est l'énergie souveraine avec laquelle il les repousse et les maudit, tant qu'il n'a pas été désarmé par la prière et les larmes du repentir. Or le réprouvé, qui rugit et blasphème au sein des flammes éternelles, peut-il expier son crime et mériter le pardon? Non, non, tant que ce misérable, le cœur bouillonnant de haine, les yeux sanglants de rage, les poings crispés de désespoir et menaçant le ciel, vomira des malédictions contre le Dieu dont la vengeance le torture; tant que les larmes qu'il répand et le feu qui le dévore n'auront pas effacé son crime, un triple mur d'airain le séparera du séjour des élus; à jamais ce misérable sera souillé, à jamais Dieu le repoussera avec horreur : car, dans l'enfer, plus d'expiation, plus de pitié, plus de repentir, plus de pardon !

— Eh bien, monsieur le curé, que vous dirai-je? une pensée me rassure au milieu de ces sombres tableaux que vous nous tracez de l'enfer : j'espère que nous y serons en bonne compagnie; car si je suis damné, il y en aura bien d'autres !

— Mes frères, si je n'avais souvent moi-même entendu cette horrible parole; si, en ce moment, dans ce saint lieu, elle ne sortait pas d'une bouche humaine, je la prendrais pour un écho des hurlements de l'enfer..... Malheureux, qu'avez-vous dit ? *Si je suis damné...* Avec quelle effrayante résignation vous prononcez cette parole! quoi! vous vous consolez d'avance de votre malheur par l'espérance du malheur de vos frères! mais vous êtes donc un démon anticipé! et quand vous serez en enfer, vous viendrez, nouveau Satan, rôder peut-être autour d'eux pour les y précipiter avec vous!..... *Si je suis damné, il y en aura bien d'autres :* quel étrange langage! vous espérez peut-être emporter dans l'abîme et vos

jeux et vos fêtes!!! vous espérez peut-être faire de
l'enfer un lieu de plaisir!!! Quoi! plongé par la pensée
dans cet océan de tortures éternelles avec les démons et
les réprouvés, au milieu de tout ce que la terre a produit de sacriléges, d'assassins, d'impudiques, de parri-
cides, de scélérats, en un mot côte à côte avec les
monstres les plus horribles qui aient épouvanté l'univers,
vous vous écriez : *Tant mieux! mangeons et buvons,
puisque nous mourrons demain!...* Et vous avez
l'effroyable courage de plaisanter et de rire!... mais en
vérité est-ce folie, est-ce fureur, est-ce enchantement?
et dans quelle langue, ô mon Dieu! trouver une parole,
un son qui puisse rendre toute la scélératesse de ce
*langage diabolique?* Et la foudre est muette! et la terre
ne s'entrouvre pas!... O mon Dieu, vous êtes patient
parce que vous êtes éternel! *Patiens quia æternus.* — Mais
parlez donc franchement, mon frère, croyez-vous ou ne
croyez-vous pas? Si vous ne croyez pas, jettez ce masque
hypocrite, niez la vertu, niez Dieu, soyez ouvertement
athée, et la société vous vomira de son sein. Mais si vous
croyez, — et grâce à Dieu, nous avons tous la foi ici, —
soyez donc conséquent, vivez comme on doit vivre en
face d'un ciel et d'un enfer éternels! Vivez comme tant de
saints pénitents qui se croyaient sans cesse éclairés par
les flammes de l'enfer; descendez-y vivants par la
pensée pour n'avoir pas à y descendre après la mort;
faites-en le sujet continuel de vos méditations dans ces
jours de clémence et de salut, cette sainte pensée vous
pénétrera de la crainte du Seigneur qui est le commencement de la sagesse, en attendant que son amour
consomme dans le ciel votre éternelle félicité.

Ainsi soit-il.

---

### Epilogue.

La foule consternée sortait de l'église en silence : la parole
sainte opérait dans les âmes. A la lueur de ce lugubre flambeau qui luit dans l'Eternité, bien des doutes s'étaient dissipés, bien des préjugés s'étaient anéantis; et la conclusion

du prône que l'on venait d'entendre était celle-ci, chacun la tirait au fond de son cœur : *Donc il faut opérer mon salut avec crainte et tremblement.*

Il est de ces vérités formidables qui n'ont besoin que d'être exposées de temps en temps aux yeux de l'esprit, pour opérer les plus heureux résultats et une réaction salutaire dans toute notre existence ; et c'est parce que nous les oublions trop aisément que nous trouvons la vertu difficile, le crime aimable et nos devoirs pénibles à remplir.

Pourtant, au milieu de tout ce peuple pensif, abattu, agité d'une anxiété salutaire, on voyait çà et là quelque figure équivoque, à l'air malin et ricaneur ; certains petits demi-savants, petits raisonneurs et petits incrédules ou faisant semblant de l'être, qui témoignaient assez en branlant la tête, en haussant les épaules, que l'instruction sur l'enfer ne les avait que médiocrement impressionnés. Inutile de dire que M. Lucien était le chef de file, et que c'était à lui que s'adressaient tous les signes d'intelligence. Lafleur s'en aperçut et s'approchant de lui sans façon au milieu de la foule : — Ah çà, mille escadrons ! lui dit-il en le toisant de la tête aux pieds, savez-vous, mon vieux, que vous avez une singulière marotte ? à votre place, je me ferais comédien.

— Ah ! ah ! l'original ! et que voulez-vous dire ?

— Vous passeriez votre vie sur les tréteaux...

— Je ne vous comprends pas davantage.

— Et vous pourriez là discuter, épiloguer, interrompre, poser, pérorer et ferrailler à loisir...

— Ma foi, je crois que vous m'insultez, sergent !

— Non, je rends justice à votre mérite et à vos talents oratoires... Ah ! saprebleu, que vous auriez bonne mine là-dessus !

— Allons, monsieur Lafleur, je vois que vous avez déjà oublié notre entretien sur la foi et les miracles... vous savez bien ? Nous nous quittâmes assez contents l'un de l'autre ; ainsi, croyez-moi, n'allons pas nous brouiller encore.

— Eh ! laissez donc, mille bombes ! Je n'ignore pas que vous avez de bons moments, *des lunes,* comme dit Lucas, où vous raisonnez en homme : mais il y en a tant d'autres où vous radotez en vrai Jean-farine, que l'on ne sait plus à la fin sur quel ton vous répondre, et s'il ne vaut pas mieux en laisser le soin à ce rude argumentateur dont monsieur le curé vient de nous parler.

— Ah çà, franchement, est-ce que vous voudriez nous soutenir, vous aussi, que l'enfer n'est pas un conte, une farce, une mystification sacerdotale ?

— Et vous persistez, vous, à le nier, malgré toutes les preuves évidentes et matérielles qu'on vous en a données ?

— Si je le nie? mais sans crainte de me tromper! Et d'abord, où est-il?

— Oh! oh! la raison concluante pour prouver qu'il n'y a pas d'enfer! Où est-il? vous ne le savez pas plus que moi : donc, il n'y a pas d'enfer. Ah! saprebleu, monsieur Lucien; et vous voulez qu'on raisonne froidement avec vous? mais où est le ciel : j'entends le ciel que vous espérez aussi bien que moi, ce beau ciel d'éternelle gloire et d'éternel bonheur dont vous n'avez jamais douté?

— Oh! le ciel... le ciel, c'est autre chose; et l'Etre Suprême...

— Allons, allons, vingt-cinq Polognes, laissez-nous là tous ces grands mots qui ne sont que du clinquant pour dorer des pauvretés. Où est le ciel? vous n'en savez rien, pas plus que moi : donc il n'y a pas de ciel, ni ciel ni enfer! donc l'homme meurt comme un chien; entre l'homme et la brute, il n'y a d'autre différence que l'habit... Entendez-le bien, mes amis, et vivez en conséquence!...

— Mais, monsieur Lafleur...

— Un instant, s'il vous plaît, monsieur Lucien. Où est la mort? je n'en sais rien, ni vous non plus : donc la mort est un conte, une farce, nous ne mourrons pas! en voilà, j'espère, de la logique serrée et du raisonnement! Vous êtes, en vérité, mon cher, laissez-moi vous le dire, un drôle de pistolet!

— Mon Dieu, sergent, ne chantez pas sitôt victoire; on ne répond pas aux questions en les ridiculisant; et vous...

— Je ne ridiculise rien, morbleu, mais quand des questions ne sentent ni à sel ni à poivre, ce n'est pas moi qui leur donnerai de la saveur.

— Non, sans doute : mais vous vous étudiez à donner un tour comique aux choses les plus sérieuses, et ce n'est ni raisonnable ni loyal. Puisque vous semblez avoir pris à tâche de nous donner une édition plus populaire des instructions de monsieur le curé, cessez de les affubler à la soldatesque : dites-nous sérieusement où est l'enfer, et nous y croirons.

— Ah! ah! voilà donc de quoi il retourne? et moi je vous dis, mon vieux, que vous n'y croiriez pas davantage; quand je vous aurais dit : *l'enfer est là!* vous voudriez encore aller y voir, ne fût-ce que par curiosité : or, comme on n'en revient pas, vous sentez, camarade, que c'est tout un pour ces braves gens qui nous écoutent, et qui doivent vous trouver aujourd'hui d'une bonhomie et d'une naïveté sans pareilles.

— Mais avouez donc, sergent, que si je dois être damné, Dieu a été bien cruel en me créant! n'eût-il pas mieux fait de me laisser tranquille et de ne pas me donner l'être? qu'importaient à sa gloire, à sa félicité suprême mon existence et mon malheur?

— Il y aurait beaucoup à dire là-dessus; mais je ne fais pas encore mes réserves, et suis prêt à avouer tout ce qu'il vous plaira, pourvu qu'à votre tour, vous conveniez d'une chose avec moi.

— J'y suis tout disposé, parlez.

— La main sur le cœur, mais là, franchement et sans arrière-pensée, croyez-vous que pour l'homme tout se termine à la tombe et qu'il n'y a ni ciel ni enfer?

— Eh bien, puisque vous posez si nettement la question, j'avoue que les raisons de monsieur le curé m'ont fait assez d'impression; j'ai été frappé de cet accord universel de tous les siècles et de toutes les nations sur un point si terrible que les passions ont tant de peine à admettre. J'avoue même, il faut bien le dire, que l'éternité des peines me semble un corollaire rigoureux de l'existence de Dieu et de l'immortalité de l'âme; car si Dieu se réconcilie un jour avec le réprouvé dont la prière est un long blasphème, il n'y a pas de raison pour qu'il ne pardonne pas aussi tôt ou tard à Satan lui-même, et cette idée seule me révolte... Vous voyez donc, sergent, que je suis loyal et généreux : mais n'oubliez pas non plus...

— J'entends, j'entends, je n'oublie rien. Dites-moi encore, Monsieur, l'existence n'est-elle pas toujours un bienfait inestimable, puisque notre vie sur la terre peut se terminer par la félicité des cieux, alors surtout que nous n'avons qu'à le vouloir...

— Oui, sans doute, si cette volonté devait être efficace et si...

— Je reviendrai là-dessus. Croyez-vous que la prévision de Dieu influe sur votre vie bonne ou mauvaise; en d'autres termes, êtes-vous libre de faire le bien et d'éviter le mal?

— Il faut bien en convenir, car si nous n'étions pas libres, le crime ne serait plus crime ou le châtiment deviendrait une injustice criante... Mais cette liberté même... Ah! quelle arme terrible et meurtrière le Créateur a mise entre nos mains!

— Faisons moins d'enthousiasme et raisonnons. La liberté n'est-elle pas bonne en soi?

— C'est selon, mon cher : elle est bonne si j'en fais bon usage, et mauvaise si j'en abuse.

— Mais, saprebleu, vous êtes dans l'erreur, mon brave! Le bon usage et l'abus ne font rien à l'affaire : une chose est bonne ou mauvaise en soi, et sans égard au bien ou au mal dont elle est l'instrument dans les mains d'un agent libre. Autrement, la même chose pourrait devenir à la fois bonne et mauvaise suivant le temps, les lieux, les circonstances, les individus : or, vous avez trop de bon sens pour soutenir une aussi choquante absurdité.

— Soit ; mais je vous répète que si je dois être damné, il valait mieux que le Créateur me laissât dans le néant ; c'est une pensée lugubre et terrible qui m'a toujours fait frémir.

— Ah ! vous l'avouez donc, mille escadrons ! et l'enfer n'est pas tout à fait aussi *farce* que vous le disiez tout à l'heure. Notez bien cet aveu, mes amis ; et souvenez-vous que monsieur Lucien n'est pas seul à trembler ; bien d'autres esprits forts et d'un autre calibre ont frissonné d'épouvante à la pensée des vengeances de Dieu... Seulement, prenez garde, Monsieur : la frayeur vous conduit au blasphème. Dieu, dites-vous, aurait mieux fait de vous laisser dans le néant... Et qui êtes-vous, ô monstrueux enfant, qui dites à votre père, pourquoi m'as-tu donné l'être, et à votre mère, pourquoi m'as-tu mis au monde ; qui êtes-vous, mille baïonnettes, pour juger Dieu et lui demander raison de ce qu'il fait ou ne fait pas ? *il a été cruel* en vous créant ! Ah ! dites plutôt, morbleu, que vous l'êtes vous-même en vous damnant, et en vous damnant malgré lui ! Ne vous avait-il pas créé pour le ciel ? N'a-t-il pas tout fait pour votre amour et votre salut ? Tenez, sans tant épiloguer, répondez-moi oui ou non : si vous venez à vous damner n'en ferez-vous pas à bon droit votre *meâ culpâ* toute l'Eternité ; votre damnation ne sera-t-elle pas votre ouvrage ?

— Mon Dieu, oui, je sens bien que vous avez raison : l'on se damne parce qu'on le veut bien ; mais au fond, la difficulté reste toujours la même : c'est la prévision de Dieu relativement à l'abus de ma liberté ; et cette difficulté est d'une conséquence terrible pour mon avenir ; elle influe étrangement sur ma conduite journalière.

— Ah ! diable, voici bien une autre chanson ! et que vous fait à vous que Dieu ait ou n'ait pas prévu votre salut ou votre ruine ? Dans l'un et l'autre cas, votre salut n'est-il pas dans vos mains ?

— Y songez-vous, sergent ? Quoi ! vous ne voyez pas que si Dieu a prévu que je dois être damné, quoi que je fasse et de quelque manière que je vive, je serai toujours damné ; tandis que s'il a prévu que je dois me sauver, je le serai toujours, quelles que puissent être, d'ailleurs, ma conduite et ma vie ?

— Tiens, tiens, le beau raisonnement ! et que concluez-vous de là pour la pratique ?

— Eh ! mais... je pense que la conclusion se déduit assez d'elle-même. Puisque ma destinée est arrêtée, et que tous mes efforts ne peuvent la changer, il est donc inutile d'en faire davantage ; je puis donc vivre à ma fantaisie et sans souci de mon sort éternellement fixé dans l'esprit de Dieu.

— Oh! saprebleu, monsieur Lucien! vous êtes vraiment un foudre de logique et un raisonneur phénoménal! Peste, comme vous êtes habile à tirer les conséquences! Dieu a *prévu*, dites-vous : commencez par me raboter ce mot-là; Dieu ne *prévoit* pas, il *voit* tout d'un trait, car il n'y a en lui ni *avant* ni *après*. Il vous a vu tel que vous êtes. Si c'est avec des vices, de l'obstination et l'impénitence finale, il a dit : *bon pour le diable, réformé pour le ciel!* S'il vous a vu, au contraire, avec des vertus, avec l'innocence ou le repentir, et surtout (notez ce point-ci, qui est capital) : avec la mort des justes, il a dit : *bon pour le ciel et réformé pour l'enfer ;* voilà tout ; mais, mille escadrons! qu'est-ce que cela peut faire à votre conduite journalière, puisque vous êtes toujours libre d'éviter l'enfer et de gagner le ciel?

— Mais, c'est que, s'il est arrêté que je dois être damné...

— Mais, vingt-cinq Polognes, ce qu'il y a d'arrêté, de décrété, de prévu, le savez-vous? Dieu vous l'a-t-il révélé? et dans le doute, en cette matière, quand on n'est pas fou, ne prend-on pas le parti le plus sûr? Ecoutez, mon brave, une supposition.

Je monte un beau matin aux tours de Notre-Dame, et je me dis en regardant l'abîme : Dieu a prévu si je dois mourir de mort violente ou dans mon lit. Dans le premier cas, j'ai beau faire, je mourrai toujours; et dans le second, je puis me moquer de la mort pour le présent quart d'heure, et là-dessus, je m'élance...

— Oh! ceci est bien différent; la comparaison n'est pas juste...

— En voulez-vous une autre? Vous tombez gravement malade ; le sang vous suffoque, vous voyez tout en feu. Un médecin vous visite, il voit votre danger; mais au lieu de vous secourir et de vous pratiquer une large saignée, le voilà qui se pose gravement devant vous, les bras croisés sur la poitrine, et qui se fait ce raisonnement lumineux : Dieu, de toute éternité, a prévu s'il doit succomber ou guérir; *si priùs*, quoi que je fasse, il périra; *si posteriùs,* il guérira toujours : donc!... et, prenant sa canne et son chapeau, il achève la conclusion.

— Mais, monsieur Lafleur, c'est se moquer...

— Tenez, en voici une autre; je finirai peut-être par me faire comprendre. Quand vous venez d'arpenter quelque terre lointaine, chargé de votre équerre, de votre chaîne, de vos jalons, de vos instruments et de tout le bataclan; suant, soufflant, harassé et mort de faim; déjà, pour vous donner des jambes, vous vous êtes dit vingt fois : Allons, le dîner trouvera aujourd'hui à qui parler. Vous entrez, et vous voyez près de la table, à la cuisine... ô ravissante surprise! votre douce moitié activement occupée... à la lecture de son roman!... — Et mon dîner, mille bombes, mon dîner? — Tout doux, mon cœur, tout doux! il était probablement décidé que tu ne dînerais pas. — Qu'entends-je, vingt-cinq Polognes!... décidé où, comment, par qui, s'il te plaît? — Là-haut, et par le destin. — Ah ça! nom d'une capucine, tu es donc folle, ou te moques-tu de moi? — Ecoute, mon ami; comme je deviens un peu fataliste, depuis que je lis ce livre dont tu m'as régalée le jour de ma fête, je me suis dit, il y a deux heures, tout en prenant mon café au lait : Voyons un peu, essayons de mettre en pratique le système de l'auteur : il est décidé au ciel si mon mari doit ou ne doit pas dîner aujourd'hui; s'il ne doit pas dîner, *quoi que je fasse,* il s'en passera, et s'il doit dîner, *quoi que je ne fasse pas,* il dînera toujours, ou ici, ou ailleurs; donc, je puis continuer ma lecture favorite. — Ah! ah! mille citadelles! ma commère, vous avez pris votre café au lait en attendant, et les destins avaient décidé le contraire pour moi? Eh bien, voici, ma bonne, ce qu'ils ont résolu en même temps:... et la canne d'arpenteur de jouer une danse et une volée n° 1. Auriez-vous tort ou raison, monsieur Lucien? Soyez juge, et dans votre propre cause.

— Je suis parfaitement de votre avis; mais l'application de l'exemple, s'il vous plaît?

— Quoi! vous ne la voyez pas encore? elle est pourtant assez claire, ce me semble. Vous dites : *s'il est arrêté que je dois être damné, je le serai infailliblement, quoi que je fasse ;* le fait est qu'il n'y a rien d'*arrêté,* mon brave, et vous devez agir comme s'il n'y avait rien d'arrêté, ou que vous pussiez changer l'arrêt. Ainsi, au lieu de dire : je serai damné parce que Dieu l'a décidé, dites : si je me damne, il sera décidé que je devais me damner, et si je me sauve, que je devais me sauver; saisissez-vous la distinction?

— Oui... oui; je commence... à ne pas comprendre.

— C'est alors que vous ne voulez pas. N'êtes-vous pas, je le répète, parfaitement libre de faire le bien ou le mal, de marcher à droite ou à gauche? Et quand vous voulez agir, qui consultez-vous? votre propre volonté, vous-même, et non pas ce que Dieu à prévu; car la réponse pourrait se faire longtemps attendre. Là-dessus, vous agissez, et Dieu vous voit agir : voilà tout. Mais si vous n'aviez pas agi, ou que vous eussiez fait tout autre chose, comment Dieu aurait-il prévu ce qui ne devait pas être? C'est donc, en résumé, votre volonté libre qui est le gouvernail de votre barque, et la prévision de Dieu ne vous fera pas recueillir à la mort autre chose que ce que vous aurez semé.

— Mais, vous ne me soutiendrez pas, j'espère, que cette prévision de Dieu ne soit comme un arrêt irrévocable ; et que la pensée toute seule que mes actions sont prévues et réglées d'avance, n'influe sur ma conduite, et n'enchaîne presque ma liberté.

LAFLEUR *impatienté*. — Eh! que peut vous faire, mille bombes, ce que Dieu a prévu ou décidé sur votre sort, puisqu'il n'a décidé, s'il m'est permis de le dire, que d'après votre propre décision, libre et réfléchie? Comment son regard divin peut-il influer sur votre bonne ou mauvaise conduite et paralyser votre liberté? C'est comme si vous me disiez qu'un villageois, qui, du haut d'un rocher, observe les allées et venues d'un chasseur dans la plaine, enchaîne sa liberté parce qu'il prévoit que les gendarmes vont pincer le gaillard qui chasse en temps prohibé, et qui s'engage sans défiance dans le defilé où les estafiers l'attendent : je vous demande un peu si cet observateur influe le moins du monde sur la liberté de cet homme, à deux lieues de distance... Encore, si vous saviez ce que Dieu a décidé, si vous connaissiez ce que Dieu a *prévu*, pour me servir de votre expression; cet arrêt ou cette prévision pourrait influer sur votre conduite, et vous décourager, s'il est réglé que vous serez damné, ou vous endormir dans une folle sécurité, si votre salut est assuré. Mais, morbleu, le nœud de l'histoire, c'est que vous ignorez le sort qui vous attend, et que ce n'est qu'au jour de la grande revue que vous saurez, comme moi, si vous êtes digne d'amour ou de haine.

Or, je le répète, dans cette incertitude, un homme raisonnable prend toujours le parti le plus sûr : et le parti le plus sûr, mon camarade, n'est pas celui du *far niente* et de l'impiété. Donc, pour nous résumer : d'un côté, nous ne savons pas ce que Dieu a prévu et décidé de notre sort, mais seulement que nous trouverons au-delà du tombeau, le bien si nous avons fait le bien, et le mal si nous avons fait le mal ; d'un autre côté, nous sommes parfaitement libres de nous sauver si nous le voulons ; nous sommes plus que certains que Dieu, tout en mettant notre sort dans nos mains, veut notre salut, qu'il le désire autant et plus que nous, qu'il nous presse, nous sollicite, nous prévient de mille secours surnaturels ; nous savons que tous les crimes de la terre ne sauraient nous constituer fatalement dans un état de damnation irrévocable, puisqu'une bonne confession, un acte de sincère repentir, peut nous rendre en un instant, avec l'innocence et le pardon, tous nos droits au céleste héritage. Tirez donc la conclusion, mon brave ; si, avec toutes ces grâces et tous ces efforts du bon Dieu pour vous sauver, vous venez à vous perdre, c'est que vous aurez bien voulu vous damner ; et alors, mille escadrons, il n'y a ni fatalité, ni prévision qui tienne ; dites que votre malheur sera votre propre ouvrage, et que vous ne l'aurez pas volé.

— A vrai dire, je commence à voir clair dans cet abîme effrayant, au moins autant qu'il est possible aux yeux d'un faible mortel. Cependant, il me semble que toute une éternité de tortures pour punir une faute passagère, un moment d'oubli...

— Et que dites-vous, vingt-cinq Pologes, de la peine de mort pour un simple soufflet donné par un tourlourou à son caporal ? Que dites-vous du carcan, du pilori, qui vous flétrit à tout jamais, et cela pour une misère, pour une pauvre récidive en matière de billet, de griffe et de flibusterie ? Que dites-vous des galères à perpétuité pour une jeune femme trop sensible, hélas ! et qui peut-être avait *ses nerfs*, lorsque, de ses doigts mignons et délicats, elle a salé la soupe de son mari avec de l'arsenic ? *à perpétuité*, morbleu ! *à perpétuité* déshonorée, *à perpétuité* misérable, *à perpétuité* immolée, pour expier une mauvaise pensée, un moment de faiblesse et d'erreur ! et pourtant, personne ne crie à l'injustice, à la tyrannie, parce qu'il faut que, tôt ou tard, l'ordre se rétablisse et que force reste à la loi. Tenez, mes amis, n'épiloguons pas là-dessus, croyez-moi ; il y a là dedans un mystère redoutable que ni vous ni moi ne pénétrerons jamais. Tremblons devant la justice de Dieu : vivons de manière à n'être jamais tentés de nier l'enfer, à n'en avoir jamais besoin pour notre repos. N'oublions pas surtout que la miséricorde de Dieu fait à sa justice un contre-poids bien consolant : puisque si un seul péché mortel doit être puni d'une éternité de souffrance, un moment de repentir sincère peut nous mériter une éternité de bonheur.

(LUCAS *aux paysans qui s'éloignent pensifs :* )

Jarni, mes compères, quand je vous disais, moi, que c'est un franc lapin, et qu'il y a z'en lui toute l'étoffe d'un curé !

# PRONE DIXIÈME

**Sur l'enfer (Supplices).**

> *Quis poterit habitare de vobis cum igne devo-*
> *rante in ardoribus sempiternis ?* — Qui de vous
> pourra habiter dans un feu dévorant et des tortu-
> res éternelles ?
>
> (Isaïe, 18).

MES FRÈRES,

Lorsqu'un malade qui languissait depuis longtemps sur son lit de souffrance a cédé enfin à quelqu'une de ces crises violentes qui ôtent pour un temps le sentiment et la vie, le médecin, pour réveiller la sensibilité de ces organes assoupis, s'arme d'un fer salutaire ou d'une pierre brûlante, l'applique sur ce corps inerte qui peut-être n'est plus qu'un cadavre, afin que la douleur, s'il l'éprouve encore, l'excite, le ranime et le rappelle à lui-même.

Tel est aujourd'hui l'état du monde, mes Frères ; plongé dans un sommeil léthargique, dans l'assoupissement d'une fatale indifférence pour tout ce qui n'est pas matière et *positif*, ainsi qu'il s'exprime, on ne sait plus si son être spirituel vit encore, ou s'il est anéanti sans retour. L'homme ne vit plus guère aujourd'hui que par les sens. Pour éprouver s'il n'y a réellement en lui que de la matière, et réveiller la sensibilité de son âme engourdie dans un sommeil de plomb, sinistre avant-coureur de la mort éternelle, il faut que le médecin des âmes ait recours aux moyens extrêmes ; il faut qu'il s'arme du fer et du feu. Et, bienheureux encore, mes Frères, s'il pouvait en obtenir une lueur d'espérance, et si, ranimé par cette douleur salutaire, le moribond, par un effort suprême, se relevait, jetait un regard d'effroi sur la fosse déjà prête et s'éloignait de l'abîme !

Eh bien, mes Frères, ce fer et ce feu, je viens vous les appliquer en ce jour : je vous parlerai des supplices de l'enfer dont vous ne révoquez plus en doute la certitude et l'éternité. Il existe un enfer éternel, nous l'avons prouvé dimanche dernier; les supplices de l'enfer sont formidables, j'espère vous en convaincre aujourd'hui. Ah! que nous serions heureux, chrétiens, si, triomphant des répugnances de la nature, nous nous posions souvent en esprit en face des flammes éternelles dont nous ne sommes séparés peut-être que par quelques instants de vie! L'enfer engloutirait-il tous les jours tant de milliers de victimes? Serait-il obligé de dilater en quelque sorte ses horribles entrailles pour recevoir à chaque heure, à chaque minute, les nuées de misérables que le crime lui envoie? Oh! *descendons-y donc vivants*, mes Frères, dans *ces abîmes* éternels, vous dirai-je avec saint Augustin, *afin* que, par la sainteté de notre vie, nous méritions *de ne pas y tomber à la mort!*

Aussi, sans vous parler ici des tortures de l'âme, du regret à jamais déchirant d'avoir perdu son Dieu et ses droits à la félicité des élus, ni de ce triple ver rongeur qui dévore l'âme damnée pour l'éternité, à ne nous occuper que des souffrances corporelles, il nous sera facile de nous convaincre que si, dans le ciel, Dieu se montre si magnifique à récompenser, il déploie aussi dans l'enfer une formidable magnificence à punir. Examinons un moment, mes Frères, la vengeance de Dieu dans le feu qui en est l'instrument, et dans les démons qui en sont les ministres.

*Monsieur Lucien.* — Vous remplissez, monsieur le curé, il faut en convenir, un bien pénible devoir, et pour vous qui nous développez de si lugubres pensées, et pour nous qui sommes condamnés à vous entendre malgré les répugnances de la nature... ; il me semble que vous auriez pu vous borner pour ce sujet au sermon de dimanche dernier, sans venir nous attrister encore par les sombres tableaux dont vous nous menacez. Quoi qu'il en soit, bien que le sujet annoncé prête plutôt à l'imagination qu'à la controverse, j'espère qu'il en surgira des difficultés assez sérieuses pour que vous ayez quelquefois à descendre des hauteurs de l'éloquence sur le terrain de la discussion et du raisonnement.

— A Dieu ne plaise, Monsieur, que je m'étudie à faire de l'imagination et de l'éloquence pour effrayer mon auditoire : je traite un sujet aussi terrible, plus terrible encore pour moi que pour lui : mais n'espérez pas non plus, qu'à l'exemple du prophète infidèle, je vienne ici dissimuler la sainte parole et *vous bercer de riants mensonges ;* il y va de votre salut, et je réponds de vos âmes devant Dieu ! Malheur au prêtre qui, pour des motifs trop humains, chercherait à s'accommoder à la délicatesse, à la sensualité de son peuple dans l'exposition des grandes vérités de la foi. Médecin imprudent et téméraire, il flatte le malade, et, par de funestes ménagements, lui épargne l'opération douloureuse et salutaire qui devait assurer sa guérison !

Nous lisons, mes Frères, dans l'histoire de l'Eglise, qu'un empereur romain n'ayant pu vaincre la constance des martyrs, et trouvant les roues, les chevalets, le glaive, les ongles de fer et la dent des tigres trop doux pour sa vengeance, dans sa rage diabolique, à force de recherches et de combinaisons, finit par inventer un supplice nouveau. Il plongeait ces innocentes victimes dans la poix brûlante, les suspendait par un membre aux arbres de ses jardins, y mettait le feu, et se promenait la nuit à la lueur de ces torches vivantes... Vous frémissez d'horreur, mes Frères, à cette effrayante peinture, car vous êtes hommes, et votre cœur n'est pas un cœur d'airain. Eh bien ! ce spectacle qu'un tyran donnait à l'univers, il y a dix-huit cents ans, je viens en ce moment vous le donner de la part de Dieu ; je veux vous montrer un drame bien autrement terrible : contemplez-le bien, pour que vous n'ayez pas un jour à y jouer votre rôle. Pour diriger votre conduite à l'avenir, venez considérer en esprit ces torches brûlantes qui luisent dans l'horrible abîme de l'éternité. Ce n'est point un faible mortel, un tyran, le féroce Néron qui les a allumées ; un incendie aussi dévorant et si miraculeux ne peut être l'œuvre d'un homme ; il y a là le *doigt de Dieu, la fureur de Dieu* (1), la vengeance de Dieu.

Quand le feu du ciel tomba sur les cinq villes criminelles de l'Ecriture et les réduisit en un étang de soufre, c'était *une goutte de la colère* divine qui coulait sur ces

_______________

(1) *Ignis succensus est in furore meo.* (Deut. 32-22.)

lieux abominables (1). Grand Dieu, s'écrie saint Jérôme épouvanté par cette parole, grand Dieu, si une seule goutte de votre fureur est si terrible, que sera-ce donc quand elle tombera par torrents, quand elle roulera comme une mer débordée (2) !

Voyez, mes Frères, ce malheureux plongé, perdu dans cet océan de flammes ; il en est tout pénétré comme un charbon ardent, mais il brûle sans se consumer : le feu qui le dévore est comme le sel qui préserve de la corruption ; ou plutôt, ce feu s'attache aux crimes du damné incorporés à son être ; il les ronge il les consume sans jamais les détruire ; le souffle du Tout-Puissant a mis dans ces crimes comme un principe de vie et d'animation qui nourrit et stimule les flammes éternelles... Dans la main de l'homme, le feu est épouvantable, mes Frères ; l'avez-vous vu bouillonner dans ces creusets qui fondent les métaux les plus durs ; l'avez-vous entendu hurler dans ces fournaises dévorantes où se fait le verre ? et pourtant, ce feu là, c'est un bienfait de la création ; Dieu nous l'a donné comme une marque de son amour ; que doit-il être dans sa main lorsqu'il veut en faire l'instrument de sa vengeance ? Il l'a rempli, dit l'Ecriture, *d'une émulation vive et pénétrante* qui devine et prévient même en quelque sorte ses volontés (3). Il lui a communiqué, si j'ose le dire, quelque chose de son intelligence et de sa sagesse, afin qu'il aille chercher les sens les plus coupables, les plus flattés, qu'il s'y attache et les ronge avec plus de fureur (4).

— Mais, monsieur le curé, tout cela est bien mystérieux : comment un feu matériel peut-il s'attacher à des crimes, à des âmes spirituelles ? Comment peut-il dévorer sans cesse, avec la même activité, le même aliment qu'il ne consumera jamais ? Concevez-vous cela ? Je vous déclare que j'ai besoin pour le croire de faire à mon esprit et à ma volonté une terrible violence.

(1) *Stillabit furor meus super locum istum.* (2 paral. 34. 25).

(2) *Si tanta stilla, quid erit de totis imbribus !...* (Hyer.)

(3) *Ignis æmulatio quæ consumptura est adversarios* (Hæbr. 10. 27).

(4) *Quantùm in deliciis fuit, tantum date illi tormentum* (Apoc. 18. 7).

— Prenez garde, Monsieur, nous revenons sur le passé. Croire et comprendre n'ont jamais été synonymes : vous ne comprenez pas le feu de l'enfer; mais le feu de la terre, le comprenez-vous d'avantage? Comprenez-vous Dieu, votre âme, et les redoutables mystères de la mort et de l'éternité? Votre orgueilleuse raison n'est-elle pas forcée de s'arrêter humiliée, confondue sur le seuil de ce formidable sanctuaire? et pourtant vous croyez; vous ne pouvez nier sans folie; mais le flambeau de la foi dissipe les ténèbres de cet horrible abîme, et c'est à la lueur de ce flambeau salutaire que nous pouvons considérer à loisir l'émulation et le discernement miraculeux de ce feu, terrible exécuteur de la vengeance divine... Voyez avec quelle ardeur ce ministre fidèle pénètre dans ces yeux criminels séjour de l'orgueil, de l'envie et de l'impudicité! comme il entre dans ces oreilles toujours ouvertes à la médisance, aux propos scandaleux; comme il bouillonne dans cette bouche sensuelle qui se fit un Dieu de la bonne chère, sur cette langue envenimée qui blasphèma Dieu, calomnia le prochain, rompit l'union parmi les frères et fit rougir l'innocence par ses discours dissolus! Comme la flamme vengeresse pétille sur ces mains chargées du bien d'autrui, sur ces pieds toujours prets à courir dans les sentiers du crime! Voyez comme elle rugit dans ce cœur coupable où fermentaient toujours des sentiments de haine et de vengeance, repaire impur des plus viles passions, autel sacrilége où le pécheur offrait à la créature et son âme et son Dieu! Voyez comme ce feu dévorant tourbillonne et serpente autour de ce misérable, comme il se glisse et pénètre jusque dans la moelle de ses os (1)! « Je brûle, je brûle! « hurle le damné d'une voix désespérée : *crucior, cru-* « *cior!* Oh! par pitié, une goutte d'eau sur ma langue « desséchée! une seule goutte d'eau pour calmer la soif « qui me dévore, qui me brûle les entrailles! Je brûle, « je brûle, j'ai soif!... *Crucior, crucior, sitio!...* O rage, « ô tortures de l'enfer, quand donc finirez-vous? » Et sa conscience, cette furie inexorable comme la mort, réveille ses deux plus cruels serpents, le remords et le désespoir, qui répondent avec un sifflement lugubre : jamais!...

(1) *Intravit sicut oleum in ossibus ejus.* (Psal. 108. 18).

Hélas ! il n'en fallait pas tant, ô mon Dieu, pour écraser une pauvre créature. Il n'était pas besoin de la noyer, de l'engloutir toute entière dans cet abîme de flammes. Il n'était pas besoin de faire un miracle pour donner à ce feu intelligent la propriété de brûler à jamais le corps et l'âme, et de s'insinuer jusqu'aux derniers ressorts, jusqu'aux fibres les plus intimes qui les séparent. Un seul de ces tourments, la plus légère douleur, une piqûre d'épingle, dès lors que cette souffrance devait être éternelle, eût pu faire expier le plaisir d'un moment avec une épouvantable usure. Que dis-je ? et qui d'entre vous, mes Frères, serait assez courageux pour rester vingt ans étendu sur le lit le plus tendre, sur un lit de fleurs ? Ne serait-ce pas un supplice au moins aussi cruel par son effrayante durée que les plus cruelles tortures des martyrs ? J'en prends à témoin ces hommes délicats qu'impatiente le bourdonnement d'un insecte, qu'une petite fièvre, une nuit d'insomnie, un moment d'ennui désespère ; j'en appelle à ce voluptueux de l'antiquité qui fut assez sensuel pour trouver la douleur... sur le pli d'une rose !...

Mes frères, je vous le demande, *qui d'entre vous pourra demeurer dans un feu dévorant et des tortures éternelles ?* examinez-vous bien, pesez vos forces, et voyez de quoi vous êtes capables. Quand le crime viendra s'offrir à vous avec ses attraits les plus enchanteurs et ses plus pressantes sollicitations, prenez à la main un charbon ardent ; et puis, quand la douleur entrera jusqu'au vif, dites-vous si vous pouvez endurer les flammes éternelles, vous qu'une légère douleur jette dans de si violents transports. C'est ainsi que vous exciterez dans votre âme la crainte du Seigneur, et vous ne tomberez pas dans les piéges des démons, ces ministres cruels de la vengeance divine...

— Monsieur le curé, de grâce, avant d'attaquer votre second point, laissez-nous un peu respirer : un arc trop tendu garde son pli ou se brise à la longue : si vous continuez encore longtemps sur ce ton, vous nous habituerez au dramatique et vous manquerez votre but, à force d'écouter, on finit par ne plus entendre, comme à force de jouir on ne jouit plus... Sentez-vous bien où je veux en venir ?

— Mais apparemment à nous faire comprendre que le

sujet vous fatigue, et que ces sombres tableaux ne sauraient longtemps captiver votre attention; vous cherchez à vous distraire un peu de l'enfer.

— Sans doute; mais je voudrais vous faire comprendre en même temps qu'il serait à propos de distraire aussi les damnés de leurs tortures; car j'ai bien peur qu'à force de souffrir ils ne finissent par se blaser, s'endurcir et devenir presque insensibles à la douleur.

— En vérité, la difficulté est sérieuse! quoi, Monsieur! vous voudriez faire de l'enfer un purgatoire! Il y aurait donc des moments de relâche où ces misérables rendus à eux-mêmes par la mitigation des flammes éternelles, pourraient cesser leurs blasphèmes, leurs cris de fureur et leurs grincements de dents! Il y aurait donc des moments de grâce et de paix où les pleurs de rage de ces infortunés pourraient devenir des pleurs de repentir, leurs malédictions des prières, et leurs yeux égarés par la furie et le désespoir se lever suppliants vers le trône de la miséricorde divine! mais alors il viendrait un temps où ils pourraient mériter et faire des actes de vertu, un temps où l'enfer pour eux ne serait plus l'enfer?... Hélas! nous voudrions pouvoir le supposer comme vous, Monsieur, mais la parole sainte est trop évidente et trop formelle, les Pères et les docteurs unanimes et l'opinion contraire, au moins étrange dans l'Eglise; les réprouvés souffriront sans relâche et sans adoucissement; le Dieu qui les conserve à jamais pour la satisfaction de sa justice, saura bien remplacer par la continuité et la durée l'intensité du châtiment infini qu'une faible créature ne peut porter.

— Tenez, monsieur le curé, cessons d'approfondir des mystères si terribles; je sens qu'il faut nous en tenir à ce que Dieu a daigné nous en révéler. Mais poursuivez, de grâce, il nous tarde à tous d'être à la fin de cet effroyable drame : vous alliez, je crois, nous parler des exécuteurs de la vengeance divine.

— Si le démon usa, mes Frères, avec tant de barbarie du pouvoir que Dieu lui avait donné sur le saint homme Job, s'il le plongea dans un si lamentable abîme de misère et de douleur, à quel excès de rage et de férocité ce monstre infernal ne se portera-t-il pas contre les malheureuses victimes de sa perfidie, abandonnées sans défense à la merci de sa fureur ? Que n'a-t-il pas inventé contre la personne adorable du Sauveur, dans cette nuit fatale où il fut le jouet d'une soldatesque effrénée ! Souflets, crachats, flagellation sanglante, couronne d'épines, amères dérisions, sarcasmes déchirants, en un mot cet innocent agneau ne but-il pas jusqu'à la lie le calice de la honte et de la douleur?

Et maintenant, chrétiens, rappelez-vous tout ce qu'il a fait souffrir aux martyrs, ces supplices horribles, atroces, inouïs, imaginés par les tyrans, qui épouvantent la nature et qui n'ont pu être inspirés que par les démons. Ah ! s'ils ont pu, sur la terre, pousser si loin la barbarie, alors que la main de Dieu était là pour arrêter leur fureur si elle eût dépassé les bornes, que ne feront-ils pas dans l'enfer où ils n'auront plus d'autres témoins que les monstres de l'abîme ni d'autre frein que leur rage ; où le bras vengeur de Dieu soutiendra leur bras, le forcera à frapper, et déchargera sur eux tout le poids de sa colère, pour que le contre-coup retombe sur les damnés? Grand Dieu, quels violents transports, quel acharnement, quelle terrible émulation ! Comme ils rivalisent de furie pour torturer, pour déchirer, pour dévorer ces malheureuses victimes et leur transmettre les coups dont la vengeance divine les accable ! ne pouvant se venger sur Dieu des tourments qu'ils endurent, avec quelle frénésie ils s'acharnent sur son image ! voyez-les, mes Frères, les yeux enflammés, la bouche entr'ouverte, écumante, rugissant de rage et de désespoir, promenant leurs ongles acérés sur ces membres palpitants, excitant le feu qui les consume et le soufflant jusque dans leurs entrailles : entendez leurs sarcasmes et leurs sanglantes dérisions :

« Souffre, hurle de rage comme nous, car, toi aussi
« tu portas le caractère auguste du Très-Haut, et le ciel
« était ta patrie ! souffre, hurle de rage, insensé qui n'a
« pas voulu du bonheur des élus ! regarde, regarde
« là-haut ; malgré toi, lève la tête : vois-tu ta place et
« ta couronne ? enfant d'Abraham, frère de Jésus-Christ,
« que fais-tu dans ces flammes ? qui t'a précipité dans
« ces cachots éternels ? ce n'est pas Dieu : que n'a-t-il
« pas fait pour te sauver ! ce n'est pas nous : un signe
« de croix peut mettre en fuite toutes les légions de

« l'enfer : c'est toi même !... Souffre, hurle de rage,
« ingrat ! le sang du Fils de Dieu a coulé pour ton salut,
« et tu t'es damné !... cruel ! ah ! si une goutte de ce
« sang avait coulé pour les démons, les démons en ce
« moment triompheraient avec les élus !... monstre plus
« horrible que l'enfer, tu es rougi du sang de ta
« rédemption et tu es damné comme nous ! ah ! souffre
« donc, hurle de rage et de désespoir ; car dans nos
« mains est ton sort éternel ; c'est une proie que le Tout-
« Puissant a jetée à notre vengeance pour tous les siècles
« des siècles. »

— Mais, monsieur le curé, si l'on songeait à toutes ces horreurs, ce serait à en devenir fou !

— Ah ! dites plutôt à en devenir sage ! Ce que le monde appelle folie, Dieu le nomme sagesse et prudence : les saints et les élus furent tournés en dérision comme des insensés. Oh ! oui, la pensée de l'enfer est bien de nature à vous rendre fous aux yeux du monde, mes Frères, car en vous rendant ses charmes importuns et ses plaisirs amers, elle vous pénétrera d'une sainte terreur des jugements de Dieu et d'un ardent désir de travailler sans relâche au salut de votre âme. Songez-y donc souvent, chrétiens : et si la nature réclame, si les passions se révoltent, si, au milieu de vos folles joies, la pensée de l'enfer s'élève dans votre âme, sinistre comme un fantôme, effrayante comme le glaive de la mort, au lieu de vous roidir contre cette pensée salutaire, loin de vous distraire de cette lugubre vision, occupez-en votre âme, approfondissez-la, contemplez-la de plus près et dites-vous de temps en temps avec une sainte terreur : *Oh ! qu'il est horrible de tomber entre les mains du Dieu vivant !* Horrible, en effet, M. F. ; saint Paul lui-même ne pouvait y songer sans frissonner d'épouvante.

Oh ! si du moins, dans l'avenir, quelque lointain qu'il fût, pouvait luire une étoile... l'étoile bénie de l'espérance !...

L'espérance dans l'enfer ! ah ! elle est restée à la porte de ce formidable séjour ; si l'espérance pouvait y entrer, le paradis y entrerait avec elle !

Il y a quelques années à peine, l'incendie ayant consumé toute une bourgade de Bretagne, parmi les cadavres que l'on retira des décombres fumants, se trouvait une jeune femme qui avait vu périr son époux et ses deux enfants sous les ruines de sa maison : elle-même n'avait échappé à la mort, que grâce à une énorme pièce de bois qui formait un pont au-dessus de sa tête, mais qui, en se consumant, lui avait communiqué ses flammes. Après les premières larmes et les premiers transports, quand elle comprit bien que son malheur était sans remède sur la terre, elle se calma peu à peu, épuisée sans doute par sa longue souffrance. On la transporta dans un hôpital avec plusieurs autres victimes du même désastre. Eh bien ! le croiriez-vous, mes Frères? aù milieu de tant de tortures du corps et de l'âme, cette infortunée trouvait assez de force et de résignation pour consoler ses frères ; elle était leur soutien et leur bon ange.

Dans une visite que le pasteur de la paroisse fit aux malades, il vit cette femme tranquillement assise en face d'un crucifix d'ivoire où ses yeux restaient attachés. Son visage, naguère d'une beauté parfaite, avait été défiguré et hideusement contracté par les flammes. De temps à autre il lui prenait des frissons subits et tout son corps s'agitait dans d'affreuses convulsions. En ce moment elle découvrit son bras gauche pour l'exposer à la fraîcheur de l'air. Quel effrayant spectacle, grand Dieu ! et comment une faible créature peut-elle soutenir des tortures si horribles ! les chairs tombaient en lambeaux ; les nerfs et les muscles, se détachant, laissaient entrevoir à nu les os et les articulations... — « Pauvre femme ! s'écria le « prêtre en s'approchant d'elle avec émotion, pauvre « femme, quel supplice est le vôtre ! est-il sur la terre « une douleur comparable à votre douleur? Oh ! priez, « ayez confiance ; Dieu vous réserve sans doute une bien « belle couronne, car vous devez horriblement souffrir ! »

Alors cette femme, d'un ton calme et résigné : « Oh ! « oui, je souffre, répondit-elle, et des tortures mille fois « plus atroces que celles dont vous êtes si touché ; j'ai « perdu dans une nuit mon mari, mes enfants, tous mes « biens... ; et le feu... oh ! le feu qui dévore mes « membres! Je suis sans asile, sans soutien, sans espoir « sur la terre... Mais une pensée me fortifie ; je vais « sans doute bientôt mourir : je vois mon Dieu qui « m'appelle du haut de la croix : j'entends la voix

« chérie de mon époux, de mes enfants qui m'attendent
« là-haut... Bientôt tous mes maux vont finir, et cette
« pensée me console, me réjouit, et donne à mon âme
« un courage et des forces au-dessus de la nature... »

Voilà la force de l'espérance, mes Frères ; elle rend
calme, résigné, joyeux presque, au sein des plus affreux
supplices..., mais dans l'enfer..., oh ! dans l'enfer plus
d'espérance, là plus de résignation, plus d'adoucissement
aux tortures des damnés : sur eux se sont fermées les
portes de l'abîme, et la malédiction divine les a scellées
pour jamais du sceau de l'éternité !

Mes Frères, répétons-le avec une sainte frayeur : *il est
horrible de tomber entre les mains du Dieu vivant !* il est
horrible d'entendre sortir de sa bouche cet anathème
formidable qui foudroie pour l'éternité : *Allez, maudit,
au feu éternel !* Mes Frères, celui qui ne se reveille pas
au fracas d'un si effroyable tonnerre, celui-là ne dort
pas, il est mort !... Oh ! pour vous frapper d'une épouvante salutaire, pourquoi un réprouvé ne s'élance-t-il
pas des enfers traînant après lui le terrible appareil de
ses supplices, avec ses remords à jamais déchirants, son
vêtement de flammes, sa soif dévorante et ses bourreaux
furieux ? Pourquoi ne s'élance-t-il pas en ce moment sur
cette chaire pour vous faire comprendre ce que c'est
qu'un péché mortel et l'horrible expiation qui l'attend
dans l'autre vie ? Ah ! que ses rugissements seraient
persuasifs, éloquents, efficaces, mes Frères !... mais que
dis-je ? en est-il un parmi vous qui doute aujourd'hui de
l'existence et de la rigueur des supplices de l'enfer ? Est-
il nécessaire, après tant de preuves saisissantes, qu'un
réprouvé remonte de l'abîme, pour vous dépeindre l'état
lamentable des malheureux qui y sont tombés sans
retour ?...

Et pourtant vous l'envisagez sans effroi, cet abîme de
tortures, de désolation et de désespoir : vous vous jouez
avec tout ce qui peut y conduire, vous en prenez le chemin, vous y marchez ; vous y courez avec plaisir, avec
ardeur, avec frénésie parce qu'il s'y rencontre çà et là
quelques fleurs !... En vérité, qui m'expliquera cet
étrange mystère ? Etes-vous hommes ? êtes-vous chrétiens ? Si vous êtes hommes, où est votre raison, puisque
de gaieté de cœur, vous affrontez des malheurs qui ont

fait trembler les impies et les païens eux mêmes? et si vous êtes chrétiens, où est votre foi, puisque au mépris des leçons, des secours, des promesses, des menaces de Jésus-Christ pour vous exciter à sauver votre âme, vous faites justement tout ce qu'il faut pour vous damner? et vous dites que vous êtes chrétiens! Mais que feriez-vous donc si vous ne l'étiez pas? Mes Frères, Dieu et le monde, le ciel et l'enfer sont en présence et comme *sous votre main :* décidez-vous et ne balancez pas. Le temps vous a eté donné, non pour délibérer, mais pour agir. Choisissez donc : mais n'oubliez pas qu'il n'y a plus de repentir salutaire au-delà du tombeau! N'oubliez pas que l'arbre ne tombe qu'une fois... à droite ou à gauche, et qu'il y reste pour jamais!...

### Epilogue.

— Ouf!... je n'en pouvons plus! s'écrie Lucas en sortant de l'église, au milieu de la foule : il m'en souviendra long-temps, oui-da! Jarni, j'ons évu trois grands quarts d'heure l'cauchemar; et toi, Lafleur?

— Ma foi, j'aime autant celui-là, s'il pouvait nous garantir de l'autre ; et je me dis : si la pensée et l'image sont si ter-ribles, que doit être la réalité?... Songeons-y bien, mes amis!

SIMON. — Le fait est que l'enfer est une chose horrible; et si l'on pensait... Ne ris donc pas ainsi, Marcel, ne fais pas tant l' brave à c'te heure; car j' t'ons vu frémir ben des fois au sermon.

MARCEL. — Qui, moi? frémir? moi trembler? Oh! ben!... et d' quoi, je te prie? des coups de théâtre de m'sieur l' curé? Ma foi, j'aime autant jouer et m' divertir; c'est toujours ça d' gagné sur *la camarde* (1)!

LUCAS. — Oui, morgué, si l'on pouvait *y faire la nique* et esquiver *la médecine...* Mais l' malheur, c'est que tôt ou tard faut y passer!... et l' moyen s'il vous plaît de banqueter et de s' divertir sous cette *épée d'Androclès* qui vous pend jour et nuit sur la tête, comme dit monsieur l' rége t?... Eh! eh!

(1) La mort.

justement le v'là qu'était à nous écouter... *Quand on parle du loup...*

— Allons, allons, mes amis, continuez; il faut tous nous familiariser avec l'idée de l'enfer : envisager de près cette *épée de Damoclès* (et non pas d'Androclès, comme dit Lucas), qui menace notre tête ; il faut de temps en temps en frapper notre imagination : cela distrait, cela effraye, impressionne et vient rompre à propos la monotonie de notre vie journalière... Du reste, on ne s'épouvante de l'enfer que parce qu'on y songe trop rarement... Je voudrais qu'à l'exemple de nos bons aïeux du moyen âge, on nous peignît partout des diables, des flammes, des anges avec des balances, des trompettes et des glaives flamboyants...

— Mille bombes ! vous exprimez un singulier désir, monsieur Lucien, interrompit Lafleur, sortant brusquement de sa rêverie : vous nous disiez tout à l'heure que la pensée de l'enfer est si terrible et si effrayante que c'est à en devenir fou ;... qui donc a pu sitôt vous faire changer de langage ?

— La raison et le bon sens.

— Que dites-vous, mon vieux ? C'est la raison et le bon sens qui vous font enfiler le chemin qui mène *à la folie?* Ma foi, je m'y perds... (*puis, après une courte pause:*) Vrai Dieu, si c'était ce que pense! Eh bien, bravo, monsieur Lucien, à la bonne heure, mille escadrons! Je suis heureux de voir qu'enfin la parole de monsieur le curé trouve écho dans votre cœur! Allons, morbleu, ça me va! en route et la tête levée; affrontons les quolibets et le respect humain; devenons fous aux yeux du monde pour être sages aux yeux de Dieu!

M. Lucien *riant*. — Eh! doucement, doucement, mon brave, ne vous trompez pas ainsi sur le vrai sens de mes paroles: si je veux souvent penser à l'enfer, c'est pour m'habituer à fronder son souvenir : je suis persuadé qu'il ne vous épouvante que parce que votre esprit en repousse l'image, et se borne pour ainsi dire à l'envisager de loin. Ayons le courage d'approcher, essayons de nous familiariser avec ce redoutable croquemitaine, et nous sentirons bientôt diminuer la terreur qu'il nous inspire; nous finirons par aimer peut-être son souvenir, et l'invoquer comme une diversion à l'ennui, un excitant aux jouissances de la vie. Ainsi l'oiseau qu'effraya longtemps un ridicule mannequin, devenu peu à peu maître de sa terreur, approche, considère, s'enhardit, monte, se joue et se balance enfin sur l'épouvantail.

— Ah çà! franchement, monsieur Lucien, seriez-vous réellement devenu fou? Du diable si je m'attendais à cette belle conclusion! quoi! vous voulez maintenant invoquer la pensée de l'enfer, non pour vous convertir, mais pour vous habituer au spectacle de la vengeance de Dieu? Prenez garde! on ne joue pas avec le feu, et l'Eternel doit avoir des malédictions spéciales pour le misérable qui chercherait à se faire de l'idée de l'enfer un stimulant au plaisir! Quoi donc, vous n'avez pas entendu en esprit les gémissements et les cris d'épouvante des pénitents et des solitaires dans le désert? Après trente, après quarante ans de prières, de macérations et de larmes, se sentant près de mourir, ils frissonnaient encore à l'idée des vengeances de Dieu, dont le souvenir continuel avait toute leur vie armé leurs bras des fouets et des disciplines, et vous espérez, vous, mon camarade, vous faire de cette sombre image un remède contre l'ennui, un encouragement au crime? Oh! malheur à vous, monsieur, si jamais la pensée de l'enfer cessait de vous pénétrer d'une épouvante salutaire! votre perte serait certaine, morbleu, car vous auriez tué votre unique défenseur, immolé votre chien fidèle, quoi! vous auriez étouffé votre ange gardien!

— Peste! sergent, quelle éloquente tirade! et vous voulez que nous vivions dans des transes continuelles, que, sous l'empire de la terreur qu'inspire un enfer éternel, nous passions les jours et les nuits à prier, à gémir, à nous frapper la poitrine en vrais trappistes? Vous voulez que nous nous enterrions vivants avant l'âge, comme si la vieillesse n'était pas assez longue, assez ennuyeuse et assez désœuvrée pour que nous lui renvoyions les idées importunes que nous ne pouvons embellir? Ah! elle n'arrive déjà que trop tôt; nous n'avons pas besoin, pour la devancer, d'assombrir les beaux jours qui nous restent encore!

— Monsieur Lucien, puisqu'en face du drame épouvantable qui vient d'être déroulé devant nous, vous avez le triste courage de nous faire de vrais raisonnements d'épicurien, laissez-moi me retirer; je lâcherais quelque gros mot que vous prendriez pour une sottise et qui ne serait que l'expression du mépris et de la pitié que m'inspirent vos sentiments. Mais, mille escadrons, où en sommes-nous? plaisantons-nous, ou cherchons-nous à faire des pointes et de l'esprit en face d'un incendie? Quelquefois il me semble que je rêve... Morbleu, monsieur, éclipsez-vous, croyez-moi : cessez de nous amuser pour nous distraire des saintes opérations de la grâce; laissez-nous à la terreur qui nous pénètre, tous au souvenir des supplices du réprouvé. Si vous aimez à vous repaître de chimères, il nous faut à nous du solide et du sérieux. Nous ne regrettons pas nos beaux jours, parce que nous n'avons fait déjà que trop de folies, et qu'il est temps ou jamais de devenir raisonnables. A l'aspect de l'enfer, nous ne craignons pas de devancer la vieillesse, car nous ne sommes pas sûrs d'y arriver, et nous nous trouvons diablement jeunes en bonnes œuvres. Ah! vingt-cinq Polognes, si un damné pouvait revenir sur la terre! si la miséricorde de Dieu lui accordait un mois, un jour, une heure; dirait-il à demain? craindrait-il d'en trop faire? O Judas, ô Caïn, et toi, Luther (car si tu n'es pas damné, tu l'as échappée belle), que ne vous est-il donné de remonter parmi nous? Si par la douleur, le repentir et les œuvres de pénitence, il vous était possible de réconquérir *l'épaulette et la croix* des élus!... que diriez-vous? que feriez-vous?... Ah! mille citadelles!... adieu, monsieur Lucien, bonsoir, mes amis, allons tous chacun de notre côté réfléchir à leur réponse.

# PRONE ONZIÈME

### Sur la Confession.

*Haurietis aquas de fontibus Salvatoris*
Vous puiserez dans les fontaines du Sauveur..
(Is. 12-3.)

MES FRÈRES,

Quelles sont ces eaux mystérieuses que le prophète avait entrevues dans le lointain des âges et qu'il annonçait au peuple d'Israël? Est-ce la sainte piscine où les lépreux venaient se plonger dans les flots agités par la main d'un ange? Sont-ce les eaux du Jourdain que le divin précurseur faisait couler sur la tête des Juifs qu'il baptisait, ou bien ces mêmes eaux sanctifiées bientôt après par le baptême du Sauveur du monde?

Non, M. F , ces eaux de l'ancienne loi, malgré leur vertu et leur admirable efficacité, n'étaient, après tout, que la figure et l'ombre, et je vous annonce la réalité. Oh! s'il est quelque lépreux, quelque paralytique, quelque infirme languissant, depuis de longues années, sans mouvement et presque sans vie, qu'il vienne se plonger dans ce bain sacré ! C'est pour les malades que coule cette fontaine de vie ; malades, lépreux, paralytiques spirituels, mille fois plus à plaindre que les infortunés que J.-C. guérissait autrefois, accourez à cette sainte piscine ! Ce n'est plus un ange qui descend des cieux pour en troubler les flots : c'est un homme, un faible mortel comme vous, un homme à qui ses malheurs ont appris à compatir à vos malheurs ; un homme faible, infirme autant que vous par nature, mais un homme à qui le Seigneur a communiqué son pouvoir et ses entrailles de père ; c'est lui, c'est cet ange de la terre qui vous plongera dans l'onde régénératrice. Il n'est pas besoin de vous presser sur les bords, comme autrefois les Juifs, pour y entrer les premiers : cette piscine bénie est le cœur de votre Dieu, et ces flots sacrés son sang adorable dont la vertu est toujours et partout la même ! les derniers comme les premiers en sortent guéris. Venez donc tous vous y purifier ; vous y trouverez la santé, le repos, la vie et le bonheur.

Vous m'avez compris, M. F. ; je viens vous entretenir du sacrement de la Pénitence. Je ne vous en démontrerai pas ici la grandeur, en vous disant qu'il est, par excellence, l'œuvre de la puissance de Dieu et l'œuvre de sa bonté paternelle : de sa puissance, puisque, à la voix d'un faible mortel, s'opère le plus sublime prodige que puisse concevoir une intelligence créée, la résurrection d'une âme morte par le péché et rétablie en un instant dans la grâce de son Dieu ; l'œuvre de sa bonté, puisqu'il se contente du repentir, de l'aveu et du bon propos, pour nous accorder le pardon des plus grands crimes, alors que, pour un seul péché mortel, Satan, les démons, et tant de millions de réprouvés sont à jamais maudits ; alors que tant de martyrs ont enduré la mort la plus cruelle plutôt que d'offenser Dieu, et que tant de saints pénitents ont pleuré leurs péchés toute leur vie dans les cilices, les disciplines et les plus rudes macérations. La méditation de l'excellence et de la sublimité de ce sacrement vous pénétrerait d'estime et d'une affectueuse vénération pour l'auguste sanctuaire où s'opèrent tant de merveilles, que l'erreur et le libertinage contemplent d'un œil de mépris, mais où, sur un tribunal si humble et si modeste en apparence, s'agitent nos plus chers intérêts et se décide en dernier ressort notre destinée éternelle. Nous considérons aujourd'hui, M. F., le sacrement de Pénitence dans le dogme de la confession, qui est éminemment l'œuvre de la sagesse de Dieu, pour nous faire expier le péché et nous en préserver à l'avenir. Ainsi, sans vous parler de la contrition qui sert de base à ce mystérieux édifice, ni de la satisfaction qui le couronne, je me borne à vous démontrer l'efficacité de la confession, comme remède et préservatif du péché.

— Monsieur le curé, *interrompt l'instituteur,* voudriez-vous me permettre une petite réflexion ?

— Oui, Monsieur, très volontiers.

— Avant de nous parler de l'efficacité de la confession, pour expier et prévenir le crime, ayez la bonté de nous dire depuis quand elle existe et le nom de l'industriel qui l'a inventée. Nous sommes très peu renseignés là-dessus.

— On peut aisément vous satisfaire et vous donner tous les renseignements désirables. La confession sacramentelle remonte aux premiers temps de l'Eglise : elle date des apôtres, et son inventeur divin se nomme Jésus-Christ.

— Nous n'en voyons pourtant pas de traces dans l'Evangile.

— C'est apparemment que vous ne l'y avez pas cherchée, ou que vous avez perdu de vue les passages qui la consacrent et l'établissent jusqu'à la consommation des siècles.

— Nous savons notre Evangile par cœur, monsieur le curé, mais de confession, pas de nouvelle : j'en appelle à l'auditoire.

— Nous voici prêts à vous en donner. Au moment où le Sauveur envoie ses apôtres prêcher l'Evangile dans tout l'univers, il souffle sur eux, en leur disant : Recevez le Saint-Esprit : *les péchés seront remis à ceux à qui vous les remettrez et retenus à ceux à qui vous les retiendrez.* Est-ce clair ?

— Oui, Monsieur, je l'avoue ; mais qui m'assure...?

— Un moment, je vous prie. Dans une autre circonstance, il leur dit encore à tous, dans la personne de Pierre : Tout ce que vous lierez sur la terre sera lié dans le ciel, et tout ce que vous délierez sur la terre sera délié dans le ciel...

— Mon Dieu, Monsieur, nous savons tout cela ; mais, encore une fois...

— De grâce, laissez-moi finir : le pouvoir de lier et de délier, de remettre ou de retenir les péchés que les apôtres ont reçu de leur divin maître comme son testament, et l'expression de ses dernières volontés avant de remonter aux cieux, était-il un pouvoir sérieux ou illusoire?

— A vrai dire, il me semble assez difficile de supposer que l'Homme-Dieu plaisantait dans ce moment solennel.

— Si donc il leur a donné un pouvoir sérieux, s'il les a réellement établis juges entre le ciel et la terre, comment pourront-ils porter une sentence légitime sur une cause qu'ils ignorent? et comment connaîtront-ils si vous êtes digne de pardon ou d'anathème, si vous ne leur exposez l'état de votre conscience? Quels remèdes vous prescriront ces médecins de l'âme, si vous ne leur découvrez la lèpre honteuse qui la dévore? Ainsi donc, puisqu'un médecin doit connaître votre mal et le juge votre cause, le confesseur, à la fois juge et médecin au tribunal sacré, ne doit-il pas connaître la cause du pénitent, pour que sa sentence soit ratifiée dans le ciel? ne doit-il pas avoir sondé les plaies de l'infortuné qu'il veut guérir? Il faut donc que le coupable instruise son juge et le malade son médecin, sans quoi l'un et l'autre agiraient en aveugles : le juge pourrait lier un innocent et délier un coupable, et le médecin prescrire un traitement mortel à un malade qu'il n'a ni interrogé, ni examiné. Donc, en établissant juges et médecins des âmes ses apôtres, et par eux leurs successeurs, jusqu'à la consommation des siècles, le Sauveur a visiblement institué la confession sacramentelle.

— Ce raisonnement pourrait être spécieux, monsieur le curé, si nous ne pouvions assigner à la confession une origine plus récente : tout le monde sait qu'elle était inconnue avant le quatrième concile de Latran.

— Vous êtes dans l'erreur, Monsieur : nous voyons la confession en usage dès les premiers siècles de l'Eglise ; le concile de Latran n'a fait qu'en régler la pratique et la fixer à Pâques. Et ici, pour prouver ce que j'avance, il

me serait facile de dérouler toute la chaîne de la tradition; mais, pour ne pas sortir de mon plan, je vous
épargnerai les nombreux témoignages des Pères, des
docteurs, des conciles...

— Non, non, Monsieur, ne nous épargnez rien aujour-
d'hui; ne craignez pas de nous donner trop de preuves :
car notre foi à la confession est bien faible et bien chancelante; et si vous parvenez à nous convaincre...

— Je vais donc vous satisfaire, Monsieur. En remontant au berceau du christianisme, nous trouvons les premiers fidèles *venant confesser leurs péchés* avant de
recevoir le baptême (1).

Au Iᵉʳ siècle de l'Église, saint Barnabé écrit à l'un de ses
disciples : *Vous confesserez vos péchés* (2); et saint Clé-
ment : *Convertissons-nous, car lorsque nous sommes sortis
de ce monde, nous ne pouvons plus nous confesser ni faire
pénitence* (3).

Au IIᵉ siècle, saint Irénée parle de la confession publique de plusieurs personnes séduites par l'hérétique
Marc (4).

Au IIIᵉ siècle, Origène soutient qu'on est obligé de
découvrir au prêtre *jusqu'à ses plus secrètes pensées* (5);
et Tertullien, *que le crime est un poids sur la conscience
dont on ne se décharge qu'en le déclarant au ministre
des autels* (6).

Au IVᵉ siècle, saint Basile affirme, *jusqu'à neuf fois,*
que, pour obtenir le pardon de ses péchés, *on doit les
déclarer aux dispensateurs des mystères divins* (7).

Au Vᵉ siècle, saint Jean Chrysostôme prouve, avec une
mâle éloquence, que *s'obstiner à cacher les plaies de son
âme, c'est mépriser l'Évangile et contredire le Sauveur
du monde* (8).

*O homme,* s'écrie saint Augustin, *pourquoi crains-tu*

(1) *Venientes, confitebantur actus suos.* (Actes, 19-18).
(2) Epist. nᵒ 19.
(3) S. Clém. epist. 2, ad. cor., nᵒ 8.
(4) L. 1, ch. 9.
(5) Hom. in levit., nᵒ 4.
(6) L. de pænit, ch. 8 et suiv.
(7) Reg. 228.
(8) Hom. *in genes.*

*de te confesser? Ce que je sais par la confession, je le sais moins que ce que j'ignore* (1)!

Au vi<sup>e</sup> siècle, saint Grégoire le Grand déclare que *les plaies cachées sont les plus douloureuses, et que tout le venin du péché s'écoule par la confession* (2).

Au vii<sup>e</sup> siècle, saint Isidore de Séville énumère en ces termes les effets merveilleux de la confession : *Elle guérit*, dit-il, *elle justifie, elle remet les péchés ; elle est un trésor d'espérance, un abîme de miséricorde ; nul crime, si énorme, auquel la confession n'obtienne le pardon* (3).

Au viii<sup>e</sup> siècle, le vénérable Bède assure que, *sans la confession sacramentelle, il n'y a point de pardon à espérer* (4).

Au ix<sup>e</sup> siècle, Jonas, évêque d'Orléans, rapporte que *les fidèles confessent leurs péchés aux prêtres, parce qu'ils ont reçu du Seigneur le pouvoir de lier et de délier* (5).

Au x<sup>e</sup> siècle, l'*Itinéraire de la confession* déclare que *nul, d'après l'apôtre, n'obtiendra la vie, s'il ne confesse qu'il a péché* (6).

Au xi<sup>e</sup> siècle, saint Anselme dit que : *Comme le baptême remet le péché originel, la confession remet le péché actuel* (7).

Au xii<sup>e</sup> siècle, saint Bernard, parlant aux pécheurs : *Rougissez*, leur dit-il, *rougissez de honte, si vous voulez, mais déclarez tout ;* et ailleurs : *O méchanceté ! on n'a pas honte de se souiller, et l'on rougit de se purifier* (8).

Au xiii<sup>e</sup> siècle...

— Oh ! de grâce, monsieur le curé, assez pour les docteurs, passez aux conciles !

— Nous lisons, dans l'histoire de l'Eglise, qu'après la persécution de Dèce, vers l'an 250, les évêques établirent un prêtre pénitencier pour entendre la confession de ceux qui étaient tombés après le baptême.

Le concile de Carthage, en 390, n'accorde aux prêtres

(1) Serm. *ad fr. in erem.*
(2) *Moral,* l. 7, ch. 17.
(3) S. Isid. hisp. *in com.* l. 1, ch. 10. — (4) Beda, in c. 5. ep. Jacob.
(5) *Instit. laic. Jonæ* episc. Aurelian, l. 1, c. 15.
(6) *Itiner conf.* Rather. episc. Veron.
(7) S. Ansel. *in Elucid.*
(8) Bern. ep. 183.

le pouvoir de réconcilier les pécheurs qu'en l'absence de l'évêque.

Les canons du concile de Latran, ceux du concile de Florence, et surtout ceux du concile de Trente, sont tellement exprès et tellement formels qu'ils n'admettent aucune explication; je puis donc conclure de tous ces témoignages, Monsieur, que la confession sacramentelle a, de tout temps, été pratiquée dans l'Eglise, et que, jusqu'à Luther et Calvin, jamais on n'avait osé sérieusement nier sa divinité.

— Permettez, monsieur le curé. Tout ce que vous pouvez conclure, en bonne logique, de ces témoignages de l'Ecriture et de la tradition, c'est qu'il a réellement existé un précepte de se confesser, et que, dans l'église et les couvents, les religieux et le clergé s'y sont soumis tout d'abord dans l'unique but d'en populariser la pratique... Mais qui nous assurera que cette pratique ait été généralement suivie? Pour moi, je n'en ai trouvé aucun exemple éclatant dans l'histoire, au moins avant le quatrième concile de Latran.

— Vous êtes, Monsieur, je le répète, dans une étrange erreur, et nous voulons bien l'attribuer à l'infidélité de votre mémoire plutôt qu'à votre mauvaise foi. Longtemps avant le concile de Latran, en 1215, et le pape Innocent III, la confession était généralement pratiquée, et non-seulement dans les églises et les monastères, mais encore sur le trône et jusqu'au sein des cours : en voici quelques exemples.

Au xiie siècie, Henri Ier, roi d'Angleterre, avait pour confesseur Athédulf, prieur de Saint-Oswald.

Au xie siècle, la reine Constance, épouse du pieux Robert, se confessait à un prêtre appelé Etienne.

Au xe siècle, l'empereur Othon à Saint Udalric, évêque d'Augsbourg, et sainte Mathilde sa mère à Guilhaume, archevêque de Mayence.

Au ixe siècle, Louis le Débonnaire avait pour confesseur saint Aldric, évêque du Mans.

Au viiie siècle, Charles Martel se confessa à saint Martin, moine de Corbie, et Grimoald, duc de Bavière, à saint Corbinien, évêque de Frésingue.

On trouve, vers la même époque, dans les *Capitulaires*

de Charlemagne, une ordonnance aux colonels d'avoir un prêtre pour entendre les confessions des soldats.

Au vii<sup>e</sup> siècle, le roi Thierry I<sup>er</sup> se confessait à saint Ausberg, archevêque de Rouen. Au vi<sup>e</sup> siècle..., mais à quoi bon multiplier davantage les citations : vous voyez bien, Monsieur, que si nous n'avions la patience de nos auditeurs à ménager, nous ne manquerions pas d'exemples éclatants...

— Tenez, monsieur le curé, j'aurais trop à dire là-dessus : il vaut mieux rentrer dans votre plan et continuer votre prône; il nous sera plus facile ensuite de discuter le sujet.

— Nous avons eu la même pensée, car j'allais reprendre mon discours. La confession, avons-nous dit, est un remède efficace au péché, un puissant préservatif pour l'avenir : ce qui nous l'a toujours fait envisager comme l'œuvre par excellence de la sagesse éternelle pour déraciner le péché du monde.

Et en effet, M. F., il y a dans le cœur humain un fonds d'orgueil qui nous domine, tend sans cesse à se mêler à toutes nos actions et ne nous quitte qu'avec la vie. Rien ne coûte tant à la nature que l'humiliant aveu de ses misères : et c'est là une des principales causes des clameurs des impies contre le dogme sacré de la confession; la confession les rebute, les décourage, les scandalise; leur fierté se révolte à l'idée d'aller s'agenouiller aux pieds d'un prêtre; ils ne peuvent songer, sans frémir, qu'il faudra lui dévoiler les plaies de leur âme, dérouler à ses yeux les replis les plus intimes de leur cœur, lui en révéler les plus mystérieux sentiments, entrer dans le détail des plus honteuses actions, accuser ces larcins, ces jalousies, ces médisances cruelles, ces calomnies, ces parjures, ces haines implacables, ces sourdes manœuvres pour nuire au prochain et ruiner sa réputation. On tremble, à la seule idée de découvrir ces liaisons criminelles, ces commerces scandaleux, ces infâmes actions, dont le souvenir vous épouvante, que l'on a commises dans l'ombre, inspirées qu'elles étaient par l'esprit de ténèbres et qu'il faut révéler au grand jour dans le tribunal sacré.

Or, M. F., ce qui fait le sujet des plaintes de l'hérétique et de l'impie, cet orgueil profond qui les rend plus coupables, est justement pour le fidèle un frein salutaire qui l'arrête à l'heure de la tentation et le premier châtiment du crime, au moment d'en faire l'aveu : c'est alors que l'orgueil humilié commence l'expiation. Oui, chrétiens, trop souvent, pour ménager votre délicatesse et votre amour-propre, on a cherché à vous faciliter la confession aux dépens de la confession même ; trop souvent, pour vous enhardir contre la confusion naturelle qui résulte de cette démarche généreuse, surtout pour le pitoyable esclave du respect humain, on a voulu en diminuer la honte par la considération de l'indulgence du confesseur, par le tableau de sa propre misère qui l'oblige à compatir à la vôtre. On a cherché des excuses dans la jeunesse, la fragilité, la violence de la tentation, que sais-je? On a été jusqu'à prétendre qu'un tel aveu n'a rien d'humiliant pour les pécheurs, qu'ils doivent en faire gloire, car il annonce une âme noble et élevée; que l'aveu des crimes les plus énormes nous honore et ne prouve qu'une chose : c'est que nous sommes enfants d'Adam ; que ce serait une chose extraordinaire et presque honteuse, si nous n'étions pas comme les autres, et n'avions pas comme eux des crimes à accuser.

Aussi a-t-on pu voir, à la suite d'une si belle doctrine, les plus grands pécheurs venir au saint tribunal comme à une fête et tirer presque vanité de ce qui devait les faire rougir et les pénétrer d'une terreur salutaire. A Dieu ne plaise, chrétiens, que je vienne ici ôter à la confession ce qui, avec la grâce, en fait le mérite et la principale vertu, en la dépouillant de cette humilité profonde, de cette sainte confusion qui commence la réparation du crime et enchaîne, pour l'avenir, les plus ardentes passions. Malheur à moi si, par là, je vous portais a pécher sans trouble et sans remords ! Non, non, M. F., quelle que soit la dépravation du cœur humain, le vice ne marchera jamais la tête levée; toujours il en coûtera à la nature de révéler sa malice et sa corruption; toujours il y aura de la honte à dévoiler son infamie, à se mettre tout nu devant un autre, quand on se fait horreur à soi-même; et ce sentiment d'honneur, qui vous fit chercher le silence et l'ombre pour commettre le crime, sera toujours là pour vous fermer la bouche, au moment d'en faire l'aveu.

Aussi quels sacrifices, quelles pénitences austères ne serait-on pas prêt à s'imposer, pour racheter la honte d'un aveu si humiliant! On a vu des personnes, pour un seul péché qu'elles n'osaient déclarer au tribunal du pardon, passer toute leur vie dans les pleurs, les jeûnes et les macérations les plus cruelles, et emporter dans la tombe, hélas! le secret fatal qui avait empoisonné leur existence, hâté leur mort, et, peut-être, perdu leur âme sans retour.

Et voilà ce qui vous explique, M. F., ce trouble et ces remords déchirants qui suivent toujours le crime, en sont le premier châtiment et torturent l'âme coupable jusqu'à ce que, cédant à un dernier effort de la grâce, elle finisse par triompher de ses terreurs et de ses répugnances, et coure au saint tribunal découvrir au prêtre la lèpre hideuse qui la ronge et la déshonore. Bientôt l'aveu est terminé, la sentence se prononce, solennelle, irrévocable; le pécheur pénitent ose à peine lever les yeux jusqu'à son juge... Mais que dis-je, son juge? Ah! le prêtre ne l'est plus! il ne voit à sa place qu'un ange, un frère, un ami qui le soutient, le guérit, l'encourage, le console et lui rend le calme et la paix. Alors il se relève, absous ou ajourné, mais toujours plus content, toujours soulagé : il lui semble qu'une montagne a cessé de peser sur sa poitrine... Oh! comme il bénit le ciel! comme il prie avec ferveur, avec allégresse! mais surtout quel ferme propos! quelles résolutions solides et généreuses pour l'avenir! quels efforts ne va-t-il pas faire pour s'épargner désormais une démarche aussi pénible, ou du moins pour n'avoir plus à déclarer d'aussi humiliantes faiblesses! Et voilà justement et en partie le but de la confession, M. F.! et la sagesse éternelle, pour y parvenir, s'est servie d'un moyen si efficace et si souverain que, bien souvent, la pensée toute seule qu'un jour il faudrait déclarer en confession le péché qu'ils allaient commettre, a été assez puissante pour arrêter des misérables qui n'étaient que faiblement touchés de la crainte de l'enfer.

Du reste, les protestants et les incrédules modernes ont été forcés de rendre hommage à la divinité de la confession dont ils n'ont pu méconnaître les bienfaits. Voici ce qu'en pense un protestant célèbre : « Toute cette ins- « titution, » dit Leibnitz, « est digne de la sagesse

« divine : on ne peut le nier. Rien dans la religion chré-
« tienne d'aussi bon et d'aussi louable : les Chinois et les
« Japonais ont été forcés de l'admirer. La nécessité de se
« confesser détourne plusieurs personnes du péché :
« ceux-là surtout qui ne sont pas tout à fait endurcis,
« et procure aux pécheurs une grande consolation. C'est
« à tel point que je considère un confesseur pieux, grave
« et prudent comme un des plus grands instruments de
« Dieu pour le salut des âmes. Ses conseils sont utiles
« pour régler nos affections, corriger nos défauts, nous
« faire éviter les mauvaises occasions, provoquer des
« restitutions, réparer des torts, enlever les doutes,
« relever l'âme abattue, faire disparaître les maux ou les
« soulager. Il n'est rien dans la vie humaine de plus pré-
« cieux que cette confidence avec celle qui résulte de la
« fidèle amitié. Le secret inviolable de ce sacrement
« divin est la garantie de sa bonne foi et un puissant
« moyen de soulagement. » *Il est impossible*, dit un autre protestant, *d'établir la vertu, la justice et la morale
sur des bases tant soit peu solides, sans le tribunal de la
pénitence* (1).

« Que de restitutions ! s'écrie J.-J. Rousseau, « que
« de réparations la confession ne fait-elle pas faire chez
« les catholiques ! » et Marmontel : « Quel puissant
« préservatif pour les mœurs de l'adolescence, que
« l'usage et l'obligation d'aller tous les mois à confesse ! »
« On peut, » dit Voltaire, « regarder la confession
« comme le plus grand frein des crimes secrets : elle est
« très bonne pour engager les cœurs ulcérés à pardonner
« et pour faire rendre par les petits voleurs ce qu'ils
« peuvent avoir dérobé à leur prochain. » — Et Raynal
assure que « le meilleur des gouvernements serait une
« théocratie où l'on établirait le tribunal de la confes-
« sion. »

— C'est en vain, Monsieur, que vous nous étalez ici
les bienfaits de la confession et que vous nous la donnez
pour une institution divine : tout le monde sait qu'elle
est de l'invention des prêtres.

— Et pourquoi alors s'y sont-ils soumis comme les
autres ? Ils eussent bien pu s'en affranchir : or vous

(1) Fitz-Williams (*Lettres d'Atticus*).

n'ignorez pas que tous les prêtres de l'univers catholique, depuis le pape jusqu'au plus humble desservant de village, se confessent au moins tous les quinze jours.

— En vérité, la raison est péremptoire ! Ils s'y sont soumis pour la forme et pour en imposer à la multitude.

— Mais ils y avaient donc un bien grand intérêt ?

— Eh ! sans doute ; n'est-ce pas par la chaîne de la confession qu'ils gouvernent le monde ? Ne leur apporte-t-on pas au confessionnal tous les secrets des familles ? Le parti prêtre ne s'est-il pas fait de la confession un trône pour dominer, une recette pour s'enrichir ?

— C'est une calomnie atroce, Monsieur. Que répondriez-vous à celui qui vous mettrait au défi de nommer un seul prêtre, fût-il un scélérat, à l'appui de ces infâmes accusations ?... Eh bien, quels que soient les sentiments personnels, qu'à tort ou à raison j'ai pu vous inspirer, ce défi solennel je vous l'adresse en ce moment, du haut de cette chaire : nommez le prêtre, nommez le misérable qui s'est fait de la confession un instrument d'avarice et de tyrannie !... — *(L'instituteur hésite : Rumeur dans l'auditoire)*.

— Vous vous taisez ?... vous ne le connaissez peut-être pas dans les temps modernes : Eh bien, nommez-le dans l'antiquité religieuse... ; remontez, s'il le faut, aux premiers siècles de l'Eglise ; mais nommez-le, ce démon, et nous le maudirons avec vous !... — *(Nouveau silence)*. Ah ! c'est qu'il n'existe pas ! c'est qu'un tel monstre n'est pas possible. Et pourtant, en un sens, il y a du vrai dans ces reproches, M. F., oui, le prêtre est ambitieux, le prêtre est avare au tribunal sacré ! mais ambitieux du salut de vos âmes ; il est avare, il thésaurise, mais pour vous, mais des vertus et des mérites pour le ciel ! *Il tient*, dit-on, *la clef des ménages et possède les secrets des familles ;* mais outre qu'il devrait mourir plutôt que de rien dire ou de rien faire qui puisse trahir le dépôt sacré qu'on lui a confié, quel usage fait-il de ces secrets dont il est le dépositaire ? quelle funeste influence en résulte-t-il pour la paix de votre maison ? N'avez-vous pas pris pour confident un ami fidèle dont les conseils vous seront salutaires, un bon ange dont la prière attirera sur vous et votre famille toutes les bénédictions du ciel ? — *Mais par la confession les prêtres gouvernent le monde...* Ah ! plût à Dieu qu'il en fût ainsi ! nous épargnerions bien de la peine à la police, aux geôliers des prisons, au bras du bourreau ! plût à Dieu que, par ce frein salutaire, nous puissions enchaîner toutes les passions humaines et les tenir captives sous l'œil de Dieu ! la paix, l'union, la charité renaîtraient parmi les hommes, et la terre deviendrait bientôt un paradis !

— Tout cela est magnifique, monsieur le curé ; mais vous ne nous persuaderez jamais que la confession n'est pas d'invention humaine.

— Quoi donc, Monsieur, vous n'êtes pas encore convaincu ? Vous croyez, vous, qu'un homme eût pu concevoir l'idée d'imposer à l'univers un joug aussi pénible, aussi humiliant, que la nature repousse de toute l'énergie de son orgueil et de sa corruption, et vous croyez, vous, que l'univers eût été assez lâche, assez insensé pour s'y soumettre sans murmurer, sans dire au moins à celui qui voulait ainsi l'asservir : qui êtes-vous, d'où venez-vous et qui vous envoie nous charger sur les épaules ce fardeau d'ignominie ?

Si l'on a réclamé, en quel siècle, dans quel pays ? nommez le novateur ; où sont les monuments qui consacrent ce point historique ? et, si personne n'a réclamé, quel thaumaturge a opéré le miracle étrange d'*amener*, sans bruit, sans obstacle et comme par enchantement, ainsi que vous le dites, *l'univers entier au confessionnal ?*

Si ce sont les prêtres qui ont inventé la confession, avouez, Monsieur, qu'ils ont été assez mal inspirés : il y avait certes mieux à faire pour leur santé, leur bien-être et leur tranquillité, car le joug de la confession pèse encore plus lourdement sur le confesseur que sur le pénitent. Ah ! que n'est-il donné à ceux qui répètent cette folle accusation, d'être appelés à confesser les fidèles, pendant dix ans, dans certaines paroisses et à l'approche des quatre grandes fêtes de l'année ! ils auraient bientôt changé de langage ! Non, non, M. F., ce ne sont pas les hommes qui ont établi la confession : cet arbre béni produit des fruits trop salutaires pour avoir été planté par la main d'un mortel ; il est d'institution divine, et c'est le sang du Sauveur qui l'a fait germer sur la terre pour la régénérer et l'embellir.

— Mais si la confession est si puissante et si efficace,

d'où vient que tant de dévots et de dévotes n'en retirent aucun fruit? d'où vient qu'au lieu d'être pour eux un *préservatif* et un *remède*, comme vous le dites, elle leur sert au contraire de stimulant au crime?

— C'est encore une odieuse calomnie, Monsieur! j'en prends à témoin tout mon auditoire : une telle hypocrisie n'est pas dans la nature. Il peut, je l'avoue, exister des monstres d'ingratitude et d'impiété, quelque Judas isolé qui voile ses infamies sous le masque de la dévotion; mais celui-là est un être d'exception, et nous l'abandonnons au Dieu qui doit un jour tirer de sa scélératesse une formidable vengeance.

— Mais vous conviendrez, au moins, monsieur le curé, que tous ceux qui se confessent n'en deviennent pas meilleurs, et que tel et telle, que nous pourrions vous citer, feraient bien mieux de ne jamais approcher d'un confessionnal.

— Quand je conviendrais de tout cela, Monsieur, quand j'avouerais que toutes les personnes qui se confessent n'en retirent pas les mêmes fruits, que beaucoup s'approchent des sacrements dans de mauvaises dispositions et abusent de la grâce, que prétendez-vous en conclure contre la confession? qu'il faut proscrire tout ce dont on abuse? rien alors ne pourra subsister sur la terre; que la confession est une institution funeste? mais si les mauvais pénitents vont y grossir le nombre de leurs iniquités, les pécheurs contrits y reçoivent leur grâce et des forces pour persévérer dans le bien. Direz-vous que ces misérables devraient pour toujours s'en abstenir? non, sans doute; il vaudrait bien mieux s'y préparer d'avance pour en profiter : autrement il vaudrait autant dire qu'il faut se laisser mourir de faim pour ne pas s'empoisonner.

— Vos raisonnements sont spécieux, sans doute, monsieur le curé, mais je crois pouvoir vous assurer qu'ils ne convaincront personne ici. Ne nous parlez plus de confession; car nous craindrions d'abuser des choses saintes, et le sacrilége nous fait horreur.

— Qu'entends-je, ô mon Dieu! et quel est cet étrange langage?... Quoi! entre user et abuser, n'y a-t-il pas tout un abîme? ignorez-vous, Monsieur, que l'usage est la vie et l'abus la mort? Vous avez horreur du sacrilége;

et qui donc vous engage à le commettre? n'en avons-nous pas horreur comme vous? mais songez-y bien : on meurt également et d'excès et de faim ; la loi qui vous défend le sacrilège et l'abus des choses saintes, vous en ordonne la vénération et l'usage sous peine de la vie. Mais, mes Frères, entre ces deux extrêmes, il y a un milieu qui consiste à vous préparer d'avance à ce sacrement, dont l'éloignement vous serait aussi mortel que sa profanation !

— Mon Dieu, monsieur le curé, je sens bien qu'au fond vous pourriez avoir raison : mais, s'il faut que je vous le dise, je ne puis me faire à l'idée d'aller recevoir l'absolution ; j'en aurais trop souvent besoin, et je commettrais un véritable sacrilége ; or, vous sentez bien que ma conscience...

— Un sacrilége, grand Dieu ! et pourquoi donc, je vous prie?

— Parce que je retomberai dans les mêmes péchés; et alors, ne vaut-il pas mieux ne rien promettre?

— Oh ! oui, sans doute, si, au moment de l'aveu, vous êtes dans l'intention de retomber, si vous êtes assez barbare pour ne pas vous repentir d'avoir outragé ce Dieu d'amour qui vous pardonne; ne vous confessez jamais, si vous devez vous confesser ainsi ! mais si c'est la crainte de retomber qui vous retient loin du tribunal sacré, je crois que vous vous faites illusion. Examinez-vous bien : au moment où vous venez solliciter le pardon, n'êtes-vous pas fâché de vos crimes? n'avez-vous pas au moins la bonne volonté de travailler sérieusement à vous corriger? S'il en est ainsi, que vous importe l'avenir? en êtes-vous le maître, et n'est-il pas entre les mains de Dieu?

— Mais je retomberai demain !

— Qui vous l'a dit?

— J'en suis sûr.

— Vous vous trompez : demain, peut-être, vous serez mort ! En tout cas, ce que Dieu vous demande, ce n'est pas que vous soyez impeccable pour l'avenir ; tant que vous vivrez sur la terre, entouré de la misérable humanité, vous serez exposé aux combats, aux chutes, aux malheurs qui sont le triste apanage de notre nature fragile; on n'est impeccable qu'au delà du tombeau. Ce que Dieu vous demande, mes Frères, c'est que vous soyez en ce moment contrits de vos fautes, et résolus à travailler efficacement, généreusement, à mieux vivre désormais; ce qu'il vous demande, en un mot, c'est le repentir et le bon propos, sans lesquels il est inutile d'attendre le pardon. Cette crainte exagérée de l'avenir est une illusion funeste, une tentation du démon pour vous abattre, vous décourager et vous jeter peut-être dans le désespoir.

Lorsque Satan vous dira au fond du cœur : *Tu tomberas demain !* au lieu de conclure avec lui : *donc il est inutile de me confesser ;* dites : donc je vais prendre les mesures convenables pour exécuter mes résolutions : et si, par malheur, je venais à m'oublier, je me relèverai à l'instant pour prendre de nouvelles forces et résister à l'ennemi. C'est ainsi, mes Frères, que vous rejetterez les illusions du démon; et si les heureux fruits de la confession n'apparaissent pas à souhait, loin de vous décourager, rappelez-vous que le sacrement de pénitence est un remède : qu'il faut lui donner le temps d'opérer; que ce n'est pas en vous éloignant du feu que vous fondrez la glace de vos âmes; et qu'à force de grâces, de violence et d'efforts généreux , vous triompherez à la fin des tristes penchants qui vous dominent : Dieu lui-même, secondant votre bonne volonté, vous tendra sa main tutélaire et vous retirera de l'abîme du péché.

O sagesse, ô bonté, ô clémence infinie du Sauveur, qui pourra vous comprendre, vous louer, vous bénir dignement? Oh! oui, nous le redisons encore : si nous venons à nous damner avec tous les trésors de grâces et les moyens de salut que votre amour a mis dans nos mains, on pourra bien dire que nous nous sommes damnés malgré vous! N'est-il pas vrai, mes Frères, que la miséricorde de Dieu est ineffable, et qu'elle a droit à un amour, à une reconnaissance éternelle? Oh! venez donc de toutes parts dans ces jours de salut, venez à cette sainte piscine, pour y purifier votre âme, consoler vos douleurs, oublier votre passé, sanctifier votre avenir et recevoir, avec la sentence qui vous pardonne, le précieux gage de cette sentence auguste qui vous comblera de bénédictions dans l'éternité bienheureuse !

Ainsi soit-il!

## Epilogue.

Le prône sur la confession avait été une pierre lancée dans une fourmilière, tant l'agitation était générale. Dans l'auditoire, on entendait chuchoter çà et là, tandis que M. le curé développait son plan et répondait à l'instituteur ; chacun avait son petit doute, sa petite difficulté, sa petite malice : on enviait le rôle de M. Lucien, qui, lui-même, avait tant à dire, qu'il ne savait par où commencer. A peine l'office fut-il terminé et Lafleur hors de l'église, qu'il se vit assailli, accablé de questions.

— Ah! jarni, camarade, s'écrie Lucas, tu vas être ben empêtré au jour d'aujourd'hui, si tu veux compléter l'sermon de m'sieu l'curé!

— Il est certain, interrompt l'instituteur, que si le bonhomme avait eu la maladresse de me laisser débiter mon chapelet... mais il a presque toujours gardé la parole, et pour dire... quoi? des pauvretés.

— Eh! mille escadrons, que ne lui prêtiez-vous les trésors de votre immense génie?

— Toute plaisanterie à part, il nous en a crânement vendu.

— Voilà pourquoi, sans doute, vous voulez nous en revendre... Essayez!

Lucas. — Prenez garde, m'sieu l'régent, c'est un fort théologicien!

— Ah çà, fais-moi celui de taire ta blague, toi.

Marcel. — Il y a un tas de dévots et de bégueules qui vont manger les saints, se confessent tous les jours et qui pourtant...

— Allons, morbleu, à l'autre maintenant!

Simon. — Mais pourquoi veut-on que j'aille à confesse, moi, comme un *faignant?...* J'ai ben aut' chose à faire, morgué!

Lucas. — Encore, si l'on devenait plus sage... Mais là, jarni, toujours les mêmes histoires, les mêmes culbutes et les mêmes *salamalecs!* Merci! j'ons la conscience trop délicate!...

Lafleur. — Au diable les bavards! Tenez, cassons-leur le sifflet, monsieur Lucien ; garde à vous!

L'instituteur. — Vous êtes donc, sergent, de ceux qui croient tout bonnement que la confession nous vient du ciel en droite ligne?

— Oh! que nenni, mon brave ; je crois bien qu'elle a fait

quelques zigzags en passant par Abélard, la Brainvilliers, Voltaire, Raynal et Talleyrand, par exemple.

— Que voulez-vous dire ?

— Eh! morbleu, qu'il dut leur en coûter de raconter leurs petites fredaines, et qu'avant de courber la tête sous un joug pareil, ils durent soigneusement éplucher les titres et le passeport de l'industriel qui leur disait : *Allons, mes bons, confessez-vous!...*

— Tout cela ne prouve pas que confession ne soit une invention des prêtres et de la politique.

— Allons, bon, il y a progrès : la politique a mis aussi le nez là dedans; un pas de plus, mon vieux, et vous y mettrez la physique et l'astronomie. Ah çà, mille escadrons, jouons-nous ici la comédie ? On vous a prouvé que la confession est d'institution divine, et qu'elle était en usage dès les premiers siècles de l'Eglise; on vous a fait voir, clair comme le jour, qu'elle ne peut venir que de Dieu; vous trouviez les raisons de M. le curé sans réplique, et vous vous obstinez toujours à prétendre que les hommes l'ont inventée... Prouvez donc, vingt-cinq Polognes! citez un nom, un pays, une époque; que diable aussi! nous respectons votre autorité, vos talents et votre science historique; mais devant des faits, des monuments, devant la croyance et la pratique de l'univers, nous ne pouvons nous contenter d'une négation, si savante qu'elle puisse être! Qui a inventé la confession? vous dirai-je avec M. le curé, dans quel endroit, dans quelle année, dans quel siècle?... mais répondez donc, mille citadelles! ne restez pas *a quia* pour si peu de chose! Vous vous taisez? Ah! j'y suis; probablement l'auteur de cette belle découverte a voulu, par modestie, demeurer inconnu comme l'auteur de l'*Imitation de Jésus-Christ!* et nous sommes condamnés à ignorer pour jamais le nom de cet étonnant génie!... Ah çà, monsieur Lucien, vous nous croyez donc bien niais? de grâce, ne nous dites plus sérieusement de si choquantes absurdités. Quoi! nous connaîtrons le nom de tous les novateurs, de tous les hérétiques, l'époque certaine de toutes les grandes découvertes : que dis-je? le siècle et les auteurs des plus chétives inventions, depuis l'invention des bretelles jusqu'à celle de la blague et des allumettes; et l'inventeur de la confession sera resté seul inconnu! Allons donc! il y aurait autant de folie à réfuter sérieusement cette rapsodie, qu'il y a de sottise ou de mauvaise foi à la soutenir.

— Ah! ah! voilà, sans doute, pourquoi M. le curé a éludé la plupart de mes objections; *il y aurait* eu *de la folie* à les résoudre... Je conçois qu'il n'est pas bon que le peuple voie certaines choses, et qu'il vaudrait mieux laisser les curés tranquilles dans leur confessionnal... Que voulez-vous, sergent? aujourd'hui, nous avons la manie de tout examiner et de raisonner sur tout : il faut passer au siècle ce petit travers; c'est un *enfant terrible.*

— Eh! mille escadrons, qu'il raisonne tant qu'il lui plaira. Je me contenterai de lui lire quelques lignes de mon livre favori, qui me suit partout, et dans lequel je trouve la solution de bien des difficultés. « Voyez-vous, dans un coin de
« l'église, ce prêtre jeune ou vieux, n'importe, enfermé
« dans une guérite de bois, sans autre mouvement que de
« se pencher à droite et à gauche pour écouter ce qu'on lui
« dit, rappeler ce qu'on a trop oublié, et encourager à mieux
« faire? Eh bien! c'est le curé de la paroisse ou son vicaire.
« Qu'est-ce qui le retient ainsi plusieurs heures, chaque jour,
« à cette place incommode et par le froid qu'il fait? la curio-
« sité? Le bon homme! s'il a le goût des aventures scanda-
« leuses, criminelles, pourquoi n'irait-il pas lire auprès de
« son feu, à demi couché sur l'édredon, nos romanciers, nos
« journaux de bas étage, nos chroniques judicaires? — pour-
« quoi ne pas aller aux soirées de telle de ses paroissiennes
« qui, par ses délicieuses médisances, lui ferait la confession
« de toutes les dames du quartier?

« Est-ce l'intérêt? mais la confession ne se paye pas! ne
« parût-il jamais au confessionnal, les huit cents ou mille
« francs qu'il reçoit ne lui seraient pas moins payés : il est
« même probable que, si nos prêtres voulaient renoncer à
« cette vilaine besogne, il arriverait de tous les points de la
« France des pétitions à la Chambre pour l'augmentation de
« leurs appointements; M. Isambert lui-même s'indignerait
« de voir les ministres du culte, les gardiens de la morale,
« moins bien salariés qu'un sous-officier de gendarmerie...

« Qu'est-ce donc qui cloue à la planche, au milieu de gens
« la plupart pauvres et sans éducation, un homme doué, peut-
« être de talents qui lui feraient un nom dans les salons de
« la capitale, ou parmi les écrivains de l'époque? la charité,
« un tendre intérêt pour ce même public qui dit quelquefois:
« *Mon Dieu, à quoi bon ces prêtres* (1)?... »

— Eh bien, monsieur Lafleur, je ne vous dirai pas : A quoi bon ces prêtres, mais dites-moi vous-même à quoi sert la confession?

— Ah! vingt-cinq Polognes! si tout le monde se confessait, et se confessait bien, tout irait bien mieux ici-bas! Nous ne verrions ni tant de révolutions, ni tant de haines, ni tant de désordres, ni tant d'ignobles carnavalades sur la terre! Si tout le monde se confessait, il n'y aurait plus de voleurs, car dans

(1) **Platon-Polichinelle, chap. XVI.**

la petite guérite du bon Dieu, il faut compter et restituer si l'on veut être absous, *et d'une.*

Si tout le monde se confessait, plus de haines et de vengeances, car lorsqu'on va faire *meá culpá* aux pieds d'un prêtre, on doit se réconcilier et pardonner si l'on veut être pardonné soi-même, *et de deux.*

Si tout le monde se confessait, plus de médisances et de calomnies, car dans le confessionnal est une balance où l'honneur du prochain pèse encore plus que son argent et sa vie, *et de trois.*

Si tout le monde se confessait, nous ne verrions pas si souvent le désordre et la honte dans les familles, l'innocence scandalisée, le cynisme jusque dans la rue; on respire au confessionnal un parfum d'angélique pureté qui répand dans nos mœurs et notre langage une influence salutaire; et puis l'humiliation d'un certain aveu est un morceau de glace qui amortit le feu des passions, *et de quatre.*

Enfin, où ne nous mènerait pas ce détail?

Voulez-vous savoir *à quoi sert la confession?* Demandez à ce vieil avare qui a peur du confessionnal où l'on fait restituer les usures, mais qui trouve pourtant que la confession sert à quelque chose, car depuis que sa cuisinière se confesse, elle ne fait plus danser l'anse du panier.

*A quoi sert la confession?* Demandez à ce père, à cette mère, qui voyaient avec douleur dépérir leur enfant revenu du collége avec de lamentables habitudes... Depuis qu'il se confesse, redevenu lui-même, il a reconquis sa fraîcheur avec son innocence.

*A quoi sert la confession?* Eh! morbleu, demandez à cette mère de famille, dont le mari passait toute la semaine au cabaret, et revenait content comme six rois, jurant, brisant et tempêtant, tout casser, tout rosser, tout bousculer dans la maison, meubles, chaises, tables, femme, enfants pêle-mêle, et jusqu'aux voisins accourus pour apaiser le tintamarre... Aujourd'hui que notre brise-ménage se confesse, l'aubergiste se plaint de M. le curé qui lui a fait perdre sa meilleure pratique; mais la pauvre mère trouve que la confession est bonne à quelque chose.

*A quoi sert la confession?* Eh! mille bombes, que vous dirai-je? Tâtez-en et vous le saurez; et vous verrez qu'un curé n'est pas aussi diable qu'il est noir; tâtez-en, et vous vous sentirez plus léger, plus content, plus heureux! tâtez-en, vingt-cinq Polognes! et vous en deviendrez meilleur, et les plus belles vertus et les devoirs les plus pénibles ne vous pèseront pas une once!

— Mon Dieu! sergent, ce serait trop beau si c'était vrai: mais nous avons malheureusement sous les yeux mille exemplés contraires..., et tel qui se confesse n'en vaut pas mieux, pour être un pilier de confessionnal.

— Vous êtes souverainement injuste, monsieur Lucien ; d'abord, comme l'a dit M. le curé, si ce *tel* ne retire aucun fruit de la confession, c'est sa faute, et non celle du sacrement, vous ne pouvez le nier... Et puis, qui sait ? Peut-être que la confession le retient au moins dans le *statu quo*, tandis que s'il ne se confessait pas, il serait un vaurien et un franc scélérat ; voilà qui est réglé.

Maintenant, raisonnons ; est-il bien vrai que ce tel n'en vaille pas mieux ? Je parie, morbleu, que vous le traitez un peu rudement. Dans ce *tel* très emporté, par exemple, vous voyez une colère ; bon, mille escadrons ! il se confesse, il n'en vaut pas mieux. Mais, camarade, avant de le juger ainsi, ne fallait-il pas au moins lui tenir compte des efforts qu'il a faits pour contenir quinze colères ? une sur quinze : il y a donc amélioration.

Un tel travaillait tous les jours dans les vignes du Seigneur, il y bronche une fois après la confession ; bon, mille citadelles ! il se confesse, il n'en est pas meilleur, et pourtant, au lieu de trente soulades par mois, il n'en gobe qu'une ou deux : il y a donc progrès vers le bien ; et vous demandez à quoi sert la confession ? Sans doute, elle ne rend pas impeccable et l'on n'en devient pas tout à coup un ange ; mais en se confessant, petit à petit on se corrige, on prend goût à la piété, à l'innocence, à la vertu : que diable aussi, soyez franc, monsieur Lucien ; à qui confieriez-vous de préférence une somme d'argent, sans autre garantie que la parole d'honneur ? qui prendriez-vous pour gardien de l'innocence de votre fille, de l'honneur de votre épouse ? en un mot, dans les circonstances les plus critiques et les plus délicates de la vie, en qui mettriez-vous plutôt votre confiance, dans un homme fidèle à remplir ses devoirs religieux, ou dans celui qui les foule aux pieds ? Évidemment la réponse est aisée ; et si maintenant, par amour-propre et pour *la frime*, vous osez parler en impie, mon vieux, dans l'application et la pratique, vous feriez comme les camarades et vous prendriez le parti le plus raisonnable.

— Eh bien, soit : je veux être encore plus franc et plus loyal que vous ne m'en jugez capable ; je crois que la confession est une institution salutaire qui renferme un trésor de grâces, de paix, de courage et de vertu ; je crois que beaucoup de gens qui n'en usent pas, se privent réellement d'un bonheur ineffable et d'un puissant auxiliaire pour opérer le bien ; mais pour aller à confesse, ne faut-il pas en avoir besoin ?

— Eh ! oui, sans doute, mille escadrons ! on ne va pas là

pour parler de la pluie et du beau temps, ni de la question des sucres, ni des affaires du grand Lama : mais quel est-il celui qui n'a rien à dire en confession ; fût-il évêque, cardinal ou pape, quel est-il, de grâce, et nous le mettrons dans une niche de chapelle?

— Parlons sérieusement, sergent ; je ne doute plus maintenant que la confession ne soit divine ; aussi le respect, la vénération pour les choses saintes...

— Eh! laissez donc, je vous demande quel est celui qui ne sent pas le besoin d'aller à confesse...

— Mais moi, parbleu, moi le premier : je n'ai ni volé, ni tué, ni avalé de charrettes ferrées ; que voulez-vous que j'aille faire auprès d'un confesseur?

— Eh! mille bombes, le confesser lui-même!... (*Rire général*) oui, morbleu, le confesser, car vous êtes, à ce qu'il paraît, un ange, un saint à canoniser... *Vous n'avez ni tué ni volé?* En voici bien d'une autre! Et si je vous prouvais, moi, que vous mentez comme un cosaque? si je vous prouvais que vous avez volé, que vous avez tué, et même avalé d'énormes *charrettes ferrées* avec une voracité de Gargantua, qu'auriez-vous à répondre?

— Oh! rien, je vous l'assure ; mais vous êtes trop galant homme pour me donner un pareil démenti.

— Ah! vous le prenez sur ce ton, eh bien, je veux vous prouver ici que vous avez tué, que vous avez volé, que vous êtes un grand criminel, et que votre chapelet sur un certain chapitre pourrait nous tenir jusqu'à demain.

*Article premier :* N'avez-vous pas tué le temps? c'était pourtant le prix du sang d'un Dieu, et vous deviez l'employer au salut de votre âme. N'avez-vous pas tué tous ceux que vous avez scandalisés par vos exemples et vos pernicieux conseils? N'avez-vous pas tué votre âme par le péché? et fussiez-vous complétement innocent *d'action*, n'êtes-vous pas coupable *d'omission* ; dès que vous avez eu la fatale constance de passer tant d'années éloigné des sacrements, ne vous êtes-vous pas constitué vous-même en état de mort et de damnation?

*Article second :* Vous n'avez pas volé, dites-vous ; mais je prétends, moi, que si vous n'avez pas volé aux hommes, vous avez volé à Dieu...

— Oh! oh! *voler à Dieu!* quelle idée originale!... vous voulez rire.

— Oui, mille baïonnettes, vous avez volé à Dieu... sa gloire par vos propos impies, le tribut de votre reconnaissance, puisque vous ne le priez et ne l'adorez jamais ; le tribut de votre cœur, que vous lui ravissez pour le donner à d'indignes créatures ; le tribut de votre volonté, car si vous obéissez aux lois humaines, n'êtes-vous pas rebelle aux lois divines? ne les foulez-vous pas publiquement aux pieds?

*Article troisième :* Vous êtes honnête homme, je veux bien le croire; vous êtes d'une délicatesse extrême pour l'argent d'autrui, mais en est-il de même de son honneur et de sa réputation? la médisance et la colomnie ne sont-elles pas un vol cent fois plus criminel que celui qui s'attaque à l'or et à l argent? Dites-moi encore, mon vieux, n'avez-vous pas d'ennemis? votre cœur ne nourrit-il aucun sentiment de haine et de vengeance?...

Et maintenant, si nous passions en revue à *l'article quatrième,* certains chapitres plus délicats et plus intimes... allons, ne rougissez pas ainsi, monsieur Lucien, je ne veux faire aucune allusion fâcheuse ni prolonger votre embarras; mais il faut que vous conveniez avec nous qu'on peut être honnête homme devant le monde et une franche canaille aux yeux de Dieu; il faut que vous conveniez, mon brave, que si vous ne vous confessez pas, ce n'est pas au moins faute de matière, et que nous tronverions aisément dans les dix commandements de Dieu, les six commandements de l'Eglisè, les sept péchés capitaux, les devoirs personnels, etc., etc., ample matière pour une longue revue, et peut-être bien pour une confession générale. (*On rit.*)

— Mais quelle nécessité d'aller trouver un prêtre? je me confesse à Dieu.

— Ah! la drôle d'idée! et qui vous donne votre pénitence et l'absolution?

— Dieu parle à mon cœur, et son langage céleste ne me trompa jamais.

— Je le crois bien, parbleu! vous étiez vous-même et l'organe et l'oracle! Vous seriez, ma foi, bien bon de ne pas vous révéler mille choses aimables; par exemple, que vous êtes un petit saint, mais qui *mange encore* sur la terre... Dites-moi, cette confession vous coûte-t-elle beaucoup à faire, et son souvenir est-il bien puissant contre la tentation?

— Vous voulez rire, mais je n'en persiste pas moins à soutenir que le plus sûr est de ne se confesser qu'à Dieu. On ne risque pas de devenir un sujet de risée en donnant sa confiance à de mauvais plaisants qui vous tournent ensuite en ridicule dans leurs réunions joyeuses.

— Expliquez-vous mieux, monsieur, que l'on voie une bonne fois où vous voulez en venir.

— Il est certes facile de le voir : de quoi s'entretiennent les prêtres dans leurs banquets, leurs conférences et leurs assemblées? Des confessions, des péchés, des pénitents et des pénitentes; c'est à qui racontera la plus grivoise aventure...

— Ah çà! mille escadrons, nous n'en finirons donc pas avec vos calomnies? Et qui diable peut vous avoir ainsi bourré la tête de sottises et de vilenies contre ce que la religion et l'humanité ont de plus saint et de plus vénérable? Dans quelle sentine avez-vous été les puiser, ces ordures qu'un homme d'honneur n'oserait même envisager? Avouez qu'il faut avoir du courage pour répéter ces calomnies devant le miracle permanent qui protége le sceau de la confession contre l'impiété, le libertinage et l'apostasie de tant de mauvais prêtres; devant l'héroïsme des martyrs qui ont versé leur sang plutôt que de violer le secret déposé dans leur cœur de prêtre; devant la rigueur effrayante de l'Eglise qui frappe de ses plus terribles anathèmes le prêtre assez lâche, assez misérable pour dévoiler un seul péché dont il serait le dépositaire comme confesseur. Et savez-vous bien, monsieur, que vous soulevez là une question grave et brûlante? Etes-vous bien sûr de ce que vous avancez, et si un homme de cœur venait ici, morbleu, vous dire en face que vous êtes un drôle et que vous en avez menti, vous feriez-vous fort de le soutenir et de le prouver?

M. Lucien, *dissimulant son dépit.* — Allons, sergent, je vois que décidément il est impossible de raisonner avec vous : vous en revenez toujours aux gros mots et aux personnalités.

— Eh ! nom d'une baïonnette, je raisonne quand on raisonne; mais, lorsqu'en ma présence, l'on calomnie et l'on outrage ce qu'on devrait chérir et vénérer à genoux, le sang me brûle les tempes, et, dans mes poings fermés, se crispent et craquent mes doigts de vingt-cinq ans! Tenez, croyez-moi, changeons de discours.

Lucas. — A mon tour, Lafleur, veux-tu m'écouter un tantinet?

— Oui, parle, Lucas.

— J' voyons bea que tout ça n'est que d' la farce, et que toi z'et M. l' curé, vous êtes deux lurons... Faut pas dire, mais l' prône et tes réflexions m'ont mis tout je ne sais comment : et je ne sommes pas l' seul qui trouve que vous avez raison tous deux;... aussi je n'y allons pas par quat' chemins, et je voudrions ben me convertir, mais...

— Mais... quoi? qui t'en empêche?

— Un tas d'affaires..., mille choses, et puis d'autres encore; y a si longtemps que... j'en ai tant dire, y a tant à faire... Ah ! jarni, que la besogne serait rude!

— Eh ! tant mieux, mon brave ! plus tu en sens le besoin et plus tu dois te presser... Va, ne crains pas; les gros poissons sont les meilleurs.

— Mais je ne pourrons jamais me rappeler...

— N'aie pas peur, je te le répète, on t'aidera; tu feras le premier pas, le confesseur fera les autres... Allons, morbleu, qu'as-tu tant à réfléchir ?

— Dame ! c'est que je me sentons la conscience chargée... oh ! mais là, chargée en diable ! et jarni, je craignons fort que l' bon Dieu ne voudra jamais me pardonner.

— Allons, bon, à l'autre, maintenant. Ah çà ! mon camarade, es-tu fou ? qu'as-tu donc fait de si criminel pour désespérer de la miséricorde divine ?

— Moi ? ah ! c'est que... c'est que... j'ons tout fait.

— Tout fait, mille bombes ? c'est beaucoup dire ! mais entre nous, tu blagues.

— Oh ! que nenni, mon pauvre Lafleur; j'ons tout fait, hélas ! et même davantage. (*On rit.*)

— Encore ! mais tu deviens de plus en plus imbécile?... et si je te prouvais, moi, que tu n'as pas tout fait ?

— Oh ! ben... tu serais malin, oui da ! et d'abord, je ne me sommes pas confessé depuis trente-six ans.

— Farceur ! mais tu nous en contes ! tu n'es marié que depuis dix-sept ans; n'as-tu pas dû au moins te confesser alors ?

— Oui, morgué, pour la frime ; et j'avions à l'époque tout l' magot du jeune âge avec les farces du régiment... tu sais ? Mais depuis... oh ! jarni, depuis, la grenouille a fièrement grossi !

— C'est égal, tu n'as pas tout fait. Tu n'as pas tué ton père et ta mère ? (*Rires prolongés.*)

— Oh ! quant à ça, excusez ! à preuve qu'ils sont encore en vie.

— Tu n'as pas pillé d'église ni mangé de *calottins,* comme tu les appelles?

— Oh ! oh ! c'te farce !

— As-tu prêté à grosse usure ?

— Ah ! morgué, ni même à petite ! j'ons toujours évu l' gousset percé et l' purgatoire à la bourse ;... j'avais pas plutôt cinq sous...

— Tu n'as jamais trahi les camarades?

— Oh ! pour ça, vrai de vrai.

— As-tu jamais fait un sacrilège pour le plaisir de le faire, et pour te moquer de la religion et du bon Dieu?

— Mais, jarni, faudrait être un démon pour ça !

— Tu vois donc, bêta, que tu n'as pas tout fait ! et quand tu aurais fait tous ces crimes, quand tu serais cent fois plus coupable, la miséricorde divine est encore plus grande que ta malice, et désespérer du pardon serait le crime de Judas

— Merci, mon bon Lafleur, tu me consoles, et je ne sommes pas tout à fait aussi criminel que je pensais ;... tiens, tu me prends par le côté sensible, et t'as une drole de manière d'amorcer les gens... C'est que, vois-tu, tout incrédule que je te parais, j'ons encore du cœur dans la poitrine et d' l'énergie dans la volonté, oui-da! et quand je veux... Connais-tu quelque bon diable de curé; mais là, un bon vivant comme toi, qui prenne quand il faut la pratique par la boutonnière?... ça s'est vu.

— Et le nôtre donc, mille baïonnettes! ah! si tu le connaissais comme moi! il a du cœur, celui-là : et je te réponds bien qu'en te voyant dans ses filets, vieux merlan, s'il ne tue pas le veau gras, il fera plumer son plus beau chapon et danser le bouchon de sa plus vieille bordelaise.

— Eh ben, jarni! à demain!...

L'instituteur. — Peste, sergent, voilà une belle conversion, et monsieur le curé va bien rire entre ses dents quand il verra le gros Lucas à son confessionnal.

— Qu'entends-je? il rira, dites-vous! et de quoi, mille escadrons? de ce que Lucas fait son devoir? de ce qu'il veut à tout prix reconquérir la paix du cœur et les saintes joies d'une bonne conscience? de ce qu'il a le courage de faire une démarche qui l'honore! *Monsieur le curé rira?* et de quoi, s'il vous plaît? de ce que Lucas l'estime et l'aime assez pour lui donner sa confiance? de ce qu'il a trop d'honneur pour se laisser arrêter par les lâches calculs du respect humain? de quoi rira-t-il, voyons, vingt-cinq Pologues; ne parlous pas en l'air, raisonnons!

— Eh mais... il rira des fredaines qu'il va lui débiter entre ses quatre planches.

— Ah! saprebleu, quelle idée lumineuse!... et pourquoi voulez-vous qu'il en rie? il en gémira pour lui, s'il les lui entend raconter avec votre morgue et votre suffisance; mais il bénira le ciel, il pleurera de joie si le repentir sincère accompagne l'aveu; mais il ne sera jamais assez cruel, assez insensé pour en rire! il serait maudit du ciel, maudit de la terre, le prêtre qui oserait rire des faiblesses du pauvre prodigue qui vient se réfugier dans son sein paternel! une telle barbarie n'est pas dans la nature. Le prêtre reçoit avec un tendre intérêt l'humble aveu de nos crimes, et, loin d'en être surpris, reconnaît là le triste fardeau du malheureux Adam, dont il porte sa bonne part lui-même. Il compatit aux misères dont il est le confident; il tend une main amie à l'infortuné qui l'implore; il le relève, l'encourage, le console, le bénit, et sa parole céleste fait couler dans son âme régénérée un fleuve d'espérance et de paix.

— Certes, mon brave, vous parlez avec tant d'énergie et de conviction que vous nous donneriez presque envie d'imiter le compère Lucas.

— Et vous pourriez plus mal faire, morbleu! cessez de plaisanter, monsieur Lucien, car c'est du dernier ridicule;.. ça vous pose en vrai turlupin.

— Si quelqu'un est *turlupin* ici, sergent, ce n'est pas l'homme droit et ferme dans ses principes; c'est celui qui tourne à tout vent comme une girouette volage.

Lucas. — Comment, comment que vous dites ça, monsieur l' régent? c'est-y pour moi que vous parlez?

— A peu près, mon bon Lucas.

— Ah! jarni, c'est donc moi que vous appelez *jiroulette?*

— Oui, mon ami, et je soutiens que c'est avoir bien peu de consistance que de se laisser ainsi endoctriner pour se rendre ridicule.

— Eh! tout doux, s'il vous plaît, monsieur l' régent, tout doux ou j'allons nous fâcher!

— Ah ça, monsieur Lucien, allez-vous nous flanquer la paix avec vos ridicules et vos girouettes?

— Très volontiers, sergent; mais je dois à Lucas un conseil d'ami, et je le lui donnerai, même en dépit de sa colère.

— Eh bien, va donc, Lucas, mais, mille escadrons, n'oublie pas la consigne!

— C'est pour ne rien oublier, morgué, que je voulons rester ici : parlez tout haut, si ça vous est égal, monsieur l' régent.

— Non, j'ai deux mots à vous dire en tête à tête.

— Dites, dites toujours, je sommes tout oreilles; si c'est un conseil d'ami, mes amis en profiteront; de quoi donc qu'il s'agit?

— Il est donc vrai que vous voulez aller à confesse?

— Oui, jarni, pas plus tard que demain; chose promise, chose due.

— Mais songez-vous à toutes les conséquences d'une pareille démarche?

— C'est-y peut-être que les gobe-mouches du pays vont s' gausser de moi?

— A peu près, mon cher Lucas; et je serais désolé de vous voir l'objet de la risée générale, car je tiens à vous.

— Grand merci, monsieur l' régent; mais si le général rit de Lucas, est-ce que Lucas ne pourra pas à son tour rire du général?

— Ce n'est pas une raison, mon brave; on vous montrera au doigt, on fera des contes; vous aurez beau vous gendarmer, il ne sera plus temps, car rien ne terrasse et ne tue comme le ridicule.

— Et s'il venait à plaire au public de me trouver ridicule, morgué, parce que je ne me faisons pas sauter la cervelle, faudra donc bon gré mal gré que j'avale une prune de plomb? merci! m'est avis, monsieur l' régent, que tous les *fi!* et les *à bas !* du monde ne m'ôteront pas un cheveu de la tête, et je s'rons toujours le gros et bon Lucas.

— A la bonne heure, mille millions de citadelles! tu me réjouis le cœur de t'entendre parler ainsi! touche là, mon brave, il y a du sang français dans tes veines de Mamelouck !

— Eh! jarni, holà, là, là ! ne serre donc pas si fort; tu m'as désorienté les doigts dans ta poigne de fer !

— Ce n'est point assez, viens que je t'embrasse, nom d'une baïonnette : je reconnais enfin le camarade d'autrefois. Allons, et tête levée, morbleu ; je veux demain te servir de second et t'accompagner au confessionnal. Il faut, mille bombes, que notre courage et notre joie calme et pure leur donnent la mouche et leur fassent envie! ainsi donc, à demain, mon ami, et vive Dieu! faisons rougir les muguets et les pékins... pas accéléré, en avant : marche !...

—◦◦◦—

# PRONE DOUZIÈME.

**Sur le jeûne et les œuvres de pénitence.**

> *Convertimini ad me in toto corde vestro in jeju-*
> *nio, in fletu, in planctu.* — Convertissez-vous
> à moi de tout votre cœur, dans les jeûnes, les pleurs
> et les gémissements.
>
> (Joël. 2. 12.)

Mes Frères,

Si une faute vous avait fait perdre vos biens, votre crédit, votre honneur et ruiné votre santé pour toujours, cette faute pourrait-elle vous être indifférente? et si vous en aviez éprouvé du plaisir, ce plaisir si vif, si saisissant qu'il eût été, ne vous couterait-il pas effroyablement cher; et, sitôt que vous en sentiriez les tristes résultats, pourriez-vous ne pas la pleurer avec des larmes de sang? ah! loin de songer à retomber encore dans cette funeste faute, vous maudiriez l'instant fatal où vous l'avez commise et ne pourriez y penser sans horreur. J'en appelle à ces misérables qui, dans une seule nuit, ont dissipé dans une maison de jeu et de débauche un riche patrimoine...; voyez-les sortir les yeux égarés, les cheveux dressés sur la tête, la rage dans le cœur, le désespoir dans l'âme, en proie à toutes les furies de la douleur et maudissant la passion dévorante qui les a perdus. Ils jettent avec un dernier regard leur dernier anathème sur le honteux repaire où viennent de s'engloutir leur repos, leur espérance, leur bonheur; ils s'enfoncent dans un sentier solitaire...; où vont-ils? ils vont, par le plus formidable des attentats, se débarrasser peut-être du fardeau de la vie!

Voyez ce malheureux jeune homme qui, dans un transport frénétique, a immolé son adversaire dans un de ces combats si justement flétris; voyez cet enfant dénaturé qui s'est rougi du sang de son père ou de son frère; quels remords, quels déchirements, quel désespoir! et quand même ils n'auraient point à redouter la justice des hommes, le fantôme sanglant de leur victime, qui se dresse jour et nuit devant eux comme l'ombre d'Abel devant Caïn, ne tirerait-il pas de leur forfait une assez cruelle vengeance? oui, mes Frères, et la sagesse éternelle l'a ainsi voulu, afin que le pécheur trouve, même dès cette vie, un châtiment à son crime.

Mais que fais-je ici, chrétiens? viens-je exciter en vous le remords de vos péchés, et réveiller ce ver rongeur qui commence d'attaquer ici bas la victime qu'il doit dévorer à jamais dans l'enfer? Non, mes Frères, ce n'est point le remords que je viens vous inspirer : la nature elle-même sait le réveiller quand il le faut; les bons l'éprouvent aussi bien que les méchants, et si, par malheur on parvient à l'étouffer dans le temps, il retrouve ses forces et sa fureur dans l'éternité. Je viens vous apprendre à expier vos crimes dans les œuvres de pénitence, à satisfaire par la prière et les larmes du repentir à la justice divine tant de fois outragée; à rendre, en un mot, à Dieu ce qui est à Dieu, comme en restituant, vous rendez à César ce qui est à César; et pour nous borner dans une matière si féconde et si sérieuse, je ne vous parle aujourd'hui que de la mortification de la chair par le jeûne et l'abstinence.

(*M. Lucien riant :*) Ah! ah! voilà enfin, j'espère, un

sujet bien choisi ; je vous en remercie, monsieur le curé, car je l'attendais depuis longtemps. Nous avons tant de besoin d'être instruits là-dessus ! le doute, les préjugés, les illusions...

— Je ne vous demande qu'un petit moment de patience, Monsieur ; peu à peu nous vous satisfairons. Je n'entre pas, mes Frères dans de longues considérations pour vous prouver la nécessité du jeûne et de l'abstinence pour expier nos péchés et réformer en nous le vieil homme ; je ne vous dirai pas que, dans l'ancienne loi, le jeûne et l'abstinence furent toujours considérés comme œuvres expiatoires, et que Jésus-Christ lui-même, après en avoir consacré la pratique par le précepte et l'exemple, déclare qu'il est certains démons qui ne cèdent qu'à ces deux puissantes armes du chrétien. Je ne vous dirai pas enfin que la plupart des philosophes et des législateurs de l'antiquité païenne en parlent avec distinction ; que, dans presque toutes les religions de la terre, le jeûne et l'abstinence précédaient les grandes cérémonies, étaient souvent imposés aux criminels pour fléchir la colère des dieux, et qu'on les trouve partout comme remède aux maladies de l'âme et du corps. Je me borne à vous rappeler l'ancienne discipline de l'Eglise sur ce point si important de notre religion.

— Mon Dieu, monsieur le curé, n'allez pas, de grâce, nous faire ici un cours d'histoire ecclésiastique, citer les conciles, les pères, les docteurs, l'Evangile, l'Ecriture, etc., etc., pour nous prouver l'institution et l'existence de l'abstinence et du jeûne depuis les premiers siècles du christianisme ; ne perdez pas, s'il vous plaît, un temps trop précieux à nous faire une savante dissertation là-dessus. Nous vous accordons sans peine l'existence du jeûne et de l'abstinence *depuis* et même *avant* Jésus-Christ ; nous allons même, pour peu que vous y teniez, jusqu'à convenir que les païens les ont pratiqués comme les chrétiens et les juifs ; mais où est, s'il vous plaît, le passage de l'Evangile qui nous en fait une loi ?

— Avant de vous répondre, Monsieur, je dois vous dire que tout ce que nous devons croire et pratiquer ne se trouve pas expressément formulé dans l'Evangile : qu'alors même que nous ne pourrions y trouver la con-

7*

sécration du jeûne et de l'abstinence, il est des vérités
de tradition qui ne sont que l'explication et le développement des principes contenus dans l'Evangile. Refuserez-vous de les admettre parce que vous ne les y
voyez pas clairement exprimés ? alors rejettez le baptême
des enfants nouveau-nés ; rejetez la première communion
solennelle ; la sanctification du dimanche au lieu du jour
du sabbat ; la communion sous une seule espèce et avec
du pain sans levain ; rejettez les cérémonies de la messe,
le culte de l'auguste sacrement de nos autels, etc., etc. ;
l'Evangile en dit-il un seul mot ? et pourtant, Monsieur,
ces points fondamentaux sont universellement admis. Du
reste, Jésus-Christ lui-même a consacré la tradition,
puisqu'il dit à ses disciples, non pas écrivez l'Evangile,
mais *docete*, enseignez *par la parole*. Vous demandez *où
est le texte* qui établit le jeûne et l'abstinence ; mais
outre le précepte et l'exemple de Jésus-Christ dont on a
déjà parlé, n'est-ce point assez de celui qui constitue
l'Eglise et les apôtres nos maîtres et nos législateurs, en
matière de dogme et de discipline ? *Toute puissance m'a
été donnée au ciel et sur la terre,* leur dit-il avant son
ascension glorieuse : *Comme mon père m'a envoyé, je
vous envoie ; recevez le Saint-Esprit ; tout ce que vous
lierez sur la terre sera lié au ciel, et tout ce que vous
delierez sur la terre sera délié au ciel. — Jamais les
portes de l'enfer ne prévaudront sur vous, car voici que
je suis avec vous jusqu'à la consommation des siècles. —*
De qu'elle manière que vous preniez ces paroles solennelles, Monsieur, il est impossible de ne pas y voir l'institution d'une Eglise et d'un corps de docteurs, pour
annoncer l'Evangile à toute créature, pour développer le
germe précieux de la sainte parole, prescrire des lois
disciplinaires, régler les cérémonies du culte, en un
mot, ainsi que s'exprime l'apôtre, *disposer toute chose* (1)
pour l'exercice d'une religion révélée, et développer par
la parole, ce *que l'encre et la plume n'ont pu renfermer
dans un livre* (2). Or, mes frères, les lois ecclésiastiques
émanent toutes de ce tribunal auguste, infaillible, établi
par Dieu même, pour commenter et expliquer sa parole

(1) Cor. 11-34.
(2) Jean 12.

adorable ; ses décrets ne sont que le corollaire des principes sacrés dont il est dépositaire. Ainsi la loi divine ordonne la sanctification du dimanche; et l'Eglise détermine cette sanctification par l'assistance aux offices de la paroisse. — *Si vous ne faites pénitence, vous périrez tous.* nous disent les livres saints; et cette pénitence, l'Eglise l'a déterminée en nous prescrivant le jeûne, l'abstinence et la mortification de la chair. Loi vénérable, loi salutaire, cette loi de l'Eglise est pour nous un écho de la loi de Dieu. Elle doit nous être aussi sacrée, puisque le Sauveur a tellement identifié sa parole avec la parole de l'Eglise, et son autorité avec son autorité que celui qui l'écoute l'écoute lui-même, et que celui qui la méprise le méprise, et sera rejeté comme un païen et un publicain.

— Eh bien, en supposant que l'Eglise ait le droit de m'interdire l'usage de la viande et de me prescrire le jeûne, comment Dieu peut-il être honoré par cette diète ridicule et insensée?

— Dites-moi vous-même, Monsieur, comment la justice humaine est satisfaite, quand le coupable a payé son tribut à la loi, et subi son châtiment? Comment se fait-il qu'elle punit avec plus de rigueur le contumace qui la brave, tandis qu'elle se relâche de ses droits envers celui qui, de lui-même, se livre et se punit d'avance?

— C'est parce qu'elle n'a plus alors en quelque sorte à punir que le corps qui fut l'instrument du crime : l'âme qui l'a conçu a déjà commencé l'expiation.

— A merveille, Monsieur; ainsi, quand le pécheur s'humilie sous la main de Dieu, quand il cherche à le désarmer par le repentir, la prière, le jeûne et la pénitence corporelle, Dieu sent peu à peu tomber son courroux; devant ce corps défaillant et cette âme brisée par la douleur, la clémence succède à la justice, et sur ses lèvres déjà frémissantes de l'anathème qui allait foudroyer ce misérable, vient se fixer un ineffable sourire, heureuse annonce du pardon.

— Tout cela est fort beau, monsieur le curé: mais à vous parler franchement il nous en coûte de croire que le bon Dieu se plaise à voir ainsi souffrir ses enfants.

— S'il se plaisait à les voir jouir et couler des jours tranquilles sur la terre, il nous eût tenu sans doute dans l'Evangile un bien autre langage; il ne nous eût pas répété sans cans cesse : *Si quelqu'un veut entrer dans la gloire, qu'il se renonce lui-même, qu'il porte tous les jours sa croix et me suive : efforcez-vous d'entrer par la porte étroite ; heureux les pauvres ! heureux ceux qui souffrent et qui pleurent, car ils seront consolés ! — Malheur aux riches et à ceux qui jouissent de toutes leurs aises dans cette vie !* — S'il nous eût appelés au bonheur et aux satisfactions de la terre, ne nous eût-il pas précédés dans cette voie large, aimable et éminemment royale ? aurait-il voulu être appelé l'homme des douleurs ? de la crèche de Bethléem au gibet du Golgotha, sa vie aurait-elle été un gémissement, une souffrance continuelle ? Ah ! c'est parce que son royaume n'était pas de ce monde, et que nous sommes en exil comme lui, qu'il a voulu nous en rendre le pain amer, c'est afin que nous soupirions plus ardemment vers le beau ciel de la patrie ! S'il a voulu que nous gémissions ici-bas, dans la prière, le jeûne, les soupirs et les larmes, c'est parce qu'il n'y a qu'un chemin pour remonter à la gloire, lorsqu'on a eu le malheur d'écouter l'ange des ténèbres et de descendre avec lui par les sentiers du vice jusqu'aux portes de l'abîme : ce chemin salutaire, chrétiens, c'est celui de la souffrance et du repentir.

— Mais, monsieur le curé, comment croire que Dieu nous damnera pour un morceau de viande ?

— Par la même raison qu'Adam et Eve se sont perdus pour une pomme.

— Oh ! le cas est bien différent ; ici, c'est Dieu lui-même qui commandait.

— Vous êtes dans l'erreur, Monsieur ; le cas est absolument identique ; puisque, si Dieu lui-même avait donné ses ordres à nos premiers parents, c'est lui qui nous les donne encore par l'intermédiaire de l'Eglise. La loi, pour nous être notifiée par un organe étranger, ne nous oblige pas moins que la parole propre du législateur ; et puis, tenez, Monsieur, ne cherchons pas tant à subtiliser ! ce n'est pas un morceau de viande qui vous damnera ; c'est la désobéissance à une loi positive, et la désobéissance sans raison légitime : car l'Eglise, comme une bonne mère, a prévu des cas d'exemption tels que la santé, l'âge, le travail, l'indigence, une complexion délicate, autant de circonstances où elle se relâche en notre faveur de sa sévérité primitive.

— Ah! c'est là que je vous attendais. Puisque la loi du jeûne et de l'abstinence est une loi de l'Eglise universelle, d'où vient qu'elle n'est pas uniforme? Pourquoi y a-t-il une pratique pour chaque royaume, chaque diocèse, j'allais dire pour chaque paroisse? pourquoi cette loi tend-elle de jour en jour à disparaître? pourquoi nous sommes-nous peu à peu *civilisés* au point que si nos aïeux revenaient sur la terre, à la vue de nos bulles, de nos dispenses et de nos carêmes mitigés, ils nous prendraient pour des huguenots?

— Ne parlez pas ainsi, Monsieur, vous seriez souverainement injuste et méchant : vous feriez un crime à l'Eglise de sa clémence et de sa bonté. Les temps étaient mauvais : ne devait-elle pas compatir à la misère générale? pouvait-elle compter strictement avec le pauvre laboureur qui revient épuisé de fatigue et de faim sous le soleil dévorant du midi, comme elle compte avec le riche sybarite, qui attend sur les coussins mollets de son divan, la faim qui doit assaisonner le festin que l'on prépare à son estomac blasé? Comment cette tendre mère aurait-elle une règle de fer pour l'enfant et le vieillard, pour l'infortuné qui tend la main et le malade qui languit sur un lit de souffrance ou qui se traîne sous le poids d'une longue infirmité? Et vous osez lui faire un crime de ce qu'elle aime assez ses enfants pour s'accommoder à leurs besoins, à leur faiblesse, à leurs misères, et se faire toute à tous pour les gagner à Jésus-Christ!...

Je sais bien que la discipline devient de jour en jour moins sévère et que la génération actuelle elle-même, s'il lui était donné de revenir ici-bas dans quelques années, la trouverait encore en progrès vers ce que vous appelez le relâchement : mais entre nous, Monsieur, à qui la faute? est-ce l'Eglise qui donne le branle, et n'est-ce pas plutôt nous qui l'entraînons? n'est-ce pas elle qui nous suit par un reste de pitié pour notre faiblesse et notre sensualité; n'est-ce pas son cœur qui l'attache à nos pas, semblable à l'ange gardien qui nous appelle, nous retient et nous suit à regret sur le chemin de l'abîme, espérant toujours nous arrêter, nous conquérir et nous ramener avec lui? D'ailleurs, mes Frères, puisque l'Eglise a fait la loi du jeûne et de l'abstinence, on ne lui contestera pas sans doute le pouvoir d'en dispenser ses enfants lorsque, pour des motifs légitimes, elle juge que cette loi cesse de les obliger.

— Mais pourquoi lever un tribut sur ces dispenses? quel est ce trafic indigne et révoltant! le don de Dieu s'achète-t-il donc avec de l'or et de l'argent comme aux jours de Simon le magicien?

— Non, Monsieur; ni aujourd'hui ni alors: veuillez corriger cet étrange langage : *vente* et *trafic*, en religion seraient un sacrilége. Mais comme l'Eglise en vous dispensant du jeûne ne peut vous dispenser de la loi générale de la pénitence, elle ne fait que commuer le jeûne en une légère aumône destinée à de bonnes œuvres. Mais dans ce cas même on n'est pas dispensé de la prière, pour remplacer autant qu'il est en nous le jeûne et l'abstinence qui nous sont devenus moralement impossibles. Vous demandez *si le ciel s'achète avec de l'or et de l'argent;* eh bien, oui, en un sens, vous répondrai-je avec le Sauveur, qui nous dit après l'Esprit-Saint lui-même, que *l'aumône couvre la multitude des péchés,* et ailleurs : faites-vous des amis dans le ciel avec cet argent d'iniquité; dépouillez-vous des biens de la terre et vous trouverez un trésor dans le ciel.

— Il y aurait beaucoup à dire là-dessus, monsieur le curé, mais je dois vous proposer une difficulté plus sérieuse. Pourquoi nous forcer à ruiner notre santé; Dieu n'a-t-il pas défendu le suicide? Or, vous n'ignorez pas, je pense, que rien ne débilite l'estomac comme le maigre et la diète.

— Prenez garde, Monsieur, vous forcez le sens de mes paroles : dans le jeûne et les œuvres de pénitence, la prudence et une sage discrétion doivent être la règle constante de notre conduite. Celui qui ruinerait sa santé par des austérités téméraires, loin de plaire à Dieu, lui ferait outrage; il ne s'agit ici que du principe et de la loi de l'abstinence en général. Or, vous êtes là-dessus, laissez-moi vous le dire, dans une étrange erreur. *Rien ne débilite,* dites-vous, *comme le maigre et la diète.* Quoi! Monsieur, vous êtes à ce point novice en hygiène et en médecine! Vous ne savez donc pas qu'une vie sobre et frugale est le plus sûr moyen de vieillir sans infirmité? Les neuf dixièmes de nos maladies ne nous viennent-elles pas à la suite d'excès? Mais les pénitents, les solitaires, ces saints patriarches du désert qui sont parvenus à la vieillesse la plus avancée, de quoi vivaient-ils, je vous le demande, pendant les 30, les 40, les 50 ans dans leurs cavernes et leurs retraites profondes? de racines, de légumes et de fruits sauvages; l'eau du torrent était leur unique boisson; un pain suffisait à leur nourriture de toute la semaine, et, pour la plupart, ils ne prenaient qu'un repas, vers le coucher du soleil.

— Mon Dieu, que vous dirai-je, Monsieur? L'amour divin, la prière, les extases, leurs révélations les nourrissaient sans doute d'un aliment céleste et leur faisaient oublier la terre et les exigences de la nature...; en tout cas, les idées, les tempéraments, les mœurs, les temps ont bien changé.

— Non, Monsieur; les circonstances sont les mêmes. Il y a dans nos couvents et nos maisons religieuses de saints vieillards des deux sexes, que leurs jeûnes et leurs pénitences corporelles n'ont pas empêché d'atteindre sans maladie sérieuse à un âge fort avancé; d'autres, en grand nombre, dont la santé florissante et vigoureuse au milieu des plus étonnants travaux est un défi victorieux à la délicatesse, à la sensualité de nos modernes Lucullus : et la raison en est évidente, Monsieur; consultez les oracles de la médecine ancienne et moderne, depuis le célèbre Hippocrate et Galien son admirateur, jusqu'à nos plus illustres praticiens: c'est un axiome généralement admis, qu'un régime sévère est un *brevet de santé*, un *certificat de longue vie*. Qui ne connaît cette réponse d'Hippocrate à ceux qui lui demandaient comment il avait pu parvenir à l'âge de cent trente ans : *C'est que je ne suis jamais sorti de table pleinement rassasié*. Galien, lui-même, pour imiter sa sobriété, s'imposait un jeûne tous les dix jours.

Vous voyez donc, mes Frères, que le jeûne et l'abstinence, considérés même en dehors de toute idée religieuse, sont loin de nuire à la santé, et que l'Eglise, en nous en faisant une loi sévère à diverses époques de l'année, a eu sagement en vue autant la santé de notre corps que celle de notre âme. Mais, mes Frères, ce n'est pas sous ce point de vue matériel que nous devons envisager la sainte loi du jeûne et de l'abstinence : nous devons la considérer comme un moyen de satisfaire à la justice divine, et d'expier les désordres de notre vie. Par le repentir et la douleur, c'est l'âme qui revient à Dieu, l'âme qui déplore le crime qu'elle a conçu la première ; par le jeûne, l'abstinence et les autres œuvres expiatoires, c'est le corps qui s'immole en holocauste à Dieu pour réparer le péché dont il fut l'instrument.

Ce n'est point assez encore ; outre cette expiation salutaire, il y a dans les œuvres de pénitence corporelle un préservatif puissant contre les suggestions du démon. De même qu'un esclave bien nourri, délicatement traité, caressé par son maître, finit tôt ou tard, comme dit l'écriture, par se révolter et tourner contre lui cette vigueur qu'il a puisé dans les délices, ainsi le corps, cet esclave indocile, cet ennemi flatteur, toujours d'intelligence avec Satan, mais qui n'ose lever la tête tant que nous le tenons en laisse, enchaîné, sans autre pâture que celle qui l'empêche de mourir, regimbe et se cabre avec orgueil sitôt qu'une nourriture plus délicate, plus nourrissante et plus copieuse a communiqué à son sang une énergie nouvelle. Et voilà pourquoi, mes Frères, par le jeûne et l'abstinence, nous le matons, cet esclave rebelle, nous le tenons à notre merci, et nous le mettons hors d'état de nous trahir en prêtant main-forte à l'ennemi. Mais le plus grand avantage que nous retirons de cette mortification extérieure, c'est sans contredit la ressemblance glorieuse et consolante qu'elle nous donne avec le divin modèle que nous devons tous retracer ici-bas dans notre chair de péché, si nous voulons un jour participer à son triomphe.

Oh ! livrons-nous donc fidèlement, chrétiens, à ces saintes pratiques dont le Seigneur a fait cette monnaie d'or dont on achète les cieux ! Aimons-les bien, ces œuvres de pénitence, puisqu'elles sont le ciseau salutaire qui taille et polit les pierres vivantes de l'éternelle Jérusalem ! Aimons-les bien comme l'onde sacrée où notre robe d'innocence retrouve son éclat et sa blancheur première ! Aimons-les bien comme les degrés du trône qui nous attend là-haut ! Aimons-les bien, pauvres pécheurs, comme la prière suppliante qui nous obtient un sourire d'amour et de pardon ! Aimons-les surtout, mes Frères, comme les déchirements d'une âme convertie, le cri plaintif d'un cœur humilié, l'hommage de reconnaissance éternelle de notre corps, de nos sens, de notre être tout entier au Dieu de miséricorde qui daigne ainsi couronner notre amour et notre repentir !

Ainsi soit-il !

## Epilogue.

— Eh ! eh ! saprebleu, monsieur l'instituteur, vous n'êtes donc pas pour le carême : et vous fêteriez assez volontiers carnaval quatre fois l'an comme les moutards, qui voudraient quatre jeudis par semaine ?...

— Ecoutez, sergent, nous ne devons pas nous faire illusion ; il y a dans notre religion d'étranges anomalies, et je m'étonne que les évêques et les prêtres, au lieu de l'épurer de tout ce fatras d'observances, de cérémonies, de pénitences et d'expiations, s'étudient tous les jours, au contraire, à force de superstitions ridicules, à nous en faire un fardeau de plus en plus insupportable.

— C'est fort bien, mille bombes ! mais pourquoi sitôt vous contredire ? Vous souteniez tout à l'heure, — et ces braves gens l'ont entendu comme moi, — que la religion se *simplifie*, se *civilise ;* que sa discipline devient de jour en jour moins sévère, et que *si nos aïeux revenaient sur la terre, ils nous prendraient pour des huguenots ;* avant que je vous réponde, mor-bleu, accordez-vous avec vous-même.

— Mais rien de plus facile, assurément : quoi de plus va-riable en effet que la discipline de l'Eglise sur le jeûne et l'abstinence ? Ne sommes-nous pas à mille lieues de la rigueur des anciens ? A-t-on en Espagne les mêmes lois qu'en Russie ? Dites-moi si en France, en Allemagne, en Italie, en Angle-terre, en Irlande, à l'aspect de tant de fluctuations, de privi-léges, de nuances et de pratiques disparates, on se croirait réellement en pleine catholicité.

— Eh ! mille escadrons, ne vous a-t-on pas donné la raison de cette diversité d'usages et de pratiques qui ne sont, après tout, que de pure discipline, et ne touchent nullement au fond de la religion, aux principes et aux dogmes de la foi ? Faudra-t-il vous répéter sans cesse que le législateur, pour des motifs légitimes, peut modifier la loi, la changer, l'abolir même dès qu'elle n'a plus sa raison d'être ? Voudriez-vous lui ôter le pouvoir de soulager de pauvres contrées où le peuple a tant de peine à vivre? Si les temps deviennent durs et difficiles, si la terre nous refuse le pain de chaque jour, si l'infirmité visite notre demeure, l'Eglise peut-elle exiger à la rigueur l'exécution de ses lois expiatoires? Allons donc, vingt-cinq Polognes! Ce qu'elle veut avant tout, ce que Dieu demande, c'est que nous fassions pénitence; et si déjà nous en faisons forcément, dès que l'autre nous devient moralement impossible, il y a donc compensation; pourvu toutefois que l'on se soumette d'ailleurs à ce qui nous est prescrit.

— Parbleu, sergent, vous vous entourerez à la fin de tant de précautions, qu'il sera difficile de vous prendre. Il est donc bien entendu que, moyennant quelques jeûnes et quelques repas maigres, nous sommes libres de tout faire: et si notre estomac est trop délicat pour supporter le maigre et se refuse à la diète, une légère aumône remplacera tout cela: ce qui revient à dire que le jeûne sauve de l'enfer, que l'argent sauve du jeûne, et qu'en définitive, au ciel comme sur la terre, c'est toujours *monnoie qui fait tout?*

— Ah çà, monsieur Lucien, il y a de la différence entre extravaguer et faire de l'esprit. Qui vous a dit que l'on achète avec quelques jeûnes le droit de tout faire, et qu'avec de l'argent on se dispense de jeûner et de faire pénitence si l'on n'a pas de raison légitime? Croyez-moi, laissons là les pointes et raisonnons. Nous ne devons pas nous abandonner au crime dans l'espoir de nous libérer avec des jeûnes et de l'argent, ainsi que le disait, s'il m'en souvient, le grand Bossuet devant son auditoire, en répondant à cette objection du pécheur: *Contentons-nous d'abord, nous nous repentirons plus tard.* « Mais, malheureux, s'écriait-il, c'est parce que vous aurez « un jour à vous en repentir qu'il ne faut pas le faire! Tous « les jours vous dites à celui qui va commettre une impru- « dence, une étourderie, une mauvaise action: Prenez garde, « ne le faites pas, car vous vous en repentiriez! » Ainsi donc, Monsieur, le souvenir du jeûne et de la pénitence, loin de vous enhardir au péché, doit au contraire vous faire trembler à la seule idée de le commettre. Gardez-vous, morbleu, de dire pendant la tentation: *Allons, je jeûnerai, je ferai péni- tence;* de même que ce Roi onzième de nom et de poignar- dante mémoire, qui, avant d'expédier quelque vassal dan- gereux, se mettait dévotement à genoux devant la madone attachée à son chapeau, en disant avec componction: *Encore celui-ci, petite bonne Vierge! Je vous ferai bâtir une superbe chapelle!* — Et une autre fois: *Je vous habillerai d'un riche manteau d'or!* — Mais si vous avez eu le malheur de devenir criminel, vous devez dire: O mon Dieu! prenez pitié d'une pauvre recrue qui a oublié sa consigne, mais qui va s'admi- nistrer une correction soignée pour se la rappeler à l'avenir.

Voilà comment il faut raisonner, monsieur Lucien : jeûner et faire pénitence pour expier ses crimes, et non pas pécher et tout faire d'abord pour jeûner ensuite et se repentir : la différence est assez sensible, et je m'étonne qu'un instituteur émérite ne l'ait pas remarquée.

Quant à vos plaisanteries sur les dispenses accordées à l'ouvrier, au malade, à ceux qui ne peuvent remplir le précepte de l'Eglise, et dont le jeûne est commué en une légère aumône, *toujours sacrée*, et employée en bonnes œuvres, souffrez, mon vieux, que je les laisse pour ce qu'elles valent. *Monnoie fait tout*, dites-vous; mais, vingt-cinq Polognes, vous vous trompez : tout le monde n'en a pas à sa disposition; et pour le pauvre, le bon Dieu se contente d'une prière et de son bon cœur. *Monnoie fait tout* : oui, pour le riche; et c'est fort heureux, mille escadrons, que le ciel veuille en avoir pitié, se relâcher de ses droits et commuer en aumônes et en bonnes œuvres, pour le soulagement de l'infortune, les dettes sans nombre que ces heureux du siècle ont contractées avec la justice divine ! *Monnoie fait tout* : oui, sans doute; mais encore faut-il que la pénitence corporelle ne soit pas possible; car pour celui qui peut jeûner et n'est pas malade, *monnoie ne fait rien*, entendez-vous l'ami? — *Monnoie fait tout* : oui, je l'avoue, et on achète les cieux, mais lorsque c'est le cœur qui donne, et lorsqu'on se dépouille par esprit de foi d'un métal dangereux qui en a tant précipité dans l'abîme. *Monnoie fait tout !* et oui, mille bombes, mais encore une fois, gardez-vous de dire : *Je suis riche, je paierai, péchons donc sans remords :* ce serait blasphémer contre le Saint-Esprit ; mais si vous avez eu le malheur de pécher, estimez-vous heureux de pouvoir seconder les généreuses résolutions que vous inspireront le repentir et la reconnaissance envers le Dieu qui vous a pardonné.

— En voilà bien assez sur ce point, monsieur Lafleur ; laissez-moi vous consulter maintenant sur une autre difficulté.

— Vous êtes un farceur, monsieur Lucien ; vous voulez tirer parti de mon ignorance : ne pourriez-vous, morbleu, vous adresser à quelqu'un plus compétent sur la matière?

— Ne soyez pas si modeste, mon brave ; votre ignorance prétendue a déjà levé bien des doutes dans mon esprit, et vous êtes certainement à la hauteur de la question que je vais vous proposer. Croyez-vous que la viande ne soit pas aussi bonne le vendredi que le jeudi et le dimanche?

— Pour un chien, oui ; pour un homme, non ; ou, si vous l'aimez mieux, avant la défense, oui ; depuis la défense, non.

— Vous voulez rire, sergent : la défense n'y fait rien ; et je ne vois pas trop, moi, pour quelle raison on veut me forcer à l'observation des jours, ce qui, même dans vos principes, est une superstition coupable et ridicule. Car enfin celui qui a fait jeudi a fait vendredi, samedi, dimanche, etc.; et je ne pense pas que Dieu ait maudit aucun jour pour que nous le condamnions au maigre et à la pénitence.

— Allons, allons, camarade, avec vos tours et vos détours, vos faux-fuyants et vos papillonnages autour de la question, vous voudriez, je le vois bien, me tailler de la besogne pour huit jours. Mais, saprebleu, halte-là, mon brave! Nous nous contenterons de vous dire quatre mots de réponse, sauf à vous renvoyer au catéchisme pour le reste. *La défense ne fait rien à la chose*, dites-vous : et moi je dis qu'elle fait tout. Avant la défense, c'est à peu près comme un morceau de viande qu'on apporte de la boucherie toute fraîche et palpitante encore; après la défense, c'est la même viande troussée et manipulée par une scélérate de cuisinière qui l'a saupoudrée d'arsenic... Hier, j'en pouvais manger sans crainte, c'était un jeudi; mais aujourd'hui, j'en créverais, mille bombes, car c'est vendredi, ou, si vous l'aimez mieux, on me la sert préparée *à l'italienne!* Et vous dites que cela ne fait rien à l'affaire?... Merci!

— Oh! c'est bien différent : il ne s'agit pas ici de poison, mais d'une simple défense de l'Eglise.

— Que dites-vous là, vingt-cinq Polognes? Vous êtes complétement dans le faux, mon brave; il n'y a pas de différence entre une viande défendue et une viande empoisonnée, à moins que vous ne supposiez que c'est un chien qui en mange. La défense est à l'âme ce que l'arsenic est au corps; faudra-t-il répéter ici ce que l'on a déjà dit sur le péché?

— Ma foi, tant que j'aurai l'Ecriture sainte pour moi, je dormirai tranquille. Or, j'y lisais encore hier au soir (car tout impie que je vous parais, je lis quelquefois depuis quelque temps l'Ecriture sainte), que *l'on doit manger ce que l'on trouve, qu'il n'y a plus, sous la loi de grâce, à distinguer entre le monde et l'immonde, et que ce n'est pas ce qui entre dans le corps qui souille l'âme.*

— Oh! oh! la belle trouvaille! ah çà, l'ami! vous êtes donc de ces merlans qui font dire à la Bible toutes les balivernes qui leur passent par la tête? Vous verrez, mes amis, que bientôt il faudra tuer les gens et nous couper la gorge, parce que Jésus-Christ *est venu apporter le glaive;* prêter à usure, parce qu'il en parle dans l'Evangile; voler la moisson du prochain, parce qu'il prit des épis en passant dans un champ; s'arracher un œil, un bras, une jambe, couper les oreilles aux camarades, etc... Allons donc, encore une fois, raisonnons et n'extravaguons pas. Vous dites : *Ce n'est pas ce qui entre dans le corps qui souille l'âme;* d'accord, morbleu; c'est ce qui entre dans l'âme, c'est la désobéissance, comme vous le disait M. le curé : c'est le mépris d'un ordre formel et la rébellion contre une autorité légitime. Dis-moi, Lucas, te rappelles-tu ces trois jours de salle de police à Orléans?

— Eh! oui, jarni! que trop; il m'en souviendra longtemps, oui-da!

— Est-ce pour avoir pris deux canons à l'estaminet que le major te fourra dedans?

— Ah! ben oui, je t'en fiche! y a pas d'consigne pour ça; j'aurions lampé tout le *schenic* d' la cantinière, pourvu que je ne fasse pas de festons trop déraisonnables, et que j'enfile, tant bien que mal, la porte d' la caserne, serviteur! Y aurait eu rien à dire.

— Pourquoi donc fus-tu pincé?

— Parbleu! j'avions manqué z'a l'appel!

— Faites donc vous-même l'application, monsieur Lucien. Vous mangeriez un bœuf un jour gras, il n'y aurait rien à dire, pourvu toutefois que vous ne vous fissiez pas de mal en dépassant votre capacité, car alors vous pourriez avoir des comptes à régler avec l'ancien, comme Lucas avec le major, s'il se fût mis en goguette scandaleuse. Mais si vous mangez sciemment une bouchée de viande un jour maigre, vous êtes en faute, mon vieux; non pas pour la viande, mille bombes! la viande ne fait rien, c'est la défense qui fait tout. Il ne faut pas venir ici nous en conter et nous dire que celui qui a fait vendredi a fait jeudi, et lundi et samedi, et dimanche, et le tonnerre; tout cela n'est que de la farce et de la blague; les jours se suivent et ne se ressemblent pas. Aux uns, il faut travailler et faire gras; aux autres, il faut travailler encore et faire maigre, il faut se reposer le dimanche; et pourtant Dieu les a tous faits, et n'en a maudit aucun, pas plus qu'il n'avait maudit aucun arbre au paradis terrestre lorsqu'il mit son *veto* sur celui de la science du bien et du mal.

Et maintenant, que répondre à votre petite malice sur *l'observation des jours?* C'est une grosse cheville à votre ligne en guise d'hameçon : ne nous prenez donc pas pour des cruches, s'il vous plaît! on y voit clair, vingt-cinq Polognes, que diable! Il y a mille lieues entre l'obligation de jeûner et de faire maigre, et la ridicule superstition de l'observation des jours heureux et malheureux, et la lune rousse, et la lune grise, et la fatale influence du nombre treize, et la malédiction qui s'attache à tout ce qu'on ose entreprendre un vendredi! N'est-ce pas se moquer, que de venir, à propos des jours et des œuvres de pénitence, nous parler de balivernes, dont nous haussons les épaules comme vous? Autant valait nous entretenir aussi des talismans, des baumes souverains, des amulettes magiques, des mangeurs d'oiseaux, de souris, de cailloux, de grenouilles, de couteaux, de lézards, de sabres ; autant valait nous parler des secrets du *Grand Albert,* des hommes incombustibles et des veaux marins ! Ah ! mille escadrons, monsieur Lucien, voulez-vous écouter un conseil d'ami ?

— Allons, quelque plaisanterie pour finir.

— Non, non, une pensée sérieuse, qui me crève la tête, et qu'il faut que je lâche avant que ces bonnes gens se retirent.

— Eh bien, dites donc, exprimez votre pensée.

— Vous jouez un rôle de vrai sacripant.

— Oh ! oh ! oh ! et la raison, s'il vous plaît ?

— Vous parlez contre votre cœur. Il est impossible que vous ne soyez pas convaincu de la faiblesse de vos raisonnements et du ridicule des difficultés que vous soulevez, disons mieux, que vous réchauffez après tant d'autres. Vous savez bien, morbleu, qu'on y a cent fois répondu victorieusement ; et vous ne vous attaquez à un pauvre diable comme moi que dans l'espoir de faire retomber sur la religion ce qui n'est que l'effet de mon ignorance et de mon incapacité...

— Ceci demande explication, monsieur Lafleur ; avec votre ton brusque et votre humeur massacrante, vous n'êtes pas aussi novice qu'il vous plaît de le dire ; on voit que vous êtes au fait de la petite guerre..., et puis, vous savez bien que nous avons ailleurs d'autres adversaires...

— Monsieur le curé, n'est-ce pas ? eh bien ! monsieur Lucien, apprenez que personne ne se fait plus illusion sur les sentiments qui animent vos paroles et votre opposition systématique... ; ils sont indignes d'un homme d'honneur. Eh ! vingt-cinq Pologues, si quelque puce vous pique, si vous avez rien à démêler avec M. le curé, quelque explication à prendre, tâchez donc de vous aboucher, finissez-en à l'amiable, que tout se bâcle à huis clos ; et ne venez plus nous brouiller les principes dans la tête, ni lanterner ces braves gens avec vos objections vermoulues... ; laissez-nous notre foi, et gardez vos craques pour les nigauds ; tout le monde se porte bien ici, grâce à Dieu ; nous n'avons que faire de votre thériaque et de votre orviétan.

# PRONE TREIZIÈME.

**Sur la prière.**

*Usque modo non petistis quidquam ; petite et accipietis.* — Jusqu'ici vous n'avez rien demandé ; demandez et vous recevrez.

(St-Jean, ch. 7.)

MES FRÈRES,

On voit tous les jours les riches et les grands de la terre entourés de flatteurs, de suppliants qui épient un regard, un sourire, attendent les occasions favorables pour solliciter des grâces ; et, bien que ces grâces soient distribuées d'une main avare, parce que l'homme, si riche et si puissant qu'on le suppose, est toujours en définitive bien misérable et bien borné, bien que les riches et les heureux du siècle fassent payer si cher leurs faveurs, et semblent s'étudier à force de mépris, de refus et d'humiliations à dégoûter les solliciteurs, de les fatiguer de leurs prières, on les voit néanmoins toujours obsédés de suppliants et d'importuns.

Et pourtant ces favoris de la fortune, à peine consentent-ils à communiquer leurs bienfaits à des rares courtisans privilégiés, qui absorbent à eux seuls les grâces qu'un peuple entier réclame, pareils à ces plantes inutiles qui, croissant rapidement sur un sol fertile, boivent le suc nourricier qu'elles dérobent aux plantes d'alentour.

Mais le Seigneur en agit bien autrement avec nous, mes Frères ! comme ses richesses sont aussi infinies que sa bonté, il ne craint pas de s'appauvrir en multipliant ses largesses : toute la nature a été comblée de ses dons ; il a comme épuisé pour l'homme tous les trésors du ciel et de la terre ; et après avoir daigné partager nos misères, il veut que nous partagions un jour son éternelle félicité. Vous le savez, chrétiens, tous les jours de sa vie mortelle ont été marqués par quelques bienfaits. Entendez-le criant de toute part : Venez à moi, malades, infortunés, faibles, pécheurs, venez ! *Venite ad me omnes.* Pourquoi ne m'avez-vous rien demandé encore ? Pauvre Jérusalem ! tu es pourtant bien misérable et bien à plaindre ; ta douleur est immense, grande comme la mer ; ignores-tu que je suis venu pour te guérir ? Ah ! demande-moi donc la paix et la consolation, je suis prêt à t'exaucer : *petite et acipietis;* cherche en moi tes vrais biens, ton repos et les saintes joies d'une âme innocente, tu les trouveras : *quærite et invenietis:* pauvre malade abandonné ! frappe à la porte du médecin suprême et il t'ouvrira, et il te rendra la santé, l'espérance et le bonheur ! *pulsate et aperietur vobis.*

Que de bonté, de mansuétude ineffable dans ces paroles, mes Frères : *Vous ne m'avez encore rien demandé !* Que ce tendre reproche nous dépeint bien au naturel l'âme compatissante du Sauveur ! Ah ! quand même notre faiblesse, notre misère, nos besoins continuels, quand même nos ennemis ne nous forceraient pas à recourir sans cesse à notre Dieu, que nous faudrait-il de plus que les touchantes instances de ce bon Père qui nous invite à solliciter ses faveurs ? Je ne viens pas aujourd'hui, mes Frères, entasser ici les textes et les citations de l'Ecriture sainte ou de la tradition pour vous prouver la nécessité de la prière; il me suffira de faire un appel à votre raison de créatures intelligentes, à vos besoins journaliers, comme *exilés;* comme *malades,* comme *soldats appelés à la couronne,* comme *pauvres* affamés qui demandent un peu de pain.

— Mon Dieu, Monsieur le curé, interrompt l'instituteur, je vois bien que nous sommes encore menacés d'un sujet mystique, et vous venez d'accumuler tant de raisons de notre indigence spirituelle, que si vous les développez toutes aujourd'hui, vous nous ôterez et le temps et l'envie de vous contredire dans une matière qui prête tant à la contradiction, et nous finirons par tomber à vos genoux en criant : merci ! nous prierons le bon Dieu, nous prierons la Vierge, les saints, et vous-même, Monsieur, mais abrégez, de grâce, une matière si féconde !

*(Un murmure d'impatience circule dans tout l'audi-
toire, et M. Lucien qui avait essayé de sourire, voyant le
peu d'effet de sa sortie, perd contenance, et change trois
fois de couleur):*

— Allez, Monsieur, vous n'avez rien à craindre,
répond le prédicateur; sans que vous me fassiez l'honneur de tomber à mes genoux, je n'abuserai pas de
votre patience; ne vous effrayez pas de la fécondité du
sujet que je propose aux méditations de mon auditoire;
je ne ferai que l'ébaucher, pour vous laisser tout le loisir
de me contredire, et d'ôter à la prière, par vos objections, ce caractère de mysticisme qui vous épouvante.

Je disais donc, mes Frères, que l'exilé soupire après
la patrie, le malade après la guérison, le soldat vers la
victoire, l'ambitieux vers le but qu'il appelle, et le
pauvre vers le morceau de pain que le riche lui donne.
Ainsi, toute la vie du chrétien sur la terre doit être une
prière continuelle à son Dieu, un soupir incessant vers le
ciel, puisqu'il est à la fois exilé, malade, soldat, noblement ambitieux et dévoré par la faim.

Et d'abord, chrétiens, vous ne l'ignorez pas : *exilés*
dans cette vallée de larmes, vous n'y êtes qu'en passant;
vous marchez, nous allons tous vers une *cité permanente*,
vers la patrie éternelle qui nous attend; aussi devons-
nous dire sans cesse avec le prophète : *Hélas! que mon
exil est long !...* Que fais-je donc sur cette terre ingrate?
Voyageur d'un moment, pourrais-je y attacher mon
cœur? Non, non, c'est dans les cieux que le chrétien
fixe ses espérances; c'est à la *patrie* que s'adressent ses
vœux, ses soupirs, sa *conversation* de tous les instants :
et puis ne faut-il pas lever les yeux pour reconnaître sa
route? En les *levant vers les hauteurs d'où mon salut doit
descendre*, je dédaigne la terre, je la foule aux pieds, car
j'aperçois la Jérusalem céleste, dont je suis citoyen; et
cette vue m'encourage, me console et me donne des
forces pour courir avec plus d'ardeur. L'athlète, dans la
carrière, pour relever son courage abattu, jette un
regard sur la palme qui l'attend, et une nouvelle vigueur
le transporte et l'enflamme : priez donc, exilés, la
prière vous montre la patrie!

*Malade*, le chrétien se traîne avec douleur sous le
poids du vieil Adam; il ne compte ses jours que par les

gémissements de sa misérable nature. Aussi doit-il dire avec le grand saint Paul : *Ah! malheureux que je suis! qui me délivrera de ce corps de mort?* ou bien avec le lépreux de l'Evangile : Seigneur, daignez jeter sur moi un regard de pitié ; voyez, la douleur me torture, *mais si vous voulez, vous pouvez me guérir...* — Priez donc, mes Frères, priez, pauvres malades, et Dieu qui a sondé les plaies de votre âme, vous bénira, disant : *oui, je le veux, soyez guéri!*

*Soldat*, le chrétien est agité d'une guerre intérieure qui ne lui laisse pas un instant de repos. L'homme du péché s'acharne contre l'homme de grâce ; le monde, le démon, la chair et ses exigences tyranniques, livrent dans son cœur de rudes combats à son esprit, qui souvent ne triomphe et ne s'élève que pour tomber de plus haut, sitôt que la nature fatiguée veut un instant se reposer : tant que Moïse lève vers le ciel ses mains suppliantes, Israël est vainqueur ; mais dès que les bras de Moïse retombent, Amalec se lève plus terrible. Aussi, malheur au soldat qui, dans cette lutte sanglante, cesse un moment de tourner les yeux vers le Dieu des armées pour le supplier de combattre à ses côtés ! priez donc, soldats de la croix, la prière donne à l'âme une vigueur, une trempe énergique qui assure la victoire.

— Mais à vous entendre, monsieur le curé, nous ne devrions plus rien faire sur la terre que prier et lever les mains vers le ciel... ; ce serait une existence assez commode, si, par position et par besoin, l'homme n'était pas condamné au travail de chaque jour ; mais, par malheur, cette vie si féconde pour le ciel est d'une déplorable stérilité sur la terre, où l'on ne moissonne pas si l'on n'a semé.

— Un moment, Monsieur, ne vous trompez pas sur le sens de mes paroles ; il n'est pas nécessaire pour prier de lever à chaque instant les mains au ciel, ni de suspendre le travail où notre condition nous asservit ; si nous devons, d'après la sagesse éternelle, *toujours prier sans jamais nous lasser*, nous ne devons pas oublier que le travail peut être une prière, et qu'au milieu même des plus grandes occupations, tant que notre corps travaille, notre esprit et notre cœur peuvent se reposer en Dieu. Sans interrompre notre labeur, il nous est facile de nous entretenir avec le bien-aimé de notre âme, de lui exprimer nos vœux, de lui témoigner notre amour par quelque soupir ardent, quelque fervente aspiration qui attirent sur nous l'ineffable sourire et les bénédictions du Seigneur ; mais laissez-moi continuer mon sujet.

J'ai dit encore, *une noble ambition dévore le chrétien.* C'est au ciel qu'il a osé lever les yeux, il rêve la conquête d'un trône, d'un royaume éternel, infini, près duquel tout ce que la terre offre de trésors, de gloire et de bonheur n'est *que de la boue.* Il doit donc avoir le courage de la mépriser, cette boue que l'enfer a revêtue de si funestes attraits, et qui fascine, hélas ! les yeux de l'homme au point de faire oublier le glorieux diadème que le ciel lui prépare ; il doit donc le tenter, ce puissant effort ; il doit donc se la faire, cette sainte *violence qui emporte le royaume des cieux.* Et puisque, de lui-même, il ne *peut rien,* mais *tout en celui qui le fortifie,* ne faut-il pas qu'il prie avec le prophète, afin que le Seigneur bénisse ses efforts et l'aide à rompre les chaînes fatales qui l'attachent aux créatures, en *fermant ses yeux aux vanités de la terre?* Oui, priez, nobles émules des anges ; la prière est le contre-poison des délices du monde ; prier, c'est parler le langage royal de la sainte Sion ; prier, c'est déjà posséder Dieu !

Enfin le chrétien est un *pauvre affamé* délaissé sur la terre, et qui pour vivre attend le pain de chaque jour. Je ne veux point ici, mes Frères, vous exagérer votre misère ; vous la sentez, hélas ! aussi bien que moi, sans que le Seigneur vienne vous la rappeler comme à ce présomptueux de l'Apocalypse dont *l'aveuglement* funeste égalait la *détresse* et la *nudité.* Oh ! que vous avez donc besoin des faveurs et des grâces de votre Dieu ! mais je ne dis point assez : vous êtes comme ces fleurs délicates qui tombent et se flétrissent si le soleil ne les colore et ne les vivifie ; *que Dieu detourne son visage, et l'homme se trouble et son âme est consternée :* il a donc besoin de voir son Dieu, de se sentir en sa présence, il a donc besoin de lui parler comme de respirer l'air vital. Par la prière, en effet, il s'établit une sainte communication entre l'âme et son Dieu ; elle boit à longs traits à la source même de la vie et du bien ; elle s'en pénètre en quelque sorte et s'en rassasie avec bonheur; alors une douce et consolante intimité s'établit entre le créateur et la créature. L'un répand avec bonté les riches trésors dont il surabonde, et l'autre, avec des transports de reconnaissance et d'amour, reçoit avidement les biens qui débordent à torrents de cette plénitude infinie de magnificence et de tendresse. .

— Je vous assure, monsieur le curé, qu'il ne faut rien de moins que votre imagination pour trouver toutes ces félicités et ces trésors de délices dans la prière...; quant à moi, j'ai prié dans mon enfance, j'ai prié dans ma jeunesse : il m'arrive même aujourd'hui d'articuler machinalement de temps à autre quelque lambeau de prière oubliée; eh bien, le dirai-je? il ne m'est jamais arrivé, que je sache, ni trésors, ni délices, ni la plus petite faveur surnaturelle.

— Et vous vous en étonnez, monsieur, mais ne venez-vous pas de vous donner vous-même la réponse; et ne voyez-vous pas la raison de la stérilité de vos prières? vous priez donc, quand vous articulez *machinalement quelque lambeau de prière oubliée?* et comment Dieu vous écoutera-t-il si vous ne vous écoutez pas vous-même et si vous le priez sans confiance?

— Oh! je ne parle pas d'à-présent, je suis bien revenu de ma simplicité; mais d'où vient que quand je priais autrefois, je perdais toujours mon temps et ma peine!

— Cela vient sans doute, vous dirai-je avec saint Augustin, de ce que vous priiez mal, de ce que vous ne méritiez pas d'être exaucé à cause de vos mauvaises dispositions; et puis, qui sait? Dieu voulait peut-être mettre votre foi à l'épreuve et vous eût exaucé si vous eussiez persévéré dans votre prière; peut-être ne vous faisait-il attendre ses faveurs que pour vous les rendre plus chères une fois obtenues; peut-être lui demandiez-vous des biens qui vous eussent été funestes, et qu'il ne vous les a refusés que par un excès de clémence dont vous devriez le bénir : car, vous n'ignorez pas, Monsieur, qu'il est des vœux téméraires et criminels qui sont une insulte plutôt qu'une prière; des souhaits orgueilleux ou homicides et une certaine façon de parler à Dieu qui va réveiller la foudre endormie dans sa main vengeresse...: c'est lorsque l'homme a l'audace de prier Dieu de servir ses passions. Mais, mes Frères, il n'entre pas dans notre plan de vous développer ici les qualités de la prière; il vous suffira de vous en avoir énuméré les principaux avantages, afin de vous pénétrer de reconnaissance pour la bonté divine qui nous laissa cet ange du ciel pour nous encourager, nous soutenir et nous consoler dans le triste pélérinage de la vie. Oh! je vous plains, mes Frères, si vous pouvez passer un seul jour sans donner à votre âme cette heureuse nourriture; je vous plains si la prière vous lasse, vous importune, comme ces juifs ingrats et grossiers que dégoûtait la manne du désert! votre âme, hélas! est déjà morte, ou du moins tellement abattue qu'elle n'a plus la force de gémir ni même de sentir son malheur! la plante une fois flétrie et desséchée n'appelle plus la douce rosée ni l'éclat du soleil.

— Mais, monsieur le curé, croyez-vous réellement que Dieu se mette fort en peine de nos prières, qu'il fasse grande attention à nos signes de croix, à nos génuflexions, à nos *pater* et à nos *ave,* alors surtout que nous y en faisons si peu nous-mêmes? pensez-vous qu'il écoute ces bonnes femmes qui auraient la constance de passer toute une journée en prière?

— Et pourquoi ne les écouterait-il pas? ne s'y est-il pas engagé plusieurs fois, et d'une manière solennelle? est-ce que peut-être la prière d'une *bonne femme* aurait moins de puissance auprès Dieu que la prière d'un savant et d'un homme d'esprit? et depuis quand, s'il vous plaît, la science et le talent rendent-ils plus agréables à Dieu que la simplicité, l'innocence et la vertu? Dieu, dites-vous, *ne se met point en peine de nos prières, de nos signes de croix, de nos génuflexions,* mais, Monsieur, si lui-même il nous les ordonne, ou directement, ou par l'organe de l'Eglise, son interprête fidèle, s'il nous *enseigne* lui-même à *prier,* s'il nous fait le tendre reproche de *négliger la prière,* ou *de prier mal,* s'il nous promet de se trouver *au milieu de nous,* quand nous serons *deux* ou *trois réunis pour prier en son nom,* peut-il être, je vous le demande, indifférent à nos prières?

*Mais nous ne nous écoutons pas nous mêmes.* C'est un malheur : nous devons réformer notre conduite et rougir de honte d'oser parler à Dieu comme nous n'oserions parler à un homme. Que si, malgré tous nos soins et notre vigilance, la fragilité de la nature nous entraîne, si la mobilité de notre imagination nous fait oublier que nous parlons au Tout-Puissant, ne nous troublons pas pour cela, humilions-nous de notre faiblesse et de notre misère. Le Seigneur qui connaît le limon dont il nous a pétris a entendu la prière que nos lèvres murmuraient à notre insu comme il entend, à la belle saison, la prière et les hymnes joyeux de la nature rajeunie ; et, quand même en paraissant devant lui, notre esprit, notre cœur et nos sens auraient trompé notre attente, sa clémence n'en bénira pas moins notre bonne volonté.

— Mais à quoi bon prier? Dieu ne sait-il pas mieux que nous ce qui convient à notre misère tant pour l'âme que pour le corps?

— Oui, sans doute; mais croyez-vous que la connaissance qu'il a de nos besoins le nécessite à les satisfaire sans que nous daignons l'en prier, alors surtout qu'il nous en fait un devoir, et met presque toujours cette condition à ses largesses? Il voit bien aussi que le forçat a besoin de la liberté, le pauvre des richesses, l'âme souffrante et captive en purgatoire de la félicité des cieux ; et, ce besoin fut-il d'ailleurs aussi légitime qu'il est pressant, Dieu serait-il, parce qu'il le connaît, obligé de le satisfaire par un miracle? Dieu, qui nous assure de nous accorder tout ce que nous lui demanderons, nous a-t-il aussi promis de nous donner tout ce que nous ne daignerons pas lui demander?

Quoi, mes Frères! pour les faveurs d'un homme qui peut, après tout, mépriser vos prières, il n'est pas de démarches, de bassesses que vous ne vous imposiez, pas d'humiliantes sollicitations que vous épargniez à votre amour-propre, vous estimant heureux qu'à ce prix on daigne favorablement vous accueillir, et quand il s'agit des faveurs d'un Dieu, près desquelles tout le reste n'est qu'illusion et mensonge, les solliciter vous paraît une condition trop dure! et vous voulez forcer le Seigneur à changer les lois de la nature pour s'occuper de vous plus que vous ne vous en occupez vous-mêmes? Avouez-le, chrétiens, c'est une bien étrange créature qu'un *pauvre*, orgueilleux au point de ne pouvoir pas s'abaisser à demander du secours; et, si les hommes ne peuvent souffrir la fierté méprisante et hautaine sous les haillons de l'indigence, Dieu, dit l'Ecriture, la condamne et la maudit : *Pauperem superbum abominatur Dominus.*

— Mais, monsieur le curé, pourquoi voulez-vous que je prie ? à quel dessein et dans quel but? Je cherche, je m'étudie en vain .., je ne saurais vraiment que demander à Dieu.

— Que dites-vous, Monsieur? vous ne savez que demander? Ah ! quel état serait donc le vôtre ! mais vous vous faites illusion, laissez-nous le croire. Ou votre embarras vient de la multitude de vos besoins, ou bien de ce que vous n'en éprouvez aucun. Dans le premier cas, si vous vous sentez dans un état si désespéré que vous ne sachiez par où commencer pour y apporter remède, tant mieux, vous dirai-je, Monsieur; cet embarras lui-même vous fournira des ressources. Souvent le cœur de l'homme est gonflé de soupirs et de douleur; les yeux n'ont point de larmes, la bouche est muette, et c'est à peine si quelques sanglots étouffés peuvent sortir de la poitrine... Mais que le cœur vienne à se débonder soudain, que les larmes commencent à couler ; si amères qu'elles soient d'abord, elles soulagent toujours; et les soupirs et la douleur peu à peu se dissipent. Ainsi donc, mes Frères, quels que soient vos besoins et votre misère, demandez, oh! priez! priez avec confiance, priez, sans cesse, mais commencez une bonne fois : c'est le premier pas qui coûte, le reste devient facile; une grâce reçue vous révélera de nouveaux besoins qui, tour à tour exprimés et satisfaits par de nouvelles grâces, vous laisseront toujours insatiables jusqu'à ce que ce besoin des faveurs de Dieu se change enfin en une ardente soif de Dieu lui-même qui consomme au ciel votre éternelle félicité.

Mais si vous ne savez que demander à Dieu, parce que vous n'éprouvez aucun besoin, vous êtes en vérité bien à plaindre, mon frère. Le pire des malades, c'est celui qui ne sent pas son mal ; et c'est être bien près de la tombe que de pouvoir passer longtemps sans prendre de nourriture. *Vous ne savez que demander à Dieu!* Je veux pour un moment que vous n'éprouviez aucun besoin; mais reportez, de grâce, vos regards sur le passé. N'avez-vous reçu de Dieu aucun bienfait qui mérite de la reconnaissance? Pouvez-vous compter les faveurs dont il vous a prévenu dans l'ordre de la nature et de la grâce, et celles qu'il vous destine dans l'ordre de la gloire? et, fussiez-vous la seule créature intelligente et raisonnable déshéritée de ses dons, n'avez-vous rien à dire à ce Dieu de clémence et de bonté tant de fois outragé par vos crimes et qui ne vous a pas encore écrasé de la foudre? Ah! pour tant de bienfaits reçus, que votre âme soit pénétrée de la plus vive reconnaissance; priez, adorez, bénissez, mes Frères; mais pour les bienfaits méconnus ou méprisés, pour les outrages faits à la majesté divine, frappez-vous la poitrine de douleur et de repentir : vos gémissements seront votre prière, mais ne dites pas que vous n'avez rien à dire à Dieu.

Voyez-vous ce petit enfant? il sera votre modèle. Il avait faim; il a pleuré; ses cris plaintifs étaient sa prière; et maintenant qu'il est suspendu au sein maternel, il cherche des yeux en souriant les yeux de sa mère; ce regard et ce sourire sont la prière de sa reconnaissance et de son amour.

Le matin, au lever de l'aurore, tous les êtres vivants se réveillent, et, par leurs chants joyeux, célèbrent leur créateur : toute la nature a son langage et le bénit à sa manière. L'astre du jour paraît et le concert redouble..., et l'homme, ce roi de la création, cet être noble et privilégié, des hommages duquel Dieu se montre si jaloux, l'homme seul sera muet; il s'éveillera le matin sans bénir celui qui lui a donné l'existence, le jour de la veille, le repos de la nuit, et qui fait luire encore pour lui ce beau soleil qui l'inonde de sa bienfaisante lumière! Oh! prions donc, chrétiens, prions, sinon pour demander, au moins pour rendre grâces!

Mais qu'ai-je dit? *Vous n'avez rien à demander à Dieu!* Ah! il semble pourtant que vous êtes assez malheureux, assez affligés sur la terre! il semble que le fardeau du vieil Adam pèse assez lourdement sur vos épaules pour vous faire sentir le besoin d'un bon ange qui l'allége et vous enseigne la résignation. Priez donc, mes Frères, priez; il n'est pas de souffrance et de chagrin que la prière ne console; et cette vérité, je n'en doute pas, beaucoup d'entre vous l'ont sentie. Oh! si vous pouviez tous comprendre ici que la prière est la sœur de l'espérance, qu'elle la soutient et l'alimente; si dans vos travaux, vos peines et vos douleurs, vous saviez prier; vos soupirs vers le ciel dégonfleraient votre cœur et la prière y ferait descendre une paix céleste, une douce sérénité !

— Vous nous dites là, Monsieur, des choses admirables, assurément, et votre parole a dû, je pense, faire du bien à bon nombre de vos auditeurs. Ah ! que n'ai-je entendu votre instruction dans mon jeune âge ! J'en aurais alors profité, sans doute; mais il est trop tard aujourd'hui : les habitudes sont formées; avec la meilleure volonté du monde, il me serait impossible de suivre vos conseils.

— Impossible, dites-vous? ai-je bien entendu, Monsieur, et parlez-vous sérieusement?

— Oh ! très sérieusement, je vous l'assure; vous sentez bien que ce n'est pas à trente-cinq ans qu'un homme se laisse façonner à tout venant comme une cire molle : c'était bon autrefois, mais aujourd'hui, j'ai mes principes : d'ailleurs, je ne sais pas prier.

— Je vous remercie, Monsieur, de me fournir l'occasion de répondre à une difficulté que l'on m'a cent fois proposée, et dont certaines gens voudraient autoriser leur indifférence et leur lâcheté. Laissez-moi donc leur répondre ici, et sur un ton que je ne prendrais pas avec vous, Monsieur, puisque la grâce semble déjà parler à votre cœur.

Vous ne savez pas prier, mon frère, dites-vous; je le crois bien, et suis loin d'en être surpris : la bouche qui vient de blasphémer et de médire ne passe pas si aisément et si vite du crime à la prière; ces mains qui viennent de se livrer à l'iniquité ne savent pas se lever suppliantes vers le ciel; ce cœur bouleversé par les passions, enchaîné à la créature dont les charmes perfides l'attirent au dehors, n'aime pas à rentrer sitôt en lui-même pour parler à son Dieu dans la solitude et le silence : c'est qu'il faut se préparer à la prière et dire adieu aux créatures et à toute pensée étrangère : c'est qu'il faut laisser tomber le tumulte des passions avant de paraître devant Dieu : on ne se présente pas devant son prince au sortir d'une orgie; et la mer, irritée par la tempête, ne reprend pas tout à coup son calme; elle murmure et balance encore longtemps ses ondes agitées.

Vous ne savez pas prier, mon frère? Mais faut-il enseigner à l'enfant à demander du pain, au pauvre à tendre la main? Ah ! le Dieu qui écoute la prière de l'humble et de l'infortuné, ne vous demande pas de beaux discours ni des efforts d'éloquence : quelle prière plus savante et plus étudiée que celle du pharisien? L'humble publicain n'avait prononcé que deux paroles, et ce fut lui qui fut exaucé. Ce que Dieu veut de vous, c'est le langage du cœur. L'enfant avec sa prière simple et naïve a plus d'empire sur le cœur de Dieu qu'un prince et un savant avec les plus sublimes inspirations. Ne dites-donc plus, mes Frères, que vous ne savez pas prier ; Jésus-Christ nous l'enseigna lui-même en nous donnant la prière la plus éloquente que l'homme puisse faire à Dieu. Vous la connaissez tous ; répétez-la souvent en vous unissant de cœur et d'intention au divin Maître, et le Seigneur bénira les vœux que lui-même a dictés.

— Mais, Monsieur, comment prier? Les affaires, le ménage, le travail vous obsèdent de toutes parts. Je ne dis pas *vous*, Monsieur, qui n'avez guère d'autre souci, mais nous, mais tous ces bons paysans qui vous écoutent, et qui commencent, je crois, à nous trouver un peu longs ; nous voudrions bien prier comme vous, mais où prendre le temps nécessaire?

— Où le prendre, Monsieur? Mais dans celui que l'on perd inutilement, dans celui que l'on donne aux discours frivoles, aux jeux, aux amusements, au crime, car on sait bien en trouver pour tout cela. D'ailleurs, mes Frères, votre état ne vous asservit pas tellement que vous n'ayez quelque loisir. Et lors même que vous seriez aussi occupés que vous le dites, qui vous empêche d'en trouver dans vos occupations même? On sait bien, tout en travaillant, calomnier et médire, blasphémer et tenir des propos scandaleux : pourquoi ne pourrait-on pas prier? et puis, lorsqu'on travaille en la présence de Dieu, travailler, c'est prier. Remplir fidèlement les devoirs de son état, offrir à Dieu son travail au commencement et à la fin de la journée, penser au moins à lui quelquefois, voilà une prière que le Seigneur vous demande ; et je dis à juste titre, mes Frères ; car enfin, comme nous l'avons dit, quelles que soient vos affaires et vos occupations, elles ne vous captivent jamais tout entiers : tant que le corps travaille, l'âme peut être à Dieu, s'élever à lui de temps en temps par un soupir, une aspiration, un regard vers le ciel : et c'est le seul moyen de rendre vos travaux méritoires devant Dieu ; sans cela, vous vous tourmentez inutilement ; si vous travaillez exclusivement pour la terre sans élever plus haut vos soupirs et vos espérances, il vous sera dit au grand jour : *Retirez-vous, vous avez reçu votre salaire!*

— Tenez, Monsieur, il me tarde d'en finir, mais vous m'obligeriez infiniment si vous pouviez me communiquer votre ferveur et votre attrait pour la prière... Je suis si froid, si indifférent devant Dieu ; un moment passé à prier me paraît une année ; la prière me fatigue, me dégoûte, m'importune, je ne puis pas prier.

— Qu'entends-je, ô mon Dieu! La prière un fardeau! La prière importune! O bienheureux Augustin, paraissez! Antoine, Philippe de Néri, François d'Assise, et vous Thérèse, Madeleine de Pazzi, Cécile, Catherine de Sienne, vous tous qui, dans la prière, trouviez un remède à tous vos maux, dites-nous qui vous rendait si douces et si rapides les longues heures que vous passiez auprès de votre bien-aimé ? D'où découlait le baume consolateur qui vous inondait d'une céleste joie ? Qui donc faisait naître ces saints ravissements, ces brûlants transports au milieu desquels vous vous écriiez : Seigneur, oh! soyez toujours avec moi ! *Il m'est si doux d'être ici! Un jour passé dans votre sanctuaire, ô Dieu de mon amour, a mille fois plus de charmes qu'un siècle au palais des rois !*

Mes Frères, ah! si vous aimiez le Seigneur, vous les goûteriez aussi, ces délices ineffables dont la prière inondait ces chérubins de la terre! vous n'auriez pas besoin d'étudier les paroles que vous devez dire à votre Dieu ; le cœur, le cœur tout seul parlerait, et vous savez s'il est éloquent pour parler à ce qu'il aime! Oh! que les moments, les heures, les jours entiers s'écouleraient rapidement à ces aimables entretiens! votre âme se ferait aisément à cette nourriture céleste, et, à la fin de la vie, Dieu ne voudrait pas l'en priver! Prions donc mes Frères, prions pour vivre en paix sur la terre, prions pour arriver heureusement au terme de notre voyage, et la prière, après nous avoir soutenus et consolés dans le temps, consommera notre bonheur dans l'éternité!

Ainsi soit-il !

## Epilogue.

La foule sortait de l'église en silence, et, malgré la longueur de l'instruction, personne ne murmurait : bien au contraire, on voyait çà et là prosternés encore au pied des autels certaines gens qui n'étaient guère dans l'habitude de s'oublier dans l'église après les offices. Lucas était de ce nombre : il avait déjà fait le premier pas. Lafleur, à genoux près du bénitier, l'attendait au passage, et M. Lucien, encore assis à sa place, paraissait absorbé dans une rêverie profonde. Tout à coup, en homme qui a pris son parti, il se lève, jette en passant près de Lafleur un regard furtif sur quelques jeunes étourdis qui l'observent du dehors, et sort de l'église après avoir commencé un signe de croix qu'il n'osé achever.

— Eh ! eh ! un moment, l'ami, s'écrie Lafleur, en sortant après lui, n'allons pas si vite, mille bombes ! je commençais à n'être plus aussi mécontent de vous; mais vous m'avez tout l'air d'un trembleur et d'une poule mouillée.

— Moi, sergent ? Vous voulez rire. Et qui peut vous faire supposer...

— Eh ! votre conduite donc, mille capucines ! Vous avez eu un bon moment vers la fin du sermon, mais il s'est bientôt démenti : vous en aviez un second en sortant de l'église, et vous avez eu peur.

— Moi, peur ?...

— Oui, vous avez eu peur... de trois ou quatre godelureaux. Fi ! de la lâcheté !... Allons, allons, monsieur Lucien, vous n'êtes pas un homme.

Pendant que la foule se concentre autour d'eux, Lucas sort de l'église, tout rayonnant de plaisir, et vient prendre place au milieu d'eux, à côté du sergent.

— Ah ! jarni, lui dit-il, en lui frappant sur l'épaule, jarni, camarade, y a drôlement de temps que je n'avais prié avec tant de dévotion ! Je m'sentons tout confit dans l'bon Dieu... Plus souvent que j'me frottai, à l'avenir, avec les impies et les jobards !... Connu, connu !

— Eh bien, bravo ! mon vieux, bravo ! mon bon Lucas; je t'admire !... et la consigne ?

— La consigne ? Bâclée, emportée, enfoncée, quoi ! et je sommés content comme trente-six rois.

— Tu as donc vu M. le curé ?

— Un peu que j'l'ons vu ! et je lui avons décliné mon histoire dans toutes les règles, va.

— Ah! interrompt l'instituteur, vous vous êtes donc confessé?

— Oui, monsieur l' régent, et je venons de faire quatre mots de pénitence.

— C'est donc pour cela que vous priiez tout à l'heure avec tant de ferveur?

— Oui-da! j'ons enfilé *sept Pater* et *sept Ave*, sans cracher.

— Et saviez-vous, à la fin, ce que vous avez dit au bon Dieu?

— Mais sans doute, morgué, et bédame! je lui ons dit..., je lui ons dit..., pardine, j'ons fait ma pénitence.

— Ce qui revient à dire, mon bon, que vous étiez à la fin gros Jean comme devant, et qu'il valait autant laisser le bon Dieu tranquille...

— Ce qui revient à dire, interrompit Lafleur, que vous êtes un faquin et un drôle, et qu'après avoir été saigné à blanc par M. le curé, vous voudriez prendre votre revanche sur Lucas; mais patience, mille escadrons! je suis là.

— Que dites-vous? moi, saigné à blanc? Expliquez-vous, sergent, je vous prie.

— Oui, monsieur, je vois maintenant un peu plus clair dans votre langage et votre conduite. Réduit aux abois dans l'église, par les arguments du prédicateur, et peut-être aussi par le trouble de votre conscience, on vous a vu sur le point de crier *merci,* comme vous le disiez si poliment au début; mais c'était pour vous donner une contenance. Pourtant vous vous étiez avancé sur notre terrain; mais bientôt la peur vous a fait faire une reculade, et maintenant vous voudriez reconquérir le juste milieu, bonsoir : il n'y a plus mèche.

— Vous vous trompez, monsieur, je n'étais nullement prêt à crier *merci :* j'ai été un moment ébloui du langage et de l'accent convaincu de M. le curé, voilà tout; mais si nous en avions eu le temps, je ne manquais pas de difficultés sur la matière, et peut-être n'aurais-je pas toujours eu le dessous.

— Eh bien, voyons, saprebleu! videz ici votre escarcelle : nous essaierons à nous tous de vous faire raison.

— M. le curé, qui nous a dit tant de belles choses sur la prière, en a pourtant oublié une qui nous eût à peu près tous réconciliés avec elle et nous aurait au moins donné l'idée d'en faire l'essai...

— Oh! oh! quelque idée lumineuse... voyons, dépêchez!

— Si nous en avions eu le temps, je l'eusse fait observer à M. le curé, mais nous avons été déjà si longs...

— Eh! finissez-en donc, que diable! dites *la chose, l'idée...,* ce qui vous aurait réconcilié avec la prière... On a oublié, dites-vous...?

— De nommer, parmi les avantages de la prière, cette sainte quiétude, cette aimable indifférence pour les choses de la terre où se constituent peu à peu les hommes d'oraison ; en sorte que, pour ces heureux mortels, la prière remplace le travail, comme pour les autres enfants d'Adam, le travail remplace la prière...

— Je vous entends, camarade : c'est-à-dire, en d'autres termes, que la prière est *le travail des fainéants?*

— Oui, mon brave ; et je conçois que cette vie contemplative, qui a souri jadis à tant de religieuses et de cénobites, ferait encore beaucoup d'adeptes de nos jours, si, comme autrefois, les villes et les provinces voulaient se charger de l'entretien de ces pieux et *si utiles* extatiques.

— A la bonne heure, mille bombes! voilà comme j'aime à vous entendre parler : au moins on sait à qui l'on a affaire. Et puis ce vilain masque de faux converti vous allait si mal! Tenez-vous-en là, monsieur Lucien, visière levée et guerre à outrance ; et, si vous vous rendez, que ce soit par conviction. *La vie contemplative, une vie de fainéants!* Mais je vous en prie, camarade, n'extravaguons pas ainsi : c'est la vie la plus pénible et la plus laborieuse que l'homme puisse mener sur la terre : et l'on voit bien que vous n'en avez jamais tâté. J'ai connu des capucins qui auraient mieux aimé labourer, miner et tourner la meule ; et tel *extatique* dont vous enviez la béate *quiétude* a dû passer, avant d'y parvenir, par des ennuis, des aridités, des dégoûts à maigrir un maître d'hôtel...

Ne faites pas ainsi le procès aux villes et aux provinces qui nourrissaient les religieux : elles y trouvaient leur intérêt, apparemment, ne fût-ce que pour les services que les couvents ont rendus à l'agriculture, aux sciences, aux arts, à l'industrie, et pour le bien-être qu'ils répandaient autour d'eux. En sommes-nous plus heureux, depuis que nous les avons dépouillés? en avons-nous moins de pauvres? le peuple en est-il plus riche? Ah! mille cartouches! monsieur Lucien, si vous étiez plus franc et plus loyal, ou plutôt si l'amour-propre et votre antipathie pour M. le curé ne vous fermaient pas la bouche, vous qui avez tant lu, vous nous diriez, l'histoire à la main, que, dans le moyen-âge, ils n'ont pas été des fainéants, ces religieux qui ont défriché nos forêts, popularisé la science et civilisé l'Europe ; que les couvents et les monastères étaient de grandes ruches où ces industrieuses abeilles élaboraient le miel salutaire qui débordait de toutes parts en torrents de lumière, de fécondité, de richesse et de vie : vous nous diriez, morbleu, que ces pieux et saints asiles se reconnaissaient de loin à l'atmosphère de bien-être qui régnait dans les pays d'alentour.

— Ne nous écartons pas de la question, sergent ; si nous

étions tous pensionnés du gouvernement et bien payés de nos prières comme **M.** le curé, nous y aurions moins de répugnance. **Mais** comme nos oraisons et nos *patenôtres* ne font pas bouillir notre pot-au-feu, je tiens, mon brave, que nous devons songer au positif et laisser prier ceux qui n'ont rien à faire.

— **Mais**, vingt-cinq Polognes, vous vous obstinerez donc toujours, monsieur Lucien, à seriner la même chanson? et si je sors de la question n'est-ce pas vous qui me lancez sur la tangente? On vous a dit que le travail n'empêche pas la prière, et que la prière ne dispense pas du travail; *et d'une. Vous n'êtes pas*, dites-vous, *pensionné du gouvernement?* Ceci n'est pas exact : c'est : *vous ne l'êtes plus*, qu'il fallait dire. Mais est-ce ma faute, à moi, si vous faites des sottises? Quand on veut se donner de petits airs d'esprit fort, on doit en subir les conséquences. Vous étiez *pensionné* pour enseigner aux moutards le syllabaire et le catéchisme, pour en faire des hommes religieux et moraux, autant par vos exemples que par vos leçons; et vous vouliez en faire des impies et des libertins! Halte-là! camarade, et l'on a sagement fait en vous mettant à la congrue! *et de deux.*

Vous trouvez les prières de **M.** le curé *trop bien payées*, et et vous aimeriez autant lui donner un morceau de pain *pour l'amour de Dieu :* c'est fort bien, j'applaudis à votre philanthropie... Mais nourririez-vous aussi volontiers les pauvres diables qu'il nourrit? Et, supposé que, comme aux premiers temps du christianisme, vous consentissiez à donner à vos pasteurs la nourriture du corps, en échange de celle de l'âme, ne vous lasseriez-vous pas bientôt d'un tribut aussi onéreux, dans ces jours de positif où tout le monde calcule; et ne trouveriez-vous pas avec saint Paul tout aussi naturel et aussi simple que le *prêtre vive de l'autel?*

Allons, allons, monsieur Lucien, vous faites tort à vos connaissances historiques. Ce n'est pas *une paye* que l'on donne au clergé, c'est une *indemnité*, une *dette* que l'on acquitte, ou plutôt ce sont des arrérages et les intérêts d'un terrible capital passé de *main-morte en main vivante! et de trois.*

Enfin, dites-vous encore, *la prière ne fera pas bouillir votre pot-au-feu!* Eh! mille escadrons, qu'en savez-vous? Etes-vous bien sûr de ce que vous dites? Ma foi, à votre place, je voudrais toujours tenter la chose. Qui sait? Dieu fera peut-être un miracle, pour vous ménager une surprise et épargner de la besogne à votre cuisinière! (*Rire général.*)

— Toutes vos plaisanteries ne m'ont pas encore prouvé, sergent, que la prière n'est pas une occupation triste et monotone, un exercice ennuyeux en diable, un passe-temps indigne d'un soldat.

— Bravo, bravo! lançons-nous, monsieur Lucien, nous sommes taillé pour faire de l'effet : seulement, en disant *hic* au verso, n'oublions pas que nous avons dit *hoc* au recto, et que l'on a mauvaise grâce à se contredire sitôt, quand on a son diplôme de bachelier ès-sciences... abécédaires.

— Je ne vous comprends pas; expliquez-vous mieux, je vous prie, et autrement que par des injures.

— Ma foi, je n'entends nullement vous insulter; mais ne venez-vous pas de nous dire, il n'y a qu'un instant, que la prière est *le travail des fainéants*, que rien n'est si doux que cette vie de *bienheureuse quiétude* et cette *aimable indifférence* où se constituent les hommes d'oraison? Pourquoi voulez-vous que la prière se change tout à coup en un lourd fardeau, en une occupation triste et monotone? Je vous déclare que je ne suis pas habitué à plaider le pour et le contre. Si j'étais tant soit peu sophiste ou grammairien, à la bonne heure. Encore une fois, l'ami, accordez-vous avec vous-même, et je vous répondrai, ou plutôt je vous renverrai au sermon de M. le curé qui vous en a assez dit là-dessus.

Oh! que vous trouviez la prière *un exercice ennuyeux en diable*, je n'en suis pas surpris : il en est de la prière comme de tout ce qu'on fait machinalement et sans goût; et c'est, disiez-vous, votre manière de prier. Pour la dernière sornette que vous nous avez dite, comme on y a répondu ailleurs, souffrez que je n'y revienne pas ici. Je ne suis ni assez savant pour vous donner toujours du nouveau, en échange de votre pacotille et de vos vieilleries, ni assez *serin* pour vous suivre dans toutes vos excentrités. Un homme qui craint de se déshonorer en marchant sous les drapeaux des Victor, des Maurice, des Louis IX, des Bayard, des Crillon, des Turenne, des Bertrand Duguesclin, et de tant d'autres vaillants capitaines, aussi célèbres par leur piété que par leur bravoure, et dont plusieurs ont poussé l'héroïsme jusqu'au martyre; cet homme-là, s'il est français, et si un grain de folie ne l'excuse, cet homme-là, morbleu! est un misérable qui a renié sa patrie et la gloire de ses aïeux, un criminel contagieux que l'on devrait bannir de la société.

Lucas. — Eh! tout doux, Lafleur, tout doux, t'as crânement du verbe ce soir. Jarni! tu tapes comme un sourd, et sans dire gare! M'est avis que t'es encore pus raide que M. le curé, qu'a dit en finissant une bonne parole à M. le régent.... c'est pas avec l' tambour qu'on attrape les lièvres, et l'on prend plus de miel avec des mouches...

— Mon Dieu, Lucas, si tu pouvais donc nous faire grâce de tes aphorismes et de tes proverbes au rebours!... Je sais ce que je sais et je dis ce que je dis, entends-tu? Si mes paroles et mon humeur déplaisent à monsieur Lucien, j'en suis fâché pour lui ; mais, morbleu, pourvu que je lui inspire une bonne pensée, je ne me repens de rien, et le bon Dieu ne m'en fera pas un crime.

— Jarni, laissez-le faire, monsieur l' régent ; il est, morgué, capable de vous mener à confesse, et vous n'y verrez que du bleu.

Un sourire d'incrédulité vint effleurer les lèvres de l'instituteur, et l'on se retira, car il était déjà nuit.

# PRONE QUATORZIÈME.

### Sur la sanctification du Dimanche.

*Memento ut Diem sabbati sanctifices.*
Souvénez-vous de sanctifier le jour du Seigueur.
(Exode, 20).

MES FRÈRES,

Que diraient nos pères et nos aïeux, ces fidèles, ces rigides observateurs des préceptes divins et des saintes lois de l'Eglise, si, transportés tout à coup dans ce siècle de *lumière*, de *progrès* et d'indifférence religieuse, au milieu de cette société reine, si l'on veut, par le développement des sciences, des arts et de l'industrie, mais sans principes et sans mœurs, mais totalement blasée sur tout ce qui n'est pas terre, argent, crédit, plaisir sensuel, que diraient-ils s'ils voyaient à quel prix leurs enfants ont obtenu ces triomphes, que penseraient-ils de notre civilisation à l'aspect du déplorable chemin que nous avons fait loin de Dieu, dans le sinistre empire du mal? En seraient-ils bien fiers, je vous le demande, et ne seraient-ils pas tentés de les maudire, ces progrès et ces conquêtes qui nous ont inoculé l'orgueil, l'égoïsme et l'irréligion, et nous ont appris en quelque sorte à nous passer de Dieu?

Et en effet, chrétiens, que voyons-nous aujourd'hui de toutes parts autour de nous dans les villes, dans les campagnes, aux premiers comme aux derniers degrés de l'échelle sociale? Partout ne fait-on pas litière des plus saintes lois dès que l'intérêt est en jeu; ne s'impose-t-on pas les plus pénibles sacrifices, ne se condamne-t-on pas à la faim, à la soif, à un travail de forçat pour gagner un peu d'or? De nos jours, le *positif* seul a quelque valeur; l'âme, la religion, le ciel, Dieu, bagatelles, vains mots, pures visions dont on amusa longtemps les enfants et le peuple; aujourd'hui l'enfant grandit avant l'âge, et le peuple ouvre les yeux. Dieu n'est rien, c'est la matière qui est tout, la matière qui vit, grandit et règne en souveraine; elle nous tient lieu de vertu, d'honneur, de religion. Lorsqu'elle parle, adieu tout sentiment; dès qu'elle nous appelle, sa voix impérieuse étouffe la voix de Dieu, de la religion et jusqu'au cri de la nature.

Dans cette lutte continuelle entre l'âme et le corps, entre le temps et l'éternité, entre Satan et Dieu, la palme ne saurait être douteuse quand c'est un esprit fort qui adjuge la victoire. Et aujourd'hui, avec la vapeur, le gaz et l'électricité, bien sot qui ne l'est pas, esprit fort! C'est une véritable contagion : ils ne sont plus seulement à la fabrique, à l'atelier; ils se répandent dans nos villages; bientôt vous les trouverez derrière la charrue (si tant est que quelqu'un s'abaisse encore à la conduire, car la charrue déshonore!).

Naguère un zélateur de la Société de Saint-Vincent-de-Paul d'un gros bourg reprochait à un ouvrier son travail du dimanche : — Bah! répondit-il en se rengorgeant, — il était en effet bel homme, — *les Messieurs ne vont plus à la messe; c'est mauvais genre.*

Voilà où nous en sommes. Mais, Mes Frères, arrive un jour fatal où tout rentre dans l'ordre. Comme un ressort trop tendu qui brise son lien, le principe se redresse et rebondit avec une terrible violence. Vous aviez dit : A moi le temps : périsse le ciel, pourvu que la terre me reste! — Le ciel ne périt pas, mais il se ferme et devient d'airain, comme aux jours d'Elie; et alors il y a des disettes, des épidémies, des fléaux, des famines dévorantes; **ce sont les représailles de Dieu. Sanglantes** représailles, Mes Frères ! oh ! si du moins nos malheurs pouvaient nous rendre plus sages, plus fidèles, plus soumis aux lois sacrées du devoir !

Vous m'avez compris, chrétiens, je viens vous parler de la sanctification du dimanche. Il est si douloureux pour moi de voir le jour du Seigneur si généralement, si criminellement profané parmi vous que je n'ai pu résister au besoin de vous ouvrir mon cœur. Heureux si je pouvais vous pénétrer de la crainte du Seigneur qui vous ordonne de sanctifier le dimanche, et vous faire entendre la sainte voix de la nature qui vous y oblige.

Dieu, d'abord, et je pourrais dire la raison elle-même, nous l'ordonne. Si je n'avais ici à parler qu'aux chrétiens fervents et fidèles, je leur rappellerais, avec la loi du Sinaï, qui consacrait au Seigneur le saint jour du Sabbat, les préceptes de l'Eglise qui n'a fait qu'expliquer cette loi, remplacer le samedi par le dimanche, en souvenir des merveilles qui se sont opérées en ce jour, et déterminer les œuvres de sanctification qui nous sont prescrites. Et pour mieux leur en faire sentir l'importance, je me contenterais de leur citer le texte de la loi mosaïque : *Souvenez-vous de sanctifier le jour du Sabbat. Vous ferez tout votre travail dans six jours ; mais le septième est le jour du Seigneur votre Dieu ; vous ne ferez aucune œuvre en ce jour, ni vous, ni votre fils, ni votre fille, ni votre serviteur, ni votre servante, ni votre bête de somme, ni l'étranger qui réside au milieu de vous : car le Seigneur a créé en six jours le ciel, la terre, la mer et tout ce qu'ils renferment, et s'est reposé le septième ; c'est pourquoi le Seigneur a béni le jour du Sabbat et l'a sanctifié* (1). Je leur rappellerais les effrayantes malédictions dont Dieu menace les violateurs : *maledictus in civitate, maledictus in agro* (2) : et en particulier le châtiment terrible infligé de la part du Seigneur au téméraire qui avait osé ramasser du bois le jour du Sabbat : *morte moriatur homo iste : obruat eum lapidibus omnis turba extrà castra* (3). Je mettrais sous leurs yeux les prescriptions de la loi nouvelle et des conciles, l'enseignement des

(1) Exod., 20.
(2) Deuter., 28, 16.
(3) Num., 15, 35.

docteurs de l'église depuis les premiers siècles du christianisme qui établissent de la manière la plus solennelle ce point capital de notre religion. Mais je ne perdrai pas un temps trop précieux à prouver aux vrais fidèles ce qu'ils admettent et chérissent ; ils ont la foi, la foi pratique qui anime leurs sentiments, leurs actions, et rayonne dans toutes les circonstances de leur vie. Je parle aux indifférents, à ces hommes sans consistance, j'allais dire sans religion, qui ne sont chrétiens que par le baptême, et pour lesquels, dimanches, fêtes, offices, messe, église, sont à peu près comme s'ils n'étaient pas. Je parle en un mot à ces athées pratiques.....

— Oh ! permettez, Monsieur le curé, *interrompt M. Lucien toujours fidèle à son rôle,* laissons l'athéisme de côté, je vous prie : votre langage est décidément trop absolu. Il me semble que l'on peut être chrétien dans toute l'acception du mot sans entendre sa messe un jour de fête : et pour sanctifier le dimanche il n'est pas plus nécessaire d'aller au catéchisme qu'au rosaire.

— Mon Dieu, ne me devancez pas, Monsieur ; laissez-moi d'abord exposer la doctrine ; viendront les développements où vous serez libre de m'interrompre. (*Murmures et marques d'approbation dans l'auditoire.*)

— (*M. Lucien visiblement piqué*) : — C'est que... c'est que, Monsieur, vous venez de dire une énormité que je dois relever.

— Non, Monsieur ; veuillez me suivre un instant, et vous allez être forcé de convenir vous-même de *cette énormité.* Je soutiens que ne pas sanctifier le dimanche par le repos et la prière comme le sanctifient les fidèles, affecter de travailler, surtout publiquement et avec scandale, ne paraître à aucune cérémonie, ne donner en ce saint jour aucune marque extérieure de religion, c'est manquer au caractère du chrétien, c'est renier ouvertement sa foi et faire profession publique d'athéisme.

Et en effet, chrétien, s'il y a un Dieu créateur qui vous a fait ce que vous êtes et vous a donné ce que vous possédez, vous êtes donc sa propriété ; vous lui devez donc tous vos jours, tous vos moments et votre vie tout entière. Si donc vous admettez son existence et ses droits, si vous croyez en lui, quel hommage lui rendez-vous ? n'est-il pas pour vous comme s'il n'était pas ? Si vous étiez chrétien ne lui rendriez-vous pas avec le culte intérieur de la reconnaissance sentie, le culte extérieur de la reconnaissance exprimée, en vous mêlant à la foule des fidèles, pour lui consacrer le seul jour de la semaine qu'il se soit réservé? Si vous étiez chrétien, ne vous feriez-vous pas un devoir, un bonheur de lui payer ce juste tribut de votre gratitude et de votre amour? et vous le lui refusez comme s'il vous était étranger ou n'existait pas pour vous! et vous dites, mon frère, que vous êtes chrétien? mais que feriez-vous donc si vous ne l'étiez pas? — que vous avez une religion, mais où donc en est la preuve? et quelle est cette étrange religion qui n'a pas au moins un jour par semaine à donner au créateur? Je n'exagère donc pas en disant que vous êtes athée, ou tout au moins, effrontément ingrat.

— Ingrat tant que vous voudrez, Monsieur le curé; mais encore une fois je ne vois pas d'athéisme à ne pas aller au prône et à travailler le dimanche.

— Eh bien! puisqu'il faut mener de front la doctrine et la discussion, je vous demanderai donc quelle est votre religion; car vous savez bien, vous, Monsieur, que ce n'est pas seulement le catholicisme qui prescrit la sanctification du dimanche par le repos et la prière publique; toutes les religions de l'univers ont de tout temps consacré certains jours au culte des Dieux, et en particulier, un jour de la semaine... et, disons-le en gémissant, chrétiens, s'il y a quelque différence dans la manière dont s'observe cette règle universelle, elle n'est pas à notre avantage, surtout en France où nous traitons si cavalièrement les plus saintes lois. Et pour entrer dans quelques détails, je dirai hardiment au violateur de la loi du dimanche: Mon frère, vous n'avez pas de religion. Car enfin vous n'êtes pas *Juif;* qui ne connaît l'inflexible sévérité de la loi du Sabbat qui défendait même de cuire les aliments et de faire en voyage un kilomètre de chemin, sous peine d'être lapidé? J.-C. lui-même, pour avoir fait un miracle en guérissant un malade, fut accusé d'impiété.

Vous n'êtes pas *Musulman;* car, sans compter les nombreux jours de fête disséminés dans l'année de Mahomet, le Coran ordonne sous les peines les plus terribles de célébrer le vendredi.

8*

Vous n'êtes pas *payen*, car outre les cérémonies et les sacrifices qui revenaient tous les jours de la semaine, en l'honneur des Dieux dont ils portent encore les noms, l'histoire ancienne n'est à proprement parler que le récit et la description de fêtes, de mystères, de sacrifices, d'oracles, d'expiations ; et les autels de l'idolâtrie nous apparaissent sans cesse et partout chargés d'offrandes et entourés d'adorateurs. Chaque immortel avait son jour de fête, et souvent les semaines, les mois entiers étaient consacrés à célébrer quelque puissante divinité de l'Olympe.

Que vous dirai-je encore ? vous n'êtes pas *Protestant ;* puisque nos frères égarés observent la loi du dimanche avec une fidélité rigide qui fait notre honte.

Parlez donc, mon frère, quelle est votre religion ; car il n'y en a pas, il n'y en a jamais eu sans fêtes, sans culte ni cérémonies, et sans qu'un jour de la semaine y fût spécialement consacré à la divinité. Allez dans l'Australie, en Perse, au Labrador, parcourez toutes les nations du globe depuis les sources du Volga jusqu'au fleuve des Amazones, visitez même ces peuplades errantes dans les bois, dansant autour du bûcher qui consume un prisonnier ou repoussant du rivage, à coups de flèches, de pauvres naufragés, partout vous trouverez les traces de l'institution du dimanche ; partout l'homme a senti la nécessité de consacrer au moins un jour par semaine au culte de son créateur ; le nom seul a pu varier, mais, la chose est partout la même. Qu'êtes-vous donc, je vous le demande, mon frère, vous qui violez avec un déplorable sang-froid la loi sacrée du dimanche ? Quelle est votre foi, votre divinité, votre bannière religieuse, et, si vous veniez à mourir, à quel culte, pour être logique, votre famille devrait-elle adjuger votre dépouille funèbre ?

Evidemment la réponse est aisée ; ayant vécu sans une religion apparente, en étranger parmi vos frères, sans jamais mettre le pied dans une assemblée de fidèles, dans une église avec les catholiques, dans un temple avec les protestants ou les payens, dans une synagogue avec les juifs, ou dans une mosquée avec les mahométans, disons le mot que l'on ne contestera plus sans doute, ayant vécu en athée, en vrai paria dans la grande famille humaine, vous doit-on une autre sépulture que celle d'un animal sans raison ?

— A vrai dire, je n'aurais jamais cru... Comment, on est aussi criminel que cela? et si je n'ai pas besoin, moi, de vos prônes, de vos catéchismes, de vos prières publiques, si je prie aussi bien et mieux encore dans ma maison, si je suis assez instruit de mes devoirs et de ma religion, pourquoi voulez-vous me forcer à m'aller morfondre plusieurs heures dans une église? Cette règle est donc trop absolue : elle devrait souffrir quelques exceptions au moins en faveur de ceux qui savent prier seuls et dont l'instruction religieuse est complète.

— Et quel est-il, celui là, Monsieur, s'il vous plaît, qui n'a plus rien à apprendre en religion? quel est-il, ce puissant génie dont le vol sublime est monté plus haut que les Augustin, les Chrysostôme, les Thomas d'Aquin, les Pascal, les Bossuet qui ont ébloui l'univers par les éclairs de leur vaste érudition? Eh bien, Monsieur, ils ont cent fois dans la vie, à peu près, tous confessé leur ignorance et pu s'écrier en toute vérité à l'heure de la mort : *Ah! je n'ai fait que bégayer dans la science infinie de ma religion et de mon Dieu!* — Que n'aurions-nous pas à dire, Monsieur, sur la difficulté que vous venez de soulever ! mais entre nous je ne la crois pas sérieuse, et sans parler de l'ignorance du peuple en matière de religion, surtout depuis que la haute bourgeoisie et les libres penseurs de nos jours ont eu l'air de lui jeter comme un objet de mépris cette sainte religion déjà tant bafouée au siècle dernier, elle n'est pas moins inconnue, disons-le hardiment, de cette classe de demi philosophes et de petits raisonneurs qui, tout glorieux de quelques bribes de science recueillies par hasard et l'on ne sait où, ne connaissent le christianisme que par les blasphèmes de l'impiété voltairienne et se croiraient à jamais déshonorés si, dans leur bibliothèque, un de leurs amis venait à trouver un cathéchisme ou un livre de piété.

Et je ne parle pas seulement ici, mes Frères, de ces demi-docteurs et de ces menus savants de village; les hommes les plus supérieurs, les plus instruits et les plus consommés dans toutes les sciences humaines sont en général sur la religion d'une ignorance déplorable. Sortis pour la plupart d'établissements où la religion ne leur est apparue que comme un objet secondaire et de surérogation, ils se sont habitués à songer d'abord au *positif*; et le *positif* pour eux, c'est avant tout la science qui fait vivre, c'est tout ce qui intéresse leur situation matérielle. Ainsi, l'on étudie, on scrute, on fouille dans le sanctuaire de toutes les connaissances humaines; la science de Dieu et de la religion est la seule négligée, et l'on considérerait comme perdus sans retour tous les moments que l'on pourrait y consacrer. Mais encore une fois, Monsieur, votre objection n'est pas sérieuse. Vous conviendrez avec nous tous que notre instruction religieuse ne sera jamais complète, et que si les hommes les plus instruits sur tout le reste sont si ignorants sur la religion, le laboureur, l'ouvrier, l'homme d'affaires, et pour tout dire en un mot, le peuple, absorbé tout entier par le travail et les préoccupations de la semaine n'est pas plus avancé là dessus et n'a pas moins à gagner le dimanche autour de la chaire chrétienne.

— Eh bien ! passe pour le prône ; mais ne pourrions-nous pas nous dispenser de la messe, est-ce que Dieu n'est pas partout ?

— Oui, Monsieur, mais il réside plus particulièrement dans nos temples où s'opèrent les plus augustes mystères de notre religion; sans doute il remplit l'univers de sa gloire et de son immensité, mais il remplit encore d'une manière plus sublime son sanctuaire, paradis de la terre où il se donne à l'âme fidèle, tabernacle béni où il fait ses délices de voiler jusqu'à son humanité sainte, sous les plus aimables symboles. *Vous priez chez vous et mieux encore qu'à l'église*, dites-vous. C'est possible ; mais ce n'est pas la question : la prière est partout sainte et salutaire le dimanche comme les autres jours, j'en conviens, mais c'est le saint sacrifice de la messe qui nous est rigoureusement prescrit, attendu qu'il forme, avec le repos, l'essence de la sanctification du dimanche. Quand vous passeriez toute la journée du dimanche en prière dans votre maison, sans raison légitime qui vous empêchât d'entendre la sainte messe à l'église, vous seriez aussi coupable qu'en travaillant sans motif grave une partie notable de la journée.

Car enfin, si, à titre d'enfants de Dieu, la justice et la reconnaissance nous font un devoir de sanctifier le jour qui lui est consacré, à titre de catholiques, nous devons le sanctifier en nous abstenant de toute œuvre servile et

par l'assistance aux offices de l'église et au saint sacrifice
en particulier. *Vous priez dans votre maison*, j'y consens ;
je veux même que votre prière y soit plus fervente qu'à
l'église ; mais il ne vous est pas donné de changer la loi.
D'ailleurs, ignorez-vous que nous devons à Dieu un culte
extérieur, un culte public et l'hommage de nos sens
comme celui de notre cœur ? Faudra-t-il vous rapporter
ici, là dessus, le témoignage des payens eux-mêmes ?
puisque la religion est le lien sacré (*religio*) qui nous unit
à nos frères comme il nous unit à Dieu, ne leur devons-
nous pas, avec le bon exemple, la preuve éclatante et
publique que nous sommes en communion avec nos
frères, comme nous sommes en communion avec
Dieu ?

Et puis, que deviendra, je vous le demande, cette
religion du cœur et cette dévotion sentimentale si elle
n'est soutenue, alimentée par le culte extérieur, par le
chant, la pompe des cérémonies et l'expression solennelle
des prières liturgiques ? ne la sentirez-vous pas bientôt
dégénérer en un idéalisme vaporeux qui ne tend à rien
moins qu'à la négation de Dieu ?

Et sans parler ici de l'excellence infinie du sacrifice de
nos autels, du spectacle imposant et grandiose d'une
multitude agenouillée la face contre terre, au moment où le prêtre, nouveau Melchisédech, élève le fils
de l'Eternel incarné dans ses mains, sans vous faire
tressaillir sous l'impression vibrante de ces milliers de
voix qui roulent comme un torrent sous ces voûtes
solennelles et qui montent à l'envi jusqu'au trône de
Dieu, quoi de plus beau, de plus touchant que cette
assemblée de fidèles sans distinction d'âge, d'intelligence,
de condition, confondant leurs vœux, leurs soupirs,
leurs espérances et dont on peut dire encore comme des
premiers croyants : *Voyez, ils n'ont qu'un cœur et
qu'une âme !*

Oh ! qu'on ne ravisse donc pas au peuple la messe du
dimanche et la pompe de ses fêtes ! par où le saisira la
religion si ce n'est par les sens ? Où le trouvera-t-elle si
ce n'est le dimanche à l'église ? partout ailleurs, tout
autre jour, il est à ses travaux, à ses affaires, aux
préoccupations qui l'absorbent tout entier. « C'est le
dimanche, disait naguère un démagogue dont les discours

ont fait scandale autant que les écrits » c'est le diman-
« che, que le caractère du prêtre brille dans tout son
« éclat. La visite du curé est la joie de toute une
« famille champêtre. Que de malades soulagés, de
« pauvres secourus, d'infortunes adoucies, de haines
« éteintes, d'ennemis reconciliés, d'époux réunis par
« l'intermédiaire du curé!... Or, le prêtre, dans les
« campagnes surtout, ne dispose pas des instants ; il faut
« qu'il les saisisse au passage. Or, c'est le dimanche
« qu'il voit ses devoirs se multiplier, ses œuvres porter
« leurs plus beaux fruits. C'est le dimanche qu'il
« découvre tout le bien qu'il peut faire (1). » Voilà les
sentiments d'un homme dont on ne soupçonnera pas
sans doute le témoignage en cette matière.

Allons plus loin : où se formeront, où se nourriront
ces rapports sociaux, cet échange amical de bons pro-
cédése ces relations d'aimable intimité qui doivent unir
les membres d'un même corps, les enfants d'une même
famill ? sans le dimanche, sans la messe, sans l'église
et le prêtre qui vous y réunit, ne seriez-vous pas les
uns pour les autres comme des étrangers? « Supposons,
« dit un écrivain chéri du public, qu'on abolisse les
« prêtres, la messe et l'Eglise; à l'instant le jour con-
« sacré au repos, cesse : il n'existe plus de commune
« que de nom : les habitants ne se connaissent plus
« entr'eux ; le bourg devient désert; il n'y a plus de
« cloches pour annoncer la prière du soir et du matin,
« ni pour faire souvenir des morts ; le cimetière ne
« repose plus sous la garde de Dieu ; chaque habitant
« reste chez soi. Les marchés, les échanges, les alliances,
« n'ayant plus de centre commun où se prendre, ou se
« faire, languissent... Alors, pour tout dire, les hommes et
« les femmes n'ayant plus d'autre retenue que la pudeur
« naturelle, barrière malheureusement trop faible con-
« tre les passions tomberaient dans les excès honteux et
« le pêle mêle de la bestialité. Les âmes également sans
« frein, mais non pas sans terreur se précipiteraient
« dans la superstition ; l'égoïsme remplacerait la charité,
« l'orgueil, l'humilité ; l'intérêt, la conscience ; la maté-
« rialité des désirs, les plaisirs de l'intelligence : les

(1) Proudhon.

— 283 —

« loups-garous remplaceraient les saints ; les sorcières,
« les prêtres ; les cabarets, l'Eglise ; l'enfer, le ciel ; et le
« diable, Dieu (1). »

— Tout cela serait admirable, Monsieur, et viendrait
ici fort à propos si nous étions disposés à renouveler
quelque acte de vandalisme de nos pères ; mais grâce à
Dieu nous n'en sommes plus là. Nous sentons aujourd'hui
plus que jamais le besoin d'une croyance d'un symbole,
d'une religion ; j'admettrai même la nécessité d'un culte
public pour toute société constituée, et, si vous y tenez,
la nécessité de consacrer au créateur un jour de la
semaine. Puisque la loi du dimanche est si constante et
si générale (*souriant avec complaisance*), je ne voudrais
pas faire un schisme avec le genre humain… pourtant,
convenez avec moi, Monsieur le curé, que si Dieu nous
ordonne la sanctification du dimanche, il doit être moins
offensé de notre travail que du libertinage et des excès
qu'entraîne l'oisiveté.

— Oh ! permettez, Monsieur, ne sortons pas de la
question je vous prie, et n'anticipons pas ; mais surtout
ne confondons pas le repos avec l'oisiveté ; l'un est l'usage
et l'autre l'abus Dieu qui vous ordonne le repos le
dimanche n'entend pas que vous passiez ce saint jour
dans une oisiveté coupable et moins encore dans la
débauche ; le penser, serait une impiété, le dire, un
blasphème. S'il exige de nous en ce jour le calme et le
repos, s'il nous ordonne de suspendre le travail du corps,
c'est afin que notre âme respire et puisse nous faire
entendre au moins en ce jour sa voix gémissante, et se
rappeler à notre souvenir. Est-ce que le dimanche, à
l'office, au prône, au moment solennel de l'élévation ou
bien lorsque votre mère, votre sœur, vos amis, venaient
pieusement s'agenouiller à la sainte table, vous n'avez
pas senti une fibre intime se remuer dans votre cœur ?
C'était un cri de détresse, le cri de notre âme qui gémissait de se voir abandonnée, et qui, saintement jalouse
de vous voir tant suer, tant vous épuiser pour la terre
se plaignait amèrement de votre négligence pour le ciel.
Je vous le demande, M. F., quand songerez-vous à votre
âme, à vos éternelles destinées, quand travaillerez-vous

(1) Cormenin.

à votre salut, si le dimanche, le seul jour qui vous est
laissé pour cela, passe pour vous inaperçu, indifférent,
préoccupé comme les autres jours de la semaine? quand
viendra le temps de prier, de vous instruire, de vous
repentir, de vous sanctifier? évidemment jamais. Voici
comment un savant prélat démontre cette terrible vérité.

« Violer ce précepte tout miséricordieux, dit-il, en
« repousser l'observance comme un joug insurmontable,
« c'est offenser Dieu précisément dans ses bienfaits,
« c'est méconnaître pour soi-même les intérêts les plus
« chers, c'est même rendre son salut comme impossible;
« En effet, sans parler de la faute grave qui résulte à
« chaque fois de la violation notable du saint repos ou
« de l'omission des œuvres rigoureusement prescrites le
« dimanche, n'est-il pas évident que celui qui s'en rend
« habituellement coupable, ne pense pas ou ne pense que
« très superficiellement à son salut pendant ce saint
« jour? Or, s'il n'y pense pas alors, peut-on croire qu'il
« s'en occupera sérieusement durant les autres jours de
« la semaine? mais alors il ne s'en occupera donc jamais?
« Et qu'est-ce donc que ne s'occuper jamais de son salut
« éternel sinon y renoncer? Qu'est-ce donc que ne plus
« avoir de rapports avec Dieu, même aux jours qui lui
« sont formellement destinés, sinon briser ces rapports?
« Et qu'est-ce donc que cette rupture sinon une répro-
« bation anticipée, sinon, par avance, le sort de damnés
« qui ne sont tels que par leur séparation avec Dieu?
« Ainsi, de l'omission habituelle des saints devoirs du
« dimanche résulte nécessairement la désuétude de tous
« les devoirs et de toutes les pratiques de religion : il en
« résulte la cessation de toute lecture pieuse, de toute
« prière recueillie, de tout retour sérieux sur soi-même.
« Celui qui viole fréquemment et sans scrupule la loi
« sanctifiante du septième jour, ne prend plus le temps
« et n'a plus le goût d'acquérir ou de conserver la
« science des vérités du salut : il les oublie bientôt dans
« les préoccupations mondaines jusqu'à n'en plus con-
« server de traces. Cette ignorance complète des vérités
« divines amène, sinon l'incrédulité formelle, au moins
« l'extinction de toute foi explicite, puisqu'on ne peut
« croire à ce qu'on ne connaît plus: et alors, cette seule
« vraie lumière destinée à éclairer tout homme venant

« au monde étant éteinte, l'âme s'enfonce dans des
« ténèbres de plus en plus profondes où la conscience
« ne distingue plus le vrai du faux ni le bien du mal
« et finit par s'endormir tout à fait dans la mort.

« C'est là, conclut l'illustre prélat — ne nous lassons
« pas de citer ses éloquentes paroles, — « c'est là ce qui
« explique l'état de tant de chrétiens autrefois instruits,
« et pour qui les vérités les plus élémentaires de notre
« sainte religion sont absolument inintelligibles, pour
« qui tout dogme est une pure opinion, toute morale un
« pur système et toute vue de foi un non sens. Etat
« affreux d'aveuglement d'esprit et d'endurcissement
« de cœur, état lamentable et comme désesperé. Aussi,
« non seulement les intérêts éternels sont compromis
« dans telles paroisses, mais les vrais intérêts de la terre
« y sont sacrifiés, car sans la sanctification du dimanche,
« point d'instruction religieuse ; sans instruction reli-
« gieuse, point de morale solide ; sans morale solide,
« point de conscience ; sans conscience, point de liens
« sociaux, point de sécurité sociale, point de société (1). »

— Voilà qui est magnifique, encore une fois, Monsieur
le curé, et vous ne pouviez invoquer une plus éloquente
tirade en faveur du repos du dimanche. Il est vrai que
la nature est assez portée à vous donner raison : que
dis-je? vous allez, je crois, nous prouver encore mieux
que cela. Quoi de plus doux en effet que de laisser ce
jour là notre corps dans un aimable repos tandis que
*notre âme respire en Dieu et se nourrit de ses soupirs?*
Mais malheureusement, depuis la chute originelle, les
enfants du premier homme, ainsi que vous nous l'avez
dit tant de fois, sont condamnés au travail et non à la
prière... que voulez-vous, Monsieur? Si l'homme n'était
qu'un ange, un pur esprit, la prière et les soupirs pourraient être son unique aliment : mais il est un point
matériel par lequel nous touchons à la terre.

— Eh bien, Monsieur, *ce point matériel*, n'avez-vous
pas pour y songer, les six jours de la semaine? ce point
matériel, n'est-il pas le but constant, l'objet continuel de
vos efforts, de vos soupirs et de vos espérances? et quand
vous avez tant fait pour le corps, pour cette idole des-

(1) Mgr Parisis.

tinée, en dépit de tous vos soins, à pourrir dans la tombe, sera-ce trop d'accorder quelques moments à votre âme immortelle, insensés qui vous consumez à travailler pour le monde et refusez un jour à votre créateur! n'est-ce pas à sa bonté que vous devez *l'être, le mouvement, et la vie?* et cette vie dont vous regrettez quelques instants, dont vous n'êtes avares que pour Dieu, n'est-ce pas Dieu qui vous la conserve en vous donnant le pain de chaque jour?

— Ah! Monsieur, *ce pain de chaque jour,* Dieu d'ordinaire ne nous le donne pas tout seul; et nous devons le *gagner à la sueur de notre front :* c'est une loi terrible et rigoureuse à laquelle on ne peut se soustraire sans crime. Heureusement, il est facile de tout concilier, et le travail est la prière la plus méritoire que l'homme puisse faire à Dieu.

— Que dites-vous, Monsieur? votre langage cache une équivoque. Par quel organe avez-vous appris la loi du travail et la chute originelle? N'est-ce pas par celui qui vous a transmis la loi du dimanche? et celui qui vous a transmis la loi du dimanche ne vous a-t-il pas prescrit en même temps la manière de l'exécuter? pourquoi scinder ainsi la loi divine pour y prendre ce que bon vous semble et rejeter le reste? vous savez bien que la parole de Dieu est *une,* parce qu'elle est *vérité,* et qu'en retrancher un *iota* c'est la violer tout entière (1). *Le travail est,* dites-vous, *la meilleure prière que l'homme puisse faire à Dieu;* j'en conviens; mais encore faut-il que l'autre nous soit impossible et ne nous soit pas ordonnée ; *le travail est la meilleure prière* sans doute, pourvu que l'homme travaille en la présence de Dieu et en union à sa volonté sainte, sans cela, et hors le cas d'une impérieuse et pressante nécessité, violer le repos du dimanche est une faute grave, une révolte contre la loi du Seigneur.

*Dieu,* dites-vous encore, en me lançant dans mon second point, *ne nous donne pas tout seul le pain de chaque jour, et nous devons le gagner à la sueur de notre front.* Je le sais, Monsieur, et c'est une cruelle

(1) *Qui offendit in uno, factus est omnium reus.* Jac. 2, 10.

vérité dont il serait assez difficile de disconvenir : mais cela prouve-t-il qu'il ne doive pas y avoir des jours de relâche où l'arc se détende, où la nature respire, où l'homme se relève de la terre et se tourne vers son Dieu? Et que peuvent après tout vos sueurs et vos travaux si Dieu ne les bénit? tous vos soins, tous vos efforts, toute votre industrie valent-ils pour faire éclore un seul grain, une tiède ondée, une goutte de rosée, un rayon de soleil? vous semez, vous labourez, vous déchirez péniblement la terre, mais si Dieu *n'ouvre sa main bienfaisante, la terre donnera-t-elle son fruit?* ne mourrez-vous pas d'épuisement et de faim sur ses entrailles d'airain et de diamant? que dis-je? ah! fussiez-vous au moment de la moisson, qui vous assure qu'un orage, un incendie, un fléau ne dévorera pas dans une heure le fruit de tant de labeurs, l'espérance de vos vieux jours!

Ah! qu'il est triste, qu'il est désolant, M. F., de voir si souvent se réaliser parmi nous ces effrayantes menaces du Seigneur aux enfants d'Israël : *si vous ne gardez pas mes saints jours, je vous visiterai par la misère : vous aurez beau semer, vous ne recueillerez rien; le ciel sera de bronze et la terre de fer; la sécheresse brûlera vos récoltes ou la grêle les emportera; les maladies, les pestes, les famines vous accableront; le feu se mettra à vos maisons et consumera tout ce que vous aurez amassé* (1). Mes Frères, songez-y; le travail du dimanche n'a jamais enrichi personne; et ce que l'on gagne d'un côté, Dieu le fait perdre de l'autre. Est-ce qu'une triste expérience ne vous a pas encore prouvé que le produit du crime est un gain maudit qui porte malheur? est-ce que vous avez jamais vu prospérer le profanateur du dimanche? interrogez vos souvenirs : je laisse de côté, comme vous le voyez, toute considération mystique, c'est à votre raison seule que je fais appel; dites ce que vous avez vu, ce que vous voyez tous les jours; l'avez-vous jamais vu prospérer, ce téméraire, et s'il vous a paru grossir ses biens et sa fortune en a-t-il joui tranquille; tôt ou tard l'affliction ne l'a-t-elle pas visité d'une manière éclatante, n'a-t-il pas été presque toujours malheureux dans ses enfants? tant il est vrai qu'en général force reste à

(1) Levit 26, 16, 19, *et passim.*

la loi, même dès cette vie, et que la sagesse éternelle finit toujours par avoir raison.

— Tout cela ne prouve pas, Monsieur le curé, qu'il ne faille vivre le dimanche comme les autres jours.

— Non Monsieur, je l'avoue, mais cela prouve du moins que pour pouvoir *vivre*, et *bien vivre* les autres jours, il faut bien vivre le dimanche; *cela prouve* surtout que si nous ne vivons pas ainsi le dimanche, nous ne vivrons pas longtemps; le repos du dimanche est tellement nécessaire à la nature qu'alors même qu'il ne serait pas l'objet d'un précepte spécial, la faiblesse de nos organes nous en ferait une impérieuse loi.

En effet, mes Frères, l'homme n'est pas de bronze : et, comme ces machines qu'il emploie, il s'use à la longue, et dépérit, et d'autant plus vite qu'il reste plus longtemps à la tâche. Le créateur a tellement proportionné ses forces à son travail, qu'après six jours de labeur consécutif, tout le système languit et s'affaisse incapable d'aller plus loin. Tout ce qu'on fait de plus est aux dépens du bien-être et de la santé. Cette borne salutaire a été placée dans notre triste pélérinage comme un souvenir de la patrie, par la main de Dieu qui s'y est arrêté lui-même, et depuis que le monde existe, toutes les nations l'ont respectée.

Je me trompe, mes Frères; il fut un temps de désastreuse mémoire, où, comme toute institution salutaire, la semaine fut abolie en France et remplacée par une période de dix jours. On sait ce qui advint de cette mesure homicide dont le moindre vice était de violenter la nature et de ruiner l'économie de la machine humaine. On fut obligé de partager la *Décade* par une demi-journée de repos; jusqu'à ce que, voyant, par les murmures et les réclamations qui leur arrivaient de tous les points de la France, combien ce joug devenait insupportable, nos Lycurgues modernes l'abandonnèrent pour revenir à la semaine antique.

« On sait maintenant par expérience, dit Chateaubriand, « que le cinq est un jour trop près, et le dix un jour trop « loin pour le repos. La Terreur, qui pouvait tout en France, « n'a jamais pu forcer le paysan à remplir la Décade. C'est « qu'il y a impuissance dans les forces humaines comme « on l'a remarqué dans les forces des animaux. Le bœuf

« ne peut labourer neuf jours de suite ; au bout de six
« jours, ses mugissements semblent demander les heures
« marquées par le créateur pour le repos général de la
« nature (1). »

— Oh ! rassurez-vous, Monsieur, je ne suis pas plus
pour la décade que pour le dimanche et les fêtes :
j'ignore quels étaient là-dessus les sentiments des terro-
ristes, mais je sais bien que pour ma part comme pour
beaucoup de gens que je connais, le repos du dimanche
au lieu de réparer nos forces, ne fait que les énerver et
les abattre, et la raison en est bien simple : le travail est
une gêne, une contrainte ; il en coûte toujours de s'y
remettre en sortant d'une douce et tranquille oisiveté.

— Mais enfin, Monsieur, vous vous obstinez donc
toujours à confondre deux choses qui sont pourtant si
différentes, le repos et l'oisiveté ? l'oisiveté, n'est-ce pas
cet état d'inaction, de paresse et de torpeur physique et
morale dans lequel l'homme, impuissant pour le bien,
est capable de tous les crimes ? car, ainsi que s'exprime
saint Jean Chrysostôme, *il y a autant d'affinité entre ne
rien faire et mal faire, qu'entre mentir et voler* (2). Ce
n'est donc pas, comme on l'a déjà dit, l'oisiveté qui vous
est ordonnée le dimanche et les fêtes, mais un repos
salutaire qui, tout en réparant les forces de votre corps,
laisse assez de calme à votre âme pour travailler à son
salut par la prière, la méditation et les œuvres de piété.
Du reste, ce n'est pas, vous le savez bien, en sanctifiant
le dimanche, ainsi que l'entend la loi divine, que l'on
énerve ses forces, c'est en le passant dans le crime.

Et qu'on ne vienne pas nous dire que le repos du
dimanche est un vol fait à la loi du travail, qui habitue
et prédispose à l'oisiveté : ce vol prétendu est un tribut
aussi nécessaire que le sommeil que nous payons à l'humaine faiblesse.

« Que doit-on penser, écrivait un philosophe du
« dernier siècle, à un de ses amis, que doit-on penser
« de ceux qui voudraient ôter au peuple son dimanche
« et ses fêtes, comme autant de distractions qui le

(1) Chat. *Génie du Christ.*

(2) Chrysost. *sicut cognata sunt mentiri et furari ità proxima
sunt nihil et malè agere.*

9

« détournent de son travail ? cette maxime est barbare
« et fausse. Tant pis si le peuple n'a de temps que pour
« manger son pain ; il lui en faut encore pour le manger
« avec joie, autrement il ne le gagnerait pas longtemps.
« Ce Dieu juste et bienfaisant qui veut qu'il s'occupe veut
« aussi qu'il se délasse : la nature lui donne également
« l'exercice et le repos. Le dégoût du travail accable les
« malheureux plus que le travail même. Voulez-vous
« rendre un peuple laborieux, donnez-lui des fêtes.....
« des jours ainsi perdus feront mieux valoir tous les
« autres (1). »

Bien que le philosophe de Genève ne considère ici le
dimanche et les fêtes que comme des jours de délasse-
ment et de plaisir, son langage est assez énergique pour
en démontrer la nécessité, même au point de vue matériel et humain. « Il est absurde, dit Proudhon, de
« reconnaître d'un côté, que le dimanche a été institué
« pour donner le repos à l'homme et de prétendre
« de l'autre, que ce repos lui est dommageable. En
« voulant pourvoir à la subsistance du pauvre, il faut
« avoir égard à la mesure de ses forces ainsi qu'à
« ses besoins moraux et intellectuels... grâces soient
« donc rendues aux conciles qui ont statué inflexible-
« ment sur l'observation du dimanche, et plût à Dieu
« que le respect de ce jour fût encore aussi sacré pour
« nous qu'il l'a été pour nos pères ! »

— Il est assez étonnant que Proudhon, cet homme
éminemment populaire qui ne parle jamais que *de droit
au travail, de progrès et de réorganisation sociale*, se
montre, en parlant du dimanche, si zélé conservateur.
Car enfin ce chômage forcé de la classe ouvrière constitue un *déficit* notable ; et les exigences du commerce, de
l'industrie.....

— Quel déficit, Monsieur, quelles *exigences?* n'y a-t-
il pas encombrement de produits sur toutes les branches,
et n'est-ce pas plutôt le débouché, le consommateur qui
fait défaut? n'est-ce pas à la facilité de produire et à la
difficulté d'écouler qu'il faut attribuer la concurrence
aussi ruineuse pour le propriétaire que pour l'ouvrier?
j'aime bien vraiment qu'on vienne nous parler de déficit

(1) J. J. Rousseau, *lettre à d'Alembert.*

et d'exigences commerciales, industrielles à propos du repos du dimanche ! est-ce que peut-être il n'y a que la France qui fasse du commerce et de l'industrie ? pourquoi ne redoute-t-on pas ce *déficit*, pourquoi ne sacrifie-t-on pas à *ces exigences* en Allemagne, en Suède, en Angleterre ? pourquoi, même en France, les protestants comme les Juifs nous font-ils rougir par leur fidélité rigide à observer, les uns la loi du dimanche, et les autres le repos du sabbat ? ce jour-là est tellement sacré pour les juifs, qu'il impose silence dans leur âme cupide à la soif de l'or : pour eux, vendre, acheter en ce jour, fut-ce pour s'enrichir, serait un crime sans nom.

Quant aux anglais, ces rois des mers, ces inépuisables fournisseurs de l'univers, tout le monde connaît leur exactitude à observer le repos dominical.

Le samedi soir, à Londres, au premier coup de minuit, soudain tout le bruit tombe et chacun se retire. Ateliers, fabriques, hôtels, magasins, tout se ferme ; un silence solennel enveloppe cette ville immense, et, dans ce boulevard du protestantisme, commerce, industrie, arts mécaniques tout se tait, tout s'endort à la fois jusqu'au lundi matin : et, quand l'étranger surpris de voir tout à coup finir ce mouvement et tomber ce tumulte, en demande la cause à quelque ouvrier attardé qui regagne sa demeure, il lui répond en précipitant ses pas : *c'est le repos du Seigneur qui vient de commencer*..... Oh ! que n'en est-il de même en France !

Du reste, je suis heureux de le dire, mes Frères, un mouvement salutaire, une véritable révolution religieuse s'organise depuis quelque temps dans les grandes villes où le dimanche reprend ses droits. Les vœux légitimes de la classe ouvrière appellent de toutes parts le rétablissement du dimanche. Voici ce qu'écrivait en 1849 un ouvrier de Rouen dans sa profession de foi à ses compatriotes en sollicitant leurs suffrages pour l'assemblée nationale.

« Nous demandons que le travail du dimanche soit
« aboli dans toute la France : nous avons besoin d'un
« jour de repos, un travail continuel aurait bientôt
« épuisé nos forces et nous aurait rendus avant l'âge
« incapables de travailler. Ensuite, nous demandons cette
« abolition comme conséquence de la liberté des cultes,

« et comme garantie de la prospérité de l'industrie et du
« commerce. Car si le chef d'atelier peut encore, sous
« l'empire de la liberté des cultes, dire à un pauvre
« ouvrier : tu viendras travailler le dimanche ou je te
« donne ton livret, que devient cette liberté sinon un
« mot illusoire? Et puis, ôtez le dimanche qu'il faudrait
« inventer si Dieu ne l'avait pas créé avec le monde,
« sans parler des habitudes de propreté, de socia-
« bilité, de bienséance qui tombent avec ce jour,
« sans parler des réunions de famille et des épanche-
« ments de l'amitié qui disparaîtraient, que deviendra
« l'industrie? elle tombe et le commerce est paralysé,
« car toutes les machines qui entassent les marchan-
« dises dans nos ateliers, tous nos bras qui se meuvent
« autour de ces machines ne travaillent que pour le
« dimanche, c'est pour ce jour que les hommes indus-
« triels réservent les plus beaux produits de leurs manu-
« factures…. Ainsi tous les jours semblent n'avoir de
« vie que pour le dimanche. Il est donc de toute évidence
« que le repos du dimanche est d'une indispensable
« nécessité pour la prospérité du commerce et de l'in-
« dustrie : c'est donc tout à la fois dans l'intérêt du
« maître et de l'ouvrier que nous réclamons l'abolition
« du travail du dimanche, et par là même dans l'intérêt
« de la patrie. »

— Tout ce que vous voudrez, Monsieur le curé, mais
je m'étonne que vous insistiez si fort sur la nécessité du
repos du dimanche, vous qui savez comment le peuple
*se repose*, et qui, si souvent, déplorez les crimes qui se
commettent le dimanche et les jours de fête… Allez,
allez, il vaut encore mieux, je vous le repète, travailler
tous ces jours-là que de les passer au cabaret, au jeu,
à la danse et dans des amusements indignes d'un chrétien.

— Oh! vous venez de dire une bien triste vérité,
Monsieur! oui, sans doute ils seraient moins criminels,
ces malheureux qui font du saint jour du dimanche un
jour de débauche et d'iniquité! ils seraient bien moins
criminels de le passer au travail, ce jour de prière et de
sanctification qu'ils consacrent au démon, au grand
scandale de tous los gens de bien! O! le ciel doit sans
doute avoir des vengeances spéciales pour l'insolent qui

le brave ainsi, et promène en quelque sorte en triomphe Satan sur le trône de Dieu !

Et sans même parler ici de ces excès éclatants dont on déshonore le jour du Seigneur, de ces jeux ruineux qui plongent une famille dans la misère et le désespoir, des scandaleux spectacles d'ivresse et d'orgie auxquels nos yeux sont le plus souvent condamnés le dimanche et qui forcent au chômage du lundi, sans parler du libertinage qui s'étale alors pour ainsi dire sans pudeur, quoi de plus funeste et de plus ignominieux que ces bals et ces divertissements publics qui changent le dimanche et les fêtes en autant de jours de débauche? quoi de plus désolant que de voir un désordre aujourd'hui si criminel faire une tache hideuse à la majesté sainte du jour du Seigneur? et ne vous étonnez pas, mes frères, si j'appelle *désordre*, et *désordre criminel*, un amusement qui peut être indifférent en lui-même, et qu'en général nos pères ont presque toujours regardé comme parfaitement innocent, mais qui depuis vingt ans a pris tous les caractères d'une profession publique de libertinage et de corruption.

Jeunesse imprudente et volage, vous le savez bien, nous ne sommes pas les ennemis de vos plaisirs ni des transports d'une innocente gaîté : personne mieux que nous n'apprécie combien dans un pays et une saison de pénible labeur vous avez besoin de repos; ne vous trompez pas sur le vrai sens de notre langage. La religion voudrait pouvoir tolérer, que dis-je *tolérer?* bénir vos amusements; mais vous la forcez à les maudire, puisque vous les avez consacrés d'avance à l'esprit des ténèbres, à ce génie impur, qui *était homicide dès le commencement :* nous ne voulons rien exagérer ici mes frères; les divertissements du dimanche et des fêtes ont bien changé de nature; la danse surtout était jadis un véritable amusement; la mère y pouvait sans danger conduire sa fille : mais elle est devenue aujourd'hui, je le répète, une école, un exercice d'immoralité.

On parle de la licence et de la corruption des grandes villes. Mes frères, sans parler de la police dont l'œil constamment ouvert y veille au respect de la morale publique, les danses, toutes dangereuses qu'elles y peuvent être, y sont d'ordinaire plus dignes, plus réservées,

disons le mot, moins indécentes que dans nos villages où
le mal plus à l'aise, s'étale et se pavane en quelque sorte
assuré de l'impunité. Pères et mères, songez-y, la candeur de vos enfants est un trésor sans prix dont vous
aurez un jour un terrible compte à rendre ! malheur à
vous si vous avez ouvert la porte au ravisseur, intro-
duit dans la bergerie un loup dévorant.

Oh ! qui nous rendra l'innocence et la simplicité naïve
des amusements de nos aïeux, leurs mœurs patriarcales,
leur aimable union, leur douce et pure félicité ! qui
nous rendra surtout leur ferveur, leur foi constante et
généreuse, et leur sainte idolâtrie pour les vertus hérédi-
taires de la famille? hélas ! dans se siècle d'orgueil, de
froid égoïsme et de sensualité, dans ce siècle de *progrès*
vers le mal, où l'enfance en remontre à l'âge mûr, où
nous menons la vie si grand train, où nous vivons,
comme on dit, *à la vapeur*, si nous sommes plus riches,
plus savants et moins *fanatiques*, en sommes-nous
réellement plus heureux? ne nous sentons-nous pas de
jour en jour *descendre, descendre* avec une effrayante
vitesse dans cet abîme où gisent Babylone la superbe,
Athènes la frivole et Rome l'efféminée? et si la société
continue encore quelque temps sa marche fatalement
progressive dans cette carrière de dégradation et de
honteux cynisme, Dieu pour la purifier, n'enverra-t-il
point sa foudre ?

Oh ! pitié mon Dieu, pitié pour les violateurs de vos
lois, pitié pour les crimes et les abominations qui se
commettent à la face du soleil dans les jours qui vous
sont consacrés ! mais daignez mettre vous-même un
terme à tant de profanations et ne laissez plus le
démon triompher ainsi dans votre domaine ! en nous
pénétrant d'une vive horreur pour les impures maximes
du siècle et les lâches calculs de l'égoïsme et de l'intérêt,
inspirez-nous un saint respect pour les mœurs si noblement austères de nos aïeux et la loi sacrée du dimanche
qu'ils nous ont transmise, et donnez-nous d'être les imitateurs de leurs vertus comme nous sommes les héritiers
de leur noble vaillance ! purifiez nos cœurs afin que
notre joie soit sans remords; sanctifiez notre repos, afin
que les délassements du corps permettent à notre âme
de respirer à l'aise en rêvant à son bien aimé ! désor-

mais nous le jurons, ô mon Dieu, nos amusements seront tous innocents et vous les bénirez ; sous vos yeux, à l'ombre de votre main paternelle, nous nous réjouirons le dimanche comme les saints et nos bons aïeux, et, après nous être comme eux *réjouis dans le Seigneur* sur la terre d'exil, nous irons avec eux dans la patrie entonner un jour le chant de l'éternelle fête !

Ainsi soit-il !

---

### Epilogue.

Quelques heures après l'office, une foule assez compacte de villageois se pressait devant l'église autour du sergent et de l'instituteur. Lucas lui-même avait pris couleur dans la discussion, et paraissait fort peu disposé à rendre les armes à son vieux camarade qui l'avait *entrepris* et le poussait en vrai cosaque.

Tout à coup l'attention générale fut attirée par M. le curé qui sortait de l'église pour se rendre chez lui. En passant auprès des villageois, il leur envoie à tous un affectueux salut ; puis, arrivé sur le seuil du presbytère, il se retourne, fait de la main un petit signe de menace, accompagné d'un léger sourire à l'adresse de Lucas, et referme la porte.

— Oh! oh! Lucas, s'écrie Lafleur, nous avons donc déjà des mystères? et que veut dire s'il te plaît ce signe d'intelligence? Il paraît qu'on en a contre toi?

MARCEL. — Possible qu'on l'aura vu rire ou bâiller au prône.

SIMON. — Non, c'est que l'luron manque la messe et voyage l' dimanche.

— Ah bah! interrompt l'instituteur avec un malin sourire et en haussant les épaules, dites plutôt qu'avec son air bonhomme et ses gros sabots, le compère Lucas est un intrépide danseur. (*Rires prolongés.*)

LUCAS, *riant plus haut que les autres.* — Oh! jarni, m'sieu l' régent, vous me la baillez belle! j' nons jamais dansé qu'en ch'mise (révérence parler), et ma défunte mère — devant Dieu soit son âme! — une sangle à la main, jouait l' rigodon... (*riant toujours*), oh! morgué, morgué, vous vous gaussez d' moi!

MARCEL. — C'est égal tout d' même, c'est pas pour rien que M. l'curé t'a fait du doigt.

Simon. — Oui, oui, faut qu'il y ait poisson sous roche, ça, vrai de vrai.

Lafleur, *impatienté*. — Eh! parle donc, vingt-cinq Polognes! te voilà planté là comme une guérite; que diable, on dirait que tu as peur!

— Oh! ben, y a pas d' quoi, pardine, et j' pouvons ben vous décliner la chose, c'est pas la mort *de Turin!* Pour lors donc, j'étions dans l' temps, comme vous savez tous, un travailleur du dimanche, un buveur, un vrai sacripant, quoi! et, non content de travailler toute la sainte journée à la maison, j'allais souvent avec mes bœufs défricher, labourer, marner tout comme les autres jours et comme si qu'y aurait pas évu d' bon Dieu. Pourtant j'avais réglé mes comptes à la dernière revue et bien promis de ne plus récidiver; mais par malheur ce matin, comme j'étions à conduire une charrette d' linge au séchoir, v'là qu'au détour d'une rue, je m' sens frapper sur l'épaule : *Holà, compère!* je m' retourne; quel guignon! c'était y pas M. l' curé!...

— Peste, mon brave, et c'est ainsi que tu observes ta consigne? je te croyais, morbleu, plus homme de parole!

— Oh! que veux-tu, morgué, c'était pas pour moi, mais pour Simonnette : un vrai service, quoi! il a fait ces deux jours un temps d' chien, et la pauvre vieille voulait profiter du soleil pour sécher sa lessive. Elle m'a tant prié, tant conjuré, que j'ai pas évu l' cœur de résister; et toi même à ma place... d'ailleurs la s'maine avait été si mauvaise...

— Alors on remet à la suivante, ou bien on demande l'autorisation à qui de droit, et de manière à ce que tout le monde le sache pour éviter le scandale : je ne connais que ça. Si je t'avais rencontré, gredin, en pareil équipage, un dimanche...

M. Lucien. — Oh! allez, Lucas, il n'y a pas à cela si grand mal; et je suis bien persuadé que M. le curé a mieux aimé vous voir là qu'au cabaret.

— A l'autre, maintenant! et s'il avait tout simplement fait son devoir, s'il n'avait été nulle part? Vous me faites rire, vous autres : *Mieux vaut encore travailler le dimanche qu'aller au cabaret.* Et morbleu, si l'on ne faisait ni l'un ni l'autre, ne serait-ce pas encore mieux? Que diriez-vous à l'industriel qui vous subtiliserait dix mille francs sous prétexte qu'il vaut encore mieux voler qu'assassiner? Le cas serait bien différent si l'on était forcé de faire l'un ou l'autre de ces crimes; placé dans la fatale alternative de deux maux vous devriez nécessairement choisir le moindre. Mais ici qui vous force à travailler? qui vous force d'aller au cabaret? évidemment personne. Cette excuse n'aveugle pas le bon Dieu... Allons donc, Lucas, ne reste pas ainsi interdit; ce n'est pas pour toi que je parle, car je suppose tes raisons légitimes; et M. le curé, pour sûr, ne t'en gardera pas rancune : d'ailleurs, dans la prochaine revue... au confessionnal...

— Mon Dieu, sergent, à quoi bon tant de rigorisme ? Le Dieu qui nous a formés sait bien que l'homme doit manger le dimanche comme les autres jours.

— Oui vraiment, et boire *item.* Il savait aussi que les Juifs, dans le désert, avaient besoin de manne le jour du sabbat, et pourtant il voulait qu'on la recueillît la veille. Ah ça, mon vieux, allons-nous ici revenir sur le prône et faire double emploi ?

— Mais celui qui a fait dimanche n'a-t-il pas fait lundi ?...

— Ah ! nous y voici donc enfin, vingt-cinq Polognes ! Ce cher lundi, ce vénérable saint Lundi, ce bon apôtre fêté le verre en main par tant de drilles au gosier spongieux, et si digne à tous égards de détrôner le dimanche ! et vous ne l'aviez pas encore invoqué ! mille bombes, c'est une honte !...

— Ma foi, je ne vous comprends pas.

— Farceur ! vous feignez de ne pas me comprendre. Allons, avouez franchement que dans cette dernière question, vous nous glissiez une petite malice — vous n'en faites pas d'autres ! — et que ce n'est pas sans dessein que vous venez de faire le rapprochement du dimanche et du lundi...; vous voudriez en détruire la différence et les mettre de niveau dans le calendrier, à l'usage des citoyens disposés, par esprit de contradiction, à travailler, à suer le dimanche, à se donner ce jour-là une peine de tous les diables, pourvu qu'on leur laisse le doux *far niente* et les rasades du lundi. C'est à peu près comme ce Limousin qui faisait maigre toute la semaine pour se bourrer de viande le vendredi. Voilà qui s'appelle être au rebours des camarades, ou, en d'autres termes, avoir un tic dans le cerveau. Mais vous perdez votre temps, l'ami ; le lundi ne sera jamais le dimanche, bien que Dieu ait fait tous les jours de la semaine, et l'on ne sanctifiera jamais le dimanche, si largement qu'on arrose la *saint Lundi.*

— Je ne vous comprends pas davantage.

— Quoi, monsieur Lucien, vous ne voyez pas qu'en mettant le dimanche sur le même pied que les autres jours de la semaine, vous soutenez la thèse de ces preux chevaliers du picton, pour qui le travail du dimanche n'est qu'une préparation aux bacchanales du lundi ? Notez en passant que je vous rends justice, car je ne vous suppose pas de la confrérie.

— Vous voulez rire, sergent ; mais vous me prêtez des sentiments... C'est égal, allez, mes principes sont connus ; je ne discute que pour éclairer ces braves gens, et ne soutiens d'autre thèse que celle du bon sens et de l'humanité. Croyez-vous, après tout, que ce soit le dimanche, la messe et les sermons de M. le curé qui feront la besogne de l'ouvrier, du laboureur, et donneront du pain à sa femme et à ses enfants?

— Oh! non certainement, je me garderai bien de le prétendre ; ce sera le jeu, le cabaret et la célébration de la saint Lundi... Tenez, mon vieux, puisque vous vous intéressez si vivement au bien-être du peuple et craignez pour son appétit le chômage du dimanche, voulez-vous une précieuse recette pour gagner largement de quoi nourrir une famille? c'est celle du voyou de Paris et de ceux qui travaillent un jour pour se reposer toute la semaine! Ecoutez-la :

> Il travaille tout le dimanche,
> Pour mieux fêter la Saint-Lundi.
> Tous les mardis il fait la planche,
> Il fait ses farces mercredi ;
> Tous les jeudis il se promène,
> Il est rossé le vendredi,
> Et s'il n' ribott' pas l' samedi,
> Pristine, il a perdu sa s'maine!!!

Eh bien, les amis, ne voilà t'il pas une merveilleuse recette? Qu'en dites-vous, M. Lucien ?

— Que voulez-vous que j'en dise ? j'ai mon idée, et toutes vos plaisanteries ne prouvent rien.

— Oh! respect à *votre idée*, mon vieux, vous n'en avez que de sublimes : quant à *mes plaisanteries*, elles prouvent du moins que lorsqu'on ne va pas le dimanche chercher le bon Dieu à l'église et à la messe, on va le chercher au cabaret. Or, vous savez si l'on en revient frais, gaillard, dispos pour le travail, et si c'est de là qu'on rapporte du pain pour sa famille. Oh! s'il y avait des femmes dans cet auguste aréopage!...

Lucas. — M'est avis que tu pourrais avoir raison. J'en connais une qui, deux fois par semaine, donne tous les cabarets à tous les diables, y compris tous les dévots à saint Lundi... Es-tu là, Marcel ?

— Un peu, que j'y sommes, et bédame! faut-y pas faire aller l' commerce ?

— Oui, jarni, et par dessus tout celui des marchands de vin.

M. Lucien. — Allez, allez, Marcel, ce n'est pas cette dépense qui vous ruinera.

Lafleur. — Eh! non, parbleu, puisque ce doit être la messe et le repos du dimanche : bien au contraire, le cabaret l'enrichira ; ça se voit tous les jours.

— Vous ricanez hors de propos, monsieur Lafleur. Est-ce que M. le curé lui-même n'a pas soutenu après Proudhon et J.-J. Rousseau qu'il faut que le peuple s'amuse.

LAFLEUR, *riant aux éclats*. — Oh! oh! mille bombes, vraiment en voici bien d'une autre! s'il y a sous le soleil un plus drôle et plus divertissant raisonneur, je veux être empalé comme un jocrisse! mais vous êtes donc un protée, un caméléon de logique, un philosophe à principes de girouette? On vous trouve toujours en veine de plaider le pour et le contre, le *oui* et le *non,* et avec un aplomb qui fait regretter pour votre éloquence un plus vaste théâtre... quel dommage que vous ayez manqué votre vocation! vous étiez taillé pour être avocat.

— Vous êtes de plus en plus nébuleux, sergent; encore une fois expliquez-vous, si vous voulez qu'on vous réponde!

— Eh! morbleu, expliquez-vous vous-même, que diable aussi; on ne sait de quel côté vous prendre : vous êtes de tous les dires et de tous les sentiments. Vous attaquez à droite; si l'on vous répond à droite, v'lan! vous passez à gauche. On vous riposte à gauche que déjà vous vous êtes esquivé pour revenir à droite, et ainsi de suite à n'en plus finir. Il faudrait, pour vous tenir tête, avoir sa patente de saltimbanque ou d'ergoteur. Vous avez, dans cette seule question de la loi du dimanche, été de sept ou huit avis différents. Après avoir à l'église tour à tour soutenu la nécessité du travail et du repos dominical, et puis déploré les dangers et les funestes suites de l'oisiveté, vous voilà maintenant revenu à votre ancien système : *il faut que le peuple s'amuse,* comme si vous n'aviez pas soutenu tout à l'heure *qu'il faut manger,* et partant, travailler *le dimanche comme les autres jours,* attendu que ce n'est *ni le dimanche, ni la messe, ni le prône de M. le curé qui donnera du pain à votre famille;* ah ça! vous ne comprenez donc pas que tous ces détours et ces faux-fuyants commencent à nous turlupiner? Expliquez-vous donc une bonne fois : êtes-vous oui ou non pour le travail du dimanche?

— Eh bien! puisque vous posez si carrément la question, j'admets que le travailleur a besoin d'un jour de repos par semaine.

— A la bonne heure, mille escadrons! entendons-nous en fin finale, et devenez une bonne fois raisonnable. Vous l'avez tous entendu, mes amis, il faut au peuple au moins un jour de repos par semaine; M. Lucien en convient et c'est fort heureux.

— Oh! ne triomphez pas sitôt, mon brave : je veux bien un jour de repos, mais je n'entends pas qu'on nous impose le dimanche.

— A quoi bon, puisque vous avez la saint Lundi?

— Ne rions pas, je parle sérieusement. Le peuple suspendra son travail quand il sera fatigué; il se reposera, mais ailleurs qu'à l'église.

— Oh! oh! la sévère consigne! et où, par exemple?

— Partout, où bon lui semblera, pourvu qu'on ne le force pas d'aller à la messe et au catéchisme.

LAFLEUR, *riant toujours*. — Ah! ah! voilà, mes amis, ce que c'est que d'avoir du talent! Vous n'auriez jamais soupçonné ça, vous autres! faire dans la semaine autant de dimanches qu'il y aurait d'individus fatigués; célébrer le lundi avec les idolâtres d'Ormuz et de Goa; le mardi avec ceux de Guinée, le jeudi avec plusieurs tribus du Mogol; le vendredi avec les Mahométans et les idolâtres du Volga; le samedi avec les Juifs, et toutefois rester chrétien : faire au rebours de toutes les nations, être seul contre toute l'espèce humaine, vivre en vrai sauvage au milieu d'une société civilisée, se faire un culte à sa guise ou plutôt n'en avoir aucun, et toutefois rester croyant, honnête et vertueux citoyen... que vous en semble, mes amis? n'est-ce pas là un tour de force admirable? Allons, morbleu, à genoux devant le thaumaturge moderne qui nous a fait une religion si facile!... Mais enfin, monsieur Lucien, est-il bien vrai que *vous parlez sérieusement?* Vous ne voulez pas *qu'on vous force d'aller à l'église, à la messe, au catéchisme.* Et qui jamais vous a forcé à remplir vos devoirs de chrétien? où est la loi pénale qui vous y oblige? l'Evangile, les ordonnances sacrées du catéchisme? mais pour vous en affranchir, vous n'avez qu'à renoncer à votre religion, embrasser un autre culte; et, comme vous y trouverez toujours des lois avec une sanction, quelque religion que vous embrassiez, il vous faudra pour reconquérir votre liberté, vous jeter dans l'athéisme. Que dis-je, votre liberté? Ah! fussiez-vous athée, monsieur Lucien, vous n'échapperiez pas à la conscience et à la raison, ces deux infatigables gardiens placés par la main de Dieu dans chacun de nous, pour y veiller sur son image, et qui deviennent bourreaux sitôt que l'homme ose toucher à l'auguste caractère qui le distingue de la brute. Oui, mon vieux, affranchissez-vous de toute entrave, de toute religion; moquez-vous des ordonnances de l'Eglise, de la sainte loi du dimanche, il est quelqu'un avec lequel vous aurez à compter tôt ou tard, et rira bien qui rira le dernier.

Pourtant, comme vos paroles pourraient induire en erreur les gens qui nous écoutent, comme vous en avez dit à l'église que M. le curé n'a pas eu le loisir de relever, je tiens à les réduire ici à leur juste valeur. Vous saurez, mes amis, que ce n'est ni le catéchisme, ni le rosaire, ni absolument parlant l'office et les vêpres qui constituent la sanctification du dimanche et des fêtes : l'assistance au saint sacrifice de la messe est seule de rigueur avec la cessation de toute œuvre servile. Je suppose donc que M. Lucien n'a parlé du catéchisme, de l'office et du rosaire que pour la parade et le piquant du discours. Il faut que vous sachiez, mes amis, que **M.** Lucien est excellent peintre en pittoresque et beau diseur. C'est comme lorsqu'il nous soutenait à l'église que le *repos du dimanche énerve, et qu'il en coûte de se remettre à la besogne le lundi*. Or, je me trouvais justement entre deux lapins qui riaient de grand cœur en l'écoutant, et qui échangeaient des signes d'intelligence. Comme je redoublais d'attention pour ne pas perdre un mot de la réponse du prédicateur, je les ai entendus qui disaient derrière moi, où ils s'étaient penchés: « Je le crois fichtre bien, que le dimanche me démoralise, « quand je le passe au *Lion d'or*; et toi? — Oh! moi, je suis « plus raisonnable que ça ; je respecte le dimanche, je tra- « vaille. C'est le lundi que je me repose, et dans toutes les « règles, va. Après avoir bien chanté, bien crié, fait un tin- « tamarre de satan à briser tous les meubles de la maison, à « rosser ma femme et mes enfants, je m'endors tout habillé, « fort content de ma journée ; et j'en aurais pour une semaine « de sommeil si je n'étais réveillé le lendemain à mon ordi- « naire par un concert de pleurs et de cris déchirants. **Mais** « je m'en moque, je me suis bien amusé! » — Vous l'en- tendez, mes amis, voilà comment on fait le dimanche quand on ne le fait pas à l'église; le moyen s'il vous plaît de n'être pas rossé après un jour de pareil repos?

— Vous avez beau dire, sergent, mais je soutiens toujours que l'on peut fêter le dimanche ailleurs qu'à l'église. Quant à moi, je le passe le plus souvent à la maison et je m'en trouve beaucoup mieux.

— Quand même vous auriez raison là-dessus, ce que nous sommes loin d'admettre, cela prouverait-il que nous ayons tort? **Mais** comme on vous l'a dit à l'église, ce n'est pas la question. Quand on est chrétien, on doit célébrer le dimanche avec les Chrétiens, je ne connais que ça. J'aime bien vrai- ment que l'on vienne nous dire *qu'on prie mieux le bon Dieu chez soi qu'à l'église :* mille bombes! si l'on peut être ainsi jobard et fanfaron! Connu, connu, mon vieux ; et vous ne persuaderez à personne ici que vous priez plus à un endroit qu'à l'autre : vous avez voulu poser et vous rendre intéres- sant. Rangez-moi, s'il vous plaît, cette petite malice avec votre *déficit*, votre *chómage* et vos *exigences industrielles :* on sait ce que cela veut dire; et si le commerce en France n'avait pas d'autres produits que ceux que lui envoient les travailleurs du dimanche et les dévots à saint Lundi, nous ne ferions pas une forte concurrence à l'étranger par notre exportation, et nous pourrions vendre les trois quarts de nos navires marchands. C'est à peu près comme en 1848, cette loi du *droit au travail* qui avait ouvert les ateliers nationaux à toute une légion de fainéants, et qui n'était autre chose que le droit de bien manger et de bien boire sans rien faire.

Conclusion et moralité, mes amis, respect au dimanche, respect au jour du Seigneur ; c'est sa propriété inviolable et sacrée ; celui qui ose y toucher, s'attaquera bientôt, s'il ne l'a déjà fait, à la propriété du voisin ; c'est un misérable qui, tôt ou tard, sera puni du Ciel. D'ailleurs, ainsi qu'on l'a dit au prône, le travail du dimanche porte malheur ; et ce n'est pas seulement à nos biens et à notre fortune qu'il est fatal, il épuise, il mine, il détruit sensiblement le corps humain...

En passant dans la journée auprès de quelque forge, de quelque usine à vapeur, près de ces vastes réservoirs où se forme le gaz qui serpente dans nos villes, et qui jaillit le soir en gerbes lumineuses, avez-vous jamais remarqué l'air triste et désolé des plantes et des arbres d'alentour? A l'aspect de ces troncs flétris, malades et comme labourés par la foudre, de ces branches nues, mourantes, de ces feuilles qui jonchent déjà le gazon à la saison des fleurs, ne vous êtes-vous pas cru transporté tout à ccup à la fin de l'automne, où la végétation est morte et la terre glacée? Ne vous êtes-vous pas éloignés en frémissant de ces antres dont le voisinage est si fatal, et dont le souffle délétère tue ainsi la nature?

Voilà mes amis, une bien faible image de l'état des populations qui environnent les fabriques. Les villes manufacturières se reconnaissent sans peine au seul aspect de la classe ouvrière. Des traits alongés, amaigris, des fronts chauves avant l'âge, des yeux creusés par les veilles autant que par les excès, la démarche chancelante, la taille tourmentée, voûtée au commencement de l'âge mûr, des vieillards de vingt ans, en un mot, une génération débile, énervée, rachitique, et lasse de la vie avant d'avoir vécu, tel est, mes amis, le triste spectacle qu'offrent en général les villes industrielles. On y a toutes les peines du monde à remplir les cadres de la conscription : un bel homme y est presque un phénomène; il figurera bientôt sur les journaux à côté des vieillards de quatre-vingts ans. Et ici, je n'invente pas, morbleu, croyez-le bien. Lisez les statistiques officielles : vous y verrez des chiffres terriblement éloquents. Eh bien! mes amis, ce dépérissement général, cet appauvrissement de la sève humaine dans les grands centres, si vous l'accélérez encore par le travail du dimanche, si vous forcez la classe ouvrière à rester continuellement dans les miasmes de l'atelier, si vous y retenez surtout ces pauvres enfants que l'on immole dans les fabriques à l'idole dévorante de l'industrie, que l'on y tue à leur aurore dans un pêle-mêle fatal, par de mauvais discours, de pernicieux exemples et d'infernales leçons, quand ce n'est pas par des violences qui font scandale dans nos tribunaux, si vous les empêchez, ces innocentes victimes, de sortir de temps en temps de ces antres de corruption pour aller respirer un air plus pur et se retremper un moment à l'influence salutaire de la religion, de l'église, du prêtre, ne fut-ce que pour faire au moins un jour diversion aux infâmes leçons de l'atelier, c'en est fait, mes amis, je ne dis pas seulement du moral, mais du bien-être physique de notre patrie; dans vingt ans, l'agriculture et les trois quarts de nos fabriques seront abandonnées faute d'ouvriers...

— Mais c'est une exagération manifeste, sergent : quoi! l'agriculture elle-même?... Est-ce que dans nos campagnes...

— Oui, monsieur, l'agriculture! seriez-vous le seul qui ne vous soyez pas aperçu de la fureur qui pousse nos villageois à déserter le travail des champs, de leur dégoût insensé pour la vie paisible du hameau et le bonheur du foyer paternel? Pour moi, comme pour tous les vrais amis du peuple, cette ambition démesurée de grandir, de s'élever au-dessus de la condition de ses pères et d'émigrer vers les grandes villes pour y mourir de faim ou y sécher de corruption, est un malheur, un vrai *fléau qui amènerait* bientôt, si l'on n'y porte remède, une double catastrophe : la ruine de l'agriculture, d'abord, par la dépopulation de nos campagnes, et la ruine de l'Etat par la surcharge des villes, l'encombrement des emplois, et surtout par la multiplicité des crimes et des révolutions, suite nécessaire des sinistres conseils de la misère et de l'oisiveté.

Voilà où nous en sommes, camarades, avec nos progrès, notre industrie, notre égoïsme et notre idolâtrie pour l'or et l'argent. On ne respecte plus rien : pour monter et grandir, tout sert d'échelon. Dieu, l'Eglise, notre âme, notre santé, rien n'est sacré : le son de l'or nous donne le vertige. Aussi, je le répète, Dieu se venge souvent d'une manière éclatante. Je regrette qu'il soit si tard; j'aurais voulu vous raconter quelqu'un des mille événements terribles arrivés le dimanche et les jours de fêtes, pour vous montrer visiblement en quelque sorte le bras du Très-Haut vengeant publiquement la majesté de son saint jour profané : mais j'aime mieux, en vous disant bonsoir, vous laisser une pensée généreuse et patriotique; c'est le meilleur moyen de vous gagner tous, car tous vous avez du cœur. Qu'il ne soit plus dit, mes amis, que des étrangers, des Anglais, en nous voyant travailler le dimanche et les fêtes s'étonnent et s'écrient, ainsi qu'ils ont pu le faire quelquefois : *Mais vous êtes donc fils du diable en France, que vous vous soyez attaqués au jour du Seigneur; il n'y a donc plus rien de sacré pour vous?*

Allons donc, mille citadelles! redevenons chrétiens, soyons toujours les fils aînés de l'Eglise; réveillons en nous le patriotisme et les antiques vertus de nos aïeux, et, revêtus de cette noble armure, marquons le pas à l'Europe, au monde catholique, et marchons les premiers sous l'étendard du Christ comme nous marchons les premiers à la victoire!

———~~~———

# PRONE QUINZIÈME.

**Sur le blasphème et les imprécations.**

*Addit super peccata sua blasphemiam.*
Il ajoute le blasphème à ses autres péchés.
(Job. 34. 37.)

MES FRÈRES,

Nous lisons dans les annales de l'histoire chrétienne, que saint Polycarpe, l'un des plus illustres martyrs de l'Eglise naissante, répondit au tyran qui cherchait à l'effrayer par l'appareil des supplices, pour le porter à blasphémer Dieu et à dire des injures de Jésus-Christ : « Prince, il y a quatre-vingt-six ans que je le sers, et il « ne m'a jamais fait de mal; il m'a, au contraire, com- « blé de biens; et vous voulez que je lui dise des « injures, que j'outrage mon Seigneur et mon roi de qui « j'attends mon bonheur, en qui j'ai mis mon espérance « et qui fait toute ma gloire! »

Admirables paroles que tout chrétien devrait méditer, mes Frères, pour se pénétrer d'un saint respect pour le nom de Dieu, et d'une crainte salutaire de le profaner. Mais, hélas! dans nos campagnes surtout, le blasphème est devenu de nos jours le vice à la mode; on blasphème à tout instant, à propos de rien ; c'est l'expression de la colère, de l'ennui, de la douleur, du plaisir, de l'étonnement; c'est le langage de l'adolescence et de l'âge mûr. L'enfant le bégaie au berceau, et, sur le bord de la tombe, le vieillard lui-même le balbutie au moment de tomber entre les mains du Dieu vivant. En un mot, l'homme a façonné sa langue à l'horrible idiome des démons; la terre, au lieu de célébrer les louanges de son auteur, ne sait plus que rugir les blasphèmes et les malédictions de l'enfer.

Oh! s'il nous était donné de l'anéantir parmi vous, ce vice abominable, mes Frères! si, comme le souhaitait le plus saint de nos rois, nous pouvions en purger l'univers, dussions-nous pour cela nous percer la langue d'un fer rouge! nous ne serions pas les tristes témoins de tant d'iniquités qui se commettent à la face du ciel, ni peut-être les victimes des fléaux qui désolent la terre! Méditons aujourd'hui, chrétiens, sur le blasphème et ces imprécations criminelles que vous prononcez si facilement; considérons-en un instant la malice et la folie, et tâchons de bien sentir la nécessité de purifier de cette lèpre fatale, une langue destinée à bénir le Seigneur et à chanter à jamais les cantiques des élus!

*Vous êtes Galiléen,* disait une servante à l'apôtre infidèle dans le prétoire; vous ne pouvez le nier, car votre langage vous a trahi: *loquela tua manifestum te facit.* Cet argument sans réplique, laissez-moi vous l'adresser mon Frère, à vous qui vous êtes fait une criminelle habitude de l'imprécation et du blasphème; l'enfer est votre patrie, et vous êtes le commensal des démons, car vous parlez leur langage maudit. Les blasphèmes que leur bouche écumante de rage vomit sans cesse contre le ciel et contre Dieu, vous les répétez sur la terre, écho trop fidèle de leurs malédictions...

— Certes, monsieur le curé, le zèle vous emporte un peu loin, *interrompt l'instituteur,* et vous voguez à pleines voiles sur l'immense océan de l'hyperbole... C'est une maladresse, car toutes ces exagérations, si pieuses qu'on les suppose, loin d'atteindre le but que vous vous proposez, ne font que nous tenir en défiance contre votre parole. Si vous voulez nous toucher, veuillez vous mettre un peu plus à notre portée, et ne nous donnez pas pour un attentat diabolique ce qui n'est, après tout, qu'une imperfection, une boutade passagère et le triste aveu de notre faiblesse et de notre néant.

— Que voulez-vous dire, Monsieur? le blasphème, une imperfection? mais c'est à n'y pas croire! N'est-ce pas, au fond, un crime de pure malice; ne s'attaque-t-il pas à Dieu lui-même, ne l'outrage-t-il pas dans ses plus adorables attributs, dans sa puissance, dans sa sagesse, dans sa justice et sa bonté? dans sa puissance, puisque ce ver de terre a l'audace de braver l'Éternel et de venir troubler par un blasphème public, scandaleux, l'harmonie des louanges et de l'adoration qui monte de toutes parts vers son trône immortel? dans sa sagesse, puisque le blasphème est une insulte à la Providence qu'il accuse de tout le mal qui arrive sur la terre; dans sa justice, puisque le blasphémateur taxe Dieu d'une partialité cruelle dans la distribution des biens et des maux, et s'en prend à lui des malheurs et des chagrins qui sont son propre ouvrage; dans sa bonté, enfin, puisqu'il maudit comme un tyran injuste et barbare ce Dieu de clémence et d'amour qui nous comble de bienfaits?

Oui, je le répète, le blasphème est une insolence sans nom, un crime satanique; que dis-je? en un sens, il est bien plus coupable encore dans la bouche d'un homme que dans celle des démons; car enfin, sous la verge impitoyable qui les frappe à jamais, ces misérables ne peuvent que rugir de fureur et de désespoir; s'ils maudissent, s'ils blasphèment, c'est qu'au milieu de leurs tortures éternelles, un feu plus cruel, une soif plus ardente les dévore : le feu de la haine et la soif de la vengeance! Mais vous, mes Frères, vous, quel mal vous a-t-il fait, ce Dieu de bonté, pour enflammer ainsi votre colère? comment a-t-il pu mériter votre haine? comblés de tant de faveurs, objets de tant d'amour, appelés à l'immortalité des élus, tout ne vous sourit-il pas au ciel et sur la terre? de quel grand tort avez-vous donc à vous venger?

— Comment pouvez-vous supposer tant de malice dans une parole qui n'est tout au plus que le murmure et le gémissement d'une âme froissée qui trahit son émotion de la manière la plus simple et la plus naturelle? Un tel blasphème est trop innocent et trop inoffensif pour faire ainsi gronder le tonnerre: allez, allez, il s'arrête en chemin et n'arrive point jusqu'à Dieu !

— Mais, Monsieur, vous n'avez donc jamais réfléchi sur la malice du blasphème en lui-même, puisque vous osez prétendre qu'il n'arrive point à Dieu? le blasphème, si innocent qu'il vous paraisse, est toujours, au fond, un

crime énorme, un crime de lèse-majesté divine, un crime qui surpasse en malice, au sentiment d'un saint docteur, *le crime des juifs déicides, qui, du moins, ne savaient ce qu'ils faisaient.* « Le cœur du blasphémateur, dit Bossuet, « est un cœur dépravé, un temple en ruines où Dieu « est honni, flagellé, crucifié: aussi, que les hommes s'en « éloignent, car il porte une contagion funeste. » — Je vous le demande, mes Frères, si vous aviez la foi, si vous ne perdiez pas de vue la sainte présence de Dieu, oseriez-vous l'insulter d'une manière si sanglante? et ne craindriez-vous pas que la foudre ne vous réponde ou que la terre ne s'entr'ouvre pour vous engloutir, comme elle engloutit autrefois les blasphémateurs du désert?

Malice diabolique, mes Frères; mais nous disons encore étonnante folie. Le blasphème est, de tous les crimes, celui que le pécheur peut le moins justifier, même aux yeux du monde. Dans le vol et le larcin, l'intérêt, la cupidité, souvent le besoin, peuvent paraître un prétexte plausible; la luxure et le libertinage trouvent, sinon leur excuse, au moins leur raison d'être dans les tyranniques exigences de la nature corrompue: l'orgueil peut éblouir une âme idolâtre d'elle-même, et l'encens des louanges lui faire oublier son néant: la haine et la vengeance immolent, du moins à votre amour-propre, le souvenir importun d'un dangereux ennemi; en un mot, dans tous les autres crimes, la passion, l'intérêt, ou quelque autre avantage matériel peuvent, ce semble, servir de prétexte et d'excuse; mais ici, rien de pareil: rien, qu'une manie insensée, stérile, inexplicable; on blasphème sans en attendre le moindre avantage, ni la moindre satisfaction, on blasphème parce qu'on s'est fait du murmure contre la Providence un langage ordinaire; de l'aigreur et de la haine du prochain, un état de repos pour son âme; on blasphème, parce que dans les transports de son aveugle fureur, on a besoin de s'en prendre au ciel, à l'univers, à Dieu!...

— Mais, monsieur le curé, c'est une exagération manifeste; si l'on blasphème, c'est sans malice, et pour soulager son cœur.

— Ah! voilà donc le grand avantage que l'on retire de ses blasphèmes! *cela soulage*; et de quoi, par exemple? En souffrez-vous moins quand vous avez bien juré, bien sacré, bien maudit? vos désirs en sont-ils plus satisfaits, votre cœur plus tranquille? le travail en va-t-il plus à souhait, en êtes-vous moins malheureux? que peut faire un blasphème, un million de blasphèmes à votre colère, à votre travail, à votre haine, à votre douleur? Quand vous jureriez jusqu'à demain, votre char en sera-t-il moins embourbé, et toutes vos malédictions le tireront-elles de l'ornière?

— Mais si je n'ai pas d'autre moyen d'exhaler ma rage impuissante?...

— Vous vous trompez: il en est un autre; c'est de vous jeter aux pieds du crucifix, ou de vous arracher la langue, si la vue de Jésus en croix ne peut contenir votre fureur.

— Ma foi, je ne suis point pour les moyens extrêmes, et tout cela est bon à dire.

— Quoi! d'après vous, Monsieur, ce n'est pas un *moyen extrême* dans une pareille conjoncture, que d'insulter votre Dieu, votre ami, votre père, votre Sauveur, et de vous jeter sur lui, en quelque sorte, comme un forcené? Dieu est-il donc pour rien dans votre colère et dans votre malheur? voulez-vous l'obliger de faire à chaque instant un miracle pour que tout vous aille à souhait? est-il juste, est-il loyal de s'en prendre à lui et de le rendre, si j'ose le dire, victime de toutes vos contradictions?

J'ai lu naguère dans Silvio Pellico, qu'un homme ne pouvant se venger d'un ennemi, lui tua son enfant... Vous frémissez, mes Frères?... Eh bien, voilà, en un sens, le crime du blasphémateur; et vous pourriez l'appeler une bagatelle?

— La comparaison n'est pas juste, Monsieur, nous ne voyons dans le blasphème ni meurtre, ni attentat; on dégonfle son âme, et voilà tout. D'ailleurs, qu'est-ce qui me prouve que Dieu s'offense de si peu de chose?

— Ce qui le prouve, Monsieur? C'est la raison et le bon sens; c'est que le blasphème est une malédiction, un audacieux défi, une insulte directe au Seigneur que rien au ciel ni sur la terre ne peut autoriser. Ce qui le prouve, ce sont les anathèmes que nous lisons à chaque page de nos saints livres et les terribles exemples de la vengeance divine contre les blasphémateurs; ce qui le prouve, c'est la législation de tous les temps, de tous les pays, de toutes les religions de l'univers, où, blasphémer contre les Dieux fut toujours un attentat puni de mort; ce qui le prouve, Monsieur, ce sont les anciens canons de l'Eglise qui assimilaient le blasphème à l'idolâtrie, à l'adultère, au parricide, et qui condamnaient le coupable à passer sept dimanches à la porte du temple, où il ne pouvait entrer, l'expiation finie, que les pieds nus et la corde au cou : s'il refusait de se soumettre, il était retranché de la communion des fidèles; ce qui le prouve, enfin, ce sont les lois romaines, ce sont les arrêts de plusieurs de nos rois, depuis Charlemagne jusqu'à Louis XIV ; et l'on connaît la rigueur des ordonnances de saint Louis..... Eh bien, de bonne foi, mes Frères, si le blasphème était une chose indifférente, concevriez-vous cette inflexible sévérité, cet accord universel de tous les siècles et de toutes les religions à le condamner?

— Avouez pourtant, monsieur le curé, que votre thèse est trop absolue ; tous les jurements et tous les blasphèmes ne sont pas également criminels, et j'ai toujours vu faire une différence énorme entre les blasphèmes de pure malice et les jurements d'habitude.

— Vous m'avez prévenu, Monsieur. J'allais dire qu'il est en effet des serments et des jurements d'habitude qui sont, en général, plus communs et dont on ne se fait guère scrupule : des blasphèmes qui échappent quelquefois dans la colère, dont on n'est pas le maître et qui ne sauraient faire au Seigneur un si sanglant outrage ; j'avoue même que certaines expressions familières, de légers jurons sans malice que l'on se permet bien souvent dans la conversation, peuvent être sans conséquence et sans péché, bien qu'ils dénotent presque toujours un vice d'éducation et doivent être bannis de la bouche d'un chrétien. Mais ce n'est point sous cette forme que nous attaquons ici le blasphème ; nous le considérons dans son essence, comme une malédiction qui s'adresse à Dieu ou aux créatures dans leur relation avec Dieu, et je vous répète, Monsieur, qu'un tel blasphème, lorsqu'il est bien libre et bien réfléchi, ne peut s'expliquer que par une malice étrange et une fureur insensée.

— A vrai dire, Monsieur le curé, j'y reconnais bien un certain désordre et l'on devrait s'en abstenir; car, bien que le blasphème ne puisse atteindre Dieu, c'est toujours au moins une injustice, une ingratitude et une folie de s'en prendre à lui dans notre colère ; sans compter, comme vous venez de le dire, que toutes nos imprécations n'aboutissent à rien.

— A rien, dites-vous? Ah ! plût à Dieu qu'il en fût ainsi ! mais indépendamment des châtiments éternels réservés surtout aux blasphémateurs, ne sont-ils pas souvent punis sur la terre d'une manière formidable ? et sans vous parler ici de la mort tragique de Pharaon, de Nabuchodonosor, d'Holopherne, de Sennachérib, de Nicanor, de Julien l'Apostat et de tant d'autres célèbres blasphémateurs, sans nous étendre sur des exemples plus récents, tels que celui de ce libertin qui s'écriait naguère dans un café : *s'il y a un Dieu qu'il m'empêche de boire ce verre de vin!...* et qui tomba expirant au milieu de ses amis épouvantés ; n'est-ce pas dans les journaux et les feuilles publiques qu'on lit de nos jours les effets de la colère divine? n'est-ce pas à la face des populations consternées que le Ciel répond quelquefois à l'insolence du misérable qui le brave?

Laissez-moi terminer, mes Frères, par le récit de quelques événements terribles, récents, dont un peuple entier a été le témoin ; bien qu'ils se rattachent plutôt aux malédictions contre la créature qu'au blasphème contre le créateur, ils n'en sont pas moins la confirmation de cette parole de l'Esprit-Saint : *mors et vita in manu linguæ* : la langue est un glaive à deux tranchants qui donne la mort ou la vie.

Dans une petite ville de France, un père de famille réunissait le soir tous ses enfants pour faire la prière en commun. C'était une coutume héréditaire dans cette maison ; chacun à son tour récitait la prière, et tous les autres répondaient.

Un soir d'automne, en 1842, tout le monde étant à genoux, Marcel, le plus jeune des enfants, commença la prière. Soit ennui, soit fatigue de la journée, ou peut-être parce que la nuit était avancée, il s'endormait en priant. Sa mère, agenouillée à son côté, l'excitait de temps à autre ; un moment attentif, l'enfant retombait bientôt dans son assoupissement, et, balbutiant des sons inarticulés, il ne pouvait se faire entendre. Alors son père, homme très violent, se lève impatienté, et, le poussant rudement : *Plût à Dieu, s'écria-t-il, que tu perdisses la parole!...*

Cet enfant, sans se plaindre, jetant sur son père un regard de douloureuse résignation, se relève, se remet à sa place et reste immobile en silence.....

Sa mère lui ordonne de continuer : il répond par signes qu'il ne peut parler. Toute la famille étonnée, inquiète, se presse autour de lui ; on le prie, on le menace, on le caresse, son père pousse l'emportement jusqu'à le frapper ; tout est inutile, Marcel reste muet.

Toute la maison retentit alors de haut cris : les amis, les voisins accourent de toutes parts ; mais à toutes leurs questions, l'enfant ne peut répondre que par des signes.

Effrayé du fatal pouvoir de sa parole, son père sort précipitamment et va trouver le curé de la paroisse pour lui faire part d'un si tragique événement. Mais à peine est-il dans la rue que Marcel recommence à parler.

— « Quoi donc malheureux ! lui dit alors sa mère,
« passant brusquement du désespoir à la surprise et de
« la surprise à la colère, tu veux donc nous faire mou-
« rir d'épouvante?..... Ah ! je respire enfin, Dieu soit
« loué ! mais toi, cruel enfant, pourquoi avais tu la
« méchanceté de nous faire croire que tu étais muet ? »

— « O ma bonne mère, répond Marcel en fondant en
« larmes, Dieu me garde de vouloir jamais vous faire
« de la peine ; mais le ciel m'est témoin qu'à l'instant où
« mon père s'est jeté sur moi tout en colère, une force
« invincible a lié ma langue, et je n'ai pu parler...»

— « Mais alors, répond la mère, d'où vient que tu
« parles en ce moment? »

— « Ah ! c'est que mon père n'est plus ici, et je sens
« bien que je ne pourrai plus parler à mon père... »

A peine avait-il dit ces paroles qu'il s'arrêta tout court, et, portant sa main sur sa bouche, il fit signe qu'il n'en pouvait dire d'avantage. Aussitôt la porte s'ouvre et son père entre, suivi du prêtre. Dès lors, prières, menaces, promesses, tout fût inutile ; et jamais ce père infortuné ne put en obtenir une parole.

Pendant douze ou quinze ans, au su et au vu de tout le peuple, Marcel, qui parlait à sa mère, à ses frères, à ses amis, à tout le monde, resta, par une inexplicable fatalité, toujours muet devant son père. Cent fois ses parents, son confesseur et plusieurs personnes recommandables ont voulu l'engager par les plus flatteuses promesses à parler, au moins une fois, à son père, mais toujours en vain... Aujourd'hui son père n'est plus ; mais les nombreux témoins de sa mort, en voyant passer Marcel, frissonnent encore au souvenir de la scène cruelle qui sépara cet homme de son fils... Le pauvre enfant ! debout à son chevet, l'âme horriblement déchirée, il s'arrachait les cheveux, désespéré de voir mourir son père qui, d'une voix défaillante, lui demandait pardon, sans pouvoir consoler son agonie par une parole d'amour, ni lui faire entendre au moins son dernier adieu !

Et maintenant, mes Frères, je pourrais vous citer ici bien d'autres exemples à l'appui de la terrible vérité que je vous annonce : je pourrais vous raconter le désespoir d'un père, qui, sur la nouvelle de l'inconduite de son fils, alors occupé sur la montagne à la garde de son troupeau, après avoir vomi mille blasphèmes, s'était écrié transporté de colère : *Puisse-t-il être écrasé par le tonnerre !...* et qui reçut le lendemain le cadavre de cet infortuné, brûlé par la foudre ; je pourrais vous parler d'animaux expirant sous la malédiction d'un maître furieux ; je pourrais vous dire la mort violente que s'est donnée naguère un vieillard à qui sa fille, un jour auparavant, entre autres malédictions, avait dit d'une voix frémissante de rage : *Ah ! fasse le ciel que bientôt votre propre main me débarrasse de vous !...* En un mot, je pourrais, mes Frères, vous citer une foule de traits de ce genre, accomplis, en moins de trente ans, dans une ville du midi de la France, à la face d'une multitude de témoins, tous dignes de foi, tous désintéressés, la plupart existant encore et prêts à en attester la vérité. Je me contente d'un seul plus célèbre et plus actuel encore que tous les autres, arrivé à midi, sur la place publique de la même ville, un jour de fête devant le peuple consterné.

Le dimanche des Rameaux, deux hommes qui, dès leur jeune âge, avaient vécu dans une intimité parfaite, après avoir longtemps joué ensemble, sortirent de la maison de jeu assez peu contents l'un de l'autre ; rien pourtant ne paraissait encore à l'extérieur ; et ils vinrent s'asseoir auprès d'un pont de pierre où s'entretenaient paisiblement plusieurs personnes. Bientôt, entre les deux amis, la conversation s'anime et attire l'attention générale ; des railleries ils passent aux injures, des injures aux menaces, et, s'échauffant par degrés, ils se lèvent déjà prêts à en venir aux mains. Cependant on les retient on cherche à les calmer ; alors l'un deux, dans les transports d'une violente rage, vomit contre son adversaire toutes les horreurs que peuvent inspirer la colère et la haine, et s'oublie jusqu'à lui reprocher un crime odieux, infamant, commis par son grand-père et qui flétrissait sa famille.

Celui-ci, atterré comme sous un coup de foudre, n'osant plus lever les yeux au sein de la multitude accourue au bruit de la dispute et témoin de son opprobre, dévore en silence toute sa fureur ; pourtant ses yeux se dilatent, son front se rembrunit, tout son visage se contracte, ses genoux chancellent ; il semble chercher un appui... Tout à coup se cramponnant d'une main au parapet du pont et levant l'autre sur son adversaire qui s'éloigne, il laisse échapper ces paroles sinistres : *Ah! si si tu pouvais expirer avant d'arriver chez toi !...* Mes Frères, une minute après, des cris et des gémissements se firent entendre : à vingt pas de là, une foule nombreuse se pressait autour d'un cadavre. Hélas ! le vœu homicide vient d'être exaucé ; ce malheureux est à l'instant tombé roide mort sur le seuil de sa maison !... Moi qui vous parle, chrétiens, j'étais présent à cette scène : vingt-cinq ans se sont écoulés depuis, mais toutes les fois que je passe devant cette maison fatale, un rapide frisson dresse mes cheveux. « Grand Dieu, s'écriait-on de toutes parts, c'est un miracle, une terrible leçon : le doigt de Dieu est là !... »

Voilà le fait, mes Frères, les exprits forts l'expliqueront à leur manière, ainsi que ceux qui précèdent ; ils bâtiront des systèmes, entasseront raisonnements sur raisonnements ; pour nous, tenons-nous-en à l'explication la plus simple et la plus en harmonie avec les données de la foi : c'est que les vœux coupables et les malédictions inspirées par la haine et la colère irritent le Seigneur ; c'est que les blasphèmes de l'impie font à sa foudre une terrible violence, et déterminent tôt ou tard quelque épouvantable malheur.

9*

Hélas ! mes Frères, où sont les jours de ferveur où un blasphémateur était montré au doigt et publiquement flétri ! où sont ces siècles religieux où tout un peuple saisissait à l'instant ce misérable et le forçait à faire amende honorable devant toutes les croix et les églises de la contrée pour conjurer le courroux du Tout-Puissant !

Mais aujourd'hui, le blasphème et les malédictions sont un langage à la mode ; le maître l'enseigne par l'exemple à son serviteur, le père à son enfant : il apprend à renier son Dieu avant de le connaître, il blasphème et ne sait pas prier ! Ah ! tremblez, pères et mères ! ces pauvres enfants feront un formidable usage de la science qu'ils ont acquise sous le toit de la famille ! Quand vous les entendrez blasphémer, souvenez-vous qu'ils préludent aux malédictions dont ils vous accableront un jour !

Quel triomphe pour Satan et ses impures légions, lorsqu'un blasphème retentit sur la terre ! Les anges alors en signe de deuil, doivent se couvrir de leurs ailes, et le ministre des vengeances divines, agitant son glaive exterminateur, doit dire à l'Eternel, comme autrefois les disciples à Jésus-Christ : *Voulez-vous que nous fassions descendre le feu du ciel pour venger l'outrage fait à la majesté sainte de votre nom ?*

Prenez garde, mes Frères ! de tous les crimes qui lassent la patience du Tout-Puissant, le blasphème est celui qui fait le plus monter la mesure : avant qu'elle soit comblée, arrêtez-vous ! oubliez le langage horrible des démons ! Que votre langue appelée aux cantiques de l'amour et de la reconnaissance se purifie de plus en plus par la prière ; que votre bouche s'étudie sur la terre d'exil à chanter la patrie, votre cœur à soupirer après la félicité qui l'attend, votre âme à bénir le Dieu de son bonheur et à commencer ici-bas cet hymne de triomphe et de gloire qui se prolongera dans les siècles des siècles !

Ainsi soit-il !

### Epilogue.

— Eh bien! Lafleur, qu'en dis-tu? ah! morgué, à ton tour enfin, car c'était pour toi, au jour d'aujourd'hui!

— Comprends pas; qu'y a-t-il donc, que veux-tu dire?

— Eh! jarni, que t'as été prôné, ramené, sermonné d'importance, quoi! M'est avis que t'es un camarade et un sacreur fini; et je gagerais ben que M. le curé t'avait dans l'idée ce soir.

— Ah! mille bombes..., tu crois? Au fait, c'est bien possible; mais ce serait là une taquinerie que j'aurais de la peine à lui pardonner. Il sait bien, lui, morbleu, que pour être cuirassé de jurons, je n'en suis pas moins un bon diable tout de même.

— Oh! pour ça, je ne dis pas; mais je croyons ben qu'il te faisait d'l'œil de temps en temps... Eh! eh! tiens, justement, le v'là qui cause là-bas, dans ce groupe... Viens-t'en-z'y voir un peu, voir d'quoi qu'il r'tourne.

— Je crois qu'il fait des reproches à quelqu'un;... vois-tu comme il est animé? Vingt-cinq Pologaes, s'il s'était encore pris avec ce M. Lucien!...

— Oh! va, y a pas d'danger à c'te heure; j'l'ons vu partir après vêpres pour la ville voisine.

— Tu peux avoir raison; je crois que c'est un moutard que M. le curé vient d'entreprendre.

— Eh! oui, le fils à Simon: un vrai chenapan, oui-da! qu'a déjà toutes les allures d'un pas grand'chose... Chut! écoutons voir...

M. LE CURÉ. — Je ne sais vraiment pas, mon petit ami, qui peut vous avoir laissé prendre ces airs-là... jurer en vrai Cosaque, à votre âge!... fi donc, que c'est vilain!... allons, ne pleurez pas ainsi; vous êtes jeune, il vous sera facile de perdre cette triste habitude (*apercevant le sergent et Lucas*); je ne vous dis plus rien aujourd'hui, ajoute-t-il en souriant; mais si je vous entends encore jurer, je vous livre sans merci à la cravache de M. Lafleur.

— Présent, monsieur le curé; je crois que vous parliez de moi...

— Oui, mon brave; je veux vous confier ce petit drôle... Il n'est pas sage; il jure et blasphème à faire frémir.

— Oh! bien, mille bombes, je m'en charge, monsieur le curé; vous pouvez être tranquille... Si le petit polisson bronche d'une ligne!... il me connaît.

LUCAS. — Ah! jarni! ah! la drôlerie! avec ça qu'il est ben

confié!... Dites donc voir, monsieur le curé, et Lafleur, à qui que vous allez le confier lui-même? (*Rires prolongés.*)

— Eh bien! saprebleu, qu'as-tu à dire, toi?

Lucas *riant*. — Eh! eh! eh! c'te chance! l' sergent Lafleur faire l'éducation d'un moutard qui jure!...

— Mais, voyons, achève donc, vingt-cinq Polognes! que vois-tu là de si extraordinaire?

— Eh! morgué, y sait tout ce que tu peux y apprendre là-dessus!

M. LE CURÉ. — Vous voulez dire, sans doute, par là, mon ami, que M. Lafleur jure et blasphème lui-même.

— Oui-da, jarni, monsieur le curé, vous tapez juste!... Dis donc un peu voir non, Lafleur?

— Eh bien! mon cher Lucas, raison de plus pour lui confier cet enfant : en le corrigeant, il fera quelque bonne réflexion et se corrigera lui-même.

— Oh! minute, minute, monsieur le curé, je vous prie, je jure, morbleu, mais ne blasphème pas. Lucas ne connaît pas toujours la valeur des termes : il confond ces deux choses qui sont pourtant bien différentes.

— Et je te dis, moi, que jurer et blasphémer, c'est tout un; et bédame! faut pas avoir une éducation sterling pour comprendre ça; si tu crois m'en vendre...

— Comment, vingt-cinq mille noms d'une pipe, tu ne vois pas, toi, butor, de la différence entre un juron et un blasphème? mais le blasphème, c'est une insulte directe, une malédiction au bon Dieu, comme disait M. le curé qui peut être notre juge; tandis qu'un juron, si bruyant et si gros qu'on le suppose, ébranlât-il tes oreilles, comme une tonnante bordée de canon, n'est, après tout, qu'un mot éclatant et sonore, qui ne ronfle, mille escadrons, que parce qu'il est creux! Ah! vingt-cinq Polognes, si ces innocentes détonations vont réveiller les échos de l'enfer, si l'on est damné pour un pauvre *mille bombes!* bonsoir, les camarades, je suis un homme perdu!

M. LE CURÉ. — Ecoutez, mon brave, il y a du vrai et du faux dans votre raisonnement; un juron n'est pas toujours un blasphème, sans doute, et, d'ordinaire, il n'offense pas Dieu comme une imprécation : il peut même n'être pas péché, ainsi que nous l'avons dit ce soir. Mais du juron au blasphème, il n'y a qu'un pas; et, lorsqu'on en a contracté l'habitude, il est rare de n'en pas laisser échapper quelqu'un qui offense le Seigneur; le blasphème vient tout naturellement se placer sur vos lèvres, et, ce qu'il y a de plus déplorable, on ne s'en fait aucun scrupule; d'ailleurs, le juron en lui-même, si innocent qu'il vous paraisse, outre l'inconvenance et la grossièreté qui le caractérisent, en général, est presque toujours une insulte à la majesté divine, légère si l'on veut, mais toujours blâmable, et l'habitude qu'on en a contractée peut vous constituer à la longue, et par le scandale qui en résulte, dans un fâcheux état devant Dieu.

— Oh! oh! monsieur le curé, je vous trouve bien sévère! car enfin le bon Dieu voit bien que c'est sans malice et que le cœur n'y est en rien.

— Oui, sans doute, Dieu voit tout cela; mais il voit aussi les efforts que vous faites pour vous corriger; et si vous n'en faites pas, vous êtes donc coupable.

— Mais, morbleu, pour en faire, il faudrait réfléchir : et le moyen de réfléchir, s'il vous plaît, quand on est bien en colère?

— Alors, mon brave, on met plus d'eau dans son vin.

— Vous voulez rire, mille escadrons, mais je parle sérieusement.

— Et si tout en riant je disais la vérité?...

— C'est possible, Monsieur; mais il y a tant de circonstances dans la vie où le plus Nicodème sortirait de ses gonds!... on est sans cesse contrarié : un jobard vous calomnie, un pékin vous cherche noise; tantôt la femme vous turlupine et tantôt les moutards; je marche dans la rue haut et fier de mon plus bel uniforme : v'lan! un grand Mathathias de pied plat m'éclabousse sans pitié; je veux me garer d'une voiture et je tombe à la renverse sur le trottoir... Le moyen de garder son aplomb et son sang-froid devant toutes ces contradictions; car tout est contradiction ici-bas, depuis la brèche que notre ancien a faite à sa consigne!

— Le moyen, monsieur Lafleur, voulez-vous que je vous l'indique? il est, je vous l'assure, aussi simple que facile.

— Et quel est-il, mille citadelles, monsieur le curé? de grâce, dites-le-moi tout de suite!

— Quand vous serez bien grondeur et bien exaspéré, quand les sacres et les jurons vous tiendront à la gorge et vous suffoqueront, savez-vous ce qu'il faut faire?

— Si je le sais, Monsieur? oui, par ma foi! les lâcher tout uniment quatre à quatre : on en crèverait à les retenir! (*Rire général.*)

— Vous vous trompez, mon ami; ou plutôt, vous nous parlez en vieil incorrigible, et vous n'êtes pas dans ce cas... Puisque vous savez si bien ce qu'il faut faire, savez-vous ce qu'il faut dire?

— Mais... non. Mille bombes! je crois que vous me tendez un piége; mais c'est égal, allez toujours.

— Quand vous serez le plus tenté de jurer et de maudire, mordez-vous la langue et dites-vous : *A quoi bon?* puis fumez une pipe là-dessus, et votre colère et vos jurons s'en iront en fumée.

— Fort bien, monsieur le curé ; voilà une excellente recette contre la colère, et je vous promets d'en user à l'occasion ; mais n'en auriez-vous pas une autre contre l'habitude ?

— Quoi, sergent, l'habitude serait chez vous plus indomptable que la colère ?

— Sans doute, car il faut des efforts continuels. Je conçois que la réflexion, quand toutefois elle est possible, soit un remède efficace contre la colère, et capable d'arrêter au passage les plus intrépides jurons qu'elle a pu nous inspirer ; mais que faire contre l'habitude, et une habitude de vétéran ? je vous jure et je vous proteste que je n'y puis rien.

— Et c'est vous, Monsieur, vous le sergent Lafleur, qui osez parler ainsi ? Vous n'y pouvez rien !... mais n'êtes-vous pas soldat français, et soldat de l'empire ? Qu'auriez-vous répondu à celui qui fût venu vous dire devant une redoute ennemie : *impossible* ? — Vous ne pouvez rien contre l'habitude ? mais n'avez-vous rien pu contre les halles d'Iéna, de Wagram et d'Aboukir ? Avez-vous dit : *impossible*, à Eylau, à Moscou, au pont d'Arcole ?... Quoi ! un homme a pu affronter la mitraille des Prussiens, les canons des Anglais, le cimeterre des Musulmans, le sabre des Cosaques, et devant la manie ridicule des jurons, nous verrons tomber ce grand courage ? allons donc ! sergent, tenez-vous à mon estime et à l'affection de tous les gens de bien ?

— Si j'y tiens !... ah ! vingt-cinq millions...

— Encore un juron ! mais vous êtes donc incorrigible ?

— Quand je vous dis qu'il est inutile d'y songer ! tenez, monsieur le curé, il faut que je vous fasse ici ma confession devant tout le monde. J'ai cassé quinze fois ma pipe en 27 ans, résolu à ne plus fumer ; je me suis corrigé douze fois du petit verre pour ne plus avoir le prétexte d'entrer à l'estaminet : un camarade m'avait régalé d'une superbe tabatière, eh bien ! je l'ai brisée après cinq mois d'usage pour ne pas prendre de mauvaises habitudes ; vous voyez donc, mille bombes, que je ne manque pas d'énergie à l'occasion... mais pour l'article des jurons...

— Toujours impossible, n'est-ce pas ? eh bien, mon brave, écoutez une petite aventure arrivée à un vieux militaire de votre calibre, et qui se croyait au moins aussi incorrigible que vous. Ce vétéran mutilé, criblé de blessures, et, malgré sa croix et quelques économies, étendu sur un lit d'hôpital militaire, y recevait les soins des bonnes Sœurs, qui se tenaient de préférence auprès de lui, parce que ce malheureux, jureur intrépide, exhalait sa douleur par d'horribles blasphèmes : mais tous les soins vigilants et la tendre sollicitude des saintes filles ne pouvaient amollir ce caractère de fer. Une jeune religieuse qui le servait à son tour pour la première fois, lui ayant donné sa potion quelques minutes avant l'heure, s'enfuit épouvantée de ses imprécations. Le lendemain, s'armant de courage, elle revient; mais la pauvre fille est accueillie par une bordée de malédictions furieuses...

Lafleur. — Et pourquoi donc, mille escadrons? quel était son crime?

— La tisane était un peu trop chaude; et Dieu sait les blasphèmes et les injures que vomit ce forcené. La religieuse s'élance hors de cette chambre maudite, et va trouver la mère supérieure, en la suppliant *de lui donner des chrétiens et non des diables à soigner*. La supérieure, riant de sa frayeur : « Soyez tranquille, ma fille, lui dit-elle, cet homme « n'est pas aussi diable qu'il en a l'air; il tempête, il fait du « vacarme, et voilà tout; au fond, il n'est pas méchant. — « Mais il jure et sacre en vrai Lucifer! — Eh bien! fût-il « encore plus possédé que Lucifer, je connais quelqu'un qui « le domptera. — Dieu vous entende! » répond la sœur en se retirant.

Le soir on envoya au vétéran la mère Cécile, religieuse de 75 ans qui avait consumé sa vie au chevet des militaires mourants, et que leurs plus gros jurons n'avaient jamais épouvantée. Elle s'approche sans façon du grognard et reçoit une kyrielle de blasphèmes en guise de salut; le malheureux était dans son jour de migraine. La religieuse s'assure qu'il n'a besoin de rien, et emporte en se retirant un magnifique juron pour adieu.

Le lendemain, elle revint, mais quelques minutes trop tard; elle trouva son malade qui sacrait comme un Turc en attendant sa tisane. — *Te voilà donc enfin, vieille sorcière d'enfer!* s'écria-t-il en lui montrant les poings et rugissant de fureur... et là-dessus, quatre blasphèmes si sonores, que le diable en aurait pris les armes.

— « Ah! ça, mon camarade, » lui dit-elle sans sourciller, et se posant fièrement devant lui, dans l'attitude d'un tambour-major (et dans son temps, elle en avait eu la taille) : « Ah! ça, mon camarade, quittez-moi ces airs-là, je vous prie, « ou je vous mets en pénitence, entendez-vous? hier j'ai pris « patience, car vous aviez la migraine; mais aujourd'hui, c'est « une autre histoire; plus de blasphèmes, ou sinon... »

— « Ne faites pas attention, ma bonne vieille, « répond le vétéran déconcerté par ce sang-froid, cette pose d'amazone et cet aplomb comique, et, souriant malgré lui, car une violente quinte de toux l'avait saisi; « allez, c'est sans malice, « et le bon Dieu ne m'en voudra pas pour ça. — Que Dieu « ne vous en veuille pas, c'est fort possible, mais je vous en

« voudrai, moi, mon vieux ; il faut vous corriger. — Me
« corriger !... ah ! il y a plus de trente ans que j'y travaille
« inutilement ; c'est peine perdue, et je suis trop dur à la
« besogne ! » — Ici nouveau concert de toux et de blasphèmes
avec accompagnement de coups de poing sur la cloison. —
« Prenez garde, je vais employer un remède ! s'écria la religieuse en regardant le tiroir du secrétaire.

— « Parbleu, ma bonne, employez tous les remèdes qu'il
« vous plaira, employez le diable si vous voulez ; mais il
« faut que je jure, c'est plus fort que moi. » Là-dessus, encore une avalanche de blasphèmes à ébranler les voûtes de
l'enfer. — « Ah ! puisque vous m'y forcez, usons donc du
« remède. Je prends dans votre bourse cinq francs pour les
« pauvres ; et je vous préviens que j'en prendrai autant tous
« les jours, tant que vous jurerez ainsi... »

Lucas. — Et mais... c'est fort ben trouvé, jarni ! elle ne
manquait pas de raisonnement, la luronne, oui-da ! pas vrai,
Lafleur ? tu ne dis rien ?

— J'écoute et je réfléchis... Eh bien, monsieur le curé,
qu'arriva-t-il le lendemain ?

— Le lendemain il s'observa davantage, et ce ne fut que le
soir, bien tard, qu'il lâcha sa bordée qu'il paya cinq francs
comme la veille.

Lafleur. — Ah ! ah ! mille capucines, il y a progrès, et le
surlendemain ?

— Notre homme avait réfléchi sans doute dans la nuit, car
il s'agita, se tortilla, se démena tout à son aise : il lâcha bien
par-ci par-là quelque éclaboussure de juron, mais sans en
accentuer aucun : il riait entre ses dents du désappointement
de la bonne religieuse, qui lui disait de temps à autre :
« Allons, mon brave, j'ai déjà promis les cent sous d'aujour-
d'hui ; assez résisté comme cela : vous vous corrigerez plus
tard, demain si vous voulez. »

Lafleur. — Saprebleu, voyez la sournoise !... et en fin
finale ?...

— En fin finale, mon bon Lafleur, le vétéran en fut quitte
pour ses dix francs aux pauvres, et se corrigea si bien, que,
deux mois après, sa conversation n'aurait pas choqué les
oreilles d'une carmélite.

— Eh bien, bravo, mille escadrons ! et si jamais je rencontre une convertisseuse de ce calibre... mais elle ne trouverait pas souvent le bienheureux écu dans ma bourse ; il lui
faudrait quelquefois se contenter des cinq sous du Juif-Errant ;
et encore...

— Ecoutez, monsieur Lafleur, tenez-vous à vous corriger ?

— Si j'y tiens, vingt-cinq Polognes ! mais cent fois plus que
je ne puis le dire, et que vous ne sauriez le croire ! indiquez-

moi un remède, un moyen, une sanction, et vous me verrez
à l'œuvre! mais non pas au moins une sanction pécuniaire,
mille bombes! si j'étais tant soit peu capitaliste, à la bonne
heure! mais je ne suis affligé d'aucune rente, on le sait bien,
et la bourse d'un pauvre sergent en retraite n'a rien à craindre
des voleurs! (*Rires prolongés.*)

— Eh bien, mon brave, je vais vous indiquer un remède
efficace, qui n'a rien de compromettant pour vos petits capitaux. C'est encore une histoire; vous tirerez la conclusion.

Un laboureur des environs avait tellement contracté l'habitude des jurements et des blasphèmes, qu'à tout instant et à
chaque phrase, il les égrenait par dixaines. Arrive le temps
pascal. En ce temps, mes amis, les hommes se confessaient.
(*Rire général.*) Le paysan va trouver son curé, et lui fait part
de ses défauts comme de ses vertus. Arrivé à l'article en
question, le confesseur se voit en face d'un blasphémateur
émérite qui se prépare à l'absolution en s'écriant : *Tenez,
mon père, je veux que la foudre m'écrase et que le diable m'emporte si l'on m'entend jurer à l'avenir!*

— « Mais, malheureux, vous venez de jurer encore d'une
« manière formidable! — Quoi! c'est là que vous appelez
« jurer? Oh! pour le coup, j'y renonce : classez-moi dès à
« présent dans la catégorie de vos incorrigibles, car jamais je
« ne pourrai m'amender.

— « Vous vous trompez étrangement, mon ami; avec de
« l'énergie et de la bonne volonté... — Je vous jure, mon père,
« sur mon âme et sur mon Dieu, que j'y travaillerais en vain...
« Que voulez-vous? je me connais, on ne peut changer la
« nature. — Non sans doute; mais on peut l'améliorer, la
« redresser, la perfectionner; en voulez-vous la preuve? —
« Oui, voyons! — Me promettez-vous de suivre fidèlement
« mes instructions? — Oui, mon père, pourvu toutefois que
« vous ne m'empêchiez pas de boire... et du meilleur... —
« Non pas de boire, mais de blasphémer. Où allez-vous de-
« main? — Marner mon champ. — Eh bien! à chaque juron
« qui vous échappera en travaillant, vous mettrez un caillou
« dans votre poche. — Ah! par exemple! et pourquoi faire?
« — Vous m'apporterez cela le soir et nous compterons. — Du
« diable si je m'attendais à cela!... mais c'est une excellente
« idée! ça va être une fière corvée tout de même ; et je gage-
« rais que je vais succomber sous le poids de mes cailloux :
« *c'est égal,* le remède est facile, et je vais l'employer. »

Lafleur. — Pas si facile, mille bombes! et s'il était intrépide jureur...

— Un moment, je vous prie. Le lendemain, à déjeuner,
notre paysan fut obligé de vider toutes ses poches dans un
panier, car il ne pouvait plus y tenir une pierre. Sur midi,

nouvelle décharge, mais moins forte que la première. Le soir venu, la moitié des poches était vide.

Cet homme s'en va tristement trouver monsieur le curé, chargé d'un énorme panier de cailloux ; on les compta, on fut édifié du nombre, mais le laboureur en fut effrayé. Il se retira pensif et se promit bien de s'observer à l'avenir.

Le lendemain, il se lève avant l'aurore, revient à son champ, y passe la matinée, et se trouve à déjeuner six ou sept cailloux dans la poche ; à midi, trois ou quatre : nouvelles résolutions. Il repart, et le soir à peine douze ou quinze pierres se trouvèrent au recensement. En un mot, mes bons amis, le nombre alla décroissant de jour en jour, tant et si bien qu'à force de courage et de bonne volonté, notre homme s'était parfaitement corrigé après une semaine d'efforts.

A vous la conclusion, monsieur Lafleur ; je vous donne, de plus, une éducation à faire : corrigez-moi ce petit drôle, quand vous l'entendrez jurer ; mais je vous en prie, faites qu'il ne puisse plus s'autoriser de votre exemple.

Lucas. — Ce qui revient à dire, jarni, que t'as fièrement à t'observer, camarade ; avant de médeciner les autres, morgué, médecine-toi toi-même !

— Eh bien, monsieur le curé, merci de la leçon : je vais travailler à la besogne, mille escadrons, comme si j'avais un carré de Mamelouks à enfoncer à la baïonnette !

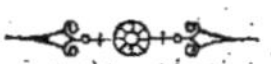

# PRONE SEIZIÈME.

Sur l'accord des œuvres avec la foi.

*Usquequò claudicatis in duas partes ? Si Dominus est Deus, sequimini eum, si vero Baal, sequimini illum.* — Jusques à quand balancerez-vous entre deux partis ? Si le Seigneur est votre Dieu suivez-le ; si c'est Baal, livrez-vous donc à lui !

(3. Reg. 18 19).

Mes Frères,

Achab et Jézabel, ces deux monstres de barbarie et d'impiété, avaient fait pécher Israël ; le Seigneur punissait son peuple par une cruelle famine. Le ciel s'était fermé à la prière du prophète Elie, et, depuis trois ans, n'avait pas laissé tomber une goutte de pluie ou de rosée. La sécheresse était si terrible, que les chevaux du roi tombaient d'inanition dans ses étables, et qu'il était obligé d'aller lui-même avec son intendant sur le bord des fleuves et des marécages chercher quelques brins d'herbe. Samarie et les villes d'alentour étaient dans une consternation générale ; les habitants y périssaient par milliers.

Alors l'impie Achab ordonne que l'on cherche le prophète Elie. Dès que l'on eut découvert sa retraite, il se fit conduire auprès de lui. — *Est-ce vous*, lui dit-il d'une voix irritée, *est-ce vous qui troublez la face de la terre?* — « Ce n'est pas moi, prince, répond le prophète, « ce sont les crimes de vos pères qui ont irrité le Sei- « gneur ; c'est vous-même qui venez d'élever une idole « abominable au milieu de son peuple. Mais réunissez « tous vos sujets sur la montagne du Carmel, il faut que « je leur parle au nom du Seigneur. »

Frémissant encore de colère, mais espérant peut-être obtenir un prodige, le roi s'empressa d'obéir. Lorsque le peuple fut rassemblé, le prophète, avec une sainte hardiesse : « Jusques à quand, s'écria-t-il, ô Israël, flotterez-vous entre deux partis? Si le Seigneur est votre Dieu, suivez-le ; si c'est Baal, livrez-vous donc à lui ! *Usque-quò claudicatis in duas partes?....* »

Mes Frères, avez-vous pénétré le sens de ces paroles que je viens à mon tour vous adresser au commencement des ces jours de salut? Pauvres Samaritains ! Vos crimes ont fermé le ciel, et le champ de votre âme est dévoré par la sécheresse ; votre âme se meurt de faim, et vous ne daignez pas écouter ses gémissements ! Jusques à quand balancerez-vous entre le vice et la vertu ? Jusques à quand vous verra-t-on errer à l'aventure, tantôt sur la voie du ciel, tantôt dans le chemin de l'enfer? Nous laisserez-vous encore longtemps douter de votre foi, de votre raison, de votre bon sens? Si le Seigneur est votre Dieu, si vous êtes les enfants de l'Eglise catholique, prouvez-le ouvertement, et ne reniez pas votre mère par votre conduite : et si vous êtes enfants de Baal, si vous n'avez pas la foi, soyez donc conséquents et vivez comme on doit vivre lorsqu'on ne croit à rien ! Vous m'avez compris, mes Frères, je viens appeler un moment votre attention sur la contradiction continuelle de votre croyance avec votre conduite, et sur la nécessité de profiter au plus tôt de la grâce de Dieu.

*(En ce moment, M. Lucien, dont tout le monde a remarqué l'absence, entre dans l'église, et marche le front haut vers sa place ordinaire, salue l'autel d'une légère inclination de tête et va s'asseoir en face du prédicateur, qu'il semble écouter avec une scrupuleuse attention).*

Si dans ce moment, du haut de la chaire, *continue M. le curé,* je demandais à chacun de vous en particulier : Mon frère, quelle est votre religion ? Croyez-vous qu'il existe un Dieu, que vous avez une âme immortelle, et, qu'après cette vie, une éternelle récompense vous attend, si vous faites le bien, et un châtiment éternel si vous faites le mal ? En un mot, et pour me poser même en dehors du christianisme, croyez-vous ce qu'ont cru tous les siècles et tous les pays de l'univers, les peuples sauvages comme les peuples civilisés, depuis les sybarites efféminés jusqu'à ces cannibales qui mangent leurs ennemis vaincus ?

Cette question révolterait à bon droit votre fierté de Français et de catholique; vous me diriez que votre présence dans ce temple, votre assiduité à suivre les saints mystères, à entendre la parole divine, et les marques extérieures de religion que vous donnez tous les jours, surtout depuis quelques mois, attestent assez votre croyance; vous me diriez que votre front régénéré porte le caractère auguste du chrétien ; que vous vous êtes autrefois nourri du pain des anges; que la main du Pontife vous a confirmé dans la foi; vous me diriez qu'en unissant votre destinée à celle d'une compagne chérie, c'est à la face du saint autel que vous avez fait le serment d'être désormais époux tendre et fidèle, père diligent, économe, honnête et vertueux citoyen ; vous me diriez en un mot que la religion a présidé à tous les grands événements de votre existence, que vous voulez vivre et mourir en chrétien...

— Eh ! oui, monsieur le curé, *s'écrie l'instituteur,* c'est justement ce que j'allais vous répondre, si vous ne m'aviez prévenu ; on eût dit que vous lisiez dans mon cœur, car vous n'avez fait que traduire mes sentiments, et, je n'en doute pas, les sentiments de tous ceux qui vous écoutent... Mais nous ne voyons pas trop encore la portée et le but de toutes ces suppositions...

— Vous allez le voir, Monsieur ; continuez de suivre mon raisonnement. — Ce langage est donc le vôtre, mes Frères, mais est-ce sérieusement que vous parlez ainsi ? Vous avez la foi, dites-vous ; vous êtes enfants de la religion catholique ; mais vous ne dites pas que cette foi est morte dans votre âme, que cette foi est reléguée dans un coin de votre cœur comme un objet inutile, comme un de ces jouets frivoles dont on amusa votre enfance ; vous dites que vous croyez à l'existence de Dieu ; mais vous ne dites pas que son souvenir n'est jamais présent à votre esprit, et que vous vous êtes fait comme une retraite obscure où vous espérez échapper à ses regards ; vous ne dites pas que vous foulez aux pieds sa loi sainte, et qu'à chaque instant du jour vous blasphémez son nom ; vous ne dites pas que votre âme est un abîme sans fonds où s'engloutissent ses bienfaits sans qu'il s'en élève une prière, une parole, un soupir de reconnaissance et d'amour !

Vous dites que vous avez une âme immortelle, et vous ne faites rien pour la sauver, et vous vivez comme l'animal sans raison qui se termine à la terre ; et la terre absorbe toutes vos pensées, tous vos désirs comme vos sueurs ; et votre cœur est un autel où brûle, devant l'idole de vos passions, un sacrilége encens qui n'était dû qu'à Dieu !

Vous êtes enfants de l'Église, et vous passez les dix, les vingt ans, éloignés des sacrements ; et vous tournez en dérision ses lois, ses cérémonies, ses ministres, et votre malignité censure, calomnie, déchire à plaisir la dévotion et ceux qui la pratiquent. Vous croyez, dites-vous, à des peines et à des récompenses éternelles, et, au lieu de vous en servir comme un stimulant pour le bien et d'un préservatif contre le mal, vous en repoussez le souvenir comme une pensée importune qui troublerait vos plaisirs. Vous croyez au ciel et à l'enfer, et vous passez toute votre vie à faire justement ce qu'il faut pour perdre l'un et tomber pour jamais dans l'autre !

Mais une telle conduite, je vous le demande, est-elle bien en harmonie avec vos principes? Quoi! parce que vous aurez évité ces crimes énormes qui révoltent la nature et pratiqué ces vertus capitales, essentielles, sans lesquelles on serait un scélérat, vous vous croyez quittes de tous vos devoirs envers Dieu, envers le prochain, envers vous-mêmes?

Vous vous croyez quittes envers l'Eglise, malheureux prodigues qui ne donnez aucune marque extérieure de religion, et qui venez au temple comme des étrangers?

Et ces devoirs sacrés, vous les foulez aux pieds sous le bras du Tout-Puissant qui vous attend à la mort pour vous récompenser ou vous punir; et vous marchez, vous volez vers ce terme fatal, sans souci de son amour, sans crainte de ses vengeances.... Et vous dites que vous êtes chrétiens? Mais que feriez-vous donc si vous ne l'étiez pas? Mais comment vivaient les païens? Comment vivent les athées? Non, non, laissez-moi vous le dire, vous n'avez du chrétien que le nom; je me trompe, vous en avez aussi l'auguste caractère; mais vous oubliez, hélas! qu'on l'emporte dans l'enfer quand on vit comme vous! Votre christianisme n'est donc qu'un rôle que vous jouez aux yeux des gens de bien, un masque trompeur qui voile vos iniquités; ne dites donc plus que vous êtes enfants de l'Eglise, elle ne vous connaît pas; car depuis que vous n'approchez plus des sacrements, vous l'avez reniée! Non, vous n'êtes pas enfants de l'Eglise, vous en êtes la honte et le scandale; aussi vous repousse-t-elle durant la vie, et, après la mort, si vous n'êtes pas rentrés dans son sein, si vous avez le malheur de mourir dans l'impénitence, elle se fermera devant votre cercueil!

— Certes, monsieur le curé, vous parlez avec énergie: il est grand dommage que ce soit en pure perte; car enfin, nous n'en sommes pas là, Dieu merci; nous croyons, et nous pratiquons notre religion comme tout le monde devrait la croire et la pratiquer. Pensez-vous que l'on en vaille mieux pour se familiariser avec les choses saintes? Nous avons nos principes, Monsieur, et tous vos discours ne réussiront pas à nous rendre bigots.

— Que dites-vous, Monsieur? Et qui a jamais prétendu vous rendre bigot et vous familiariser avec les choses saintes, avec ce que les anges ne pourraient dignement vénérer et chérir? Vous confondrez donc toujours l'usage avec l'abus, et la dévotion véritable avec l'hypocrisie? Ah! loin de nous, mes Frères la pensée de vous inspirer une dévotion mal entendue, une piété mensongère plus coupable encore que votre indifférence; loin de nous ce zèle téméraire qui propagerait le sacrilége en forçant les consciences et en ouvrant la bergerie aux loups comme aux agneaux! Nous ne faisons ici qu'appeler vos méditations sur la stérilité de votre vie, et la nécessité de mettre au plus tôt votre conduite en harmonie avec votre croyance, puisque *la foi sans les œuvres est une foi morte*; mais personne ici ne cherchera, Monsieur, à vous inspirer une dévotion hypocrite... Si vous n'entendez au fond de votre âme une voix plaintive qui vous appelle, et si votre cœur ne se remue au son de cette voix, restez à la porte de la bergerie; votre heure n'est pas encore venue, sans doute; mais, si comme nous en avons la douce confiance, la grâce vous sollicite et vous appelle, venez, ne résistez plus; oui, venez, non pas *vous familiariser avec les choses saintes*, ce serait un malheur, mais sentir par votre propre expérience combien le Seigneur est doux, et combien est à plaindre le chrétien qui vit en incrédule!

— Fort bien jusque-là, monsieur le curé; l'abus n'est pas l'usage, les bigots ne sont pas les dévots, et les défauts du clinquant ne firent jamais rejeter l'or...; je sens même l'injustice des reproches dont on cherche à couvrir la véritable dévotion, et suis tout disposé à prêter une oreille docile à la voix de la grâce sitôt qu'elle m'appellera : voilà pourquoi je ne me presse pas, car je n'ai encore rien entendu qui me dise au fond du cœur : *Allons! c'en est fait; voici l'heure d'aller à confesse!*

— Prenez garde, Monsieur; on ne se joue pas impunément des saintes inspirations de la grâce! Vous n'avez encore rien entendu au fond de votre âme, dites-vous; vous vous trompez, laissez-moi vous le dire : la parole éternelle s'est fait entendre à l'oreille de votre cœur; plus d'une fois on vous a vu chanceler, frémir, agité d'une terreur salutaire. Vous vous faites illusion, Monsieur, le bon Pasteur a souvent frappé à la porte de votre âme, et votre être tout entier en a tressailli. Seriez-vous donc le seul que ce divin soleil n'éclaire pas de son ineffable lumière ? n'y aurait-il que vous d'oublié dans la distribution des bienfaits du Seigneur ? Non, non, Monsieur, votre heure est venue comme la mienne, comme celle de tous mes auditeurs ; hâtez-vous donc de revenir au Dieu qui vous appelle, et montrez-vous chrétien par les œuvres comme vous l'êtes par la foi !

— Que voulez-vous, monsieur le curé ? au fond, je sens bien le désordre de ma conduite ; mais c'est si difficile de bien pratiquer sa religion et de se sauver ! la porte du ciel est si étroite !... d'ailleurs, je n'ai pas le temps.

— Vous n'avez pas le temps ! mais c'est une dérision ! ne savez-vous pas en trouver pour tout le reste ? dites-vous : *je n'ai pas le temps*, lorsqu'il s'agit de vos affaires, de vos amusements, de vos voyages, de vos jeux, de vos plaisirs ? et si vous ne l'avez pas, ne savez-vous pas l'y mettre, coûte que coûte, et en dépit de n'importe qui ? de toutes les affaires de la vie, l'affaire du salut est donc la seule négligée, la seule à laquelle vous ne daignez pas accorder un seul de ces moments si précieux que vous perdez tous les jours aux occupations les plus frivoles ! Ah ! ne dites donc plus, mes Frères, que vous n'avez pas le temps ; dites que vous ne voulez pas l'avoir. On peut amuser les hommes avec des mots, mais on ne trompe pas Dieu.

Car enfin, en coûte-t-il beaucoup de sanctifier son travail par la prière et d'élever de temps en temps son âme à Dieu, de s'approcher des sacrements aux grandes fêtes de l'année, de remplir ses autres devoirs religieux, de vivre, en un mot, d'accord avec votre croyance pour opérer votre salut ? D'ailleurs, si votre état vous asservissait au point de ne pouvoir pratiquer votre religion, à l'instant vous devriez le quitter, si honorable et si avantageux qu'il pût être, car il serait pour vous le vestibule de l'enfer.

Mais, je le répète, on se fait illusion, il n'y a pas de condition dans la vie incompatible avec le salut et les pratiques de religion : on se sanctifie sur le trône comme dans une chaumière, et dans toutes les positions on peut être et se montrer chrétien. Saint Victor était soldat, saint Honoré marchand, saint Isidore laboureur, saint Joseph charpentier, et les apôtres de simples pêcheurs. Si la porte du ciel est étroite et le sentier de la vertu difficile, sommes-nous livrés à nos propres forces? n'avons-nous pas la voix de Dieu qui nous appelle, sa main qui nous protége, sa grâce qui nous soutient, son amour qui nous couronne, et, pour tout dire en un mot, ne pouvons-nous pas tout en Celui qui nous fortifie?

— Sans doute, monsieur le curé, mais, c'est si ennuyeux de s'astreindre au minuties, aux détails, aux pratiques journalières de la religion!

— Ennuyeux, dites-vous? ah! l'on voit bien que vous vous êtes fait un épouvantail de la piété et de la dévotion : remontez par la pensée le cours des ans, et reportez-vous aux aimables jours de votre enfance : n'étiez-vous pas heureux alors? et ces *détails*, ces *minutes* et ces pratiques journalières rendaient-ils votre existence ennuyeuse? comment le joug du Seigneur, alors si doux, serait-il devenu pénible aujourd'hui? comment vos épaules seraient-elles accablées sous son fardeau que vous trouviez alors si léger?

Ah! si vous connaissiez le don de Dieu! mais vous avez oublié les ineffables douceurs dont il inonde ceux qui l'aiment. Et quand même pour mériter ses faveurs, il faudrait imposer quelques légers sacrifices à la nature ; quand même, pour parvenir à la gloire qui nous attend, nous devrions passer par le chemin royal de la souffrance et de l'humilité, *le royaume du ciel ne souffre-t-il pas violence;* et serait-ce payer trop cher un bonheur qui a coûté tant de soupirs et de larmes aux pénitents du désert, une couronne que les martyrs ont conquise au prix de tout leur sang? mais, que dis-je? Ah! non, non, mes Frères, ne craignez rien ; essayez seulement, revenez au Seigneur, au Dieu de votre innocence et de vos premiers ans ; ne craignez rien, sa main répandra sur vos sacrifices une aimable suavité, une onction divine *que celui-là seul connaît* qui l'a goûtée; le monde ne voit que l'extérieur et les privations que le fidèle impose à la nature ; mais tandis que le corps est ainsi asservi, l'âme est remplie des plus chastes délices. — Oui, essayez, mes Frères, soyez véritablement chrétiens; le monde rira peut-être, il haussera les épaules de pitié ; mais la grâce vous pénétrera d'une sainte ivresse, pure émanation de la félicité des élus.

— Mon Dieu, monsieur le curé, je vois bien qu'au fond vous avez raison ; mais, de grâce, ne me pressez pas aujourd'hui : tous vos efforts seraient inutiles, je me sens trop mal disposé, je vous le répète, nous verrons plus tard ; je me convertirai quand mon heure sera venue... ; vous pensez bien que je ne veux pas mourir en impie.

— Que dites-vous, Monsieur? Ah ! c'est le démon qui vous abuse ! songez-y bien, ce monstre *était homicide dès le commencement* ; il a peuplé l'enfer des tristes victimes de ses séductions, et la plupart se sont perdues pour avoir dit comme vous : *à plus tard !* prenez garde ! la voix qui vous supplie aujourd'hui au fond de votre âme, c'est la voix gémissante de l'agneau de Bethléem ; tremblez que demain vous n'entendiez plus que la voix de la foudre et les formidables rugissements du lion de Juda ! aujourd'hui vous dites *demain* : ce demain, qui vous l'a promis, qui vous le garantit? ce demain, quel sera-t-il? où luira-t-il? dans l'enfer peut-être !

Vous frémissez, M. F., parce que vous avez des principes et que rien jusqu'ici n'a pu ébranler votre foi. Eh bien, voici le moment de la montrer. Tout vous y invite dans ces jours de salut et de conversion générale : pourquoi donc hésiter si longtemps entre le bien et le mal, vous dirai-je avec le prophète ; par quel chemin voulez-vous aller *dans la maison de votre éternité?* répondez-moi... Ah ! par le chemin du ciel, sans doute. Eh bien ! celui que vous suivez est le chemin de l'enfer. Oh ! n'y courez donc pas si vite, ne vous engagez pas si avant dans cette pente fatale ; vous ne pourriez plus remonter peut-être : tant que pour vous luit encore le soleil de la grâce, arrêtez-vous ! qu'un effort généreux, énergique de votre volonté seconde la providence et vous retienne : mais ne balancez plus, hâtez-vous de commencer.

Ah ! que d'années perdues pour le ciel et dont vous aurez un terrible compte à rendre ! ne dites plus : *demain !*... *aujourd'hui* la grâce vous appelle et les passions n'étouffent pas sa voix : demain la chair sera plus forte, les tentations plus pressantes, l'enfer enhardi par ses victoires, votre âme épuisée par ses chutes, tristement familiarisée avec la grâce, et de plus en plus sourde à la sainte voix du remords ! Ne dites plus : *demain !* *aujourd'hui*, la clémence de Dieu peut encore arrêter sa justice ; *demain*, votre malice et votre endurcissement auront comblé la mesure de vos crimes ! pour vous, *aujourd'hui*, c'est le temps ; *demain* sera l'éternité !

Oh ! vous ne savez donc pas ce que c'est que le temps ? le temps, c'est pour l'exilé le chemin de la patrie ; c'est la lueur du crépuscule pour le pèlerin attardé que gagne la nuit éternelle ; le temps, c'est la rosée et les soins du jardinier pour l'arbre stérile ; c'est un arsenal où le chrétien puise ses armes et son courage pour lutter contre les ennemis de son salut ; le temps, c'est une goutte de sang de Jésus-Christ pour laver la lèpre de vos âmes ; le temps, c'est l'espérance du réprouvé, tant qu'il peut verser des larmes salutaires de douleur et de repentir, tant que les portes éternelles ne se sont pas fermées sur sa malédiction. Oh ! ne dites donc plus demain ! qui sait s'il y aura un *demain* pour vous ? Ah ! s'il y avait un *aujourd'hui* pour les damnés !...

Enfants de l'Eglise catholique, rentrez dans le sein de votre mère ! cessez de l'attrister par le spectacle de votre indifférence et de vos hésitations ; cessez de l'alarmer sur votre avenir ! Chrétiens par le nom et les principes, soyez-le par la conduite et la vie. Aujourd'hui s'ouvrent pour vous les entrailles du Sauveur ; revenez, pauvres enfants prodigues : que rien ne vous arrête plus, ni les répugnances de la nature, ni la gêne d'une vie plus réglée, ni les murmures de l'amour-propre, ni les lâches calculs du respect humain ; revenez à la religion de votre enfance ; revenez-y avec confiance, avec amour : vous y trouverez avec la paix du cœur l'annonce de la persévérance finale et le gage du bonheur des élus !

Ainsi soit-il !

## Epilogue.

— Au fait, tu pourrais avoir raison, mon bon Lucas : je ne vois pas trop, morbleu, pourquoi, lorsqu'on a l'air d'une chose, on n'en aurait pas aussi la chanson..., surtout quand on ne chante pas faux.

— Eh oui, pardine! à moins que le *respect humain*... J'ons connu ça dans mon temps, et je pouvons ben t'assurer que c'était pas une *béquille!*

— Une vétille, voulez-vous dire sans doute, Lucas, interrompt l'instituteur en souriant ; pourtant vous vous trompez. Le respect humain peut être un obstacle, il est vrai, à ce que l'on se confesse, à ce qu'on communie, à ce que l'on prie, et le reste ; mais, ce n'est pas encore là ce qui retient le plus grand nombre : on ne veut pas se singulariser, et je trouve, en effet, que l'on a raison.

— Ah! ah! monsieur Lucien, vous trouvez qu'on a raison! et si je vous prouvais que l'on a tort et que vous venez de dire une sottise?

— Ma foi, sergent, si je la dis, bien d'autres l'ont dite avant moi!

— C'est ce qui fait votre éloge, monsieur le régent ; au lieu de régenter les autres, vous vous laissez faire la leçon! qu'entendez-vous, je vous prie, par : *se singulariser?* définissons en vrais grammairiens.

— Et mais... se singulariser, c'est affecter d'agir autrement que la foule...

— Et si la foule se coupait la gorge, y aurait-il de la honte à *se singulariser* en la laissant manœuvrer seule? allons, allons, mon vieux, n'abusons pas des termes ; *on se singularise* en faisant mal quand tous les autres font bien ; mais *on fait son devoir* en se séquestrant de la foule, lorsqu'elle oblique à gauche : sans quoi, il y aurait de l'honneur et de la vertu, dans un pays où le vice domine, à se laisser aller à l'entraînement général.

— Tout ce que vous voudrez, sergent ; mais je trouve bien plus simple de faire comme les autres.

— Oh! oh! la belle idée, vingt-cinq Polo!... et marcher à la queue des camarades comme au théâtre quand il y a foule, n'est-ce pas?

Lucas *riant.* — Eh! eh! comme l'aut' jour ousque l'âne à Marcel, l'âne à Simon avec sa *somme* suiviont à la file le poulain à M. l'adjoint ; tu t'en souviens, Simon? Marcel qu'était

pressé d'arriver à la ville, frappait, frappait sa bête : mais
l'âne, toujours attaché à la queue du poulain, disait *non* d' la
tête en secouant les oreilles : tant et tant qu'à la fin finale,
Marcel lui déchargit un rude coup de bâton sur les côtes, à
quoi l'âne, toujours à son poste, répond par la plus superbe
ruade qui jamais ait fait *tourniquer* un chrétien sur lui-même:
ah! dame, fallait voir!... mais, l' beau d' l'affaire c'est qu'y eut
pas moyen de tirer l'âne de là, ni de l' faire avancer d'un pas,
quoi! Si l' poulain s'arrêtait, l'âne s'arrêtait; si l' poulain marchait, l'âne marchait; au point qu'il y prit fantaisie de se
rouler à terre, et l'âne en fit autant; mais par malheur qu'y
portiont une charge de vaisselle et qu'ils se rouliont sur les
pots cassés...: jugez voir un peu si Marcel était à la noce!...
aussi, quelle frottée de coups de bâton!...

— Allons, allons, l'ami Lucas, si nous te laissions la parole,
*morbleu, tu la garderais jusqu'à l'an prochain.* A quoi bon
tant de tours et de détours pour nous dire que M. Lucien
vient de nous faire un raisonnement de chèvre, et que si les
oies et les canards pouvaient parler, ils nous diraient aussi
*qu'il faut faire comme les autres,* marcher à la file des camarades et se jeter dans un trou si l'on nous y précède! con-
cluez donc, monsieur Lucien, qu'il n'y a que les oies, les
canards et les ânes qui *fassent comme les autres ;* quand on est
homme raisonnable on ne regarde ni à droite, ni à gauche;
on fait son devoir, et tout est dit.

— Vous ne comprenez donc pas, sergent, qu'il est trop
tard, et qu'on ne change pas d'une manière éclatante à mon
âge? se confesser, se signer avec de l'eau bénite, chanter au
lutrin, faire ses pâques, servir le pain bénit, c'était bon quand
j'étais jeune; mais aujourd'hui!... Allons donc!

— Eh bien! *allons, donc...,* quoi? finissez! je suis fatigué
de vous entendre répéter sans cesse : *autrefois ; — quand
j'étais jeune ; — à mon âge...,* et vous n'avez pas quarante
ans! êtes-vous trop vieux pour vous convertir? voyons,
expliquez-vous une bonne fois : du diable si je vous comprends!

— Que vous dirai-je, mon brave? je suis revenu de tout
cela.

— Qu'entends-je, vingt-cinq mille noms..., vous êtes revenu de tout cela! vous n'y croyez donc pas? et après tant de
raisons, de pourparlers, de discussions, après tant d'aveux
arrachés par la force de l'évidence ; après tant de soupirs que
l'on vous a vu pousser, après tant de douces espérances que
vous nous aviez permis de concevoir, *vous êtes revenu* de tout
cela, dites-vous? vous êtes donc à la fin gros Jean comme
devant? ah ça, mais..., trente-six mille millions...

— Doucement, doucement, je vous prie ; ne me faites pas

dire ce que je suis loin de penser : depuis quelques mois, bien des préjugés sont tombés et bien des doutes se sont dissipés dans mon esprit : le silence, la méditation, le bon sens, et, le dirai-je? vos raisons et les arguments de **M.** le curé m'ont fait entrevoir la religion sous un jour nouveau qui m'éclaire, m'attire et me pénètre de sentiments inconnus ; seulement je suis revenu de ces pratiques asservissantes, minutieuses que l'on appelle *dévotion* et que je laisse volontiers à de plus fervents que moi..., à Lucas, par exemple.

— Plaît-il, monsieur l' régent?

— Je disais que vous allez devenir un homme d'église et un pilier de confessionnal.

— Eh bien, morgué, après... ; quel mal y aurait-il à ça? jarni, monsieur l' régent, vous lanternez ben autour, mais faudra tôt ou tard y tomber : m'est avis que vous avez déjà un tantinet mordu à l'hameçon.

**M. Lucien** *s'efforçant de sourire.* — Ah! ah! le farceur! et comment y fait-il dans les filets du bon Dieu?

— Il y fait..., il y fait..., morgué, vous le saurez bientôt ; vous ne rirez pas toujours ; et même à c'te heure, vous riez pour la frime ; faut pas nous en vendre, à nous!

— C'est possible, mon brave, mais je veux laisser passer les plus pressés.

**Lafleur,** *froidement.* — Mon Dieu, monsieur Lucien, s'il vous plaisait de raisonner.

— Je ne demande pas mieux ; marchez, je vous suivrai.

— Dites-moi ce qui vous empêche de remplir vos devoirs religieux.

— Oh! j'en aurais trop long à dire.

— Mais quoi, par exemple?

— Je me trouve trop jeune, et je veux encore jouir de la vie.

— Allons, bon! tout à l'heure vous étiez trop vieux... Franchement, monsieur Lucien, vous ne raisonnez pas, ou vous roulez à plaisir de défaite en défaite. Mais, entre nous, vous ne cherchez qu'à gagner du temps. Vous voulez, dites-vous, jouir de la vie : est-ce que la dévotion a jamais tué personne? est-ce que l'on devient un loup-garou en pratiquant sa religion? et qui vous dit d'aller vous enfermer dans un monastère, de déchirer votre corps par le cilice et les disciplines? croyez-vous que Lucas soit bien malheureux et bien à plaindre depuis qu'il est allé à confesse? demandez-lui s'il n'est pas plus content...

— Oh! jarni, monsieur l' régent, si vous saviez comme ça ravigote le cœur de passer une petite demi-heure dans la guérite à **M.** le curé, surtout quand on se sent la barbe longue et l'âme ben noire!... regardez un peu comme me v'là dispos, frais, léger, blanchet et réjoui! ça ne vous tente-t-il pas? Allons, morgué, tâtez-en, essayez voir un peu!...

— Eh bien, monsieur Lucien, cette aimable joie, je la connais aussi; cent fois je l'ai éprouvée; et il n'y a pas huit jours, deux ou trois camarades m'ont tenu le même langage en revenant du confessionnal où j'avais eu bien de la peine à les envoyer...

— Quoi donc, sergent, vous faites ainsi l'office de zélateur! et que dirait-on de vous au régiment?...

— On dirait ce qu'on voudrait; mais tous les cancans et les quolibets du monde ne me feraient pas manquer à mon devoir..., que dis-je? ah! que ne suis-je en ce moment comme autrefois au beau milieu de la cour de notre caserne, entouré de conscrits, de vieux camarades et de sous-officiers!...

— Le beau sermon que vous leur feriez, n'est-ce pas?... qui sait? vous les convertiriez tous, peut-être!

— Je ne sais ce que je ferais; mais au moins tâcherais-je de leur communiquer le bien-être dont je suis inondé depuis que j'ai le courage de vivre en chrétien; et beaucoup d'entre eux, je n'en doute pas, seraient tentés de partager mon bonheur.

— Mais comment avez-vous pu vous résoudre à tant de sacrifices?

— Quels sacrifices, je vous prie? croyez-vous que l'on soit martyr, parce qu'on pratiquera sérieusement sa religion?

— Je ne dis pas cela; mais il a dû vous en coûter à votre âge, à vous, sergent et vieux grognard de l'Empire, pour revenir aux naïves dévotions de votre jeunesse; car enfin, que l'on pratique dans son enfance, passe; j'admettrai même que dans la vieillesse et lors de sa dernière maladie on remplisse ses devoirs religieux; mais que dans la vigueur de l'âge on prie, on se confesse, on communie comme une bonne femme, c'est ce que je ne puis comprendre; pour ma part, je vous assure que je n'en puis soutenir l'idée... : ce serait de l'héroïsme!

— Diable, compagnon! et c'est en cela que vous faites consister l'héroïsme! mais c'est à n'y pas croire, et vous me promenez tout aujourd'hui de surprise en surprise! *que l'on pratique dans son enfance, passe, mais maintenant!* En voilà bien, j'espère, de la logique et du bon sens! quoi donc! vous étiez dans votre enfance un scélérat, puisque vous aviez plus de besoin qu'aujourd'hui de prier, de vous confesser, de communier? vous aviez donc alors plus de passions à dompter, plus de chutes à prévenir, plus de tentations à vaincre, plus d'occasions de faire le mal? dans votre enfance, vous étiez donc plus porté à la colère, à l'ambition, à l'orgueil, à la haine, à la vengeance, au plaisir? dans votre enfance, vous vous étiez donc déjà bouffi la tête de Bayle, de Rousseau, de Voltaire, etc., etc., et votre mère, au maillot, vous avait bercé avec *les sermons de l'Encyclopédie?* Quand vous fîtes votre première communion, vous étiez donc déjà un impie et un libertin consommé, puisque vous aviez alors plus de besoin des sacrements qu'aujourd'hui? Allons, allons, c'est de la blague, monsieur Lucien; et vous ne pensez pas un mot de ce que vous dites; nous vous estimons trop pour croire que vous parlez selon votre conscience : descendez un peu au fond de votre cœur, et il vous répondra comme à moi, comme à Lucas, comme à tout le monde, que si déjà l'enfant est un petit démon, l'adolescent est un diable, l'homme fait un Beelzébuth, et le vieillard un Léviathan, et qu'à tout âge on a besoin de lessive, l'enfant pour les mains, le jeune homme pour les mains et les pieds, l'homme fait pour les mains, les pieds et la tête, et le vieillard pour les mains, les pieds, la tête, la langue et tout le tremblement, sinon pour se purifier, du moins pour se préparer d'avance à figurer décemment au dernier appel.

— Tout ce que vous dites là est fort beau, sergent; et vous devriez bien me communiquer votre énergie et votre courage... Je vous avoue, à vous parler franchement, que je ne me sentirais pas la force de braver le ridicule et les sifflets qui m'attendent, si jamais je me laissais aller à quelque bassesse, et si...

— Arrêtez, M. Lucien, vingt-cinq mille millions de... arrêtez! N'achevez pas de vous déshonorer à nos yeux! au nom du ciel, laissez-moi croire encore que je parle avec un homme! Non, je n'en puis soutenir l'idée, monsieur, non, vous n'êtes pas lâche à ce point! Votre âme dément les paroles que votre bouche prononce; et personne dans la contrée ne croirait M. Lucien l'esclave ridicule du *qu'en dira-t-on!* Vos talents, votre science et vos lumières vous élèvent trop au-dessus des pékins dont vous semblez redouter les sottes railleries. Et que vous importent leurs sifflets ou leurs applaudissements? Êtes-vous sur un théâtre, et jouez-vous une comédie? Il s'agit de votre âme et de ses éternelles destinées, et vous pourriez vous arrêter au ridicule dont on chercherait à vous couvrir! D'ailleurs, n'avez-vous pas été vous-même ici pendant longtemps le pivot de l'opinion? Ne vous voit-on pas depuis plusieurs années populariser le cynisme et l'impiété? La plupart de ceux qui riraient en vous voyant publiquement chrétien, n'est-ce pas vous qui les avez rendus incrédules? Et votre exemple, au lieu de les faire sourire, ne leur inspirera-t-il pas, au contraire, de saintes résolutions, et peut-être le courage d'imiter votre retour comme ils ont imité vos erreurs? Allons, allons, M. Lucien, vous devez à la religion cette réparation éclatante, à vos amis cette éloquente leçon, à vos victimes cet exemple salutaire, à vous-même cette noble protestation contre un orageux passé où votre cœur fut la victime des égarements de votre esprit. Enfin, que vous dirai-je, M. Lucien? Vous nous devez surtout à nous-mêmes pour l'estime et l'affection que vous ont conciliées depuis quelque temps votre franchise et votre loyauté, vous nous devez à tous ce généreux retour et le consolant espoir qu'en revenant nous-mêmes à de meilleurs sentiments sur la religion, nous ne vous verrons pas demeurer seul insensible spectateur d'un mouvement salutaire auquel vous avez contribué...

*(Tout en parlant ainsi et en s'animant par degrés, Lafleur s'était insensiblement rapproché de M. Lucien qui lui prit la main, et, la serrant affectueusement):*

— Merci, mon brave, lui dit-il, vous m'avez fait du bien.

— Ah! Dieu du ciel, si ma prière était exaucée!

— Oui, priez pour moi, sergent, tandis que je vais réfléchir à vos bonnes paroles.

— Eh bien, les amis, au revoir : je suis content de ma journée!

Lucas. — Ah! jarni, je savais ben qu'y finiraient par s'entendre!

# PRONE DIX-SEPTIÈME

### Sur le retour des peuples à la foi.

> *Si exaltatus fuero a terra omnia traham ad meipsum.* — Lorsque je serai élevé au-dessus de la terre, j'attirerai tout à moi.
>
> (Jacq. 12.-32.)

Mes Frères,

Une pensée consolante soutenait le courage du Sauveur au moment de consommer son sacrifice sanglant. Il prévoyait que, tôt ou tard, la postérité d'Adam se presserait régénérée et convertie autour de ses autels. D'avance, il entendait le centenier se frapper la poitrine, et les juifs déicides au milieu du désordre des éléments, se retirer confondus, bourrelés par le remords en répétant avec épouvante: Qu'avons-nous fait? Celui-là était vraiment le fils de Dieu! *Verè filius Dei erat iste.* Il voyait les juifs convertis, les sauvages évangélisés, l'idolâtrie expirante, les martyrs immolés pour sa gloire, et la croix s'élever triomphante au milieu des acclamations de tout l'univers.

Mes Frères, un pareil spectacle console et réjouit le cœur de l'Eglise depuis quelques années. L'impiété voltairienne a fait son temps; la société comprend de plus en plus que ce ne sont pas les systèmes et les théories, les mots creux et sonores qui peuvent assurer son bonheur; il lui faut du sérieux et du *positif;* du véritable positif, entendons-nous, et non pas de brillantes rêveries qui l'amusent et l'endorment un moment, l'emportent à travers des espaces imaginaires jusqu'à ce qu'elle se réveille en sursaut au bruit de la fusillade et au fracas du canon. Aussi, voyons-nous de nos jours tous les peuples se tourner vers la religion: il semble qu'un instinct secret, puissant et universel, les attire de toutes parts comme des enfants égarés dans le sein de leur mère qui les appelle.

Etudions ce mouvement salutaire, chrétiens, et apprenons par l'exemple de nos grands hommes et de nos soldats à fouler aux pieds le respect humain, ce ridicule épouvantail qui n'épouvante plus personne; ces courtes considérations vont mettre un terme, j'espère, à vos résistances à la grâce, couper court à tous les prétextes, imposer silence à vos vaines terreurs et vous exciter à revenir sincèrement à Dieu.

*(M. Lucien, la tête dans les mains, dans l'attitude préoccupée d'un homme qui médite, semble étranger à ce qui se passe dans l'Eglise. M. le curé qui s'attend à quelque observation de sa part, le considère un moment en silence. Tout à coup l'instituteur relève la tête, et se voyant l'objet de l'attention générale, fait un dernier effort sur luimême pour soutenir son rôle jusqu'au bout):*

— Veuillez poursuivre, Monsieur, dit-il au prédicateur, j'attends le développement de votre pensée: nous trouverons peut-être quelques retardataires dans cette cohue et cet élan universel des peuples vers la foi.

— Oui, Monsieur, je suis heureux de le dire, et c'est une pensée bien de nature à vous ramener, ainsi que mes auditeurs, aux pratiques extérieures de la religion, mais sincèrement, mais courageusement et sans s'arrêter aux vaines frayeurs du respect humain. Oui, un mouvement généreux et spontané entraîne de nos jours vers la foi tous les peuples de la terre; la religion devient de plus en plus un besoin qui les domine: voyez l'Angleterre, comme de jour en jour elle abjure l'hérésie; la Belgique et la Hollande, où se réveille l'antique ferveur de nos aïeux; la Suède, où l'héroïsme de la femme martyre exilée pour la foi, vient de faire renaître les plus sublimes instincts de religion: voyez nos grandes cités, celles que nous flétrissions naguère des odieux noms de Ninive et de Babylone: comme Madeleine aux pieds du Sauveur, *elles pleurent* leurs iniquités au pied des autels. Fatiguées de luttes, de bouleversements, de catastrophes politiques, fatiguées de fléaux et d'épidémies, disons le mot, fatiguées de la terre, elles se tournent instinctivement vers le ciel.

Oui, mes Frères, quoi qu'en dise la sottise, l'indifférence et le libertinage, la foi n'est pas morte sur la terre, elle vit encore dans la grande âme du peuple, elle y vit, y règne en souveraine, et ce n'est pas seulement à l'état de sentiment, au fond des cœurs; elle se traduit au-dehors, ouvertement, et dans les plus éclatantes actions de la vie. Voyez partout comme la science redevient chrétienne; comme la noblesse, l'opulence, le trône se pressent contre l'autel, convaincus par une lamentable expérience que, sans la religion, il n'y a pour eux ni gloire, ni bonheur, ni sécurité.

Voyez, au contraire, à nos côtés, cette nation jadis si florissante et *si catholique*, et qui, depuis près d'un siècle, se déchire les entrailles; si ses longs malheurs l'ont rendue un objet de pitié pour le monde, c'est parce qu'elle semble à la veille de se détacher de Rome et d'abjurer son passé.

Jetez maintenant les yeux sur l'Allemagne, cette autre Jérusalem qui persécute ses prophètes: comme elle est en proie aux partis qui la déchirent! voyez-la se tordre de malaise sur son volcan politique; entendez les sourds grondements de ses passions et de ses haines civiles: c'est la cendre de Luther qui se remue. Vienne le moment de l'explosion, et un horrible incendie épouvantera le monde, et un jour, en voyant ces provinces désolées, le voyageur dira tristement: « L'hérésie a passé par là! »

La religion, mes Frères, voilà le mot de bien des énigmes, l'explication de la destinée des familles et des empires! Il l'a compris, cet homme providentiel qui a voulu que la religion fût de moitié dans son gouvernement, qui l'a associée à tous les grands événements de son règne; lui qui, si souvent, nous appelle au pied des autels, pour rendre grâces ou implorer de nouvelles faveurs; lui qui a rendu l'armée si éminemment chrétienne, en donnant à nos soldats un prêtre, un ami qui les accompagne, qui les bénit sur le champ de bataille, et dont l'heureuse influence s'étend jusque sur les généraux.

Je pourrais en citer bien des exemples, mais je me borne à celui-ci:

L'un des plus vaillants capitaines qu'ait produits la guerre de Crimée revenait de Sébastopol tout couvert de lauriers, oublier dans sa famille les fatigues et les périls d'un siége à jamais mémorable. Arrivé dans sa ville natale, il est arrêté sur la place publique par la multitude accourue, pour applaudir à son triomphe.

Soudain, au milieu de la foule, il aperçoit sa mère qui pleure de joie en revoyant son enfant qu'elle avait cru perdu pour jamais. Ivre de bonheur, saturé de gloire, il s'élance vers elle, et, découvrant sa poitrine où brillent plusieurs décorations, il saisit sous son uniforme de soldat un crucifix et quelques médailles, qu'il baise avec transport, et se jette ensuite entre les bras de sa mère, en s'écriant: *Au ciel qui m'a sauvé mon premier souvenir, le second à ma mère!...*

Ce général, vous le connaissez tous, mes Frères; je le livre à votre admiration, comme il a fait l'admiration de la France: c'est le général Bosquet.

— Eh bien, monsieur le curé, s'écrie l'instituteur, j'approuve son courage et ce trait lui fait plus d'honneur encore que ses exploits militaires; je sens qu'il doit être

beau de braver ainsi le ridicule et de se mettre au-dessus
du respect humain.

— *Le ridicule*, dites-vous, Monsieur? et que peut-il
contre un homme droit et inébranlable dans ses principes? où est le lâche qui tremble de se montrer chrétien?
Mes Frères, nous l'avons dit ailleurs, le respect humain a
passé de mode: c'est une idole vermoulue dont le simple
bon sens a fait justice et qui n'épouvante plus que les
ignorants et les sots. Aujourd'hui dans les villes comme
dans les campagnes tout ce qui a de la raison, de l'intelligence, du vrai talent, proclame hautement sa foi; si
l'impiété ose se montrer encore, ce n'est que dans la rue;
le cynisme ne trône plus qu'au cabaret. Voici un trait qui
vient de m'être raconté dans une voiture publique par
un témoin oculaire.

Il y a quelques mois à peine, une fête de dévotion avait
attiré à Pibrac un grand concours de peuple. Dans le temple, au dehors, près du tombeau de la bienheureuse Ger-
maine, la foule se pressait dans un religieux silence. Tout
à coup entre dans l'église un prêtre suivi de huit ou dix
militaires. La plupart vieillis dans les camps étaient couverts de nobles blessures; leurs traits mâles et fortement
accentués trahissaient une énergie de volonté et d'indomptable courage qui dut les soutenir sur la brèche,
imposer à l'ennemi, et lui faire comprendre qu'une nation doit être invincible avec de tels soldats.

Presque tous, brunis par le soleil d'Afrique, avaient
pris part à de sanglantes batailles; trois portaient sur
leur poitrine la décoration des braves. Après avoir reli-
gieusement pris de l'eau bénite, ils vont se prosterner devant la grille du maître-autel où pontifie l'Evêque d'un
diocèse voisin...

Ils font un moment d'adoration et suivent leur aumô-
nier dans la sacristie, laissant après eux comme un parfum de ferveur et de piété céleste: la foule semblait ab-
sorbée dans une vision surnaturelle, tant l'expression
publique d'une dévotion si sincère contrastait à ses yeux
avec les livrées d'un soldat.

Quelque temps après on les vit sortir les yeux baissés,
la démarche lente, les mains jointes, précédant le prêtre
à une chapelle voisine, où, pieusement agenouillés, les

uns un livre à la main, les autres un rosaire, ils lui servirent la messe.

A voir leur ferveur, leur recueillement, la modestie de leur maintien, et puis ces yeux qui se levaient de temps en temps de la terre à l'autel et de l'autel aux cieux, à voir leurs brûlantes aspirations, on les eût pris pour des séraphins en prière; ils eurent tous le bonheur de communier. Edifiant spectacle, mes Frères, touchante leçon pour la foule attendrie! Celui qui m'a raconté ce fait en était encore tout pénétré; il a vu couler des larmes des yeux de bien des spectateurs...

*(En ce moment tous les regards se portent sur M. Lucien, dont les traits animés trahissent une vive émotion: la main sur la poitrine, il semble vouloir comprimer les battements de son cœur...)*

Mes Frères, *continue le prédicateur,* nous choisissons ce fait entre mille; le soldat français est solidement chrétien; les passions de la jeunesse, les occasions, les mauvais exemples peuvent bien un moment ébranler sa foi, mais l'anéantir, jamais! Elle se réveille plus vivante et plus forte à l'heure du danger... L'honneur, la foi! ah! avec ces deux noms magiques la France dompterait l'univers; mais avec ses héros, elle ferait des martyrs!

Oh! je vous le demande, mes Frères; qui pourra rougir de la vertu, de la piété, près de si beaux modèles? en est-il un seul ici qui ne se sente fier d'être chrétien et français? oh! oui, vous serez tous désormais ouvertement et sans crainte enfants de l'Eglise catholique; j'en appelle à votre bonne foi, à votre raison, à votre loyauté, j'en appelle à la sainte voix de la grâce qui, dans ce moment, frappe à la porte de vos cœurs.

— *Oh! c'en est trop, s'écrie en tombant à genoux l'instituteur qui depuis longtemps s'efforçait, mais en vain, de contenir ses soupirs et ses larmes;* pardon, mon Dieu, je ne résiste plus! — *puis se tournant vers la chaire:* Priez, monsieur le curé, pour que Dieu daigne achever son ouvrage!... *(Mouvement et sensation profonde dans tout l'auditoire.)*

—Ah! nous bénirions le ciel, monsieur Lucien, *répond le prédicateur visiblement ému,* et ce jour serait le plus beau de ma vie! J'ai toujours espéré pour vous dans les miséricordes du Seigneur pour la franchise et la bonne volonté qui sont le fond de votre caractère...; égaré comme tant d'autres par la philosophie impie du dernier siècle, vous n'avez eu qu'à réfléchir sérieusement pour sentir se dissiper vos préjugés et vos illusions: un regard sur l'abîme où vous donniez tête baissée a suffi pour vous inspirer des résolutions généreuses; la grâce fera le reste et vous donnera le courage de les accomplir. D'ailleurs, nous connaissons trop bien la trempe énergique de votre âme pour craindre de fâcheux retours.

Oui, mes Frères, la religion et la foi reprennent leur empire sur la terre; il n'est plus, le temps où la vertu devait rougir et se cacher: aujourd'hui, grâce à Dieu, le règne des esprits forts est passé.

Ainsi, qu'un lâche respect humain n'enchaîne plus vos généreux sentiments, ô vous qui croyez, mais qui n'osiez encore le prouver publiquement. Du haut de sa croix, le Sauveur attire à lui tout l'univers chrétien: le jour n'est pas loin où l'indifférent sera montré au doigt, et où il y aura de l'héroïsme a être ouvertement impie. Revenez donc à Dieu dans ces jours de clémence et de salut; rappelez-vous les saintes joies de votre enfance, l'ineffable ivresse de votre première communion, et préparez dans votre âme un asile au Dieu d'amour qui vous apporte le pardon, l'espérance et la paix !

Oui, ô Divin Jésus, il est enfin venu l'heureux moment que depuis longtemps appelaient vos soupirs, ce moment solonnel où du haut de la croix vous deviez tous nous attirer à vous! L'humanité sera désormais votre conquête; régnez en souverain sur les cœurs que vous avez arrachés à Satan et gagnés à force de bienfaits! ils vous appartiennent, ils sont le prix de votre sang divin, nous vous les consacrons pour toujours! Faites, ô mon Dieu, que rien ne puisse plus vous les ravir! que ni la mort, ni la vie, ni aucune créature ne nous sépare jamais de vous! *Faites que sur la terre, nous ne soyons qu'un avec vous comme vous n'êtes qu'un avec votre Père céleste, afin que nous soyons un jour au ciel consommés dans l'unité éternelle!* Ainsi soit-il !

### Epilogue et conclusion.

Le prône et l'incident qui l'avait terminé venaient de soulever dans Drignon une agitation générale. Les dernières paroles échappées à l'instituteur faisaient pressentir qu'il suivait l'heureuse impulsion donnée par Lafleur, Lucas et plusieurs autres villageois, dont tout le monde admirait la conversion éclatante. Longtemps après l'office, on s'en entretenait encore devant l'église, et le sergent, au milieu de la foule étonnée, pérorait avec le zèle et la conviction d'un apôtre, quand tout à coup il voit de loin Lucas qui l'accoste en s'écriant :

— Faut pas dire, l'ami, mais ça va donner tout de même à réfléchir, oui-da !...

Lafleur *l'interrompant.* — A réfléchir... à qui ? à quoi donc, voyons, explique-toi ; ne parle pas en l'air !

— Eh, morgué, aux jobards, aux trembleurs, aux retardataires, à la sottise du *qu'en dira-t-on*, que sais-je, moi ?

— Mais où donc veux-tu en venir ?

— J'en veux venir qu'on vient de me dire que M. l' régent est chez M. le curé depuis tantôt une heure, et qu'y s'confesse peut-êt' ben en ce moment !

— Serait-il vrai, juste ciel !... au fait, il était si ému vers la fin du prône !... Savez-vous bien, les amis, qu'en convertissant l'instituteur, M. le curé aurait frappé un fameux coup de maître ?

— Avec ça qu'y ne s'ra pas seul ; j' l'ons vu parler nez à nez avec cinq ou six lapins de ses amis ; qu'il est, jarni, ben capable d'enjôler comme toi, les tiens... tu m'entends, farceur ?

— Mais parle donc plus clairement : que veux-tu dire ?

— Eh, morgué, qu'y leur enseignera peut-êt' ben le chemin du confessionnal !... y es-tu, à c'te heure ?

— Oui, sans doute ; mais où serait le grand malheur !...

— Oh ! pour ça, je n' dis pas : m'est avis que si tout l' monde pratiquait, faudrait fermer les prisons et renvoyer les neuf dixièmes d' nos gendarmes, car y aurait bèn moins de fredaines sur la terre !

— Patience, mon bon Lucas, on y viendra ; on achève de comprendre que les esprits forts ont passé de mode ; il en coûte déjà de se montrer impie Une atmosphère de religion et de christianisme nous inonde, nous pénètre, nous anime : et, tel que tu me vois, je ne me sentirais pas le courage de passer sans me signer devant une croix ou près d'une église ouverte. Autrefois, on faisait gloire d'afficher publiquement l'impiété; mais aujourd'hui, je vois souvent nos petits incrédules souffrir le martyre en voyant tout le monde à genoux et chapeau bas devant le Saint-Sacrement qui passe ou quand on sonne l'*Angelus*, et, s'ils ont la constance de rester debout et couverts, ils tremblent comme des criminels; au moindre regard qui les observe, ils tomberont à genoux comme les simples fidèles. Oui, mes amis, par une révolution salutaire, ce n'est plus la piété, la vertu, la religion que l'on décrie, et le respect humain a changé de drapeau.

En ce moment on voit sortir du presbytère l'instituteur suivi de M. le curé. Après avoir fait quelques tours sur l'esplanade en causant familièrement, ils s'approchent peu à peu du groupe qui entoure Lafleur et Lucas.

— ... Non, disait M. Lucien, non, laissez-moi vous le dire encore, monsieur le curé, non, jamais je n'aurais cru qu'il fût si doux de revenir à Dieu!

— Oh! vous n'avez encore fait, mon ami, qu'effleurer la coupe des délices que Dieu prépare, même dès cette vie, à ceux qui l'aiment! Viendra un jour où, sous l'ineffable enivrement des joies célestes, vous regretterez vivement avec saint Augustin les jours de bonheur que vous vous êtes ravis pour les consacrer à la bagatelle et à l'iniquité!

Lafleur *dans un transport de joie*. — Eh bien! bravo, monsieur le curé! voici donc enfin le moment de chanter victoire, car vous nous amenez sans doute un nouveau frère?...

M. Lucien. — Oui, oui, sergent; et si vous êtes aussi heureux de me donner ce nom que je le suis de le recevoir, tous nos vœux sont comblés!

— Qu'entends-je, ô ciel!... oh! soyez le bienvenu, mon brave! que je vous embrasse pour le bien que vous me faites en ce moment! oubliez mes jurons, mes colères et la brusquerie de mon langage; souvent je vous ai manqué, je vous en fais ici de grand cœur mes excuses devant tout le monde; mais j'ai besoin de vous dire, mille escadrons! que vous êtes galant homme et que mon âme déborde de joie!...

Lucas. — Pardine, je le crois ben! c'est toi qu'as fait la conversion!

Lafleur. — Non, c'est la parole ardente et persuasive de M. le curé.

M. le curé. — Ah! dites plutôt la grâce et la bonté du Seigneur. Oui, rendons grâces à Dieu, mes enfants, car le retour de M. Lucien est le signal de la conversion de bien des pécheurs qui ne restaient éloignés des sacrements que par une coupable indifférence, ou parce qu'ils avaient peur. Aujourd'hui, rien ne les retiendra plus : persuadés désormais que le salut de leur âme est leur affaire capitale, entraînés par le torrent qui pousse les nations vers les pratiques religieuses, indignés d'avoir tremblé si longtemps à genoux devant l'idole ridicule du respect humain, ils la fouleront aux pieds comme vous, mes enfants, seront ouvertement chrétiens, et, en revenant à la paix du cœur, à la vertu, à l'innocence, ils reviendront au bonheur. Le jour de Pâques, à la table sainte où se pressait un concours insolite de fidèles, on remarquait avec satisfaction un grand nombre d'hommes parmi lesquels étaient Lafleur, Lucas, Marcel, Simon, Thomas, et l'instituteur qui, par un sentiment d'humilité touchante était resté le dernier. Son attitude modeste et recueillie, aux offices, ses bons rapports avec M. le curé qu'il avait enfin reconnu étranger à sa disgrâce, et surtout la sincérité de son repentir eurent bientôt fait oublier les scandales de sa vie.

Trois mois après, à l'instigation de M. le curé, réintégré dans ses fonctions, et devenu de corrupteur ardent apôtre, il accompagnait cinq de ses amis et quatorze de ses élèves à la communion, et par sa conduite exemplaire, édifiait tous ceux dont ses pernicieux conseils avaient préparé la ruine.

FIN DE LA DEUXIÈME PARTIE.

# TABLE ANALYTIQUE

## DES MATIÈRES



## PREMIÈRE PARTIE.

### Station de l'Avent.

—

## DEUXIÈME PARTIE.

—

### Station du Carême.

Toulouse, impr. L. Cornac, Delpon et Compe, rue des Balances, 13.

# UN MOIS DE FÊTE

## NOUVELLES MÉDITATIONS POUR LE MOIS DE MARIE

### Par l'abbé Victorien BERTRAND.

Un joli petit vol in-18. Prix : 1 fr.

« *Un Mois de Fête*; c'est sous ce beau titre qu'un prêtre de l'Ariége vient de publier un Mois de Marie, dans lequel il a développé trois pensées qui sont les trois grandes divisions de son ouvrage : *Marie, joie du ciel, espérance de la terre et terreur des enfers.*

« La nouveauté du plan, la variété de la forme, la profondeur de la pensée autant que la richesse et la pompe du style, ont mérité à l'auteur les témoignages les plus honorables, et une vogue à laquelle sa jeunesse et sa modestie ne lui eussent pas permis de prétendre. Au moment où le beau mois de mai va rajeunir la terre, nous croyons faire plaisir à nos lecteurs en donnant quelques extraits de ce charmant petit ouvrage : aussi bien ne pouvons-nous autrement donner une idée de l'œuvre de M. l'abbé Bertrand. *Le sentiment*, dit M. Bénezet, en parlant du *Mois de Fête, le sentiment échappe à l'analyse, et toucher au bouquet embaumé que l'abbé Victorien Bertrand a déposé à l'autel de Marie, ce serait l'effeuiller et lui ôter le parfum céleste que Marie elle même semble y avoir répandu....* »

(Extrait du *Messager catholique*, de Bordeaux )

---

# RAPINETTE ou le MAITRE DE PENSION

*Mystère en treize tableaux*, *dédié aux papas et aux mamans*,

PAR UN MOUTARD, auteur des *Pions au pas accéléré*.

Un joli petit vol. in-18. Prix : 75 cent.

« Il est impossible de lire cette charge comico-sérieuse contre une certaine classe d'industriels bien-connus, sans être tenté de maudire l'aveuglement des parents qui se hâtent de se débarrasser de leurs enfants pour les envoyer au collége, à la pension, et qui finiront par les y mettre en nourrice. Dans une suite de portraits finement tracés, l'auteur, un jeune rhétoricien qui a grandi depuis, et qui se nommera plus tard, quand on verra bien le but moral de ses folâtres causeries, développe, à grand renfort de gaudrioles, les vices de l'éducation physique et de l'éducation morale, puisée sous les auspices de ces spéculateurs qu'on a si pittoresquement nommés *marchands de soupe*

« L'ouvrage, qui débute par une petite vengeance, la reproduction de quelques *aménités* qu'attira naguère à l'auteur son amusement sur *les Pions*, est un éloquent plaidoyer dont tout le monde sentira la portée : et les excellents conseils qui le terminent, lui feront aisément pardonner la forme piquante et badine qu'il a donnée à ses sermons. »

C. D.

## DU MÊME AUTEUR :

**Roman contre les Romans**, (édition confidentielle) 1 vol.
in-18 jésus . . . . . . . . . . . . . . . . . . . . . . . . . . . . . . 2 fr.

> Un morceau de pain à manger,
> Un morceau de roman à lire.
> (*Le Chiffonnier de Paris.*)

**Un Mois de Fête**, nouvelles Méditations pour le Mois de Marie,
dédiées au clergé et aux fidèles. 1 joli petit vol. in-18 . . . 1 fr.

**Un coup de sabre au nœud gordien d'Italie**, dialogue
entre un Sergent-Major à principes de bronze et un Epicier lec-
teur du *Siècle*. 1 petit vol. in-18 . . . . . . . . . . . . . . . . 50 c.

**Rapinette, ou le Maitre de Pension**, Mystère en 13 tableaux
dédié aux papas et aux mamans, par un Moutard, auteur des
*Pions au pas accéléré*. 1 joli petit volume in-32 . . . . . . 75 c.

**Les Pions au pas accéléré**, 2e édition par un Moutard. 1 petit
vol. in-32 . . . . . . . . . . . . . . . . . . . . . . . . . . . . . . . 50 c.

### POUR PARAITRE PROCHAINEMENT :

# ROMAN CONTRE LES ROMANS

### ( ÉDITION POPULAIRE )

Un joli vol. in-18 . . . . . . . . . 1 fr.

### PETITS SERMONS OU L'ON NE DORT PAS

Un joli petit vol. in-18 . . . . . 1 fr.

---

EN COURS DE PUBLICATION DANS LA *Revue de la Presse* :

# Causeries du Dimanche sur le Catéchisme

L'abbé Victorien Bertrand donne à ses Causeries religieuses tout l'attrait d'un roman.

> (*Le Monde.*)

---

Toulouse, E. Connac, Delpon et Comp., rue des Balances, 43.

www.ingramcontent.com/pod-product-compliance
Lightning Source LLC
LaVergne TN
LVHW050346060726
842524LV00002B/267